河南省"十二五"普通高等教育规划教材
经河南省普通高等学校教材建设指导委员会审定

世界华文文学教程

主　编　彭燕彬
参　编　樊洛平　韩爱平　翟丽娜
　　　　梅　伟　李晨阳

河南大学出版社
HENAN UNIVERSITY PRESS
·郑州·

图书在版编目(CIP)数据

世界华文文学教程/彭燕彬主编. —郑州:河南大学出版社,2014.8(2017.2重印)
ISBN 978-7-5649-1652-7

Ⅰ.①世… Ⅱ.①彭… Ⅲ.①世界文学－华文文学－文学研究－教材
Ⅳ.①I106

中国版本图书馆 CIP 数据核字(2014)第 182034 号

责任编辑　郑　鑫
责任校对　李　伟
责任印制　陈建恩
封面设计　金点设计

出　版	河南大学出版社		
	地址:郑州市郑东新区商务外环中华大厦 2401 号		邮编:450046
	电话:0371－22825012		
排　版	郑州市今日文教印制有限公司		
印　刷	开封智圣印务有限公司		
版　次	2014 年 8 月第 1 版	印　次	2017 年 2 月第 2 次印刷
开　本	787mm×1092mm　1/16	印　张	19
字　数	341 千字	定　价	28.00 元

(本书如有印装质量问题,请与河南大学出版社营销部联系调换)

主 编 简 介

彭燕彬,女,教授,郑州成功财经学院文学与新闻传播学系主任。河南省教育厅学术技术带头人、河南省师德先进个人。发表出版论文、论著六十余篇(部);主持和参与多项国家、省级项目;主持的河南省高等教育教学改革项目《现代远程开放教育人才培养模式毕业生追踪调研分析》获"河南省第六届高等教育教学成果"二等奖、"河南省政府发展研究优秀成果二等奖";专著《台港女性小说精品鉴赏》获"1998—2002年度河南省社会科学优秀成果二等奖";主编、参编的教材多部获省教育厅人文社科优秀成果一等奖;主持主讲远程开放教育汉语言文学本科课程《世界华文文学》荣获2012年度全国广播电视大学精品课程。

主编长期致力于本专业教学团队的组织建设、课程建设和教学实践,承担河南省高等学校质量工程项目特色专业建设点、河南广播电视大学汉语言文学(本科)特色专业建设的主持工作。现为河南省写作协会副秘书长、河南省作家协会会员;中国世界华文文学学会理事、中国当代文学研究会会员。

序

时光荏苒,瞬间已去十年,今日提笔亦为河南省十二五规划教材《世界华文文学教程》(修订版)作序。

十多年前一个偶然的机会,我在甚至每一块泥土都包含着故事传说的美丽中原工作了四年。在这个地灵人杰的地方,我结识了许多令我肃然起敬的学者和朋友,彭燕彬教授就是其中很友好的一位。还是刚到郑州大学的时候,我就知道她致力于世界华文文学研究,并不断看到、听到她在此方面所取得的成就、作出的学术贡献。后时值她诚邀我为其主编的专著《世界华文文学概观》作序(修订版为《世界华文文学教程》),我欣然应诺,在与她分享成功的同时,更愿意利用序言来揭示和说明这本书所蕴涵的在积累中进行开拓的学术精神。主编彭燕彬及编著本教程的课题组主要成员大都是具有教授职称的学者,譬如其中的樊洛平教授就是我熟识的文学研究专家。在我看来教授其实就应该是专家,应该是在某一学术领域或学科方向上卓有建树的人。在这个意义上,彭燕彬教授以及她所率领的这个编著群落做得名副其实。《世界华文文学教程》和她们以前在该学科领域所取得的骄人成绩就是证明。果不其然,该教材第一版使用的第二年,就获得了河南省教育厅人文社科优秀成果一等奖,以至在 2012 年,由彭燕彬教授开设的开放教育汉语言文学(本科)专业拓展课程《世界华文文学》获得了全国广播电视大学精品课程殊荣。

积累和创新,或者说积淀与开拓是学者们学术进取、学术建设的基本方向和努力目标。《世界华文文学教程》用它的学术内容展示了其编著者这方面的领悟与实践。

中国世界华文文学学会会长饶芃子曾追溯过中国大陆的世界华文文学概况,指出:大陆学者对海外华文文学的研究,始于 20 世纪 70 年代末、80 年代初,如果从 1982 年 6 月在广州暨南大学召开第一次全国性的"台港文学研讨会"算起,至今已有 30 余年历史。这些年来,大陆本土已召开过十一届学术年会和国际研讨会,每次会议,都有新的论题提出,每次会议之后,都有新的成果问世,不断地拓展这一领域的研究空间。从研讨会的内容看,经历了世界华文文学的命名、对世界华文文学空间的界定、世界华文文学历史状态和区域性特色的探索、世界华文文学与中华文化关系探源、如何撰写世界华文文学史等重要问题，进而转入到世界华文学的综合研究和世界华文文学史的编撰，以及从文化上、美学上各种理论问题的思考、追问，同时也取得了多方面的成果。从30余年来发表和出版的许多论文和著作看，这些成果大致可分为六类：一是作家论、作品论；二是各地区、国家华文文学概论；三是各种专著、专论（文体论、文学思潮、流派论等）；四是有代表性的历届学术年会和国际研讨会的论文集；五是各种文学史（含国别、地区华文文学史、文学理论批评史等）；六是各种辞书。显然，从以上的世界华文文学学术成果罗列看，彭燕彬教授主编的《世界华文文学教程》，是以其综合性的大视野、多维度、厚积累对世界华文文学研究作了有力的补充。这恰好应了学界一句常说的话——在积淀中开拓。

世界华文文学现在还不是一个独立的学科，至少在权威的学科、专业目录中还找不到，但这并不妨碍世界华文文学有专门的研究队伍和学术组织，有学科性的大学课程、专业文献、教科书与学术杂志；尽管世界华文文学仍位列"中国现当代文学"二级学科，但这也没有妨碍该学科自身的学理性建设，以及社会、国家对它的支持。假如我们所面对的上两方面的问题都已经迎刃而解，这内在与外在的双重努力就能凝聚在一起，世界华文文学学科就会有一个空前的发展。如此，世界华文文学学科仍需要像彭燕彬教授这样的学者们的努力和奋斗，需要像类似于《世界华文文学教程》这样的著作不断涌现。一句话，世界华文文学需要在积淀中开拓，可以说《世界华文文学教程》是这方面的一个很好示例。

《世界华文文学教程》由四章构成，教材从较高的视界用描述、说明，以及鉴赏等方式对世界华文文学作了特定的鸟瞰和概括。其中篇章有的是从总体上对世界华文文学的研究进行探讨和立论；有的是基于早期综述性研究的展开；有的则是对主要作家作品的评论和鉴赏。其中既有文学史的追寻，也有对某一个问题以及对世界华文文学的概念、范畴、"中国意识"等本论问题的讨论和体会。在这些研究与思考中，尤值得提出的是该书对世界华文文学所做的学术界定，以及在此基础上对该类文学以及文化特征的归纳。笔者认为：世界华文文学是指世界范围内运用汉语进行文学创作而形成的文学文本以及文学现象。作为特殊的地域历史和文化背景下所形成的世界华文文学，它游离于母体社会而独自发展，并在特殊生成环境中，维系和延续共同母体文化，却脱离所处语境的文学主体运动轨道而表现出自己的特殊形态与进程的一种文学状态，他与世界文学有区别，与中国文学的概念也有较大的不同。世界华文学覆盖面很广,就是说世界上不论哪片国土,凡是用汉语写作的文学作品都属于"华文文学"。以这样的认识为基准,作者对世界华文文学的特质有如下独到的归纳:(1)大陆本土文学与海外华文文学之间所反映的客观状况通常用整合和分流来界定。(2)在海外华文文学创作中,通过对人物形象的刻划和故事情节的描绘这一艺术表现方式,与大陆本土文学创作接轨,从而折射出整个民族的人文和时代的精神。(3)体现在母体文化中的民族性带给海外华文作家的是永不泯灭的良知。

既往学界对于世界华文文学的研究,大多注重主要作家作品的考察与鉴赏,以及文学发展、语言文学批评角度的描述与研究,而从大综合、大背景上对世界华文文学进行的研究则较少见到。《世界华文文学教程》对此是一个补充,另外,除了考察社会政治、经济推动,以及社会思潮对世界华文文学影响外,该书还注意到文学自身的通变诸因素以及文化传播方面的推动和影响。

显然,这本教材是彭燕彬教授等学者在本领域多年耕耘的一个阶段成果的升华,也是她们一段学术道路的回顾,同时又是在这领域的一种开拓。鉴于该书的学术价值和其中包含的新的研究方法、研究视角,以及世界华文文学的研究的综合性。我以为李亚萍对饶芃子《世界华文文学的新视野》一书的称赞是完全可以借来称道彭燕彬主编的《世界华文文学教程》。这就是:从读者层面来看,这是一本极佳的世界华文文学研究方面的重要参考书,它不仅提供了理论层面的探讨,同时也从文本分析的角度展开诗性批评。从学科层面来说,这是一本具有奠基性意义的理论与实践的集成,世界华文文学学科的发展历程、内涵特性、理论方法乃至具体的研究实践都可从中全面获得!而需再补充的是,《世界华文文学教程》还是一部在积淀中开拓的教材。

曹 萌

2016年8月修订于沈阳师范大学

目 录

序 ………………………………………………………………… (1)

第一章 绪 论 ………………………………………………… (1)

第一节 世界华文文学的概念及其特质 ………………………… (1)
一 世界华文文学的概念 ………………………………… (1)
二 世界华文文学的特质 ………………………………… (2)

第二节 世界华文文学的发展概况与研究趋势 ………………… (3)
一 发展概况 ……………………………………………… (3)
二 世界华文文学分布状况 ……………………………… (5)
三 研究现状与展望 ……………………………………… (8)

第二章 台湾文学主流 ………………………………………… (12)

第一节 初创期的台湾新文学(1920—1930) ………………… (12)
一 台湾新文学运动的发生过程 ………………………… (12)
二 台湾新文学初期的小说创作 ………………………… (18)
三 台湾新文学初期的新诗概况 ………………………… (21)
四 台湾新文学运动的奠基人赖和 ……………………… (23)

第二节 高潮发展期的台湾新文学历程(1931—1937) ……… (27)
一 文学路线的确立与新文学走向成熟的标志 ………… (27)
二 台湾新文学高潮期的小说创作 ……………………… (30)
三 台湾新文学高潮期的诗歌创作 ……………………… (34)
四 伟大的现实主义作家杨逵 …………………………… (36)

第三节 战争期的台湾新文学面貌(1937—1945) …………… (41)
一 "皇民化运动"与"战时文艺体制" ………………… (41)
二 倒行逆施的"皇民文学" …………………………… (42)
三 台湾作家对"皇民文学"的反抗 …………………… (44)

四 "默默耕耘的铁血男儿"吴浊流……………………………（46）
第四节 战后初期的台湾新文学重建……………………………（50）
　　　一 光复初期的台湾社会背景……………………………（50）
　　　二 《新生报·桥》副刊的台湾新文学重建……………（52）
　　　三 台湾新文学重建的讨论及其意义……………………（55）
第五节 50年代台湾的"战斗文艺"运动…………………………（59）
　　　一 "战斗文艺"的历史背景与发生过程…………………（59）
　　　二 "战斗文艺"创作的主要作家和作品…………………（63）
　　　三 "战斗文艺"运动的没落………………………………（67）
第六节 台湾现代派文学创作及其作家作品……………………（69）
　　　一 追踪世界文学新潮流的现代派小说…………………（69）
　　　二 独辟新境的诗歌创作…………………………………（72）
　　　三 雅俗共存的散文创作…………………………………（81）
第七节 崛起的台湾乡土文学创作及其作家作品………………（86）
　　　一 乡土文学论战的历史状况……………………………（86）
　　　二 寻找民族魂的第二代乡土小说及作家………………（90）
　　　三 乡土小说的旗帜陈映真………………………………（99）
第八节 在商品经济大潮中冲浪的台湾通俗文学及其作家作品……（103）
　　　一 通俗文学创作概况……………………………………（103）
　　　二 通俗小说创作及其代表作家…………………………（106）
第九节 文海弄潮的女性文学……………………………………（111）
　　　一 女性文学创作概述……………………………………（111）
　　　二 女性文学作品及其代表作家…………………………（114）

第三章　港澳文学概述……………………………………………（128）

第一节 香港文学发展历史及其特质……………………………（128）
　　　一 香港文学的内涵及其特质……………………………（128）
　　　二 香港文学的兴起与发展………………………………（131）
第二节 现代主义文学创作及其作家……………………………（136）
　　　一 香港文学思潮与现象…………………………………（136）
　　　二 最有"实验"精神的作家刘以鬯和西西………………（144）
第三节 现实主义文学创作及其作家……………………………（152）
　　　一 新武侠小说集大成者金庸、梁羽生…………………（152）

  二 本土作家舒巷城与科幻小说大家倪匡……………………(164)
 第四节 回归前后的香港文学 …………………………………(167)
  一 创作概述……………………………………………………(167)
  二 才女作家施叔青、钟晓阳、亦舒、梁凤仪 ………………(170)
 第五节 澳门文学的发展与回归 ………………………………(177)
  一 澳门文学的历史和现状……………………………………(177)
  二 各类体裁的创作……………………………………………(183)

第四章 欧美澳及其它旅居地华文文学一瞥……………………(190)

 第一节 欧美澳华文文学概述 …………………………………(190)
  一 发展概况……………………………………………………(190)
  二 文学特质与主题嬗变………………………………………(199)
  三 欧美澳华人作家队伍与其创作成就………………………(202)
 第二节 人才济济的北美华文文学 ……………………………(203)
  一 概述…………………………………………………………(203)
  二 代表作家与作品……………………………………………(208)
 第三节 蒸蒸日上的欧洲华文文学 ……………………………(224)
  一 概述…………………………………………………………(224)
  二 代表作家与作品……………………………………………(225)
 第四节 后来居上的澳大利亚华文文学 ………………………(240)
  一 概述…………………………………………………………(240)
  二 中国大陆留学生的伤痕文学及其代表作家与作品………(242)
  三 来自大陆外留学生的思乡情结小说及其代表作家作品 …(247)
 第五节 创作异变的新移民作家群 ……………………………(250)
  一 视野与风格的异变…………………………………………(250)
  二 新移民作家及其作品………………………………………(251)
  三 网络文学及作家作品………………………………………(258)
 第六节 风格迥异的东南亚、日韩华文文学 …………………(261)
  一 发展概况……………………………………………………(261)
  二 各国概述及代表作家、作品………………………………(266)

参考文献 ………………………………………………………………(287)

编后记 …………………………………………………………………(291)

第一章 绪 论

重　　点：世界华文文学的特点与发展概况

难点释要：如何界定世界华文文学，世界华文文学具有哪些特性？世界华文文学为何得到迅速发展？

第一节　世界华文文学的概念及其特质

一　世界华文文学的概念

世界华文文学是指世界范围内运用汉语进行文学创作从而形成的文学文本及文学现象。作为特殊的地域历史和文化背景下所形成的世界华文文学，它是游离于母体社会而独自发展，并在其特殊生成环境中，维系和延续共同母体文化，却脱离所处语境的文学主体运动轨道而表现出自己特殊形态和进程的一种文学状态，这已成为当今世界一道不可遮掩的人文景观。

关于"世界华文文学"概念，这里有二点需要我们分清：

一是区分"世界华文文学"与"世界文学"的概念。世界文学一般的概念指的是除中国以外的世界各国的文学，比如我们所开的"外国文学"课程，其实就是学习掌握用他国语言写作的文学作品或他国文学发展史；

二是区分"世界华文文学"与"中国文学"的概念。学习中国文学就是要学习掌握在中国这一国土上不论用哪一民族语言创作的文学作品与文学发展史。我们知道，中国是个多民族的国家，各民族语言大相径庭，主要的语言包括汉、藏、蒙、维、回、壮等，而其中的汉民族语言就被统称为华语，这就是"中国文学"与"华文文学"的内涵不同；而究其外延，华文文学的覆盖面很广，就是说世界上不论在哪个国土，凡是用汉语写作的文学作品都属于"华文文学"。而滋生于中国国土的"中国文学"就只能属于华文文学所涉及地域的一个部分，因为在地球上的其他地域,如北美、欧洲、澳洲、东南亚等地区中相当多的居民以华语为载体创作文学作品,虽然这些作品中所写的并非全部都是华人的生活,会有许多当地原著居民的生活,但因用汉语创作,也被列为华文文学系列。

二 世界华文文学的特质

民族性是世界华文文学创作的精髓。由于文学的传承性,无论客观社会如何变更,其民族的文艺审美观却无法动摇。海外的华人纵然在地域生活空间上有变更,但骨子里却蕴藏着太深太多的"民族意识,民族感情,民族的传统思想、道德、伦理、价值观念以及民族的生活习惯和生活方式"。这种民族情结正集于华人作家与中国传统文化之间的内在传承关系。

(一)大陆本土文学与海外华文文学之间所反映的客观状况通常用整合和分流来界定。

同文同种,脱胎于同一文化母体的文学创作本属一个文化整体。当这个整体由于客观或人为的原因受到阻隔时,分流就成为矛盾的主要方面而推动着文学的发展。众所周知,上个世纪中期,由于战争,大多的华人作家流落到域外,从早年的林语堂、梁实秋、盛成等大师到林海音、洛夫、痖弦、刘以鬯、徐訏等著名的老作家;从现代派、乡土派的陈映真、黄春明、聂华苓、於梨华、赵淑侠、白先勇、余光中到新生代的钟晓阳、张小凤、严歌苓、查建英等,无不将强烈的民族意识融进其作品之中,可以说,民族性正是这些海外华人作家创作的精髓。特别是新移民文学的崛起,更将这种创作的"精髓"推向一个新的界面。然而,当母体文化的强大凝聚力将海外华文文学的创作主题始终定格于中华民族传统文化的"本元",而不脱出民族文学的"围城"之时,民族性便将大陆本土文学与海外华人华文文学沟通、融汇到一起,在客观上形成一个共同的文学空间。这种沟通和融汇是20世纪华文文化身份定位的理论背景。

(二)在海外华文文学创作中,通过对人物形象的刻画和故事情节的描绘这一艺术表现方式,与大陆本土文学创作接轨,从而折射出整个民族的人文和时代的精神。

无论是林海音笔下那位旧中国传统封建婚姻制度下的牺牲品、凄凄哀哀至死都未"堂堂正正当一回妻子"的金鲤鱼悲惨命运(林海音《金鲤鱼的百裥裙》),还是由于现代文明下的变态心理而崇尚爱情至上、性解放最终走上一条不归路的夏晓云的婚姻悲剧(林海音《晓云》);无论是"念天地之悠悠,独怆然而涕下"的昔日达官显贵今日无奈的流浪者(白先勇《台北人》),以及一反当年叱咤风云之势,丧失了追求未来的能力,仅留下"滚滚长江东逝水,浪花淘尽英雄,是非成败转头空"的哀叹和对过去绝望的思怀,还是致力于"我们的歌应该是从我们中国五千年文化里、泥土里、人的心里发出的声音"(赵淑侠《我们的歌》)留学于维也纳的青年音乐家江啸风的"民族魂"的力量所在,都与时代的发展变迁息息相关,不能不说是整个民族文学的艺术再现。

(三)体现在母体文化中的民族性带给海外华文作家的是永不泯灭的良知。

"数千年来勇敢、勤劳、俭朴、孝敬祖先、忠诚国家,乃至古代既有'大公无私'、'老吾老以及人之老,幼吾幼以及人之幼'的大同理想和'先天下之忧而忧,后天下之乐而乐'的克己奉献精神,还有'国家兴亡,匹夫有责'的爱国主义思想"常唤起海外游子们的创作激情,使其在文学创作中,面对新的文化空间,展开广袤的视野,表现出更恢弘的气度。先是"两脚踏东西方文化"的饱学之识林语堂,让西方人从《京华烟云》中领略了中国文化以及老庄哲学的魅力和精义;而后投笔从戎、叱咤北伐、晚年流落异乡的女兵作家谢冰莹吟唱着"也许是一个真实的梦,不管它是梦还是现实,我都愿意回去,永远投在故乡的怀抱,嗅着泥土的芳香。可爱的故乡呀,我永远记着你四季如画的风光"在《爱晚亭》的字里行间袒露了对祖国无限思念的赤子之心;紧接着於梨华从留学海外的无根一代到觉醒一代的形象塑造、赵淑侠《塞纳河畔》的深邃的思想内涵与强烈的爱国情怀、乃至于后来认同中华文化、趋向传统回归的年轻新移民作家们,无不将游弋于海外作家的一片赤心捧予祖国。

第二节 世界华文文学的发展概况与研究趋势

一 发展概况

世界华文文学的发展起始于 20 世纪中期,繁荣于该世纪 80 年代的中国经济改革之初。翻开中国社会发展史的扉页,以移民为文化媒体的传播乃为重笔。然而,从封建殖民地的中国迁徙于世界各地的华人,几近于为求生存而出卖劳力,文学创作无从谈起。直至 19 世纪中期至 20 世纪初的首次"留学大潮"的涌起,移民中的先进知识分子群自觉或不自觉地承担起传播中西文化的责任,使各旅居国萌生出些许具备中西混合风格的海外华文文学作品。由于社会性质的局限,即便是随后清末、民初文学先驱的几次"革命"创举,海外的华文文学创作也仅仅在文言文向白话文蜕变中周旋。随着殖民体系的崩溃和欧洲中心主义的瓦解,多元文化作为一种时代的潮流已经深刻地影响到世界华文文学。

上世纪中期,战后中国大陆一些知名作家东南亚之旅的"创作风"、港澳台地区二次"留学热"相继提高了海外华文文学创作的档次,并使华文文学研究跻身于诸多国家的研究领域之堂。特别是20世纪后期,作为华文文学母语之国——中国经济改革后的国力日渐强大,更让世界各国的华文文学扬眉吐气,抱拥了世界三分之一的读者群。

究其海外发展历程,移民是中华文化传播的直接动因。

(一)早期移民

主要形成于秦汉时期,距今已有两千多年。把汉文化传播到最广的地方是东亚细亚一带(今朝鲜、日本等地)。最早有记载的是《史记》所述秦始皇时方士徐福带领三千童男童女到日本寻求长生不老之药,后来定居日本;汉时军队远征;东晋佛教传输;唐宋商贸交易;元时成吉思汗武力推移;明代是移民最兴盛的时期,明万历年二年(1574年)广东人林风率军到了菲律宾,郑和七次下西洋,极大的推进了汉文化的传播。比如筷子的使用、二十四节气、传统节日的界定、汉文字的传输等都是在这一时期传播出去的。

(二)近代移民

主要形成于19世纪中叶至20世纪初。留学生将中西文化融会贯通,形成了独具特色的乡土文学新品种——海外华文文学。这一时期因帝国主义列强的入侵和清政府的腐败,大批华人移居海外求生。从19世纪70年代起,清廷重臣曾国藩、李鸿章、左宗棠等人倡导发起了"师夷长技以制夷"的洋务运动,希望利用西方的科学文化知识挽救垂死的清王朝。有近代"中国留美第一人"的容闳得到曾国藩的重用,他提出了"留学教育计划"并得到清廷的批准。从1872年到1875年,清政府先后选派了120名10岁至16岁的少年赴美国留学,这是近代中国历史上的第一批官派留学生。1872年8月11日,这30名少年由容闳率领,从上海坐船赴美。这些在大轮船上蹦蹦跳跳的孩子此刻也许不会想到,他们稚嫩的肩上担负着寻求富国强兵之路的使命。在这些少年之中,不少人成为近代中国历史上的佼佼者,如著名铁路工程师詹天佑,矿冶工程师吴仰曾,民国政府第一任国务总理、复旦大学创办人唐绍仪,清华大学第一任校长唐国安等。此后数十年,留学潮蜂拥而下。

(三)现代留学潮

至二次大战前夕,华人在海外已达一千万。除了华工外,20世纪移民占多数的是留学生。20世纪出现了3次留学热。第一次是前边我们已谈及的清末民国初期的官费留学,和20年代的留日、留法勤工俭学;第二次是五、六十年代,由于经济的发展开放,台湾、香港地区向西

方诸国输入大量留学生,当时留学几乎是学生的必由之路;第三次是20世纪80年代以来大陆的出国热,这时的情景犹如20年前的台湾。目前北美、东南亚、东亚是华人最多的地区。因此,移民是中华民族文化得以在全世界传播最重要的原因。

二 世界华文文学分布状况

目前按居住区域及创作能源的分布状况,世界华文文学大致可划分为四个版块——中国大陆,中国台湾、香港、澳门,东南亚、日韩,欧、美、澳。每一板块的华文文学都已在各自居住国文坛蓬勃发展。一个多世纪以来,源源不断的海外移民造就了世界华文文学,尤其是改革开放后的中国大陆,持续至今的"出国潮",使得中华文化炙手可热、遍于世界。鉴于此,曾有学者预言,新世纪将是华文文学腾飞的起点,华语将繁衍为世界第一语言,就此,华文文学将成为世界文坛持久不败的奇葩,我们翘首期盼着这一语言文学奇迹的突现。

(一) 中国大陆

汉文化的传播中心。可以说,大陆文学是世界华文文学中最大的一个板块,它拥有世界上最大的汉语作家群和最大的读者群。每年出版的华文作品数量也是其他地区所无法比拟的。而且近十多年来大陆文学的繁盛已与具有百多年发展历程的

世界文学接轨,从现实主义到现代主义、后现代主义,种类繁多的创作体式含苞竞放,世界文坛的华文创作随着著名作家莫言获得诺贝尔文学奖而倍加引人注目。由此可见,大陆文学创作也是根须最深地扎在中华文化的土壤之中,无不反映了炎黄子孙昂扬奋发的精神风貌。无疑,大陆的华文文学创作在人类未来的发展上具有前瞻的意义。从华文文学创作源泉来论,大陆文学正是世界华文文学的源头,它的发展对海外华文文学的影响也正与日俱增,因此,学习、研究世界华文文学绝不可忽视对这一最大板块的研究。当然,如果对海外华文文学毫无所知,那么研究中国大陆华文文学同样也缺乏必要的参照视野。海外华文文学作为世界华文文学的不可分割的一个部分,由于与世界各国文学交流更加频繁,受到西方和当地各国文学与文化的影响也更多。它们不仅可能成为大陆与各国文学交流的桥梁,而且由于它们具有异于大陆的文学特色,在世界华文文学的整体结构中,与大陆文学正构成有益的互补的关系。

(二) 港、澳、台地区

同根同族语言文化皆相通。只因众所周知的历史原因,在 1997 年香港回归祖国之前,港、澳、台地区有了 3 种不同称谓的文学即"台湾文学"、"香港文学"和"澳门文学"。这种被称为"边缘文学"的现象是历史造就的,但是文学本质一样,都是中国文学的一个组成部分,这是不容争议的事实。这个版块的发展趋势决定了其爱国、健康、积极的向心力,其文学发展是成绩显著、贡献突出、影响力强,虽然与祖国内地相比,还存在一些意识形态上的差异,尤其这个版块的驳杂文学色彩曾为较多炎黄子孙困惑,但无论怎样,从中国当代文学总格局来论,这种母体文学的延伸、补充和扩展无疑在中国当代文学史上占有重要的地位。

(三) 东南亚、日韩

东南亚华文文学在世界华文文学格局中有着特殊性。与中国相对接近的

空间距离成就了文化传统、人文亲情以及学术交流的紧密频繁,还由于华侨人数的众多使汉语书写成为生生不息的文化承传,并且,始而漂泊继而落根最后生根的华文作家的家国之思、身份寻求以及与所在国的文化冲突与融合,都成为其个体生存与书写的永恒性话题。尤其在新加坡、马来西亚、泰国这3国,华文文学的传播近于盖过土著文学,甚至在这些地区华文成为使用最多的语言,并且具有华人血统的当地人不断增多。更有甚者是泰国的华文文学同新马华文文学既有共性亦即"五四"文学精神和各自本土色彩,又有自己的特色,如"拙朴而纯真","可感到佛教的仁慈与包容",因为泰国未曾被殖民统治过,又深受佛教的影响。

除泰国外,东南亚诸多国家受过殖民统治,富有反抗精神,这些国家的华人华裔,从中国南方到东南亚,几代人在当地生根发展,与当地人共同经营第二故乡,这些国家同样在热带,同样的生活习惯,多语言,多种族,因之东南亚作家长期以来一直不懈地将本土风格融入到中华文化血脉而构建自身的文学创作体系,出版了数百千计的作品集,其作品内容乃至风格与中国香港、台湾及欧美地区截然不同。

东亚、日韩诸国,因历史至今均属于"汉语文化圈"内,以中国为文化母国并受容中华文化渐渐构筑起符合本民族特性的文化体系。虽然这些位于"汉语文化圈"的国家在此之前尚未形成本国的书面文字,却使用汉字记录文书典籍,创作文学作品,特别是汉诗文和小说。从汉唐开始,朝鲜和日本就派遣有志之士赴中国留学。到了公元9世纪,唐王朝的新罗留学生已达到200多人。以与中国的互派留学生之事记载的作品,一直到近代仍占据着主流文学地位,尤其20世纪初的赴日留学生中有些就是后来的创造社成员,如郭沫若、郁达夫等。在日本和韩国,还有一大批研究汉学的学者,有相当一部分人能够用华文写学术论文,传播中国文化。20世纪80年代后从中国大陆赴日的留学生的创作也开始引人注目,并且不少文学新人崭露头角,受到世界华文文坛的关注。

(四)欧、美、澳地区

当下,海外华文文坛已由来自中国大陆的华文文学作家替代来自港台作家的掌门人地位。

这是一个怎样奇特的海外文坛,职业不同,身份各异,背景纷杂,贫富不均,执笔者却是一往情深。文学,真正是一种最奇特的生命,有灵魂的地方它就会发芽、生长、结果,尤其是在酷烈的文化交战的土壤上,文学则更顽强地为历史与现实留下一丛丛鲜活迷人的奇葩。从上世纪初太平洋海岸华侨作家血泪的记述,到20世纪60年代塞纳河畔留学生文学的苍凉,再到八、九十年代大陆新移民作家的昂然崛起,整个欧美澳文坛可谓风起云涌,各领风骚。令人欣喜的是,这一派创作景象,并没有逃脱掉研究者的视线,当代的中国文坛早已感受到这股文化冲击的热流,并努力在追寻着作家创作的脚步。

美洲的华文文坛是随着早期华侨华工的流入而兴起的。19世纪初,游学于海外的学者以及奉命出使异域抑或考察的官员也留下了诸多文学作品。稍后,随着中国与美洲大陆之间的航空海运通畅而交往频繁,移居海外的知识分子大增,成立华人社团,组办华文报刊,开设华语电台。尤其是华人分布最多的国家城市诸如美国的洛杉矶、纽约和旧金山,加拿大的温哥华、多伦多,还有南美的巴西、阿根廷等,几乎成了美洲华人世界。当前美洲华文坛的中坚力量均来自大陆的华文文学作家与早年来自台湾的留学生作家。

欧洲的华文文学的兴起始于"五四"时期的留学高潮之中。20世纪初在欧洲的中国留学生们接受了不少新思潮的影响,这些后来成了中国著名作家的老舍、钱钟书、徐志摩、艾青等,都是当时欧华文坛的宿将。再后,20世纪90年代,活跃在欧洲华文文坛的诸多作家发起成立了欧洲华文作家协会,推举台湾旅欧女作家赵淑侠出任第一届会长,从此,欧洲华文文学步入了一个新的发展阶段。

澳洲的华文文学的起步,始于上个世纪80年代初。早期土生土长于澳洲的华人接受的都是英文教育,唯有少部分居住在华人社区的才使用中文。目前,坐落在澳大利亚的墨尔本、悉尼和新西兰的奥克兰已成为当代华人移民重镇,并涌现出不少优秀的新移民作家创作出了很多有分量的华文文学作品。

三 研究现状与展望

社会历史背景或文化语境已成为研究其文学文本的重要决定因素。世界华文文学的发展和中国本土文学既相分流又相整合,这种状况,不仅使海外不同区域的华文文学能够在同一文化背景下得以彼此沟通、衍化和统摄,而且还使世界华文文学成为一个的新的研究领域。作为整体汉语言文学的一个组成部分,世界华文文学很自然的显现出既具有汉语言文学一贯的文脉及其特点的表现方式亦即民族传统,又因为受不同的国别或区域文化影响而表现出的特殊性亦即异变。综观全球华人文学的发展状况,有必要对其凸现的民族文化异变的复杂表现进行科学的考察和评价。

世界华文文学作为课题性的研究在学术界展开比较晚,由于受地域、时间及其他因素的局限,二十世纪八、九十年代大陆学者大多是从立足于港、台两地的文学史和文学作品的研究起始,并侧重于文学史和比较文学的宏观研究,取得了一定的成果,然而,作为世界华文文学研究的一个重心的微观研究,尚处在较浅层次上,其成果大都是个别作家传奇、作品评论、文学综述等。鉴于此,我们意为新世纪研究华文文学的重心,须从一般到个别,进一步探讨其民族性及其异变的发展形态来展示典型环境中的"这一个",以促进中国文学与世界文学的交流且弘扬中华文化。

(一)世界华文文学是一门新兴学科

首先,它是源自于母体文学之中,却成长于异域环境之下。这种特殊的从整合到分流的创作轨道,正是华文文学创作的内在实质;其次,研究华文文学不能持以偏狭的、区域性的眼光去概括其丰实的发展形态,也不能将各种不同的艺术创造和文学经验一并归纳到其母体文学研究中。因而,通过科学的研究,确立世界华文文学与中国文学共生而互创的关系,使之能够在与中国文学平等交流对话中共进,为发展世界华文文学在新世纪发挥世界性的作用提供理论导引和实际上的借鉴。

由此而看,世界华文文学不能单纯的归入中国文学的范畴,因为其核心并非华文,而是华人的文化。世界华文文学的内容实质上是代表着华人文化的文学,所以用华文作为表达的工具来反映作品的情感内容与精神内涵才是国内外研究的学者所注重的。如果说用华文写作是一个民族文化的表达方式,那么用文学去反映社会生活则是一个民族的思想体现。统观世界华文文学创作,我们可从不同时期作家的作品展示来透视其内容实质的发展演变,尤为关注其民族文化的异变。

(二)异变乃世界华文文学的创作在恪守民族文化传统的同时,突破母体文化将移民群体文化色彩涂抹到其创作文本中。

比较大陆本土文学与海外华文文学之关系不难看出海外华文文学虽然以本民族文化传统为核心,但却不可抗拒的吸取了各旅居国本土文化的营养,无论是在内容还是形式上已逐渐形成了海外华人作家群体的现代思维方式,于是一种融合的双重性文学应运而生,我们称之为"异变的华文文学"。这类异变华文文学与其创作者的生活时代、所处的地位、生活经历、艺术思维个性以及创作心理结构等是相辅相成的,异域文化心态与文化习俗的深入,社会环境与文化环境的影响,别具风格特点的语言表达方式等等成为华人华文文学异变的主要因素。曾有学者为这种异变内涵下过定论,即中国意识逐步淡化,中华情结趋浓。

异变性体现于华文文学的创作中,一般表现为以下几个特点:

1. 大相径庭的文化观念造成尴尬无奈、飘泊无一的痛苦心态。

一种异于本民族的思维和行为模式,必然成为赖以生存的支柱。皈依西化,痛苦与失根,无根无渊的困境所产生的观念必然成为华人作家创作的精神渊源,"他们脚跨东西两种文化,身在西方,但是根在东方;理性在西方,感性在东方。"因而,早期的乡愁主题曾是华文文学多年不变的基调——失落感、孤独感,尤其是无法对人生、社会、国家、时代作出更理性的认知。可以从赵淑侠的《我们的歌》和《赛纳河畔》两部小说的主人公身上看到这种乡愁情愫的异化。这种于感性与理性的嬗变亦代表了众多华文文学创作中潜意识的两种文化的交融。

2. 异域风情、语言和情节结构亦是华文文学易于接受的较为自然、合理的表达方式。

西化表达方式无疑比恪守传统表达方式更为海外久居华人所认可。丰富的多样性和差别性,亦是世界华文文学异化的特点之一。中国传统小说的以人物对话和行动直接构筑故事情节的表现模式被突破,更多的是以西方小说的多样化描写方式所替代——意识流、象征主义、印象主义乃至于隐喻、暗示等修辞格的使用,我们可从早期郁达夫的《沉沦》、林语堂的《京华烟云》等小说中体会到这种西化的描写方式。倘若说这仅是异变的初始状态,那么在以后的现代派作家群中大为不鲜,诸如聂华苓以现实手法表达象征意义的《桑青与桃红》、於梨华以更具形象的喻体来表现抽象感情心理的《雪地上的星星》、陈若曦以时空倒错的表现方式来刻画主人公精神状态的《最后夜戏》、欧阳子惯将西方古典戏剧的"三一律"结构技巧运用到其现代派色彩浓厚的小说《半个微笑》中,乃至于在后来的"新移民作家"们将异域文学的审美观及语言风格渗透到其作品中使西化的异变更为显著,较突出的当为以网络文学崭露头角的少君,他创作的表达方式堪称为"天马行空,百无禁忌",在系列小说《人生自白》里的那种大铺大垫的阔笔伏写,以及特有的网络文学结构,亦是冲破传统格式的新尝试。

3. 随着社会和时代的前进步伐的加快,人类观念的进一步大同化,新移民文学迅速崛起,已成为世界华文文学的重要部分,标志着华文文学走向新世纪。新一代华人移民知识层次的提高,无疑在一定程度上催生了新时代华文文学的新成果和新水平。从"叶落归根"到"落地生根"的异变,显示其创作中积极乐观、奋发向上的表述和对时代、社会及人生的思考,这种异变似乎是在做一番如何融传统于现代,融西方于中国的探索,"已不再满足于对异国作浮光掠影的描绘,冷静的观察思考取代了早期的惊异、迷惘的目光"。尤其是九十年代后期的新移民文学,以其内容故事情节的跌宕起伏来吸引读者,以结构风格多样化来显示作者的创作实力,如阎真的《白雪红尘》、张翎的《上海小姐》等完全摆脱了以往留学生文学的乡愁阴影,投入到争取适宜的、愉悦的生存空间;在表达形式上,亦大胆采用空间与时间的肆意交错以及浓墨重彩的猎奇式渲染。无疑,这类积极向上的历史定位,乃是新移民作家不同于早先留学生文学的异点所在。从发展的角度来看,新移民文学正坚韧不拔地在攀登华文文学的新高峰,这也是我们的期盼。

（三）冲出东西方文化夹缝,立足于异域的华人华文文学,寻求独特的文化归宿。

新世纪的到来,给世界华文文学带来了生机,似乎也增加了某些困惑,这类困惑被称为"忧患意识",目前正经历着从忧患传统的被迫丢掉到关注传统没落这样一个过程。诸如北美华人作家关注的中华伦理道德的再教育;东南亚华人作家关注的华语教育的低落;欧洲华人作家关注的人格与社会地位树立等等,这也许将会成为新世纪华人华文文学创作的主题。由此可见,人类群体的普同性和差异性亦是并存的,这是一个问题的两个方面,是辨证统一的。要将文学视为一种社会意识形态,考察具体作家、作品和一定时代社会物质生产关系之间的联系,充分认识文学所表现的人性、阶级性、民族性、差异性,才能更深入、更透彻、更科学的去理解海外华人华文文学的文化普同性。

随着时间的推移,世界华文文学将不断会有新的拓展,异变将会使其从容游刃于东西方文化的漩流中,为今后的发展不断探索、创新。

思考练习

1. 简述世界华文文学的特性。
2. 试述体现于世界华文文学创作中的异变性是怎样的？
3. 简述世界华文文学分布状况。

第二章 台湾文学主流

重　　点：台湾文学的性质、特点及历史分期；台湾新文学的发展演变历程。

难点释要：台湾新文学发展的社会历史背景和文艺生态环境；文学现象与作家创作的复杂性。

第一节　初创期的台湾新文学（1920—1930）

一　台湾新文学运动的发生过程

台湾自 1895 年被甲午战争中失利的清政府以《马关条约》一纸割让,从此沦为日本殖民地长达半个世纪之久。从 1920 年到 1945 年,受到祖国大陆"五四"新文化运动影响而产生的台湾新文学运动,在日据时代走过了充满血泪和挣扎的艰难历程。

作为中国新文学运动的组成部分,台湾新文学运动不仅在本质上始终追求着"五四"新文学的方向,而且在文化阵地、运动步骤乃至创作实绩方面,都与祖国大陆的新文化运动息息相关。

殖民地的解放运动,大抵是由海外首先发动。台湾留学生在东京的崛起,促进新文化运动团体应运而生。1919 年秋,蔡惠如、彭华英、林呈禄、蔡培火等人,与祖国大陆在东京的中华青年会干部马伯援、吴有容、刘木琳等,发乎血浓于水的民族意识,取"同声相应"之义,成立了台湾留日学生的第一个民族运动团体"声应会"。

1920 年 1 月 11 日,有感于台湾民族运动的迫切需要,蔡惠如等有识之士决意改变留日学生的涣散现状,出面组织了台湾文化政治团体"新民会",推举林献堂为会长,蔡惠如为副会长,会员达 100 多人。"新民会"虽有取大学篇中

"作新民"之义,但更多的迹象表明它与祖国新文化运动的密切联系。梁启超有"新民说",台胞成立了"新民会";陈独秀创《新青年》,"新民会"办《台湾青年》;陈独秀发表《敬告青年》,林呈禄亦有《敬告吾乡青年》问世。1920年7月16日创办的《台湾青年》,成为推动台湾新文化运动的核心。《台湾青年》有着广泛的社会关怀,涉及政治、经济、教育、法律、文化思潮以及文学艺术创作等诸多层面,它以谋求文化向上、促进民族解放的姿态,对台湾民众进行了广泛的思想启蒙。从"新民会"到《台湾青年》,它不仅象征着台湾知识分子从梁启超的一代跨越到陈独秀一代,更以革命文化团体阵容的确立,标志着台湾新文化运动的开端。与此同时,它也表明东京留学生为主的民族自觉运动,走到了文化抵抗的路子上来,并与岛内的反殖民主义斗争合流。"新民会"作为台湾新文化运动的一面旗帜,对台湾的民族解放运动有着举足轻重的意义。发生在台湾的诸多重大政治运动,以及台湾多个政治文化团体的成立,皆与"新民会"发生直接或间接的联系,至少有"新民会"成员参与活动。

在祖国五四运动的影响和推动下,岛内知识文化界竞相奋起,台湾新文化运动的中心逐渐向台湾本土转移。1921年10月,"台湾文化协会"在台北正式成立。开业医师蒋渭水任专务理事,林献堂任总理,蔡惠如等62人为理事,会员后来发展到1032人,几乎罗致了当时台湾的青年才俊,造就了一大批台湾政治社会运动骨干。"谋台湾文化向上"的"台湾文化协会",以"揭橥启发民智、灌输民族思想、提倡破除迷信、建立新道德观念、改造社会为其目的",其最终的任务是要"唤醒台胞的民族意识,摆脱日本统治。""台湾文化协会"的活动方式,或发行《会报》、文化丛书和《台湾民报》,广泛设置读报社;或举办各种讲习会,内容涉及台湾历史、法律、卫生、经济以及学术等方面;或以遍及全岛的文化演讲会唤起民众,从1923年5月至1926年,"文协"就举办演讲会788次,听众达23.5万人;或组织剧团巡回演出,胡适的《终身大事》是演出频率最高的剧本,其他大部分剧本则由各地的青年临时编排。"台湾文化协会"作为台湾第一个大型政治文化团体,同时也是资产阶级领导的抗日民族统一战线,尽管其代表人物的思想状况和政治倾向不尽相同,并且多以温和、迂回、渐进的方式展开各种文化活动;但它通过强力而广泛的文化启蒙运动,唤起了武力抗日失败后的台湾民众的民族意识和反抗情绪,提升了社会的精神文化水准,成为台岛推动新文化运动的中心,这不能不说是那个时代台湾新文化运动的一种奇迹。

在台湾新文化运动的直接推动下,1920年到1930年,台湾新文学进入了萌芽与成长的初创期。正如台湾老作家廖汉臣所指出的那样:"'中国新文学运动'始于'文字的改革'而终于'文学的改革','台湾新文学运动'亦步其后尘,由黄呈聪、黄朝琴提倡白话文于先,张我军提倡诗学的改革于后,而渐发展的。"具体而言,初创期的台湾新文学运动呈现出以下发展过程。

(一)白话文运动的发轫

台湾白话文运动始于20世纪20年代初期,它以《台湾青年》、《台湾》、《台湾民报》等早期新文化刊物为前沿阵地,以反对文言文、提倡白话文为中心内容,由此构成台湾新文学运动的先导。针对台湾旧文学界的弊端,早在1920年至1922年的《台湾青年》时期,就有三篇呼吁白话文的文章发表,它们分别就文学的内容和形式反省了台湾文学的问题。

陈炘的《文学与职务》,可谓台湾新文学运动的首篇文献。文章指出,自实行科举制度以来,"言文学者,矫揉造作,不求学理,抱残守缺、只务其末";"论文学者,皆以文字为准,辞贵古奥,文贵艰涩",造就了一种只有漂亮外观而无灵魂思想的"死文学"。作者呼吁"而就今日之文明思想,以为百般革新之先导",率先主张使用"言文一致体"的白话文,从而呼应了陈独秀《文学革命论》之内在精神。

甘文芳的《实社会与文学》,从文学与社会的关系入手,着重讨论台湾文学应有的走向。面对战后中国新文学运动蓬勃开展的事实,他认为,"在这迫切的时代要求和现实生活的重压下,已不需要那样有闲的文学——风流韵事、茶前酒后的玩物了。"

1922年1月,陈端明发表《日用文鼓吹论》一文,则正式揭开了台湾白话文运动之序幕。作者指摘文言文之三大弊害,一是不能充分表达思想,二是造成文化停滞,三是形成国民元气沮丧之源。而白话文则既可从速普及文化,启发民智;又以简易省时的特点,稚童亦能道信,自幼可养国民团结之观念。故改革文学当从改革文体首先开始,"即废累代积弊,新用一种白文,使得表露真情,谅可除此弊","以期言文一致"。

以上三篇文章虽说是最早倡导了白话文革命,但因是意向式与劝导式写作,并未构成系统的观点与理论体系,加之零散发表,《台湾青年》的阅读范围又多在日本,故冲击力还很有限。

1922年4月,《台湾青年》更名为《台湾》,翌年在台湾特设分社。是年6月,就读于日本早稻田大学的台湾留学生黄呈聪与黄朝琴,利用暑假返回祖国大陆旅行考察,遂被蓬勃开展的新文学运动所深深触动,于是同时在1923年1月的《台湾》杂志撰文呼吁普及白语文,由此成为台湾白话文运动的先声。

黄呈聪的《论普及白话文的新使命》,首先言明大陆之行的考察结果,祖国五四白话文运动的成效,遂正式介绍到台湾。作者根据胡适的理论,考察了白话文运动的历史,比较了白话文与文言文的优劣,探讨了白话文与台湾文化和日常生活的关系,以及白话文在普及文化中的作用。黄朝琴的《汉文改革论》,则在长达1万多字的文章中,分18节详细论述了汉文改革的必要性和迫切性。黄朝琴的改革动机,缘起于汉文是世界上最难学的文字,追溯中国不振兴的原困,即在言文不一致的弊害。作者从自己做起,提出改革方法:第一,对同胞不写日文信;第二,以后写信全部用白话文;第三,用白话文发表议论;第四,呼吁建立白话文讲习会,自愿担任教师。

黄呈聪、黄朝琴两篇文章的同时发表,真正揭开了台湾白话文运动的篇章。把白话文运动的推广,与文化启蒙、改革台湾社会的急务结合起来,与联络祖国文化,抵抗日本同化政策联系起来,这使二黄的汉文改革理论,意义深远而重大。

黄呈聪、黄朝琴文章的发表,引发了台湾学习白话文的热潮。是年4月,《台湾民报》半月刊创刊,并全部使用白话文。与此同时,台湾白话文研究会在林呈禄的主持下,于1923年4月15日正式设立。林呈禄作为台湾留日学生,是《台湾青年》、《台湾》、《台湾民报》的重要创办人之一。"提倡白话文,要做社会教育的中心","普及三百六十万同胞的知识,使他们平平享受人生本来的生活",是白话文研究会的创会宣言。该会成立后,即向全岛募集会员,并拟定三条普及白话文的措施:1. 凡会员20人以上之地方者,由本会派专员到该处开讲习会;2. 由本会随时指导会员,或答应会员之通信诸事;3. 本会得随时悬赏课题,以奖励会员之研究,佳作者并为发表在《台湾民报》。

白话文运动是台湾新文化运动的第一个胜利。从1920年开始,在不到4年的时间里,白话文就彻底打败了文言文,完成了文学语言的革新,为台湾新文学运动的开展扫清了语言障碍。不仅如此,白话文运动的功绩,还在于它把台湾新文学纳入整个中国新文学的格局之中,使其成为中国新文学的一支流脉而向前发展。

(二)新旧文学之争

以白话文的呐喊为先导,张我军提倡的"诗界革命"紧跟其后,台湾由白话文运动导入新文学运动。1924年至1925年发生的有关新旧文学的激烈论战,则标志了台湾新文学运动的正式登场。

《台湾民报》诞生于1923年,此时正值祖国新文化运动达到高潮之际,胡适等人倡导的文学革命已颇有成效。就读于上海的许乃昌以"秀湖"的笔名,在《台湾民报》1卷4期发表《中国新文学运动的过去现在将来》,第一次将中国新文学运动的整个情形介绍给台湾。1924年,在北京学习的苏维霖(芗雨)于该刊2卷10号发表《二十年来的中国古文学及文学革命的略述》,对胡适《文学改良刍议》和陈独秀《文学革命论》的要点,以及中国文学革命的梗概,作了详细介绍。旅居东京的张梗随后亦撰《讨论旧小说的改革问题》,力陈旧小说必须改革的迫切性,

并分为独创、创作须含意、含意须深藏、排春秋笔法、倡科学的态度、历史和小说须分工等6章,说明他对旧小说的改革主张。

上述3篇文章,可谓台湾新文学运动的先声。而真正拉开台湾新文学运动的序幕,对旧文学首先进行猛烈抨击的,是在北京直接受到五四新文学运动洗礼的台湾的文学青年张我军。当时的台湾文坛,以古体诗为代表,吟风弄月、无病呻吟的击钵体与应酬诗风行天下,并成为台湾新文学运动的主要障碍。针对这种情形,张我军以《台湾民报》为阵地,向旧文学发动进攻。1924年4月21日,他在《致台湾青年的一封信》中阐扬了两个基本主张,即改造社会和改革文学。他认为,台湾青年"要坐而待毙,不若死于改造运动的战场";他不赞成用请愿议会设置这种办法来改良社会,而希望通过"团结"、"毅力"、"牺牲"这三样武器,达到改造社会之目的。张我军以大无畏的气概,在其一系列文章中,对台湾旧文学营垒首先发难,批判锋芒直指旧诗人创作的三种弊端:一、不知道什么是诗,拿文学来做游戏;二、把神圣的艺术,视作沽名钓誉的工具;三、荼毒青年,使他们养成偷懒好名的恶习。

张我军在描述世界文学新潮流的演变背景之后,一针见血地指出:"还在打鼾酣睡的台湾的文学,却要永被弃于世界的文坛之外了。台湾的一班文士都恋着墓中的骷髅,情愿做个守墓之犬,在那里守着几百年前的古典主义之墓。"

张我军的文章,已经超越语言文字的范围,深入到对整个旧文学内容及其弊害的揭露与批判,因而极大地动摇了旧文学的殿堂,也势必引起旧文学营垒的反扑。于是,有化名"闷葫芦生"的旧文人发表《新文学之商榷》一文,抨击台湾新文学,"不过就普通汉文加添了几个字","夫画蛇添足,康衢大道不行,而欲多用了字及几个不通文字,又于汉学,无甚素养,怪底写得头昏目花,手足都麻,呼吸困难也。"

针对"闷葫芦生"的批评，张我军立刻作《揭破闷葫芦》予以反驳，于是开启了一场激烈的新旧文学论战。旧文人以《台湾日日新报》、《台湾新闻》和《台南新报》的汉文栏为堡垒，向《台湾民报》为代表的新文学阵地进行反扑。旧文学的阵容，有署名郑我军、蕉麓、赤嵌王生、黄衫客、一吟友、讲新话、坏东西等人，对新文学大肆攻击。他们谩骂张我军是"极端偏见长，白话作新诗，荒唐。张我军，信口便雌黄，香臭也无分，着狂。"更有甚者，化名"咄咄生"的作者在1925年1月27日的《台湾日日新报》上发表《胡适之之奴隶》，对张我军进行人身攻击。对于旧文人的围攻与谩骂，张我军自1925年2月11日至1926年2月16日，在《台湾民报》发表九篇《随感录》，同旧文学阵营展开针锋相对的斗争。

在新旧文学的激烈交战中，张我军并非孤军奋战，他的行动得到当时的文化斗士和先进知识分子的大力支援。1925年2月，蔡孝乾发表《为台湾文学界续哭》，公开响应张我军的主张；4月，又发表《中国新文学概观》，详细介绍了新文学运动后的祖国文坛。之后，支持新文学运动的文章纷纷出现，诸如赖和的《谨复某老先生》，刘梦苇的《中国新诗的今昨明》，张维贤的《一个诗人的演讲》，自我生的《诗颠诗狂》，杨云萍的《无题录》，前非的《随感录》，半新旧的《新文学之商榷的商榷》，陈虚谷的《驳北极无腔笛》，叶荣钟的《一个堕落的诗人》，廖汉臣的《驳堕落诗人》，陈逢源的《对于台湾旧诗坛投下一巨大的炸弹》等。新文学力量的聚合，是以《台湾民报》为阵地，对旧文人营垒进行斗争的。

台湾的新旧文学论争受到祖国大陆新旧文学论争的直接影响，它是台湾文学发展的内部规律所驱使的结果。新旧文学阵营的较量，在1924年至1925年达到高潮，之后持续近十年之久，经历了多次交锋。由于阻碍台湾新文学发展的力量主要以旧体诗为代表，加之台湾新文学诞生初期也以新诗为主，这就决定了新旧文学论战的主战场是在诗歌阵地上展开。论战伊始，新文学阵营处在主动进攻的优势地位。论战的结果，是以新文学阵营的胜利和旧文学阵营的落败而告终。"由此趋向观之，足证台湾新文学运动源于中国新文学运动；其关系恰如支流与主流，乃是息息相关，不可切割的。"

（三）台湾新文学的成长

20世纪20年代是台湾新文学的初创期。1925年以前，台湾新文学处于萌芽阶段；1925年至1930年，台湾新文学则从理论的推进到创作的发展，进入成长期。

成长期的台湾新文学运动，已经不再限于对祖国大陆新文学运动的介绍，也不再停留于对台湾旧文学的批判，而是开始转向研究自身的文学建设，并由理论主张的宣扬转向创作实践,由尝试性写作转入文学实绩的显示。

1. 文化园地的新开拓,是成长期新文学运动的重要变化之一。

首先,《台湾民报》迁台发行,开辟了台湾新文学运动的主要阵地。从1920年至1926年,《台湾青年》、《台湾》、《台湾民报》都是在日本东京出版,再运回台湾发行。为让《台湾民报》迁到台湾印行,林呈禄、黄朝琴、黄呈聪、蔡培火等人进行了不懈的努力,终于在1926年8月1日,出版了《台湾民报》迁台第1号。为了扩大影响,从1929年1月13日起,他们成立了"株式会社台湾新民报",由林献堂任董事长。1930年3月29日,该报改称《台湾新民报》,仍为周刊。《台湾新民报》适时地扩充了文艺版面,增设"学艺"栏,专门介绍各种文艺问题,如:"民众文艺的歌谣"、"做文学的几个条件"、"论散文与自由诗"等,促进了文学的研究与创作。不仅如此,它使当时的社会改革者或直接投入文艺创作的行列,或担任文艺理论的旗手,促使了台湾新文学运动与民族反抗运动在新形势下的紧密结合。

其次,多种文化阵地开始出现,改变了萌芽期《台湾民报》独据文坛的局面。1925年3月,杨云萍和江梦笔创办《人人》,可谓受新旧文学论战刺激创办的第一本白话文纯文艺杂志;1925年10月,张绍贤创办《七音联弹》;1927年,台湾人士林徐富主编《榕树》杂志;在北京学习的苏维霖、张我军等人,也创办了《少年先锋》;1928年,"新文协"刊行《大众时报》;1930年6月,由王万得主倡,邀同陈两家、周合源、江林鲸、张朝基等5人,出资创办激进的综合性文化周刊《伍人报》;同年8月,台湾共产党领导的"台湾战线社"创办《台湾战线》;廖汉臣、谢春木等亦创办《洪水报》;林斐芳与黄天海办《明日》;同年10月,许乃昌、黄呈聪、林笃勋、赖和等8人创办《现代生活》;林梧秋、赵枥马等7人创办《赤道》等。上述报刊,多设有文艺专栏,大力刊载文艺作品,对于台湾新文学的成长,起到了积极的促进作用。

2. 作家群落开始聚集,是成长期新文学运动的重要变化之二。

从1926年开始,随着民族运动的高涨和文化运动的深入,一批新文学运动的作家迅速成长起来,先后登上文坛。赖和、张我军、杨云萍、杨守愚、陈虚谷、郭秋生、叶荣钟等人可谓代表。萌芽期的文学创作,多是社会活动家过问文学,作品多以政治主张和社会改革为主题;到了推进期,则是文学家来干预政治生活,新文学逐渐从文化运动中彰显出来。上述种种,显示了台湾新文学的迅速成长。

二 台湾新文学初期的小说创作

台湾新文学创作的萌长,首先以白话小说的出现,标志了一种新的文学品种的诞生,这也是台湾文学史上的重要突破。

1922年至1925年,在《台湾》和《台湾民报》上相继问世的,是几篇带有萌芽性质的新小说。例如追风的《她要往何处去》、无知的《神秘的自制岛》、柳裳君的《犬羊祸》、赵经世的《贤内助》、施文杞的《台娘悲史》、云萍生的《月下》、《罪与罪》、鹭江TS的《家庭怨》等8篇。

《她要往何处去》,是台湾新文学史上的第一篇小说,发表于1922年4月的《台湾》杂志。作者追风,原名谢春木,1902年生,台湾省彰化县二林人,日本东京高等师范学校毕业,曾任《台湾民报》主笔,是台湾早期的资产阶级民族主义启蒙运动的骨干人物之一。他的小说处女作,通过描写一对青年男女从订婚到毁约的爱情故事,藉以破除封建礼教下婚姻制度的弊害,提出反封建与妇女解放的问题。台湾姑娘阿莲与台湾留日学生清风相爱,清风的家长却通过媒妁之言为清风和桂花订下婚约。桂花单方面爱上了清风,收到的却是清风要求解除婚约的请求信。后来在表哥草池的启发下,经历了痛苦婚变的桂花萌发了自救救人的思想,东渡日本求学。她意识到,这次婚变"不是阿母的罪,也不是清风的,都是社会制度不好,都是专制家庭的罪。我只是牺牲者之一。正如表哥所说,整个台湾不知有多少人为这制度而哭着。如今我却明白过来了。我要为这些人而奋斗,勇敢地奋斗下去。"这篇小说主题思想鲜明,注重人物性格刻画,笔下有情有景。不足之处,在于作者借主人公之口表现自己的政治主张,显得过于生硬。另外,小说采用日文写作,未能与当时倡导的白话文运动相协调。

其他几篇作品,《神秘的自制岛》是以台湾为观照对象,带有强烈讽刺性的寓言小说。它描写日本统治下,背负枷具的台湾人的痛苦、愚昧与奴性。小说在揭露日本殖民统治的同时,也暗讽岛人的迷信与不觉悟,揭示造成民族悲剧的症结所在。《犬羊祸》是篇政治小说,通过描写当时台湾社会运动家的内幕,对林献堂和杨吉臣退出台湾议会设置运动的妥协行为进行批判。该小说在《台湾》杂志登出后,只刊载一半就停止了。《台娘悲史》是以寓言方式表现恶男霸女为妾的不幸婚姻,小说中的"台娘""华大""日猛"三个人物均有所指,婚姻故事的背后,暗含着台湾的沦陷史。《贤内助》一篇,用的虽是白话文,内容似翻译日人作品,没有更多价值可言。而杨云萍对自己早期小说的看法,用的是"虽有一二,但不成问题"的评价。这一切,应该说是符合萌芽期小说的发展规律的。

总之,萌芽期的台湾小说,一开始就显示了反殖民压迫、反封建制度的主题指向,并且带有强烈的政治讽喻性和现实针对性。在题材选择上,无论是写社会问题,还是表现家庭生活、妇女命运,都与现实政治发生千丝万缕的联系。寓言形式和讽刺手法的较多运用,显示了台湾作家反抗日本殖民统治的特殊方式。这些小说虽然在艺术上还比较稚嫩和粗糙,有的表现形式和语言还残存某些旧小说的痕迹,但其呈现的小说主题与内容是全新的,它无疑代表了台湾小说的发展方向。

从1926年开始,台湾新文学运动由理论的发动进入创作的过程,赖和、杨云萍、杨守愚、陈虚谷、郭秋生、张我军、叶荣钟等作家的群体聚合,带来了真正显示台湾新文学运动实绩的作品,而小说创作又居于领先地位。据不完全统计,1926年至1930年五年间发表于报刊的小说为47篇,相当于萌芽期创作数量的6倍。仅1926年这一年,《台湾民报》就推出了10篇小说,其中赖和的《斗闹热》《一杆"称仔"》,杨云萍的《光临》《黄昏的蔗园》《弟兄》,张我军的《买彩票》等,标志着新文学运动由理论到实践的转变,被认为是现代文学奠基性的作品。在此之后,涵虚的《郑秀才的客厅》、虚谷的《他发财了》《无处申冤》,太平洋的《夜声》,杨守愚的《凶年不免于死亡》,郑登山的《恭喜》,铁涛的《阿凸舍》等,以及赖和、杨云萍、张我军不断问世的其他作品,则显示台湾现代小说从不同角度,揭开了台湾新文学历史的崭新一页。

成长期的台湾小说创作,主要采用现实主义方法和中文写作方式,对日帝统治下的台湾封建社会进行抨击,进一步凸显出反对殖民统治、反对封建主义的总体倾向。纵观上述作品,大多表现了如下内容和主题:

第一,揭露日本警察的凶暴和压迫民众的情形。日本警察作为维护殖民统治的鹰犬,无所不管,无恶不作,是台湾人民最为痛恨和直接抨击的对象。赖和的《一杆"称仔"》《不如意的过年》,郑登山的《恭喜》,一村的《无处申冤》等,都从不同角度表现了民间百姓在警察制度下所遭受的欺凌、重压以及无处申冤的悲惨现实。

第二,表现殖民者、地主和资本家对工农群众的经济剥削的现实。以杨云萍的《黄昏的蔗园》,太平洋的《夜声》,杨守愚的《凶年不免于死亡》为代表。日据时期,全台耕地的30%由殖民垄断阶级掌管,48%为地主阶级保留,而占农村70%人口的贫苦农民,仅占17%的耕地。残酷的经济压榨,多如牛毛的苛捐杂税,加速了底层百姓生活贫困化。杨守愚《凶年不免于死亡》中的农民,在地租、税收与灾年的多重压迫下,无论怎样挣扎,最终仍不能逃脱家破人亡的厄运。

第三,旧礼教束缚下的家庭生活与妇女悲剧。张我军的《白太大的哀史》,讲述嫁给大陆官僚被折磨而死的日本女子的不幸身世;杨云萍的《秋菊的半生》,塑造了家贫被卖、又遭富人欺凌玩弄的台湾少女秋菊的形象;赖和的《可怜她死了》,则借少妇阿金的遭遇,控拆了落后愚昧的养女制度。封建专制制度下的妇女命运,成为当时作家关注的严重社会问题。

第四,揭露封建地方势力和御用绅士的妥协。以杨云萍的《光临》,涵虚的《郑秀才的客厅》为代表。日本殖民者对台湾推行的愚化、奴化和同化政策、促使封建地方势力臣服殖民当局,成为反对社会改革的力量。《郑秀才的客厅》里所上演的,就是三个封建遗老接受殖民当局旨意,加入御用文化团体的丑剧。

本时期作家创作的局限,一是由于他们多以文学为武器来推动政治、文化运动,还缺乏对创作数量与艺术质量的潜心关注;二是因为当时作家往往兼营多种文体,艺术的磨砺与积累还不够深厚。

三　台湾新文学初期的新诗概况

台湾新文学运动正式发轫于诗界革命,对陈腐保守的旧诗殿堂的摧毁,势必带来对新诗创作的建设性努力。

萌芽期的新诗领域,活跃的作家主要有施文杞、张我军、杨云萍、前非等人。当时的诗歌发表,是以《台湾青年》、《台湾》、《台湾民报》等报刊为园地。张我军有关新文学运动的主张,为诗界的革命和建设提供了强有力的理论背景。

台湾最早出现的新诗,是追风(谢春木)用日文创作的《诗的模仿》(含《赞美蕃王》、《煤炭颂》、《恋爱将茁壮》、《花开之前》四首小诗),它写于1923年5月,发表于1924年4月出版的《台湾》

张我军

杂志。这组诗表现了诗人对独立自主和美好生活的向往,但也有模仿的痕迹。真正为台湾新诗作奠基的,当属张我军的处女诗集《乱都之恋》。这部诗集出版于1925年,辑录了作者在此之前写作的55首新诗,也是台湾新诗上出版的第一本诗集。它在五四以后的特定时代环境中,写出一对青年男女恋爱过程中的悲欢离合,以及青年一代冲决封建罗网的情感追求。抒情主人公的心声袒露,富有时代特征的诗歌形象表现,使《乱都之恋》具有开新诗风气之先河的意义。

1925年12月,《人人》杂志第2期集中发表了一批新诗。其中除张我军的《乱都之恋》七首外,还有江肖梅的《唐棣梅》,郑岭秋的《我手早软了》,纵横的《乞孩》,泽生的《思念》等,此可谓新诗开始兴盛的一个标志。

1926年,《台湾民报》向全岛诗人征集白话诗,应征作品达50余首。经评选,崇五以《误认》和《旅愁》获第一、三名,器人(杨华)以《小诗》和《灯光》获第二、七名,黄石辉以《寄生草》和《早晨的月》获第四、六名,黄得时以《喷水泉》和《云》获第五、八名,沈玉光以《鹦鹉》获第九名,谢万安以《怀旧》获第十名。这是台湾新诗史上第一次评选活动,它的历史意义无疑大过作品的成果。

1930年8月2日,《台湾民报》第324期增开《曙光》专栏,专门刊登新诗作品,创作产量顿时激增,许多在台湾新诗史上有价值的作品都发表在这一时期。同年,吴新荣在日本东京创办了《里门会志》和《南瀛会志》,写了《故乡的挽歌》等作品,加盟台湾诗歌队伍。由此,台湾新诗史上出现了第一次创作高潮。新诗阵地的发展与扩大,促使了台湾诗人的聚集。这时期登坛的诗人,多半是小说家,大都是身兼诗歌、小说和理论数职,没有专业诗人,诸如陈虚谷、赖和、杨守愚、杨华、朱点人、克夫、翔、王白渊、梨生、启文等。当时用中文写白话诗的,以杨守愚、杨华、张我军、甫三(赖和)、虚谷等较有成就;用日文写新诗的,陈奇云出版了诗集《热流》,王白渊日文诗集《荆棘之道》问世,郭水潭的创作也比较突出。

新诗从萌芽到成长,创作伊始即表现出鲜明的诗歌主题取向。

(一)直面现实人生,揭示贫富不均的社会现象,表达诗人对劳动人民的悲悯之情。代表作有:杨云萍的《这是什么声》、郑岭秋的《我手早软了》、纵横的《乞孩》、赖和的《流离曲》、守愚的《长工歌》、《孤苦的孩子》等。

(二)反抗日本殖民统治,歌颂人民的斗争精神。赖和的《觉悟下的牺牲》,是为二林蔗农团结斗争勇于牺牲的精神而歌;《南国哀歌》则是针对1930年10月台湾爆发的"雾社事件"所作的哀歌和颂诗。赖和这种尖锐的政治抗争意识,开拓了台湾新的现实主义传统。《南国哀歌》写道:

兄弟们来!来!/舍此一身和他一拼!/我们处在这样环境,/只是偷生有什么路用,/眼前的幸福虽享不到,/也须为着子孙斗争。

(三)冲破封建礼教,大胆追求纯真爱情。这类诗歌明显受到五四新文化运动的影响,反映出台湾青年一代的人生觉醒与个性解放,诗歌的情感氛围与意象设置也有着较为生动的艺术传达。代表作品,可以列举张我军的诗集《乱都之恋》、江肖梅的《唐棣梅》、泽生的《思念》等。

(四)在异族的残酷统治下,面对社会问题和生命意义的反省与感触。代表作品有梨生的《小疑》,以及杨华 1927 年写于狱中的 50 余节小诗《黑潮集》。被称为"薄命诗人"的杨华,他的诗是在与贫病交加的命运抗争和与敌人的斗争中诞生的,历史、现实、命运与生命的痛苦扭结,使诗人发出了异族统治下泣血的心声:

平原的嫩草/慢慢地露出绿色。/饿过了秋冬的羊儿/像匪兵一般地搜索。/唉!/春草的生命,/又被摧残了!(十八)

命运!/是生命的沙漠上的一阵狂飚,/毫不怜恤的/把我们/——不自由地无量数的小砂——/紧紧的吹扬波荡着,/飘飘地浮悬在空虚里,/漂浮漂浮永没有止息之处。(五十)

目光战不过黑暗的势力,/倒伏在地平线下,静待他再生的时机。(四十五)

杨华的诗抒发了"黑潮下的悲歌",是为台湾悲惨命运的哀叹。他的诗,富有诗歌形象和韵律,追求清新自然的风格,成为这一时期不可多得的佳作。

毫无疑问,面对文学抗日形势的需要,这一时期的新诗义不容辞地担任了时代的号角,全力呼唤台湾人民的反抗精神。但它也不可避免地导致新诗创作思想与艺术表现的不平衡,故思想大于艺术的现象时有发生。另一方面,由于新诗刚刚诞生,创作经验与艺术积累明显不足,某些作品的语言失之粗、朴、白,诗歌的意境也有待于艺术的开发。

四 台湾新文学运动的奠基人赖和

台湾的新文学运动,继张我军的理论倡导之后,赖和正是以他对台湾白话文学和现实主义创作的确立,以他对年轻一代作家的培养,而被誉为"台湾新文学之父"以及"台湾的鲁迅"。

赖和(1894～1943),本名赖河,字懒云,台湾彰化市人,常用笔名有懒云、甫三、安都生、灰、走街先等。幼年习汉文,并接受日文教育。1909 年入台北医学校,毕业后在彰化建立赖和医院。1917 年到厦门博爱医院工作,1919 年下半年返台。这期间接受五四新文学影响,成为一个热心的社会活动者。1921 年加入台湾文化协会,开始其毕生悬壶济世及抗日文化活动的生涯。1923 年因治警事件入狱,翌年出狱之后,从此留

赖和

须明志,以示与日本官宪抗争。1941年又因思想问题再度入狱,后病重出狱,1943年1月即以心脏病与世长辞,年仅49岁。

赖和的一生,是令人敬仰的一生。其一,作为铁骨铮铮的爱国知识分子,为了证明自己是中国人,不臣服日寇,他曾经不剪辫子,始终穿着民族服装,充满了"不忍衣冠沦异族"的高贵情感。其二,赖和医德高尚,扶危济困,一生为劳苦群众所仰望,有"彰化妈祖"和"医圣"之称。不仅如此,"凡台湾文化运动与社会运动,先生无不公开参与或是秘密援助。"他免费医治穷苦百姓,"每天所看的病人,都在百人以上,然而,先生的身后,却留下万余元的债务。"赖和去世的时候,乡人盈街痛哭,送葬者络绎不绝。其三,作为充满反抗精神的新文学作家,赖和一生坚持用中文写作,绝不用日文写作,这在日据时代的文坛上,实属难能可贵。其四,作为台湾新文学的"奶母",赖和在担任《台湾民报》文艺栏主编和《南音》杂志编委的时候,为台湾文坛培养了一批作家,守愚、虚谷、杨逵、王诗琅以及稍晚的钟理和、叶石涛、钟肇政等等,都曾深受他的影响。

身处日本殖民统治下的赖和,终其一生未曾见过鲁迅,但深深受到鲁迅影响。依其友人杨守愚的说法:"先生生平很崇拜鲁迅先生,不单是创作的态度如此,即在解放运动一面,先生的见解,也完全和他'……所以我们的第一要者,是在改造他们(国民)的精神,而善于改变精神的,当然要推文艺……'合致。"鲁迅弃医从文,成为勇敢的文化斗士和时代旗手;赖和以鲁迅为楷模,一边行医,一边创作,去做台湾新文学运动的先驱;他们都在寻求通过文学改造社会,启蒙民众,疗救国民精神。尽管赖和在创作成就和思想影响力诸方面还不能完全比照鲁迅,但他在台湾新文学运动中的奠基作用,使他获得了台湾文坛的敬仰和评价。黄得时将赖和比喻为"台湾的鲁迅",吴新荣对其大加推崇,认为"赖和在台湾,正如鲁迅在中国,高尔基在苏联,任何权威都不能漠视其存在。"陈虚谷也断言:"赖和生于唐朝中国则可留名唐诗选;生于现代中国则可媲美鲁迅。"

赖和是文坛多面手,从1925年发表台湾新文学史上第一篇白话散文《无题》,到1941年在狱中完成的《狱中日记》,他共创作了小说14篇,新诗11首,随笔杂感13篇,狱中日记39篇,这些作品由李南衡编为《赖和先生全集》,1979年3月由明潭出版社出版。

生在一个身不由己的殖民统治社会,又经历着旧文学和新文学交替变更的风云时代,加之悬壶济世、体察民生的悲悯情怀,赖和走上文坛伊始便确定了自己创作的原点,那就是以拥抱民间疾苦的人道关怀,藉由文艺的力量去启迪民众精神,改造黑暗社会。在这种文学理念的指导下,赖和的创作始终坚持了反帝反封建的精神取向,从而成为日据时代最富有抗议精神的文学。以其成就最为显著的小说而言,赖和的创作具有以下鲜明特色。

(一)以尖锐的抗议精神,揭露日本殖民统治的罪恶,唤醒台湾人民的反抗意识。日据时代,反对殖民压迫,争取民族独立和自由,成为广大台湾同胞最根本的问题。赖和的小说,或抨击横行霸道、为虎作伥的警察制度,如《一杆"称仔"》、《不如意的过年》、《蛇先生》、《惹事》等;或揭露日本殖民者对台湾蔗农残酷的经济压榨,如《丰作》;或斥责日本同化政策对中国传统文化风俗的消泯,它们表现的全是与异族统治者势不两立的主题立意。《一杆"称仔"》写贫苦农民秦得参被日本巡警逼上绝路的故事。秦得参借来三元钱做卖青菜的小生意,因为无钱购置"称仔",只得向邻居借来一杆"尚觉新新的称仔"。当时的度量衡是官厅的专利,敲诈勒索的巡警不由分说,折断称杆,罚款抓人。秦得参由妻子借债赎出狱来,禁不住满腔悲愤,终于在新年之夜与巡警同归于尽。这里,原本象征老百姓谋生工具的"称仔",现在却被破坏;原本象征了法律应有公正的"称仔",现在却遭践踏;官逼民反的背后,是日本殖民者对民众生存权利的残酷剥夺,是走投无路的百姓对于强权专制的抵死抗议。值得指出的是,赖和小说不仅表现深沉的控诉力量,而且突显了强烈的抗争精神。《一杆"称仔"》中,秦得参的拼死抗争;《浪漫外记》里,民间好汉对日寇爪牙"补大人"的诱杀;《惹事》中勇于揭露日本殖民统治者"劣迹与残暴"的青年学生;以及《善讼人的故事》里为民请命、反抗强权的林先生,都是这种不屈意志的集中体现。

(二)以悲天悯人的人道主义情怀,描摹了苦难深重的百姓生活,传达出反帝反封建、改造不合理社会制度的强烈要求。《可怜她死了》是一篇哀怜贫苦女性命运的经典之作。小说中命运多舛的阿金,自幼被卖做童养媳,未婚夫又在一次罢工风潮中被警察打伤身亡。遭受重创的公公含恨死去,阿金婆媳挣扎在贫困线上。为了摆脱困境,阿金再次被已经妻妾成群的富绅阿力哥包养,受尽蹂躏后却遭遗弃,最终带着身孕投河自尽。赖和在作品中揭示了造成阿金悲剧的三个原因:一是养女制度,作为封建制度的残余和变形,它在日本统治下的合法化,是造成无数女子悲苦命运的深渊。二是纳妾制度。封建主义传统与男权中心话语的强势作用,使被物化的妇女变成男性需要的工具或可以任意买卖、遗弃的物品。三是殖民主义的统治。作为一切黑暗势力的总根子,它与实行专制、压抑人性的封建主义制度的联盟,是维持自身统治的需要。阿金的悲剧,正是殖民统治和封建制度一手导演的。赖和对封建礼教和落后习俗的鞭挞中,无不凝聚着对殖民主义的憎恶。

（三）对旧社会习俗的败坏，对苟且偷生者的形象批判，表现了赖和文化革新的要求，以及用文学疗救国民精神的忧患情怀。赖和于1926年写的第一篇小说《斗闹热》，是最先批评封建社会迎神赛会的铺张浪费，表达期盼文化革新与社会进步的作品。故事借着镇上人们的闲谈，表达出两庄村民在妈祖生日的祭典中为了争面子而"斗闹热"，导致富者愈富，贫者愈贫，幕后操纵者却从中渔利。对于为发起"斗闹热"而奔走的学士、委员、中学毕业生和保正等"有学问有地位的人士"，赖和也给予了特别的嘲讽。事实上，赖和对那种在殖民政府统治下苟且偷生，甚至巴结奉承的旧知识分子的描写，笔锋一贯犀利无情。在《棋盘边》里，作者用一幅对联，概括出此类人物萎迷颓丧的生活习俗："第一等人乌龟老鸨，唯两件事打雀烧鸦。"（指打麻将、吸鸦片）《一个同志的批信》、《赴了春宴回来》等作品，从不同侧面表现了民族危难时期一些知识分子的空虚与妥协心理，前者揭穿了有钱有闲者施灰献媚殖民当局的行径，后者则活画出一群寻花问柳的"圣人之徒"的卑污灵魂。

（四）在艺术表现上，赖和着力关注乡土的文化背景和艺术趣味，注重故事性与戏剧性，显示出乡土的特色。而对于邪恶与堕落的一面，他又特别运用讽刺手法加以抨击。

从赖和的散文创作来看，其笔下的《无题》是台湾新文学史上的第一篇白话散文，它把日寇统治下，一个失恋者孤寂痛苦的心情，描写得栩栩如生。清新的形式，幽婉的文字，加之个人情感与黑暗时代的碰撞扭结，使全文有一种悲哀而倔强的美感。

赖和的新诗创作，比之其他文体，情感基调更为高昂激奋，用他自己的话来说，是要"吹奏激励民众的进行曲"。坚持社会写实的文学路线，带来其作品强烈的现实针对性。1925年10月23日，彰化二林的农民起义被日本警察血腥镇压的当天，赖和就以满腔悲愤写下了他的第一首新诗《觉悟下的牺牲》，副题是"寄二林事件的战友"。《流离曲》则写于1930年，长一百余行，被人称为日据下台湾新文学中最长、最动人的一首诗。它是以殖民当局用极廉价将3886甲土地批售给370名退职官员，迫使大批农民流离失所的事件为背景所作的长诗。《南国哀歌》写于1931年，是为纪念反殖抗日的"雾社事件"而创作。《低气压的山顶》则以象征的手法，在日寇制造的政治低气压时代，大声呼唤推翻殖民统治的狂风骤雨："这冷酷的世界，／留它还有何用！／这毁灭一切的狂飙，／是何等伟大凄壮！／我独立在狂飙中，／张开喉咙竭尽力量，／大着呼声为这毁灭颂扬，／并且为那未来不可知的，／人类世界祝福。"

总之，在日据时代的台湾新文学运动中，赖和是以反帝反封建的主题，人道主义的情怀和社会写实的方法路线,率先倡导了具有地方色彩的乡土文学,富于反抗精神的抗议文学,以及充满新时代意义的白话文学。

赖和的功绩在于他第一个用白话文写作,从而揭开了台湾新文学运动的序幕。台湾新文学兴起后,遇到了一个历史性的难题。新文学运动要求言文统一,台湾居民却多用台湾方言。赖和经过艰苦的努力和实践,率先摸索出以白话文为基础,尽量吸收台湾方言的途径,使其作品言文一致,呈现明白易懂的乡土特色。在语言文字的运用上,他还大力实践"舌头和笔尖的合一"的主张,使其文学语言口语化。正是在此意义上,"第一个把白话文的真正价值具体地揭示到大众之前的,便是懒云的白话文文学作品。"

作为台湾新文学之父,赖和的创作影响了整个日据时代的台湾文坛。正如学者张恒豪所称:他的写实精神引导了不少的继起者,尤其是杨守愚、陈虚谷、王诗琅;他的反讽技法影响了蔡愁洞、吴浊流、叶石涛;而他那不屈不挠的抗议勇气更鼓舞了杨华、杨逵、吕赫若。可以说,台湾新文学的扎根从赖和开始着手,而赖和的崛起才奠定了现代台湾文学的基础。

第二节 高潮发展期的台湾新文学历程(1931—1937)

一 文学路线的确立与新文学走向成熟的标志

1931年到1937年,台湾新文学运动进入以推行文艺大众化为主体的发展期。这一时期台湾的社会政治形势与文学背景复杂动荡,充满矛盾:一方面,台湾的抗日民族运动遭受重大挫折,台湾文化协会、台湾共产党、台湾农民组合、台湾工友联盟或遭取缔,或自行解体,历经10多年发动与组织而形成的文化政治运动陡然转向低潮;另一方面,在日帝的高压政策和政治运动陷入低潮的双重逆境中,公开的群众性文化政治运动已被查禁,严酷的事实要求台湾进步知识文化界必须更换斗争策略,避免更为惨重的后果。由于台湾的新文学运动已经获得发展基础,并处于合法地位,借重文学运动开展文化政治斗争,就成了当时的惟一出路。于是,许多爱国知识分子开始将他们的主要力量转移汇聚到文学创作上来,新文学运动的地位也更为凸显。这是造成1931年至1937年文学运动高涨的客观情势。台湾的新文学运动由此走向高潮和繁荣,迎来它的"黄金时代"。

随着台湾新文学运动地位的凸显,其任务也相应扩大和加重,特别是在文学思想与理论建设方面,急剧变化的时代要求它加快新文学建设进程。1931年至1937年的文坛上,叶荣钟、张深切、黄得时、王锦江、黄石辉、郭秋生、林克夫、廖毓文、朱点人、赖明弘等人纷纷发表理论文章,就台湾新文学的路线、台湾乡土文学与话文运动以及文艺大众化问题,进行了深入的理论探讨。

(一)文学路线的确立。在台湾新文学的萌芽期和推进期,虽然有人不断提出重要的文学主张,但还未涉及到文学路线问题。1935年2月,当时身为台湾文艺联盟委员长的张深切,在《台湾文艺》发表《对台湾新文学路线的一提案》一文。在对"过去的文学路线"、"中国的文学路线"、"日本(与欧美)的文学路线"进行梳理之后,张深切提出了发展台湾文学的新路线。他还推崇吴希圣的《豚》、杨逵的《送报伕》和吕赫若的《牛车》,认为其表现了关怀贫苦大众的文学路线。

(二)"台湾话文与乡土文学"论战发生。1930年至1931年,由黄石辉、郭秋生发起,在新文学阵营内部,展开了一场关于"台湾话文与乡土文学"的论战。1930年8月16日,黄石辉在《伍人报》上发表《怎样不提倡乡土文学》一文,提出台湾新文学应该是一种乡土文学,力倡作家用台湾话来描写台湾的事物。1931年7月24日,黄石辉又在《台湾新闻》发表《再谈乡土文学》,详细阐述自己关于乡土文学的台湾语建设问题。同年7月7日,郭秋生积极呼应黄石辉,在《台湾新闻》连载发表了《建设台湾白话文一提案》,将"台湾话文"定义为"台湾语的文字化",进一步提出以汉字为工具建设台湾话文的主张。

黄石辉、郭秋生的主张,引发了文坛不同意见的论战。支持的一方,有庄遂性、黄纯青、李献璋、黄春成、赖和、郑坤五等;持反对态度的,主要有廖毓文、林克夫、朱点人、赖明弘、林越峰等。其反对理由为三点:1.台湾话粗糙幼稚,不足为文学的利器。2.台湾话分歧不一,令人无所适从。3.台湾话文让大陆读者看不懂。所以,他们主张普及全国通行的白话文。另外,他们以欧洲历史上乡土文学的过时性和台湾现实中乡土文学的局限性为由,对此提出不同见解。在日据时期,提倡台湾话文与乡土文学,本身包含了抵制日本人同化政策和外来奴役的意义,它更多地是站在现实立场上强调台湾的某种特殊性。而反对者的观点,则是站在理想的立场上,认为台湾是中国不可分离的一部分,所以反对另立台湾特有的地方性的文化。在具体的观点阐述上,两者各有其不无偏颇的意见。在当时的历史条件下,这场持续了两年多的讨论虽然没有什么结果,但在展开文艺理论争鸣、推动民族文学的发展上,还是有其进步意义的。

（三）关于文艺大众化问题的提出。进入 30 年代，受到祖国大陆和日本左翼文学运动影响，出于台湾新文学运动的自身发展和迫切需要，文艺大众化问题遂成为文学界共同关注的焦点，许多文学团体和文学期刊都确定了文艺大众化的指导方针。1931 年成立的"台湾文艺作家协会"，提出要实现"文艺大众化"。1932 年成立的南音社及其创办的《南音》杂志，也发表了专门提倡大众文艺的文章。1934 年 5 月 6 日召开的第一次台湾全岛大会，通过了"文艺大众化"提案，提案的具体要求有三点：1. 描写与大众生活有密切关系的作品；2. 文体与文字宜用一般读者容易理解程度；3. 对一般大众要能唤醒他们的艺术趣味。

（四）文学社团与文艺刊物纷纷出现，构成台湾新文学运动繁荣的标志之一。本时期最重要的文学社团与文艺刊物有：

1. 台湾文艺作家协会与《台湾文学》。1931 年 6 月成立，台湾作家有王诗琅、张维贤、周合源等 10 人，日本作家有别所孝二、平山勋等 29 人。同年 9 月，创办《台湾文学》杂志，以"确立新文艺"和"文艺大众化"为宗旨，发行了三期即被迫停止。这是台日作家的初次合作，它以反抗殖民者为共同思想基础，具有统一阵线的色彩。

2. 南音社与《南音》。1931 年秋，由台北与台南的文人庄垂胜、叶荣钟、郭秋生、黄春成、赖和等 12 人发起，翌年 1 月创办文艺杂志《南音》半月刊。1932 年 11 月被禁停刊，共出版 12 期。它所担负的文艺使命：第一，提倡文艺大众化。《南音》不仅大声疾呼台湾大众文艺的出现，还开辟了"台湾话文讨论栏"，引发了赖明弘、黄石辉、郭秋生等人的笔战。第二，提供作品发表园地，创刊伊始即以重金公开征募小说、戏曲、诗歌、时联等，这种兼容并蓄的艺术态度，使《南音》拥有当时最出色的作家群，如周定山、赖和、李献璋、黄纯青、郭秋生、洪炎秋、黄得时、黄春成、林幼春、黄石辉、毓文、陈虚谷等人。总之，《南音》的诞生，"标志着台湾新文学运动已经由政治性、综合性报纸上的一隅转移到专业性、独立性而园地辽阔的文艺刊物"。

3. 台湾艺术研究会与《福尔摩沙》。1933 年 3 月 20 日，由在东京的苏维熊、魏上春、张文环、吴鸿秋、巫永福、王白渊、施学习、吴坤煌、黄坡堂、刘捷等人发起，"以图台湾文学及艺术的向上为目的"，成立了台湾青年在日本的第一个纯文艺团体"台湾艺术研究会"。1933 年 7 月 15 日，正式出版日文文艺杂志《福尔摩沙》。

4. 台湾文艺协会与《先发部队》。1933 年 10 月，受到《福尔摩沙》发刊影响,郭秋生、廖毓文、黄得时、林克夫、朱点人、蔡德音、陈君玉、徐琼二、吴逸生、黄青萍、林月珠等人,在台北成立了岛内的第一个文学社团。该会的成立动机,是纠合全岛的同志,采取集体的行动,来争取民众,以巩固新文学运动的社会地盘。1934年7月15日创办文艺杂志《先发部队》。1935年1月6日出版第2期时,因殖民当局干涉,改名为《第一线》。

5. 台湾文艺联盟和《台湾文艺》。1934年5月6日,由台中作家张深切、张星建、何集璧、赖明弘等人发起,82名作家出席,在台中召开了第一次台湾全岛文艺大会,并促成台湾文艺联盟的诞生。这是台湾新文学运动史上文艺大团结的空前壮举,其队伍遍及台岛及旅日台胞。1934年11月5日,该联盟发行了机关刊物《台湾文艺》。该刊遵循"不偏不党"的方针,提倡深入到大众中去,是一份为人生而艺术、为社会而艺术的富有创造意识的杂志;也是日据时代寿命最长、作家最多、对台湾文化影响最大的一本文艺杂志,共出版15期。它内容丰富而充实,涉及评论、小说、戏曲、诗歌、随笔、学术研究等六个部门。

6. 《台湾新文学》杂志。1935年12月28日,由《台湾文艺》编辑委员脱退的杨逵及其夫人叶陶独资创办了中日文并行的《台湾新文学》,后来加盟者有赖和、杨守愚、郭水潭、吴新荣、赖明弘、赖庆、叶荣钟、林越峰等,其中多数人为台湾文艺联盟和《台湾文艺》的重要成员。《台湾新文学》于1937年6月15日停刊,共发行14期。自创刊号至第9期,它与《台湾文艺》并驾齐驱;但比起《台湾文艺》,它更富有写实精神和左翼倾向,更注重中文作品。从第10期后,《台湾新文学》独自承担起台湾新文学的使命。

总之,1931年至1937年的台湾新文学运动,已经形成它走向成熟的鲜明标志:其一,台湾新文学运动开始摆脱政治运动的牵制,走向文学独自的境界;其二,随着文学阵地的创立和开拓,新文学运动的舞台,已经由报纸(台湾新民报)发展到独立的文学杂志的创办;其三,随着全岛性文艺团体"台湾文艺联盟"的成立,新文学作家已由分散而趋向统一;其四,登坛作家和所发表的作品,超过过去任何一个时期。正是在这种意义上,台湾新文学运动进入了它的"黄金时代"。

二 台湾新文学高潮期的小说创作

1931年至1937年的台湾文坛上,小说创作是以它整体风貌的变化和新颖气象的出现,为台湾新文学的"黄金时代"增添了特别的光彩。

作家与作品的成批涌现,是本时期小说繁荣的标志之一。

由于众多文学社团与文学刊物的创办,30年代的作家队伍由分散走向聚合,以文学同仁的群体形象登上文坛,知名作家达到上百人之多。他们或以文学社团为中心,集结在台湾文艺作家协会、南音社、台湾艺术研究会等社团的旗帜下;或以地域为阵营,形成作家群体,如彰化的赖和、陈虚谷、杨守愚、黄朝东、赖通亮、赖沧洧、周定山、叶荣钟等,以及万华的廖汉臣、林克夫、朱点人、王诗琅、郭秋生、徐琼二、杨朝枝等;或以语言表达工具的不同,形成不同类型的作家队伍,中文作家如赖和、杨守愚、郭秋生、张深切、朱点人、林越峰、廖毓文、蔡愁洞、周定山、赵枥马、徐玉书、林克夫、张庆堂、杨华、王锦江、黄得时、李献璋、黄石辉、庄遂性等;日文作家有杨逵、赖明弘、张文环、吕赫若、翁闹、吴希圣、赖庆、巫永福、郭水潭、吴新荣、龙瑛宗、吴浊流、王白渊、吴坤煌、刘捷、苏维熊、徐琼二等人。如此庞大的文学队伍聚合,为属于文学重镇的小说创作的繁荣,提供了强有力的基础。

这一时期的优秀小说多发表于《南音》、《台湾文学》、《福尔摩沙》、《先发部队》、《台湾文艺》、《台湾新文学》、《台湾新民报》等报刊,引人瞩目的作品达到100多篇,有些已成为日据时代具有经典意义的文学写照。中文小说中,在当时产生较大影响的作品有赖和的《善讼人的故事》、《惹事》,守愚的《一群失业的人》,杨华的《薄命》,点人的《蝉》、《秋信》,毓文的《玉儿的悲哀》,玄影(赖贤影)的《稻热病》,一吼的《旋风》,匡人(蔡秋桐)的《王猪爷》,王锦江的《没落》,芥舟的《死么?》、张深切的《鸭母》等作品;日文小说中,有杨逵的《送报伕》,吴希圣的《豚》,吕赫若的《牛车》,翁闹的《赣仔伯》,张文环的《父亲的脸》,龙瑛宗的《植有木瓜树的小镇》,赖明弘的《夏》等。赖和的《丰作》被译为日文,刊于日本出刊的《文学案内》,并入选《朝鲜台湾中国新锐作家集》。杨逵的《送报伕》获日本刊物《文学评论》1934年征文二等奖(缺一等奖),后被胡风译成中文,发表在上海的《世界知识》1936年1月号上,并与吕赫若的《牛车》、杨华的《薄命》一起入选《朝鲜台湾小说集》。

文学主题的深化与表现题材的多样化,是本时期小说繁荣的标志之二。

对日本殖民统治的抗议,是贯穿日据时代台湾新文学创作的突出主题。进入30年代,不管是中文作家,还是日文作家,都表现出这种尖锐的抗议精神。比之20年代,这一时期对日本殖民者的揭露和批判更大胆、更公开,它不仅鞭挞了警察、保正、巡查这类小官吏,而且把矛头指向民族差别待遇、日本警察政治、殖民经济掠夺、法律不公现象等方面,已经触及到日本殖民制度。著名作家赖和的《丰作》、《惹事》、《善讼人的故事》、《辱》等皆发表于30年代。

《丰作》写农民添福,向日本制糖会社租地种蔗,勤劳的汗水换来了甘蔗的丰收,但会社收甘蔗时在磅秤上捣鬼,本来估计约50万斤的甘蔗只剩下30万斤。加之田租和其他生产开支,添福劳动一年仍旧希望落空,只好私下叫骂"伊娘的,会社抢人!"小说对制糖会社强行征收与购买土地的垄断性质,对日本殖民者经济掠夺的狰狞面目,给予了大胆揭露。杨逵的《送报伕》,龙瑛宗的《植有木瓜树的小镇》、蔡秋桐的《王猪爷》、赤子的《擦鞋匠》,以及杨守愚以揭露日本警察为题材的《十字街头》、《颠倒死》、《嫌疑》、《罚》等作品,也从不同角度表现了揭露与抗议的主题。在1936年12月号的《台湾新文学》杂志上,辟有"汉文创作特辑",共发表赖贤颖的《稻热病》、尚未央的《老鸡母》、马木枥的《西北雨》、朱点人的《脱颖》、洋的《鸳鸯》、废人的《三更半暝》、王诗琅的《十字路》、周定山的《旋风》等8篇小说。因为作品所表现的强烈的民族意识和抗议精神,殖民当局以"内容不妥当,全体空气不好"为由,禁止这期刊物发行。

  对社会改革运动的复杂面貌与走向的描写,在本时期小说创作中具有重要位置。20年代中后期,以工农运动为基础的台湾的社会政治运动风起云涌,许多作家都是其中的积极参与者。在政治运动走向低潮的30年代,对刚刚终结的历史一幕的记忆与反思,就成为当时作家关注的内容。林克夫的《阿枝的故事》,侧重表现工人参加斗争行列的觉醒过程;陈赐文的《其山哥》、尚未央的《失业》,反映参加社会运动者遭到沉重打击后的景况;林越峰的《红萝卜》,揭露叛徒在社会运动中的险恶行径;王锦江的《夜雨》,深入发掘工人运动失败的原因;朱点人的《岛都》表现了社会改革者不屈不挠的斗争精神。特别是杨逵的《送报伕》,通过留学东京的台湾青年杨君的飘零身世和反抗行动,把台湾人民反对日本殖民主义的民族抵抗运动,融汇于世界性被压迫的农工和弱小民族的抗议运动之中,表现出朴素鲜明的阶级意识和深刻高远的思想境界。

  婚姻爱情生活和女性命运,在封建意识浓厚、社会风气落后的日据时代,显得格外压抑和黯淡。本时期作家关注这一社会问题的时候,随着现代进步思潮的影响,出现了多种角度的发掘,突出了反封建的精神指向。面对着养女制度、纳妾恶习、索聘卖女、媒妁婚姻这些强大而顽固的封建习俗,女性的命运苦不堪言。克夫的《秋菊的告白》、杨守愚的《女丐》,特别是杨华的《薄命》,极言女子的悲哀身世,一语道破她们在男权中心社会被任意凌辱的边缘生存真相。吴天赏的《龙》,表现没有爱情基础的婚姻悲剧;毓文的《玉儿的悲哀》,描写农村少女因差别教育制度与封建习俗的残害而失去情人的悲剧;陈华培的《王万之妻》,赖庆的《纳妾风波》,矛头直指纳妾恶俗,多方面发掘女性悲剧的成因,值得注意的是,这一时期小说中的女性形象,已经开始了觉醒和抗争,而不再一味地逆来顺受,甘做命运的奴隶。龙瑛宗《不知道的幸福》中的媳妇仔奋斗不懈,终于通过离婚摆脱了痛苦的婚姻,寻求到自己的爱情幸福。杨守愚以"瘦鹃"为笔名发表的《出走的前一夜》,描述一个有自己思想的新女性,为反抗媒妁之言的传统婚姻,决心出走,赴日留学去实现人生的理想。作者借曾经徘徊在服从与抗争两难境地中的女主角之口,这样鼓励女性的人生奋争:"嚇,卑怯的女子,你愿意当奴隶、当玩物吗?不,走吧,打断旧制度的桎梏,跑向光明的前途去吧。"其他的作品,如吴浊流的《泥沼中的金鲤鱼》、徐琼二的《婚事》、马木枥的《私奔》、张碧华的《上弦月》、翁闹的《残雪》等,都体现了女性敢于对抗封建礼教挑战自己婚姻命运的时代进步。

对农村经济剥削和农民贫苦境遇的揭写,在本时期得到了重视和发展。1930年代开始,日本殖民者加强了对台湾的农业掠夺,以便把台湾变成扩军备战的南进基地。正视农民问题,表现农民在殖民主义与封建主义双重压迫下的悲惨遭遇,成为有使命感作家的关怀与呈现焦点。此类作品有:吴希圣的《豚》,张深切的《鸭母》,守愚的《决裂》《升祖》《赤土与鲜血》,林越峰的《到城里去》《好年光》,一吼的《旋风》,赖贤颖的《稻热病》,剑涛的《阿牛的苦难》,张庆堂的《鲜血》《年关》《老与死》,马木枥的《西北雨》,徐玉书的《谋生》,李泰国的《细雨霏霏的一天》《可怜的朋友》,黄有才的《凄惨谱》,刘梦华的《斗》,愁洞的《夺锦标》《新兴的悲哀》《理想乡》《四两土仔》等。从耕者无其田,必须忍受租田种地的"铁租"剥削的悲惨现实,到灾年走投无路、丰年仍然两手空空的农民境遇,造成这种悲剧性结果的原因,是不合理的土地制度,垄断与掠夺的殖民经济政策,以及地主、资本家和日本警察的残酷压榨所为。

体裁的多样化,是本时期小说走向繁荣的标志之三。

短篇小说的创作有叙事体、抒情体、散文体、戏剧体、寓言体、传奇体等多种形式出现;中篇小说和长篇小说的问世,则是30年代体裁方面的最大突破。1932年《台湾民报》改为日刊后,促成了长篇小说的连载。据不完全统计,本时期在《台湾新民报》或《台湾文艺》上连载、出版的长篇小说有林辉淘的《不可抗拒的命运》《女之一生》,赖庆的《女性悲曲》,陈春玉的《工场进行曲》,徐坤泉的《灵肉之道》《可爱的仇人》,陈镜波的《台湾的十日谈》,陈垂映的《寒流暖流》,林於水的《王子新》,山竹的《突出水平线的恋爱》;中篇小说方面,则有陈镜波的《落城哀艳录》,吕赫若的《牛车》,龙瑛宗的《植有木瓜树的小镇》等。从上述作品,可以看出小说艺术手法逐渐成熟,作家驾驭中长篇的能力日见彰显。

艺术表现的多样化与作品文学价值的提高,是本时期小说繁荣的标志之四。

高潮期作品的艺术成就明显得以提高,这与作家更多地站在文学立场上,潜心于艺术探索有关,也是经历了台湾新文学的初创期,艺术经验有了更多积累的结果。出于文学为人生的价值取向,30年代的作家多认同文艺的群众化,故普遍采取现实主义创作方法,其中又有不同的侧重。倾向于批判现实主义的创作,多反映黑暗的悲剧性的社会现实,代表作家有愁洞、秋生、吴希圣、一吼、林越峰、李泰国、马木枥、张庆堂、赖贤颖、柳塘等;主张革命现实主义的创作,注重在揭露黑暗的同时,反映出人生的抗争与生活的亮点,更具有前瞻性与激励性。代表作家有杨逵、朱点人、王锦江、林克夫、绘声、王白渊等。与此同时,在东京诞生的一些文艺社团与刊物,受到欧美文学思潮影响,在写实主义的主潮中,也出现了现代主义文学的萌芽。交错于现实主义与现代主义之中的探索,这种情形更多地见诸台湾艺术研究会的作家,其他作家也有所尝试。代表作家有翁闹、巫永福、吴天赏、尚未央、陈华培等。总的来看,小说结构较前复杂、完整,故事表现更真实生动;人物性格的刻画即克服了先前那种单一、平面的缺点,开始趋向于复杂、丰满;表现技巧更注重艺术性和多样性,这些无疑标志了小说艺术水平的明显变化与提升。

三 台湾新文学高潮期的诗歌创作

得风气之先的诗歌创作,在社会运动与文学运动发生重要转折的30年代,更敏锐地捕捉着生活与艺术的变动信息,并表现出诗人与作品群体涌现的活跃局面。

从新诗运动自身的发展来看,30年代文坛上出现了新诗诗社、诗刊以及诗人群,这意味着新诗越来越趋向于一种独立的艺术形态。30年代初期,围绕在东京组成的左翼文艺团体"台湾艺术研究会",王白渊、吴坤煌、苏维熊、巫永福、杨基振等一批诗人脱颖而出。1933年10月,盐分地带诗人吴新荣、郭水潭、王登山、林芳年(林精谬)、徐清吉、庄培初、林清文等人组成"佳里清风会";1935年6月1日,又成立"台湾文艺联盟佳里支部"。所谓盐分地带文学,是指台南州、北门郡一带含有盐分较多的地方,自由结社的作家们所创作的具有盐村情调和乡土色彩的文学,其中以新诗占据主导地位,多表现出现实主义的诗歌创作路线,重在揭露社会黑暗和反映民生疾苦。1935年9月,杨炽昌(水荫萍)在台南发起成立了风车诗社,其主要成员有李张瑞、张良典、林永修、以及日本诗人户田房子、岛元铁平等。同时办有《风车诗刊》，每期只印75本，共出刊4期而停刊。这是台湾第一个现代派诗社，它首次打出超现实主义为标志的现代派诗歌旗帜，而以农村常见的"风车"命名，又意味着他们与现实生活无法割舍的联系。杨炽昌作为台湾现代派诗歌的最早引进者与提倡者，当时是基于"写实主义必定引发日人残酷的文字狱。因而引进法国正在发展中的超现实主义手法，来隐意识的表露"。由此可见，"风车"诗人的写作又带有殖民地反抗文学的特殊性格。风车诗社的出现，标志着以现实主义为主潮的台湾诗坛开始出现了不同风格流派的创作。

就诗歌的创作面貌而言，本时期的主题与题材都有了新的拓展。其一，反映被压迫人民现实境遇与抗议声音，这类诗歌，带有强烈的社会政治色彩与批判精神。王锦江的《沙漠上之旅人》，守愚的《诗》、《洗衣妇》，克夫的《失业的时代》，怪人的《虎狼》，徐玉书的《醒来吧！朋友》，徐清吉的《桅上的旗》，杨少民的《饿》，守真的《鸭》，坤泰的《狗》，吴漫沙的《光明之路》，愁洞的《牛车牛》，吴新荣的《故乡的挽歌》、《烟囱》等作品，可谓突出代表。面对殖民当局残酷镇压台湾社会改革运动的罪恶行径，陈虚谷在《敌人》一诗中，发出大无畏的抗议之声：

我们便是灭亡在倾刻，/也不愿在敌人的跟前表示苦情，/表示苦情，/是我们比死以上的可憎。/止吧！止吧！止住我们的哭声。

坤泰透过《狗》这首诗，对那种甘愿做日本殖民当局走狗的御用绅士，给予了无情的嘲讽：

摇摇着尾巴，舔着主人的脚跟，/这是我藉以表示亲热与喜欢/跟着权贵的主人，增了不少威风。//……听人使唤，把守大门，/长长夜守到天明，/白天给我上了项链街头游行，/这是我的幸福，我的光荣，/却不料因此就得了个不好听的别名/——狗。

其二，抒发富有哲理性的人生情思，传达诗人对生命意义、青春理想、意趣情操、艺术境界的高尚追求。代表作品有陈奇云的《六月的芦苇》，王白渊的《零》、《未完的画像》、《莲花》、《诗人》，王锦江的《蜂》，陈君玉的《黎明的青春》，夏阳的《冬雪》，巫永福的《水仙花》，杨作舟的《心灵火焰》，王火科的《初秋之海》，明明的《青春》，陈德根的《岁暮》等。这类诗歌的哲理意趣和艺术追求，可以从王白渊的《诗人》片断中窥见一斑："诗人活得默默无闻/吃着自己的美而死"，"诗人在心中写诗/写了又擦掉"，"诗人孤独地歌唱/道出千万人情思"。郭水潭的《故乡之歌》、《向棺木恸哭》、《斑鸠与庙宇》、《莲雾之花》、《广阔的海》等作品，凸显了乡村人民美好纯洁的伦理亲情，关爱生命、同情弱小的悲悯情怀,以及富有地方特色的故乡风情画面。郭水潭作为盐分地带成就最高的诗人,其诗歌语言细腻、洗炼,风格清新优美。杨炽昌的诗,着力追求自由联想式的意象,敏锐捕捉内心世界的声音,向往纯诗艺术的境界。《月光奏鸣曲》运用通感手法,让视觉、听觉、触觉在碰撞中产生连锁反应,激发出纷飞的意象,将人带入"音乐的羽裳散落"的美妙境地。其他如《黎明》、《祭典歌》、《花海》、《茉莉花》、《窗帷》等诗篇,都可见出艺术经营的功力。

其三,表现恋爱中的复杂情感与心态。这其中虽有涉及婚姻社会问题的写作,继续传达抨击封建礼教的主题,如守愚的《女性悲曲》、《一对情侣》,朱培仁的《觉悟》等作品;但更多的诗歌,是执着于爱情本身,写出热恋、相思、离愁、憧憬、重逢、失意、负情等各色表现的爱情形态。代表作有:土人的《最后的心愿》,章依的《毒了的玫瑰》,杨启东的《恋爱的形象》,苏维熊的《春夜恨》,翠峰的《破碎的心》,冬雪的《莫过伤心》、《重逢》,杨俊杰的《旅愁》,月珠的《我的心事》,江灿林的《月下低吟》、《蔷薇》,朱培仁的《心中的花园》,董赫元的《爱人的声》,陈梦痕的《月下的情绪》、《未完成的梦》,孙迅的《不朽的爱》等等。在诗人笔下,月亮"且慢发出你那支锐利的光芒/穿透了我们的离绪/但愿你须牵定了我俩的情丝/结合在永存的爱之天国"。陈梦痕这首《月下的情绪》所道出的,正是吟哦在爱情诗世界的诗人们的共同心声。

四 伟大的现实主义作家杨逵

(一) 杨逵的生平和抗日活动

作为日据时代最伟大的作家之一,杨逵经历了台湾现代史上最为动荡的生命岁月。其间的历史脉动与他的生命历程息息相关,台湾的文学风尚与其文学创作互为见证,这使杨逵成为解读台湾抗日民族运动和台湾新文学历史的一面镜子。而杨逵对台湾新文学运动中尖锐的抗议精神和现实主义传统的继承发扬,他对日本殖民主义和社会黑暗势力的不屈斗争,又使他以"不朽的老兵"形象和"压不扁的玫瑰花气节,成为民族脊梁精神的写照。

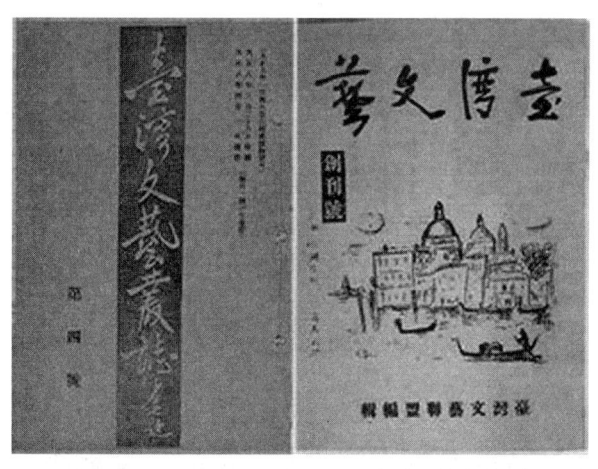

杨逵(1905—1985),原名杨贵,台南县新化镇人,9岁入公学读书,幼年喜欢听卖艺人说书,《三国志》、《水浒传》都是他耳熟能详的故事。10岁那年,故乡一带发生了噍吧哖起义,台湾义民被日本殖民者镇压的种种惨象,让杨逵心中埋下仇恨与叛逆的种子。作者自道:"我决心走上文学道路,就是想以小说的形式来纠正被编造的'历史',历来的抗日事件自然对于我的文学发生了很大的影响。"

1924年,中学毕业的杨逵为了探求新思想和寻找出路,东渡日本勤工俭学。1927年,杨逵应台湾文化协会的召唤返台,投身于台湾文化运动和工农运动之中。杨逵被选为台湾农民组合中央常委委员,负责政治、组织、教育三部的工作,并组织特别行动队,发动贫穷农民向日本殖民政府争取权益的斗争。因此,曾先后被捕十次之多。这期间,他与志同道合的女中豪杰、台湾农民组合的妇女部长叶陶结为终身伴侣。

1931年以后,日本殖民政府对台湾共产党实行全岛性的大检举,社会运动遭受毁灭性的重挫。杨逵在为生活奔波的同时,开始了文学创作。1932年,他首次以"杨逵"笔名,尝试用汉文写作小说《送报伕》,经赖和之手刊载于《台湾新民报》,但后半部被查禁。杨逵再将全文以日文书写,1934年10月发表于东京左翼刊物《文学评论》,并获其征文第二奖(第一奖缺)。杨逵与日本左翼文坛开始往来,左翼思想从战前至战后,贯穿了他的一生。1934年,杨逵参加"台湾文艺联盟",担任《台湾文艺》日文编辑,1935年12月创办《台湾新文学》。1937年日本侵华战争全面爆发后,身患肺病的杨逵遭遇了一生最为艰苦的岁月。在日本友人入田春彦的帮助下,杨逵租地种花,借用伯夷、叔齐的典故,创办了"首阳农园"。

1945年台湾光复后,杨逵满腔热情地投入台湾新文学的重建工作。他把首阳农园改名为"一阳农园",创办《一阳周报》,并担任台中《和平时报》"新文学"版编辑。"二二八事件"之后,杨逵参加了台湾新生报《桥》副刊关于台湾文学问题的讨论;1948年主编《力行报》"新文艺"栏;1949年因起草《和平宣言》,被判刑12年。1961年刑满出狱后,杨逵在台中经营"东海花园",再度以养花种菜为生。1982年应邀参加美国爱荷华大学"国际写作中心计划"的活动,1983年获台湾"吴三连文艺奖",1984年又获"台湾新文学特别推崇奖"。

杨逵写小说、散文、戏剧、也写诗。主要小说有《送报伕》、《泥娃娃》、《鹅妈妈出嫁》等多篇;另有剧本《父与子》、《猪哥伯仔》、《剿天狗》、《牛犁分家》四种。

(二)杨逵的小说成就

小说无疑是杨逵创作的重镇,其文学理念与艺术追求在这里得到集中的体现。杨逵主要的小说计有:《送报伕》(1935)、《蕃仔鹅》(1936)、《顽童伐鬼记》(1936)、《模范村》(i937)、《父与子》(1942)、《无医村》(1942)、《泥娃娃》(1942)、《鹅妈妈出嫁》(1942)等。杨逵的创作一向以反压迫、反殖民的精神而著称。与同时代作家相比,同样是表现对日本殖民者的强烈抗议,杨逵有其独特的侧重点。如果说,赖和是以深沉的控诉力量,揭露日本殖民统治给台湾同胞带来的灾难;那么,杨逵在揭露与控诉的基础上,更着力描写了台湾人民觉醒与斗争的社会前景,启示人们去探求光明的出路。正是在这种意义上,台湾作家龙瑛宗认为,杨逵的小说"是指示历史进路的文学,是为生活在黑暗中的人们心上点燃一盏灯的文学。"

赶走日本殖民者,还我国土,这是杨逵创作最为关心的主题。他的批判锋芒直逼日本殖民体制和殖民政策,有一种怒目金刚式的抗议和直捣黄龙的勇气。他所有的小说创作,都在揭露台湾于日本殖民帝国经济和文化双重侵略下丑陋的现实,都在传达台湾人民反抗异族压迫的时代心声。《模范村》通过日本殖民统治下的台湾"模范村"的描写,揭露了"共存共荣"样板背后上演的台湾农村惨剧,并特别突显了抗日志士阮新民民族意识和阶级意识的双重觉醒。在小说中,泰平乡大地主阮固爷与日本警察互相勾结,为了追求"模范村",不仅强迫各家建造铁窗与水沟;而且每年要向佃农收回垦熟的荒地而转租给日本人的糖业公司,以致民不聊生,走投无路,造成了憨金福的自杀。富有正义感和抗日精神的阮新民东京留学归来后,很快与其父亲阮固形成势不两立的阵营。阮新民鼓动农民群众说:"日本人奴役我们几十年,但他们的野心越来越大,手段越来越辣,近年来满洲又被它占领了,整个大陆也许都免不了同样命运。这不是个人问题,是整个民族的问题。……我们应该协力把日本人赶出去,这样才能开拓我们的命运!"最终他前往大陆,投身全国同胞抗日救亡斗争的潮流。

《无医村》通过一个农村孩子因为得不到及时治疗而死亡的遭遇,对日本殖民统治下不合理的农村医疗制度进行大胆谴责:"这政府虽有卫生结构,但到底是在替谁做事呢?"《泥娃娃》写几个孩子用烂泥塑造了一堆日本的飞机、军舰和士兵、但是,"当天夜晚,一场雷电交加的倾盆大雨把孩子们的泥娃娃打成一堆烂泥……"。作者所要传达的,正是对殖民者的蔑视和对战争的厌恶情绪,一如作品所直言的那样:"如果以奴役别的民族,掠夺别国物质为目的的战争不消灭;如果富岗一类厚颜无耻的鹰犬,不从人类中扫光,人类怎么可能会有光明和幸福的一天!"在《鹅妈妈出嫁》中,学经济的林文钦呕心沥血苦著《共荣经济的理论》一书,到头来却落了个家破人亡的悲剧,所谓"共存共荣"的真相,恰恰是"不存不荣"。林文钦的结局造成了小说中另一位知识分子"我"的觉醒:只有消灭侵略、压迫和剥削,才可能有真正的万民共荣。《泥娃娃》、《鹅妈妈出嫁》这些作品写于1942年,时值太平洋战争爆发、台湾被日本殖民当局推向"决战体制"之际,这是应《台湾时报》编辑植田约稿而写的。杨逵说:"我给他写了《泥娃娃》和《鹅妈妈出嫁》,我的意图是剥掉它的羊皮,表现这只狼的真面目。"

杨逵小说诉诸的反帝反殖主题,往往超越狭隘的地域观念与民族意识,站在被压迫人民联合起来的立场,去谋求超乎种族的阶级团结。其代表作《送报伕》,分别以日本本土的资本家对劳工的欺诈剥削,与殖民当局对台湾农民的残酷掠夺为两条主线,透过留学东京的台湾青年杨君的命运遭遇,将两条线索交织在一起,体现出联合世界的被压迫者共同奋斗的思想理念。杨君的父亲因为抗拒日本制糖会社强行征用土地,而被日本警察折磨致死;杨君东渡日本勤工俭学,历尽艰辛才找到一个送报的工作,却遭到报馆老板的残酷剥削。他忍饥挨饿工作了20天,不仅工资未能兑现,连当初的保证金也被老板侵吞,自己还被解雇。这时收到家信,得知的竟是家破人亡的噩耗。正当杨君陷于绝境之时,是日本进步工人伸出援手,动员他参加反剥削反压迫的劳工运动。杨君逐渐明白了,无论台湾岛上还是日本国内,都有压迫者与被压迫者之分;为了谋求被压迫群众的解放,全世界的劳动者只有携手联合,才能对抗凶恶的压迫者与剥削者。后来他决定返回台湾,去完成自己的使命。小说超越当时台湾文学的水准,不仅启示人们探求积极向上的历史进路,还以高度的民族主义和朴素的国际主义的结合,开拓出一种高远深刻的思想意境和阶级胸怀。杨逵所坚持的那种社会人道主义理念和革命民主主义的思想,在其作品中得到充分的展示。

(三)杨逵小说的现实主义风格及其意义

杨逵的小说，具有浓郁的写实主义特质。从取材的方向看，"每一篇都是日据时代到处经常可以听见看见的事，除了《种地瓜》和《模范村》以外，其余大多是我亲自经历过的。"可以说，杨逵的小说，篇篇都有自己的生活影子。《送报伕》中的杨君，凝结着杨逵飘泊东京的生活经验；《归农之日》让人看到的，是社会运动遭遇挫折时带着妻小四处流浪的杨逵；《萌芽》所表现的抗日信念与夫妻深情，明显地带有杨逵与叶陶的生命痕迹；《种地瓜》则是遗留在家的母子努力求生的写照。植根于现实生活的写作，加之经常采用的第一人称叙事视角，杨逵写实小说所映现的，正是台湾的历史脉动和现实面影。

在小说的技巧上，杨逵注重以多种手法来丰富现实主义创作。一是对比的手法。安排两种反差极大的人物或是现象，来衬托美丑善恶之间的不同特质，用以传达作者褒贬好恶的情感态度与价值取向，是杨逵小说所擅长的方法。《模范村》里，阮固爷与阮新民父子，一个是勾结殖民当局的汉奸地主，一个是坚决抗日的热血青年，在尖锐的对立中自然又呈现出不同的评价。二是象征的运用。透过种种意象曲折地表现作品的深层内涵，不仅带来艺术上的含蓄，也可避开日据时代的环境制约。诸如以泥娃娃象征不可一世的日本军国主义，透过《春光关不住》里"压不扁的玫瑰花"，来象征日本殖民统治下台湾人民不屈不挠的意志，来寄托人民对和平与爱的追求与珍视。三是幽默讽刺的笔触。杨逵的小说，往往从日本殖民当局的愚民政策与台湾丑陋现实的极度错位中，展现出颇具政治讽刺意味的图画。诸如在日本侵略者鼓吹的所谓"大东亚共荣圈"下，《鹅妈妈出嫁》里研究"共荣经济理论"的林文钦，却是家破人亡，不荣不存；《模范村》所谓"共荣共存"的样板背后，竟是村民的民不聊生，走投无路。小说还写到为了执行严厉的"皇民化"规定，争取所谓"模范村"'的荣誉，村民们被迫供奉日本式的神牌，而把妈祖和观音的佛像藏在肮脏的破家具堆里。"但是，不拜菩萨他们是无法安心过日子的，因而常常把佛像从肮脏的监牢里解放出来，悄悄的流着泪，提心吊胆的焚香礼拜。在这严肃的礼拜中，偶尔听见皮鞋声一响，便又慌忙地一手抓著佛像的脖子，一手捏熄线香，匆忙把它藏到床下草堆里去，可怜观音妈祖竟毫不叫屈"。辛辣的嘲讽，含泪的幽默，由此可见一斑。

总之，杨逵承担了日据下台胞共同的苦难命运，并继承了赖和式的抗议精神，发扬了被压迫者不屈不挠的民族魂。强烈的反帝反封建的民族精神力量和现实主义艺术成就，使杨逵当之无愧地代表了台湾新文学的主流与方向。

第三节 战争期的台湾新文学面貌(1937—1945)

一 "皇民化运动"与"战时文艺体制"

1937年至1945年期间,随着日本帝国主义相继发动侵华战争和太平洋战争,台湾进入了日本殖民统治最黑暗的时期。日本侵略者为了实现其霸占亚洲,建立所谓"大东亚共荣圈"的野心,更加厉行暴政,疯狂推行"皇民化运动",企图把台湾的政治、经济、文化全部纳入所谓"战时体制",以此作为南进的基地和跳板。遭遇如此严酷背景下的重大压力,刚刚走向成熟的台湾新文学运动很快从高潮落入低潮,开始了最为艰难曲折的战争期文学。

1939年5月,台湾总督小林跻造提出"皇民化"、"工业化"、"南进基地化"的所谓"治台三策",加速了"皇民化运动"的疯狂推行。台湾总督府强力采取"风俗改良"、"易服改历"、"日语普及"等文化统制手段,企图用"大和文化"取代中国文化。他们"任意封闭中国式寺庙,毁除各种神像,勒令更改祖先的神主和墓牌;他们强迫台胞前往日本神社'参拜',家家户户都要奉日本天照大神的神符;他们禁止台胞穿中国式服装,禁止在阴历新年举行庆祝活动",并公布"台籍民改日本姓名促进纲要",要求台胞将祖先留传的姓氏和父母定下的名字一律改为日本式姓名。他们还明令日语为惟一合法的语言,强行取缔汉语"书房"或私塾,各级学校所有的汉语课程一律停开。早在1937年4月1日,日本殖民当局就逼迫《台湾日日新报》、《台湾新闻》、《台南新报》三报停止汉文版;中文刊物同样遭到取缔,杨逵主编的《台湾新文学》也被迫停刊。1944年,日本殖民当局进一步实施"征兵制度",强令30万台湾青年到中国和东南亚战场当炮灰。为了驱使台湾人民在大陆进行残酷的同族厮杀,日本殖民者借"皇民化运动"宣布,只有经过艰苦的"皇民炼成",才能涵养日本国民精神。日本殖民当局推行"皇民化运动"的罪恶目的,是要把台湾"日本化",彻底消灭台湾所有的中国文化和民族意识,培养为日本帝国主义效死尽忠的"日本国民精神"。"皇民化运动"作为一种复杂而残忍的"洗脑"的机制,它对于台湾人民的精神荼毒与戕害,更是遗患于后世。

战争期的台湾文坛,"一个最显著的现象就是文学活动完全被日本政府控制:从台湾文学奉公会,到大东亚文学者大会,到台湾决战文学会议,无一不暴露出日本帝国主义为遂行其侵略战争的目的而控制文艺之手腕。"1941年以后,台湾的各种民间文化团体渐次被收编成一元化的组织,成为动员"国民精神"的宣传机构。所有的演剧团都被编入"台湾演剧协会"并组织"演剧挺身队"、"音乐挺身队",到处公演"皇民化戏剧"。为了推动"皇民化运动",日本殖民当局采取的文化统制手段,一是废弃报刊的中文栏,禁止中文创作,从根本上铲除中文作家赖以文学生存的民族语言以及创作园地。二是成立御用文学团体,把持文学重镇,实行话语霸权,充当宣传"皇民文化"的工具。三是展开具有"皇民文学"色彩的文艺活动,处心积虑地把台湾文学纳入"皇民化运动"的轨道上来。

二 倒行逆施的"皇民文学"

1937年至1945年期间出现的"皇民文学",是直接为"皇民化运动"服务的御用文学。这一时期在台湾的日本作家,为着执行他们的"天皇使命",大多数利用文学作品作为歌颂战争的工具,效劳于日本军国主义的侵略政策。在日本殖民者的文化统制与唆使利诱下,极少数失掉了民族气节、在理念上认同了殖民地政府的台湾媚日作家,拼命想加入日本人的行列,写出了带有明显"皇民化"意味的作品。他们借文学作品鼓励台湾人效忠日本政府,在民族上改变自己的中华根性,思想上行动上疯狂地要求同化于日本;并极力号召台湾人应征为"志愿兵",去执行"圣战",通过所谓"皇民炼成"之路,学习变成日本人。这种台湾作家所创作的直接配合殖民统治者政策的作品,即是"皇民文学"。需要特别指出的是,"皇民文学"不过是殖民统治高压下出现的一股逆流,从任何意义上它都不能代表日据下的台湾新文学。

具体到"皇民文学"的写作,主要代表作有陈火泉的《道》,周金波的《水癌》和《志愿兵》。

陈火泉,1908年生,彰化县鹿港人,笔名耿沛、安岵林。台北工专学校毕业后,历任台湾制脑株式会社技术员、台湾总督府专卖局技手、脑务主任。在决战时期的"皇民化运动"高潮中,陈火泉的中篇小说《道》,1943年7月1日发表于《文艺台湾》6卷3号。作品问世即得日本殖民作家西川满和滨田隼雄的赏识,并被列入"皇民文学"丛书。陈火泉不断参加日本殖民者举行的座谈会,还以"高山凡石"的日本名字,在《文艺台湾》7卷2号上发表《关于皇民文学》。上述文章皆为歌颂附和"皇民化运动"的内容。

《道》写一个倾心于日本精神的台湾人在"皇民炼成"的道路上安顿自己心

灵的过程。出身台北工专的陈君,俳号青楠,是台湾总督府专卖局直辖的"制脑试验所"的雇员,他一直努力改造灶脑提高产能,渴望升为正式职员,以改善贫寒清苦的家庭境遇,但提职的机会怎么也轮不到台湾人。作为一个倾心于日本精神、深受日本文化熏陶的人物,陈君相信自己是一个卓越的日本人;而在现实生活中,他不仅受到日本同事武田的欺侮,还常常感到在日本人眼里"本岛人不是人"的民族歧视。他狂热地学习做日本人,却苦恼于"为什么本岛人不是人"?陈君决定写一篇《步向皇民之道》的文章,来阐述自己希望得到"皇民化"的信念。不料,广田股长一句"不要忘了血缘的问题",又使他陷入做不成日本人的苦闷。太平洋战争爆发后,陈君终于悟出,只有经过"皇民炼成"之道,才能真正成为"皇民"。陈君遂自报奋勇参加志愿兵,"去创造血的历史"。他不仅赋诗明志:"此身虽谓日本民,自叹联系血缘贫,愿作大君御前盾,奋勇赴死报皇恩";还交待红粉知己月稚女,如果自己战死了,请她刻下这样的墓志铭:"青楠居士生于台湾,长于台湾,以一个日本国民而殁";或者"青楠居士日本臣民;居士为辅弼天业而活,居士为辅弼天业而死。"

陈火泉对通往"皇民"之道的演绎和推崇,对自己民族属性的忘却与厌弃,达到了无以复加的地步。如此丧失民族气节的媚日样板,自然深得殖民统治者和御用文人的赞赏,难怪陈火泉在总督府专卖局的工作,第二年也如愿以偿地升为"技手"了。

另一位"皇民文学"作家周金波,生于1920年,曾到日本读书,学齿科。东京求学时,周金波在《文艺台湾》2卷1号发表处女作《水癌》,其后又在2卷6号发表《志愿兵》。作者因此获得第一届台湾文学奖,并以台湾代表的身份,出席1943年的"大东亚文学学者大会"。周金波的作品,还有《尺子的诞生》(1942年)、《狂慕者的信》(1942年)、《气候和信仰和宿疾》(1943年)、《乡愁》(1943年)、《助教》(1944年)等。

《志愿兵》是在西川满的指示下写作的,它直接配合"志愿兵制度",成为"战时体制"下的"皇民文学"。小说中的张明贵和高进六是小学同学,在推行"皇民化运动"的风潮中,他们都想做一个日本人,可是对"皇民炼成"的道路与方法却有不同见解。留学东京的张明贵利用暑假回到阔别三年的台湾,想亲眼看看实施"皇民炼成"、"生活改善运动"、"改姓名"和"志愿兵制度"之后的台湾,如今是什么面貌。但接触社会现实后,他发现台湾变化并不大,遂产生怀疑情绪。他以接受日本教育的知识分子的理性眼光,认为台湾人只有经过"皇民炼成"的教育,才能变成"有教养"、"有训练"的日本人。而在一家日本人店里工作的高进六,早就以一口流利的日语,让别人视他为日本人;还在殖民当局强令台湾人改姓名之前,他就自称"高峰进六"了。虽然只有小学文化程度,高进六对"皇民化"的理解,却比一般的台湾知识分子更直接,更"深刻"。他积极参加日台青年一体的皇民炼成团体"报国青年队",深信"祭政合一"论(即神道信仰与皇国政治的一体化)。在他看来,"我们队员们藉着拍掌膜拜,努力接触大和的心、体验大和的心。这是从前本岛青年求之不得的宝贵体验。""我们在拍掌膜拜中得到一种生存的信念。……能完全成为日本人的信念。"张明贵对此表示疑义,批评高进六是"神灵附身"。不料十天之后,高进六写血书明志,应征为"特别志愿兵"。得知这个清息,张明贵马上去找高进六道歉,检讨自己"终究无能为力,不能对台湾有所贡献"。

周金波创作《志愿兵》的目的,是要在那些为日本军国主义实际效力的台湾青年和"志愿兵制度"之间,寻找一条所谓的"皇民炼成"道路,改变那些所谓想做日本人却不能完全成为日本人的台湾人境遇,从而歪曲历史事实地制造"志愿兵制度是台湾人的愿望"谬论。其作品所表现出来的,正是汉奸性的"皇民文学"品格。

"皇民文学"作为一种御用文学,究其实质,"是日本军国殖民者对台湾文学的压迫与支配的产物","也是日本军国殖民体制在台湾施行的战争总动员体制的一环"。它对台湾新文学的扼杀,它与台湾人民乃至全世界反法西斯人民的对立,使"皇民文学"永远被钉在了历史的耻辱柱上。

三 台湾作家对"皇民文学"的反抗

战争期的台湾天空中尽管布满了"皇民化"的阴云,然而"我们也要看到,在日本军国殖民体制高压下,虽然有些台湾人作家积极地向日本战争体制靠拢,站在皇民文学的阵营为体制效劳;但绝大部分的台湾前辈作家,有人拒绝写作,有人凭良知抵抗,有人阳奉阴违虚与委蛇,总之,都以各种方表现了维系台湾文学气脉的可贵精神。"这其中,台湾作家对"皇民文学"的抵制与反抗,留下了日据时代最黑暗岁月里台湾抵抗文学艰难曲折而又不无悲壮的一页。

1937年以后,日本帝国主义对台湾人民实行的政治高压和文化统制,打破了台湾作家正常的文学存在方式,组织文艺社团和创办刊物受到限制,言论、出版、中文写作与作品发表的自由被完全剥夺,整个文坛一片萧条,台湾新文学运动遭遇政治强权压迫下的巨大顿挫。在这种严酷的背景下,具有强烈民族意识与爱国心的台湾作家,是利用一切可以利用的条件和方式对抗"皇民文学"想方设法延续台湾新文学运动的薪火。

其一，开辟文化阵地，成立启文社与创办《台湾文学》杂志。1940年，西川满打着唯美的艺术至上的旗号，在文学社团与刊物几乎空白的情形下，拉拢诱惑一些台湾作家参加"台湾文艺家协会"。而曾经参与创办《文艺台湾》的黄得时和张文环，后因反感于西川满的独裁作风与《文艺台湾》的"皇民文学"色彩，毅然退出"台湾文艺家协会"，于1941年5月成立了启文社，并创办日文季刊《台湾文学》。其成员以台湾作家为主，有张文环、黄得时、陈逸松、吴新荣、吴天赏、王井泉、王碧蕉、林博秋、简国贤、吕泉生、张冬芳等，日本作家则有中山侑、名和荣一、坂口零子等。围绕《台湾文学》，重新凝聚了杨逵、吕赫若、巫永福、龙瑛宗、杨云萍等文艺界人士，这实际上是承接台湾文艺联盟时期又一次的作家大集结。

《台湾文学》以台湾文化运动之传承者自命，其充满写实主义色彩的作品多在反映战争体制下台湾经历的苦难岁月，表现"皇民化运动"中台湾民众的苦闷与抵抗，暗含批判日本侵略战争的意味。作为战争期能够曲折传达台湾同胞心声的文学园地，《台湾文学》虽然只刊出11期，但它带来了一批别开生面的作品。张文环的《艺旦之家》、《论语与鸡》、《夜猿》、《顿悟》、《阉鸡》、《迷儿》，吕赫若的《财子寿》、《风水》、《月夜》、《合家平安》、《拓榴》、《玉兰花》，杨逵的《无医村》，巫永福的《欲》，龙瑛宗的《莲雾的庭院》，吴新荣的《亡妻记》以及女作家杨千鹤的《花开时节》，皆为一时之选。

在反日文学作品不能公开发表的严酷环境中，《台湾文学》虽然尽量刊登民间风俗习惯与民俗典故的文章，但仍被日本殖民当局查禁了3卷4号。1943年"台湾文学奉公会"成立后，文艺活动皆被编进为战争服务的统制机构，创作必须符合政治要求。《台湾文学》为保元气，乃不得稍事妥协。1943年11月13日，在所谓"台湾决战文学会议"上，面对西川满之流"献上文艺杂志""服从战时配置"的废刊建议，黄得时、杨逵等人曾正面反弹，全力抗争，会场氛围一时紧张肃杀。但在巨大的政治压力下，《台湾文学》最终还是被强令废刊。

其二，坚持台湾新文学立场，以各种方式进行文学抵抗。面对"皇民化运动"与"皇民文学"的打压，杨逵充满抗日意识的《鹅妈妈出嫁》、巫永福血泪凝成的《祖国》、吴浊流冒着生命危险秘密创作的《亚细亚的孤儿》，以及张冬芳的《美丽新世界》，都表现了台湾人民的不屈意志，成为台湾新文学抗议精神的一脉相传。公开的反日写作难以生存，不少作家遂以变相反抗的方式，曲折地表达台湾的民族心声。这一时期，黄得时从事改写《水浒传》，杨逵翻译《三国志》，在比较安全的译述工作的掩护下，仍有民族意识的彰显。黄得时改编的

《水浒传》在台湾新民报连载五年,颇有唤起民族意识的作用,因此期间曾被查禁两次。后来出单行本,只印到第 3 卷,便被禁止出版。

1944 年 12 月,杨逵为"台中艺能奉公会"改编自俄国人的剧本《怒吼吧!中国》出版。剧中假借鸦片战争时期英国侵华的史实,影射日本人欺负中国的真相。在台北、台中、彰化以日语演出时,颇受欢迎。

四 "默默耕耘的铁血男儿"吴浊流

(一)吴浊流的生平与创作。

吴浊流是继赖和与杨逵之后台湾最重要的作家之一,他的生命岁月和文学创作跨越日据时期和战后台湾两个时代,具有承前启后的文学里程碑意义。吴浊流对于台湾新文学的独特贡献,使他具有"默默耕耘的铁血男儿"之誉。

吴浊流(1900—1976),原名吴建田,祖籍广东省蕉岭县。1900 年出于台湾新竹县新埔镇一个富于民族气节的书香之家。整个日据时期,新竹县抗日活动此起彼伏,童年的吴浊流,耳闻目睹了父老乡亲诸多的抗日斗争事迹,从而在幼小的心灵种下了反抗的种子。

吴浊流 11 岁人新埔公学校,1916 年升人台湾总督府国语学校师范部,1920 年毕业后任小学教师,历时 20 年之久。因不断反抗殖民教育政策,被迫多次转校执教。1940 年因抗议督学凌辱教材,愤然辞职;随后转赴南京,任《大陆新报》记者,后在日本商工所做翻译。因不满于汪伪政权的腐败,不堪日本人的轻慢侮辱,辞职而去。1942 年 3 月返台,先任米谷纳入协会苗栗出张所主任,有机会了解到日本殖民政权机构内的腐败专横。两年后弃职重操旧业。从 1944 年到 1946 年,先后任《台湾日日新报》、《台湾新闻》、《新生报》、《民报》的记者。1948 年担任大同职业学校训导主任,次年改任机器工业同业公会专员,直到退休。

吴浊流是一位大器晚成的作家,以小说为主,兼营诗歌与散文。1928 年加入苗栗诗社,写作歌吟中华民族传统和反抗异族统治的旧体诗。吴浊流登上文坛之前,已经不乏生活积累和艺术积累,而且对日本殖民者的仇恨情绪郁积颇深,30 年代,他在五湖公学校教书时,因为受到一位日籍女教师的奚落,于是"苦心三日",写出小说处女作《水月》,1936 年 3 月发表于《台湾新文学》,由此正式步入文坛。吴浊流内心郁积的情感找到了文学的突破口,从此一发而不可收地创作了长篇小说《亚细亚的孤儿》、自传体长篇小说《无花果》、《台湾连翘》,中短篇小说《泥沼中的金鲤鱼》、《功狗》、《先生妈》、《陈大人》、《波茨坦科长》、《铜臭》、《幕后的支配者》、《狡猿》、《三八泪》、《老姜更辣》等,另有游记、旧体诗和文学评论多篇。1964年,有感于台湾社会世风日下和文坛日渐西化,吴浊流以全部积蓄办《台湾文艺》杂志。虽几经曲折,仍坚持出版52期,为台湾文坛培养了许多文学新秀。1969年,已届70高龄的吴浊流为奖掖文学新进,变卖田产和利用退休金创设"吴浊流文学奖"。吴浊流在生命的最后十年,多次出外旅游,1976年最后一次出国旅游途经澳门时,深情翘首远望祖国大陆,写下了怀念故国、渴望祖国统一的诗篇。1976年10月7日,吴浊流病逝于台湾。

(二) 吴浊流小说的思想艺术风貌。

吴浊流的生命历程,跨越了两个时代,他经历了日本殖民统治的黑暗岁月,目睹过"皇民化运动"中"御用绅士"的嘴脸;也遭遇了国民党的专制统治,感受到台湾光复的酸甜苦辣的滋味。无论是在台湾新文学走向衰落,公开抗日的文学作品被查禁,汉文写作被废弃的战争期,还是在社会发生急剧变化,文学语言面临由日文到中文艰难转换的光复初期,吴浊流都没有停下笔。他始终是以坚强的民族意识,清醒的科学精神和强烈的文学批判力量,把握住社会转变的过程,感应台湾历史的脉动,在作品中留下各个不同时期的台湾社会生活的真实缩影。因而,吴浊流作品的存在,本身就是一种历史的见证。

以台湾光复为界限,吴浊流的小说创作可以分为前后两个时期。1936年至1945年的前期创作,主要是以日据时代为背景,反映日本殖民统治下台湾社会的各色人等和各种风貌,其中以对知识分子众生相的揭示最为突出,代表作如《先生妈》、《陈大人》和《亚细亚的孤儿》等;在描写台湾光复初期的社会图景,揭露国民党统治的腐败内幕,《波茨坦科长》可谓代表。

吴浊流描写日据时代知识分子的众生相,或表现民族歧视政策下永无出头之日的知识分子形象,或鞭挞知识分子中的民族败类形象,作者褒贬好恶的情感取向与价值判断鲜明可鉴。《水月》中的主人公仁吉,曾经是一个志在青云的知识分子,但15年后,他还是制糖会社农场的小雇员,且家境愈发贫穷。日本殖民统治下的差别待遇,使仁吉永无出头之日,少年时代起就怀抱的留学东京的梦像水中月,"圆了又缺,缺了又圆"。《功狗》中的知识分子洪宏东,虽一生效力于殖民教育,有功于殖民者,可苦干20年不仅没有加薪提职,到头来却落了个贫病交加,如同丧家狗一样无人理睬的悲惨结局。上述作品描写的知识分子的辛酸命运,突出的是对殖民统治的愤怒和抗争。到了《陈大人》、《先生妈》、《糖扦仔》这类作品,吴浊流则集中刻画了御用文人、奴才走狗的形象,强烈地抨击了靠"皇民化运动"发迹的民族败类。《先生妈》中医科大学毕业的钱新发,成为地方绅士后,以改日本姓名、穿和服、说日语、住日式房子为荣耀,成为推行"皇民化运动"的忠实走狗。而他的母亲则是一位穷苦出身、固守民族生活传统的人,她以不妥协的态度抗拒着"皇民化运动"。发生于母子之间的尖锐冲突,反映正是台湾人民的民族意识同殖民意识的严重斗争。

吴浊流的创作,贯穿着冷峻的社会批判力量,带有政治讽刺小说的色彩。其艺术手法,一是在对立中塑造人物,凸显性格;二是以讽刺喜剧的方式,活画出反面人物的嘴脸和灵魂。但他的某些作品,也存在着社会性大于艺术性的现象。

(三) 长篇小说《亚细亚的孤儿》。

在吴浊流反映日据时期台湾社会生活的所有作品中,最有份量的代表作首推长篇小说《亚细亚的孤儿》,它堪称台湾新文学历史上的一座丰碑。

《亚细亚的孤儿》写于 1943 年至 1945 年,这是日本帝国主义对台湾统治最严酷最黑暗的时期,"皇民化运动"达到了登峰造极的地步。置身于战争危局所造成的死亡阴影的笼罩之下,吴浊流决心冒日本警察逮捕之险,偷写一部谁都不敢写的小说。当时作者寓所的对面就是台北警察署的官舍,为了防备日本警察的搜查,他每写好两三页就藏在厨房的炭笼下面,有了一些数目就转移到乡下老家,台湾光复后才见天日。1946 年先用日文以《胡太明》在日本出版,后来以《亚细亚的孤儿》、《被扭歪了的岛》等书名再版于日本,之后译成中文,又以《孤帆》、《亚细亚的孤儿》等书名在台湾发行。

《亚细亚的孤儿》选取第二次世界大战期间日本殖民统治下的台湾为历史背景,它以一个台湾知识分子胡太明的痛苦思想历程和坎坷人生道路为主线,对日本殖民者蹂躏下的台湾人民的苦难、不幸和抗争,作了多层面的描写和反映。正如作者自己的所说:

"这本小说,我透过胡太明的一生,把日本统治下的台湾,所有沉淀在清水下层的污泥渣滓,一一揭露出来。登场人物有教员、官吏、医师、商人、老百姓、保正、模范青年、走狗等,不管日本人、中国人各阶层都网罗在一起,无异是一篇日本殖民统治社会的反面史话。"

《亚细亚的孤儿》自始至终贯穿着强烈的民族意识,它既表现为对日本殖民统治的揭露与抗争,也表现为对祖国与民族的认同,这两者在主人公胡太明身上的结合与统一,就构成了人物的一部独特精神历史。

胡太明的活动场域是台湾、日本和祖国大陆组成的三度空间,他在其中经历了从幻想到苦闷彷徨,终至觉醒反抗的思想历程。在胡太明生活的年代,日本的文化同化政策与台湾人民坚持的汉民族文化传统尖锐对立,而传统文化中保守的东西,又与新文化思潮形成冲突。胡太明从小接受汉文教育,但反感于祖父憧憬的"秀才"、"举人";他转入国民学校和日语学校读书,又受到"二等国民"的屈辱。置身于多重文化思潮冲激下的特定社会环境,胡太明所经历的四个思想演变阶段,无疑成为那个时代知识分子人生境遇与精神面貌的缩影。

乡村执教时期的胡太明,是怀着实现"爱的教育"的理想,"负起时代所赋予的使命,到乡间的国民学校去执教"的。他全力以赴投人工作,教学成功的兴奋却无法驱赶内心的悲凉,因为,"整个学校笼罩在日本人那种有恃无恐的暴戾气氛中"。校长对台籍教员的训斥,日籍教师对学生的体罚,使他对殖民地教育产生了怀疑;加之日籍女教师内藤久子对他的初恋的拒绝,击碎了胡太明的青春热情与梦幻,使他开始走向觉醒。

日本留学时期的胡太明,怀着"研究更高深的学问,及研究作为手段的教育方法"的理想,胡太明赴日留学。但种族歧视更为严重。胡太明按照中庸哲学回避政治斗争,一心钻研学问;但民族的良心又使他受到学生爱国运动的吸引,产生自我谴责意识;但当他参加学生运动时,其台湾人身份又被大陆留日学生疑为日本人派去的"间谍"。台湾所处的特殊历史地位,使胡太明陷入两难选择的尴尬境遇,内在的精神冲突日益突显。

大陆活动时期的胡太明,是带着去寻找"一个可以自由呼吸的新天地"的理想而出发的。但他在南京和上海看到的,却是汪伪政权和日本人统治的天下。过去那些吸引他回到大陆的政治色彩浓厚的朋友,现在表现出来的消极沉沦令他失望。想通过建立家庭摆脱人生苦恼,而以"新时代女性"为标榜的妻子淑春,骨子里却是一个庸俗、放浪、言行不一的女子。由于时局日趋紧张,胡大明同时受到中国当局和日租界当局的双重猜疑,并遭到一场被怀疑为间谍而被囚禁的无妄之灾。

再度返台时期的胡太明,原本是要抛弃"孤儿意识",投入抗日斗争,但日本侵华战争的爆发,使他陷入了日趋叛逆的内心世界与身不由己的矛盾处境。在席卷台湾的"国民精神总动员"的声浪中,残酷的现实激起胡太明的反抗情绪,他第一次在内心对"圣战"发出质疑:"圣战,圣战!……报纸上把中国人比做杂草,夸赞一支日本刀砍了七十多人的虐杀行为为英雄!这就是圣战吗?"但胡太明只是一个孤独无力的怀疑者和抗议者,周围环境中喧嚣的战争氛围使他走向历史感伤主义。哥哥当了"保正",热心所谓"新体制"运动;自己被强征"参加海军作战队",派往广州打仗;目睹了大多的日军侵华罪恶,胡太明几近精神崩溃,而再度被送回台湾。日本殖民当局在所谓"战时体制"下对台湾的疯狂掠夺,以及"皇民化运动"对台湾民众的精神荼毒,使胡太明终于从"明哲保身"和"委曲妥协"的屈辱中觉醒过来,他在大厅墙壁上愤然题诗:"志为天下士,岂甘作贱民?击暴椎何在?英雄立梦频。汉魂终不灭,断然舍此身!"胡太明则再度潜回大陆投身抗日斗争。

从胡太明的形象塑造可知,所谓"孤儿意识",说到底,主要是由日本帝国主义的殖民统治和侵略政策一手造成的,它凝聚了台湾人民痛苦的殖民地经验。在日本殖民统治下的台湾知识分子,只有抛弃"孤儿意识",认同祖国,并投身于民族解放斗争的洪流中去,克服知识分子脱离民众、彷徨无依的动摇性和脆弱性,才能真正找到正确的解放自己的道路。从这个意义上看,《亚细亚的孤儿》既是台湾知识分子人生道路的总结,也是台湾人民历史的教科书。

第四节 战后初期的台湾新文学重建

一 光复初期的台湾社会背景

1945年至1949年,是台湾历史一个非常独特的过渡阶段,人们一般称之为"光复初期"。短短的四年中,台湾结束了一个充满屈辱与血泪的日本殖民地时代,也遭逢光复后风云诡谲、时局多变的现实境遇。历史变迁过程中的多重矛盾扭结,使台湾人民在光明与黑暗并存、进步与落后交织、希望与挫败共生的时代转换中,经历了社会风云急剧变幻的巨大震荡。

光复初期的社会面貌,表现出三个主要特征:

首先,第二次世界大战之后,随着世界格局重整下的台湾的回归,"中国化"的趋向成为它最显著的特征。1945年8月15日,日本宣布接受《波茨坦公告》,无条件投降。台湾人民用浴血的奋战,终于摆脱了日本帝国主义长达51年之久的殖民统治。同年10月25日,盟国中国战区台湾省受降仪式于台北市公会堂举行,中国在台湾省的受降主官会后发表广播谈话宣告:"自即日起,台湾及澎湖列岛已正式重入中国版图,所有一切土地、人民、政事皆已置于中国主权之下。"台北市学生及各界民众数万人举行环市大游行,欢庆祖国收复失土。全省家家户户张灯结彩,焚香祭祖,通宵欢饮,光复的狂喜波及到社会的各个层面。张文环在《关于台湾文学》一文中,曾经这样描写台湾光复时的感人场面。"今天新生报台中分社主任吴天赏,光复当时,在众人面前指挥练唱国歌时,禁不住流下了热泪。连做梦也没有想到,这么快就获得了自由,而且大家都还活着,真想一起跪在青天白日旗的面前痛哭一场……。"

由于在日本殖民时期受尽了各种压迫与剥削,台湾人民对祖国大陆充满了文化传统与民族情感的认同。战后,"台湾祖国化"的口号风行各地,如同民间创办的《民报》社论所表示的那样:"光复了的台湾必须中国化,这个题目是明明白白没有讨论的余地"。在这种回归祖国的时代潮流中,台湾人民开始投身家园的重建与振兴工作,表现出强烈的责任感与凝聚力。

其次,消除日本殖民统治后的文化遗害,以及对语言障碍的跨越,是光复初期台湾社会亟待解决的问题。1945年以后,台湾在"政治"上虽然摆脱了日本的殖民统治,但日本殖民时代的遗害仍然深刻存在。不仅社会结构的殖民化问题在台湾尤为严重,日本统治当局长期推行的同化政策,特别是1937年以后的"皇民化运动",给台湾的民族文化与民族语言带来了毁灭性的打击,"皇民炼成"造成的精神荒费与心灵创伤,还在梦魇般地缠绕着台湾社会。而"皇民化"时期禁止使用中文和汉语,强令推行日语的政策,又导致许多台胞不懂中文,作家也无法用中文写作。先行的知识分子敏感地意识到这个问题的严重性,早在1945年9月28日(台湾"光复"日的前一个月),萍心就说道:"大多数的台湾同胞受尽了日本奴隶教育,他们中间大部分面已成了'机械'的愚民,而小部分已成为了极危险的'准日本人',我们要用怎样的手段和方法,在最短时间中去唤醒去感化这两批的同胞,使他们认识祖国,使他们改掉'大和魂'的思想,成为个个健全的国民,使他们能够走上建设新台湾,建设新中国的大路去。"为了帮助台湾人民早日摆脱日本奴化教育的遗毒,许寿裳、李何林、台静农、黄荣灿等大陆作家先后去台湾,他们与台湾文化人士一道,把肃清"皇民文化"遗毒,与重建民族文化性格结合起来,体现了知识分子的使命感。台湾省编译馆的成立,国语运动的推广,大陆先进文学的介绍,都直接影响了台湾的社会风尚。

再者,台湾从日本帝国主义的殖民地转变为封建中国的一省,国民党政府在对台湾的统治中,其自身的半封建半殖地性格逐渐显露,政治腐败、经济衰退、文化限制带来的严重后果,使台湾的社会矛盾不断恶化,"省内外隔阂"日趋严重。这种情形引起了台湾知识分子深深的忧虑,早在1946年8月15日的《新建设》杂志上,杨逵就以《为此一年而哭》为题,来"哭民国不民主,哭言论集会结社的自由未得保障,哭宝贵的一年白费",以此传达台湾民众情绪由喜到悲的逆转。果不其然,1947年"二二八"事件发生后,政治压迫和白色恐怖立刻降临到台湾人民头上,杨逵也因为一纸"和平宣言"而被判刑12年。国民党当局的专制统治,使得"台省作家虽因台湾光复而获得心灵的解放,唯作品中表现出来的,仍有不安、虚无等色彩。"

二 《新生报·桥》副刊的台湾新文学重建

1947年11月至1949年3月,在台湾《新生报·桥》副刊上,发生了一场关于台湾新文学建设的热烈讨论,这在"二二八"事件后的高压氛围中出现,不啻于一种奇迹,它集中体现了台湾新文学重建的顽强生命力。

台湾《新生报·桥》副刊创办于1947年8月1日,由毕业于上海复旦大学新闻系的文学青年歌雷(史习枚)担任主编。1947年11月,《桥》副刊不顾7家报纸被国民党当局查封,多位报人和知识分子被捕入狱的危险,以蔑视强权、追求真理的胆识,致力于劫后重生的文学重建运动,勇敢地发起了关于台湾新文学问题的讨论,收获了前后约27人的四十多篇理论争鸣文章。从大陆作家歌雷、骆驼英(罗铁鹰)、扬风、雷石榆、钱歌川、孙达人(孙志煜)、何无感(张光直)、陈大禹、萧荻,到台湾省籍作家杨逵、欧阳明(赖明弘)、獭南人(林曙光)、黄得时、叶石涛、朱实、吴浊流、吴瀛涛、吴坤煌、陈百感(邱永汉)、吴阿文(周青)、籁亮(赖义传)等人,他们都以重建台湾新文学的热望与行动见证了两岸作家合作共事的生动例证。这次讨论触及到台湾新文学发展的重大问题,是战后台湾文学处于历史转折期的一个主要事件。讨论涉及面之广,参与人数之多,文学价值之重要,远为以往台湾文学论争所不及,它是"光复以后最热烈而有意义的'台湾文学'应走路线的论争。"

然而,随着国民党政权对台湾进步人士和思想的大肃清序幕的拉开,《桥》副刊关于台湾新文学重建的讨论也命运坎坷,在劫难逃。1949年4月6日,台湾省警备司令部出动大批军警,逮捕台大与师大学生三百多人,造成震惊一时的"四·六惨案"。这期间,《桥》副刊被官方查禁,主编歌雷、作者杨逵、孙达人、张光直被捕入狱,林曙光也被迫逃亡;接后,骆驼英、雷石榆、朱实、周青、萧荻等人纷纷逃往大陆,姚隼则被监禁,籁亮遭到刑杀。至此,历时一年多的关于重建台湾新文学的讨论戛然中止,一段被政治强权所挫杀的文学历史也从此尘封。

作为光复期台湾文坛重要的文学现象之一,台湾《新生报·桥》副刊有关台湾文学问题的讨论并非偶然,而是有其深刻的社会思想文化背景。就当时情形而言,这场讨论建立在光复初期台湾文艺复苏的基础上,缘起于两岸作家共建台湾新文学的热望;它是光复后台湾回归与重建的历史背景下的特定产物,它的存在无疑构成战后台湾文学重建不可或缺的组成部分。1945年日本帝国主义投降后,不仅爱国爱乡的台湾同胞面临着重建家园的重任,台湾新文学也面临着继承优秀文艺传统、肃清日据时代负面影响、适应语言文字转换的时代变动。两岸作家在这一历史过渡期,不约而同地担负起台湾文化与文学重建的使命。

从台湾《新生报·桥》副刊的活动来看,首先,它既是赴台大陆作家支援台湾文学建设的举措,也是两岸作家携手并进的见证。从30年代饮誉大陆文坛的许寿裳、台静农、李霁野、李何林、黎烈文、雷石榆、钱歌川等,到40年代的文艺新进何欣、歌雷等,还有寓居大陆多年的台湾省籍作家张我军、洪炎秋,王诗琅、钟理和等,他们于1946年前后纷纷赴台,或创建台湾省编译馆,或投身于学界,或活跃于报刊文化阵地;与坚守台岛的杨逵、吴浊流等人一道,为开创战后文学新局面不遗余力。当年活跃于《桥》副刊的一群人,诸如歌雷,骆驼英、扬风、孙达人等,都是光复后来台的大陆文艺青年。他们虽然不是什么大作家,他们的事迹也有待了解,但他们重建台湾新文学的热望与行动,使其"无愧为对文学没有偏见,诚实而狂热的文学信徒,接掌《桥》之后,几乎毫不迟疑地著手推动台湾新文学的重建工作,一丝不苟地在台湾发展以地缘出发的台湾新文学。"

《桥》创刊时,日据时代的作家被迫取消中文写作已有十多年的历史。台湾光复后,当时的作家使用中文发生困难,文学创作一时萧条。《桥》在过渡期文坛的出现,为大家带来新的希望。歌雷在创刊号的《刊前序语》中明确宣称:"桥象征新旧交替,桥象征从陌生到友谊,桥象征一个新天地,桥象征一个展开的新世纪。"歌雷还以反映社会现实与人民疾苦的现实主义路线作为办刊方针,多方面鼓励台湾文学创作的有生力量。它不仅在台湾知识分子与大陆知识分子之间架起了友谊之桥,也使战后台湾文学与社会现实生活有了新的接触点。从轮流到全省各地举办多场文学茶会,到发起关怀台湾新文学前途的热烈讨论;聚集在《桥》副刊周围的省内外作家,是以平等对话,求同存异,团结奋战的姿态来开展文艺讨论的。这一切,正合着歌雷在他的一首诗中所说的:"自由/是最低的要求/友谊/是最高的享受……你愿意/就打开你的心/像一颗太阳"。

其次,《桥》副刊的讨论不仅与光复初期台湾文艺复苏的现实密切相关,而且有着来自祖国大陆的社会革命与文艺运动背景的推动;它所显示的上是两岸文学汇流的时代趋向。光复期的台湾文坛,在摆脱了日据时代强制推行的"皇民文化"的桎梏后,积极致力于民族文化的回归,报刊杂志纷纷创办,为重建台湾新文学提供了有力的园地。据不完全统计,从1945年8月到1949年12月,台湾先后创办发行的报纸、副刊、杂志,约有60余种;仅1946年,就达28种之多。如此惊人的数目,显示的是当时知识分子积极而热切地透过传媒参与社会生活的盛况。不过,由于种种复杂的社会原因,其中真正属于文学的版图并不多。呼唤强有力的文学园地,构成台湾新文学作家队伍的聚集与再出发,就成为一种时代渴求。而《桥》副刊的应运而生,便义不容辞地承担了这种使命,为战后文学的振兴起到了冲锋陷阵的作用。它每三日或隔日出版,持续了20个月,共出223期,刊登了台湾省籍作家的多篇小说,是同时期水准最高、影响最大的刊物,为当时两岸作家的交流及沟通做出了突出的贡献。

同时,我们必须看到,海峡两岸不可分割的地缘、史缘和血缘关系,使台湾人民往往以整个中国为思想展望格局。光复后的台湾人民,从抗战胜利、回归祖国的狂喜,到渴望国共和解、民主改革建国的憧憬,再至"二二八"事件后对国民党政权的普遍失望与愤感,他们走过了与大陆人民相同的精神历程。特别是1947年至1949年期间,随着国民党主动挑起的全面内战的爆发,祖国大陆"反饥饿、反迫害、反内战"的爱国学生运动也风起云涌,并直接影响到台湾社会与校园。台湾的知识青年不仅从大陆流入台湾的进步书刊杂志上热切关注祖国形势的发展,还有不少人东渡大陆近距离观察当下中国。"这一个时期,是一个旧社会、旧政权走向无可挽回的崩溃,而一个新生的社会、新生的政权巍然崛起的时代。这惊天动地的历史变革,牵动着包括台湾人民在内的亿万中国人民的憧憬和希望"。这就是《桥》副刊能够发动重建台湾新文学讨论最为深广的时代背景,也是它能够在"二·二八"起义惨遭镇压后的社会低迷状态中再出发的精神力量支撑。那一代知识分子先驱,是如此坚定地执着于"一个中国"的构想,对台湾的社会改造与台湾新文学的重建充满热切、峻急的关怀。那个时代大陆先进文艺思想的涌入,与台湾新文学创作优良传统的继承,形成了两岸文学的汇流,并决定了台湾新文学重建的方向。《桥》副刊提出的写实主义路线与赖和、杨逵以来的台湾新文学创作传统的高度吻合,《桥》副刊重建台湾新文学的讨论与大陆30年代左翼文艺思想的惊人一致,即是这种两岸文学影响互动的明证。

再次,从文学副刊历史流变的脉络来看,《桥》副刊关于重建台湾新文学讨论的发生,与在此之前的台湾新生报《文艺》周刊所发挥的前奏作用,也不无联系。1947年5月4日,《文艺》周刊创刊,由出身英语系、来自祖国大陆的何欣任主编,共出13期。何欣在发刊词《迎文艺节》中,特别强调了《文艺》诞生在台湾的双重责任:其一是"清扫日本思想余毒,吸收祖国的新文化";其二是"文学不能'闭关自守'","介绍世界文学也和成为我们重要的责任之一";并预言"台湾在不久的将来会有一个崭新的文化运动。"出于创作与翻译同时并重的编辑方针,《文艺》前3期大量刊登译稿。这种办刊路线很快引起文艺界质疑,他们希望"《文艺》应该尽一部分'提倡'的责任,造成台湾的'文艺空气'。"所以,从第4期开始,《文艺》连续刊登了5篇涉及台湾新文学现状与走向的论争文章。沈明的《展开台湾文艺运动》、江默流的《造成文艺空气》等文章,有感于当下台湾文坛的"荒凉"与"沉寂",希望通过文艺工作者的努力,造成文艺空气;王锦江(王诗琅)的《台湾新文学运动史料》、毓文(廖汉臣)的《打破缄默谈'文运'》,则或以史料的方式回应沈明、江默流对台湾文学的观感,或以大胆的质疑分析台湾文坛寂寞的主客观原因,并特别强调台湾文艺界并非一片未被开垦的处女地。《文艺》周刊在第12期的《编者按》中,还继续呼吁省内外文艺工作者能"提供'具体'意见与办法",短期内能有所成绩。没料想到刊出第13期后,《文艺》便于1947年7月30日停刊。这场小小的文艺论争虽然暂告结束,但它所提出的问题却有着潜在的酝酿和发展。果然,1947年8月1日创刊的《桥》副刊在三个月后,便发生了一场历时一年多的关于重建台湾新文学的热烈讨论。正是在此意义上,《桥》幅刊接续并深化和扩展了《文艺》周刊的论争,并以崭新的办刊姿态,从带着"学院派"风格的《文艺》,大踏步地走上了面向现实生活与人民大众的《桥》。

三 台湾新文学重建的讨论及其意义

在左翼文学思潮的影响下,《桥》副刊上发生的这场文艺论争,无论是当时还是今天看来起来,都达到了难能可贵的高水平。

就台湾新文学重建的讨论而言,《桥》副刊主要涉及到以下问题:"(一)台湾过去文学是怎样的:(二)台湾有无特殊性?'台湾文学'这一口号对吗?(三)五四到现在的中国社会变了没有?(四)新现实主义容许浪漫主义否?(五)新现实主义的文艺中有无'个性'?(六)是否可以偏向浪漫主义?(七)台湾应该建立怎样的文艺?(八)如何建立台湾的文艺?"讨论中,两岸作家平等对话，各抒己见，既有争议，更多共识。诸如对于台湾文学的特殊性中，从问题本身的理解到应对态度，台湾省籍作家与省外作家在讨论中虽有所歧异，但讨论的最后落脚点，在于台湾文学的独特性与中国文学统一性的辨证关系上。两岸作家对于肃清"皇民文化"影响，回归民族文化传统，仍然有着共识。

在两岸作家达成共识的诸多问题背后，蕴含着丰富的精神资源和理论背景。如果追根溯源的话，我们发现，这些精神资源与理论背景不是孤立存在的，它与祖国大陆的五四新文学运动和30年代的左翼文艺思想有着同构性。具体言之，它主要体现于三个方面。

其一，关于五四文学传统与中国文学格局的认同问题。在体认台湾新文学的历史地位与两岸文学的关系上，欧阳明等人充分肯定了受五四新文化运动影响而产生的以反帝反封建为宗旨的台湾新文学的历史价值，指出其目标是"继承民族解放革命的传统，完成'五四'新文学运动未竟的主题：'民主与科学'"，而"这目标正与中国革命的历史任务不谋而合地取得一致。"由此看来，"台湾文学始终是中国文学一个战斗的分支，过去五十年事实来证明是如此，现在、将来也是如此。"台湾老作家杨逵则明确表示，"台湾是中国的一省，没有对立。台湾文学是中国文学的一环，当然不能对立。"林曙光也呼吁台湾文学要"做中国文学的一翼而发展。今日的'如何建立台湾新文学'需要放在'如何建立台湾 的文学使其成为中国文学，才对"。

上述观点的提出，首先是以尊重历史的态度，基于对台湾新文学运动的源流、性质、形态进行分析和认识的结果。在台湾，新文学的发轫与大陆几乎属同一形态，都是以是思想启蒙为宗旨，以提倡白话文，反对文言文的文学革命为开端，以反帝反封建的宗旨而贯穿新文学运动始终。这其中，最直接、最主要的条件，是受到五四爱国运动以"科学"和"民主"为旗帜的反帝反封建精神的影响和鼓舞。从根本上说，作为五四新文化运动的产儿，台湾新文学是中国新文学运动不可分割的一部分。五四以来，时代虽然变化了，但对五四文学传统的继承不能改变。应该看到，在本世纪的历史发展中，五四精神作为一种巨大的思想力量和人格力量，对于社会改造和民众启蒙所发挥的伟大作用。两岸作家在论争中达到的共识，对于认识台湾新文学的源流，解决台湾文学与祖国文学的认同问题，有着切实的意义。它在廓清台湾新文学某些核心问题的基础上，使两岸作家能够清醒地把台湾新文学纳入中国新文学运动的整体格局中去考察，战后台湾文学重建的方向、目标、任务也由此得以根本的规定，那就是：中国新文学运动的路线，即是作为中国新文学运动的一环的台湾新文学建设的方向，这是已经被历史证明了的时代选择。

其二,关于文艺界统一战线的精神资源。1945年台湾光复之后,社会政治情势并不稳定,除了《桥》副刊以外,当时台湾文学的状况也相当混乱,语言文字转换的艰难,某些不健康作品的报刊流行,特别是40年代后期政治形势的急速逆转,使文学遭受重压与挫伤,也扩大了海峡两岸的隔阂与误解。在这种情势下,如何消除两岸之间的"澎猢沟"(杨逵语),实现"台省的文学工作者与祖国新文学斗士通力合作",是摆在战后文学重建道路上的迫切问题。扬风、杨逵、骆驼英、歌雷、欧阳明、萧荻等人对此都有着共同的关注。杨逵多次呼吁:"真正的文艺工作者们要结成一个自己的团体","消灭省内外的隔阂,共同来再建,为中国新文学运动之一环的台湾新文学。"共同的文学事业追求则使扬风明确提出"文艺统一战线"的主张,它具体表现为:第一,"文艺工作者,应该携著手,心贴著心的来组织和坚强更新文艺运动的统一战线。第二,还要讨论出同台湾新文艺运动统一的路向,这就是要步伐一致",并"否弃那些落伍的,开倒车的,颓废的文艺思潮,而建立文艺工作者联合坚强的营垒"。如同统一战线是新民主主义革命的胜利法宝一样,文艺统一战线同样是文艺事业发展的必要前提。对文艺界团结问题的特别强调,不仅体现了台湾文艺运动广泛的人民性,也对聚集与调动文艺界力量,实现战后文学重建有着迫切的现实意义。

其三,关于新写实主义与文学大众化的精神资源。在台湾新文学应朝什么方向发展的问题上,歌雷、骆驼英、杨逵、欧阳明、扬风、雷石榆共同强调现实主义的大众文学路线。一贯坚持现实写作的台湾资深作家杨逵首先呼吁:"为使文学与人民大众连系在一起,唤起群众兴趣,鼓励群众参加文艺工作及创作,提倡写实的报告文学。""我希望各位到人民中间去,对现实多一点的思考,与人民多一点的接触"。杨逵不仅坚持了《送报伕》这样直面现实人生的创作,还到处奔走呼吁,支持岛内的歌咏、舞蹈、戏剧等文艺活动。杨逵曾经倡议台大麦浪歌咏队举办"文艺为谁服务"的座谈会,并鼓励"银铃会"成员深入工厂农村,了解社会现实。他认为,"为国,为民,为子孙计,我们需要些傻子来当新文学运动再建的头阵"。作为最有资格对台湾文学发言的作家,杨逵的主张和行动对于廓清战后文学路线有着积极的校正作用。外省作家则着眼于理论建设的意义,进一步阐述了自己的观点。歌雷从台湾光复后的创作现实出发,努力倡扬"新现实主义的文艺道路的新写实主义"。骆驼英解释道,"新现实主义是立脚在辩证唯物论和历史唯物论上,且站在与历史发展的方面相一致的阶级立场上的艺术思想和表现方法。"雷石榆则第一次在台湾文学史上引进马克思主义的新写实主义论,认为这种"从民族与生活现实中掌握典型人物"

的创作方法,既表现了客观中的现实,也表现了作者的精神和启发,是"自然主义的客观认识而与浪漫主义的个性,感情的积极面之综合和提高。"而用扬风的话来说,新现实主义是一种"现实主义的大众文学"。由此,扬风进一步提出,"文艺大众化"与"文章下乡"的口号,呼唤作家走出书房,走出都市,到乡间、民众和现实生活中去,写出得到民众共鸣和支持的文学作品来。40年代后期,《桥》副刊不仅从理论上倡导新现实主义创作路线,还大量刊登了台湾省籍作家充满浓厚批判色彩的写实主义作品,由此成为"新现实主义"的大本营。

新现实主义与文学大众化的理论,源自具有左翼色彩的中国30年代文艺思想。以左联为核心的无产阶级文学运动非常重视创作方法的探讨,从引进日本左翼文学理论家藏原惟人提出的"新写实主义",到推行拉普提出的"唯物辩证法"的创作方法,再到实践苏联倡导的"社会主义现实主义"的口号,无产阶级文学运动对现实主义的理解和把握有过曲折的历程。在后来现实主义文学理论的建设和深化中,鲁迅、瞿秋白、茅盾、周扬、冯雪峰,胡风、李健吾等人都做出了不可磨灭的贡献。与此同时,关于文学与民众结合的问题,成为贯穿30年代文学理论建设的一个重要课题。左联从一开始,便成立了文艺大众化研究会,并展开了持续近10年的有关文艺大众化问题的讨论。在什么是"大众化",为什么要"大众化",怎样才能大众化的问题上,讨论都有重要的收获。歌雷等文艺新进来到台湾,也把中国30年代的文艺思想、创作理论和作品传播过来,这使台湾与大陆30年代文学之间,有了新的接壤与继承。事实上,《桥》副刊以"新现实主义",创作与文学大众化作为台湾新文学重建的理想与方向,不仅有着中国30年代文艺思想的理论依据,还有着日据时代台湾左翼文学执著前行的历史背景,同时也不乏光复之后台湾文坛传播祖国大陆文化传统与文学精神的现实土壤。1947年1月,杨逵承台北华东书局之请编印了"中国文艺丛书",翻译了鲁迅的《阿Q正传》、郁达夫的《微雪的早晨》、茅盾的《大鼻子的故事》等,这些中文刊印的作品给予台岛民众以美好的精神滋养。30年代活跃于大陆文坛的其他作家作品,如雷石榆的新诗,张天翼的小说,丰子恺的散文,许寿裳的论著等等,多被列为丛书或单行本在台湾出版。光复初期演剧运动的勃兴,也使得欧阳予倩导演的《郑成功》、《桃花扇》,曹禺的名剧《雷雨》、《日出》,吴祖光的《文天祥》,陈白尘的《结婚进行曲》,李健吾的《青春》等剧作,分别由大陆剧社和本岛剧社在台湾公演。受到上述文坛氛围的影响与感染,体认着两岸文学发展的息息相关,《桥》副刊对"新现实主义"和"文学大众化"的坚持,就成为一种时代的抉择和文学的自觉,它使台湾新文学运动不可避免地呈现出向祖国文学汇流的历史趋势。

总的看来,1947—1949年的台湾文坛,尽管有着高压政治留下的痛苦记忆,但《桥》副刊关于台湾文学重建的讨论,却以不畏强权、追求真理、坚持文学独立价值与探索精神的不屈姿态,为政治黯淡年代带来最初的曙光。这场文学讨论,不仅产生了两岸作家结盟文坛的佳话,更以文学理论问题的厘清,成为当年台湾新文学共建的历史见证,并留给人们一份关于台湾文学命运与前途的现实思考。

第五节 50年代台湾的"战斗文艺"运动

一 "战斗文艺"的历史背景与发生过程

1949年12月7日,国民党当局被迫从大陆败退台湾,开始了此后半个世纪以来海峡两岸的严重对峙,也由此带来台湾社会发展的不同形态和台湾当代文学进程的复杂面貌。在50年代台湾社会的一片乱局中,最先充斥文坛并居于统治地位的,便是以反共抗俄为指向"战斗文艺"运动的泛滥。

国民党政权败退台湾初期,政治上风雨飘摇,外交陷入孤立无援境地,失败主义情绪到处弥漫。光复后国民党当局与台湾人民的矛盾,特别是"二二八"事件的阴影,又不断加重这种隐忧显患。战后还未完全恢复的经济创伤,由于200多万迁台军民导致的人口激增,给已经相当贫穷的台湾造成巨大压力。面对这种社会乱局,蒋介石开始反省国民党在大陆失败的教训,其中检讨国民党的文化宣传方针占了很大比重。国民党当局清醒地意识到:"今天的反共战争,原是一种思想战,文艺对于人类思想的影响较之任何教育来得有效。"在"反共复国"基本"国策"导引下,修补反共思想体系,加强反共舆论宣传,重建官方文化的权威性格,严密控制社会思想和人民的精神文化生活,就成为"文化改造运动"的宗旨。具体到文艺领域,它集中地表现在"战斗文艺"运动的倡导与风行上。

"战斗文艺"运动能够迅速占据50年代台湾文坛的主潮地位,是当时的政治生态环境与社会心理背景共同作用的结果。就前者而言,政治权力高压与文化政策垄断相结合,造成了官方话语霸权的横行无阻。早在1949年5月,台湾当局就宣布了"台湾地区戒严令",台湾从此进入长达38年之久的"戒严状态"。"戒严令"在实行所谓"非常时期"军事管制的同时,特别注意控制台湾人民的思想言论自由。在这种高压氛围与泛政治化的现实环境中,政治戒律与文学禁忌比比皆是。

首先,文学创作的自由受到严重威胁。文学作品动辄遭到检查、删改、查禁、没收,作家稍涉严重者,更以叛乱罪起诉。

其次,禁书政策"漫天撒网与无边无际"。国民党当局检讨"戡乱战争"失败的原因,把它归咎于30年代的左翼文艺,以致1949年以前大陆出版的进步现代文学作品和理论书籍几乎被一网打尽。当时的情形是:

在撤退到台湾不久,国民党正式下令,凡附匪以及留在沦陷区的学者、文人的著作一概禁绝。这等于宣告,中国现代史上百分之九十九点九的有价值的文学与学术作品一概免读。这种空前绝后的"否决"历史与文化的举动,以最实际、最有力的方式宣告了五四文化在台湾的死亡。

清除现实社会中的政治反对力量,禁绝五四以来的新文化传统,限制文学创作的自由发展等等,这种社会生存环境的泛政治化,以及它所带来的文学生态环境的恶质化,为"战斗文艺"运动的官方话语霸权姿态的出现,提供了特殊的社会背景。而官方出于统治者目的的大力倡导,则作为最根本的政治保障和强势话语背景,不仅使"战斗文艺"运动变成培植"反共抗俄"笔部队的一种途径,也使这种创作变成一种铺天盖地的"文宣战争"。

就后者来看,战后台湾面临的动荡时局,特别是200多万大陆迁台人员被困孤岛所造成的特定社会心理氛围,使国民党当局深感精神压力。为了迅速地稳定混乱不安的社会局面和安抚大陆去台人员,国民党当局急欲制造一种官方的政治神话,来抚慰、调动和激励民众的社会情绪,特别是使大陆去台人员从失败主义的精神低谷中挣脱出来;因而,以"反攻复国"为政治指向的"战斗文艺"运动,以暴露、诅咒、宣泄以及所谓"励志"为主要特点的"战斗文艺"创作,便应运而生,在文学的领域负载起具有历史荒谬感的政治使命来。上述情形,正如白先勇所指出的那样:

国民政府迁台之始,即提出响当当的"反攻复国"口号,从火车站到酒瓶标纸上随处可见,可谓无所不在。这官方的神话正好代表了流放者的心态:从大陆逃来的人不过以台湾为临时基地,好发他们的美梦,希望有一天回到海峡的彼岸。国民政府统治台湾初期,这种神话在人民的政治心理上根深蒂固,没有人敢怀疑;当时的文学作品自然也反映在这方面,不免产生麻醉的作用。

作为一项有组织有计划有步骤的文学运动,"战斗文艺"运动有其自身的发展演变过程。

(一)萌芽阶段:1949年11月至1950年初。

"战斗文艺"的最初缘起与当时的文人孙陵有关。受国民党宣传部代部长兼台北市文化运动委员会主任任卓宣的约请,孙陵写了一首歌词《保卫大台湾歌》,发表于1949年11月3日的《民族报》,并被台湾各大报刊所转载。这首歌词围绕"反共抗俄"的主题,努力堆砌政治口号,叫嚣"杀尽共匪,打倒苏联!保卫台湾,保卫民族圣地!反攻大陆,光复祖国河山!"由此成为"反共文艺的第一声"。孙陵担任《民族报》副刊主编后,在其发刊词《文艺工作者的当前任务——展开战斗,反击敌人》一文中,鼓动文艺并要站在"战斗前列","创造士兵文学!创造反共文学!真正认识自由、保卫自由的自由主义文学!"这篇发刊词也由此被认为是台湾"反共文艺运动的第一篇论文"。

1949年10月,台湾《新生报》曾展开过关于"战斗文艺"的讨论。针对读者对"反共八股"的厌恶和冷淡,有人主张"宣传,正面不如侧面,注射不如渗透,论文不如小说,八股不如诗歌,训话不如小品,破口大骂不如幽默地旁敲侧击。"同年12月,冯放民(凤兮)接编《新生报》副刊时,确定了"战斗性第一,趣味性第二"的征稿原则。起而效尤者不少,一时文风丕变。在台湾当局的参与下,《新生报》副刊还通过举办"文艺作家座谈会"、"副刊编著者联谊会"等一系列活动,使"战斗文艺"逐渐跃入前台。这一阶段,"战斗文艺"的中心思想已经被强调出来,"战斗文艺"的初步行动也在酝酿和计划之中;但由于国民党当局处在撤退台湾的紧张过渡之际,在短短的两三个月的时间里,还来不及制定出详细的文艺政策实施计划;所以,"战斗文艺"的口号尚不统一,影响层面也有限,处在酝酿和启动阶段。但无庸置疑的是,萌芽期的"战斗文艺"端倪,很快给国民党当局组织文艺运动提示了路向,并成为后来喧嚣一时的"战斗文艺"运动的前奏。

(二)泛滥阶段:1950年3月至1956年。

随着国民党文宣政策的强化,"战斗文艺"运动很快被纳入官方统一的施政体系之中,并通过官方的大力鼓噪,不断推向高潮,最终泛滥成灾。1950年,是国民党推行文艺政策的关键时段。同年发生的几件大事,关涉到文艺方向、文艺策略、文艺组织等重要问题。一是"中央改造委员会"于1950年3月成立,在政纲中正式列入"文艺工作"一项,要求文艺工作全面配合"反攻复国"的战斗任务。二是国民党"中宣部长"张道藩为主任委员的"中华文艺奖金委员会"于1950年3月正式成立;由陈纪滢担任主席的"中国文艺协会"于1950

年5月4日成立,同时公布了"中华文艺奖金委员"首度"五四"奖金得奖名单。三是蒋经国同年担任政治部主任(隶属国防部,1969年改称国防部政治作战部),翌年即发表《敬告文艺界人士书》,提出"文艺到军中去"的号召。至此,"政策文学的两支主干均于本年确立,蒋经国的总政治部系统和张道藩的文协系统在初期发展阶段彼此呼应,形成军中文艺界和社会文艺界双管齐下的犄角之势。"1954年,在国民党当局的授意下,"中国文艺协会"掀起文艺政策的狂潮,通过"文化清洁运动",把"战斗文艺"主张推向台湾社会各界。在所谓清除"赤色的毒"、"黄色的害"和"黑色的罪"的运动中,"中国文艺协会"不仅成立了"文化清洁运动促进委员会",还频频召开座谈会,多次举办"专题广播讲座",来加大宣传舆论攻势。国民党当局也公布了《战时出版品禁止或限制刊载事项》九项,并给予《中国新闻》等10家杂志以停刊处分。这场由"文协"首先发难的文化整肃运动,实际上是为"战斗文艺"运动鸣锣开道、扫清障碍的一次官方行动预演。1955年1月,在蒋介石的亲自倡导下,正式揭橥了官方"战斗文艺"运动。当时担任国民党中央委员会第四组主任的陈裕清曾经这样总结本时期的"战斗文艺"运动:

此时为了适应反共战争的需要,正式喊出"战斗文艺"的口号,力图在文学、影剧、美术、音乐、舞蹈等文艺领域,发挥文艺的战斗精神,加强战斗文艺的创作与活动。我们的文艺发展,有了统一的目标,有了明确的创作路线,有了切实可行的方案,文艺界由成长到成熟,得到了很大帮助。

由于国民党当局采取了上述的重要步骤,"战斗文艺"呼声颇为喧嚣,"一些官员便为战斗文艺忙得团团转,连各县市都挂出'战斗文艺委员会'的招牌,委员们天天开会讨论,拟纲领、订方案、汗流浃背,空前紧张。"

1950年"文奖会"首度公布的"五四"奖金得主名单,奖励的是如下类型的作品:

歌词:第一奖赵友培《反共进行曲》,第二奖章甘霖《反共抗俄歌》,第三奖孙陵《保卫我台湾》。

得稿费酬金者:纪弦《怒吼吧台湾》,乐牧《怀大陆》,张清征《自由生存》,毛燮文《我不再流浪》,杜敬伦《反共抗俄歌》,郭庭钰《为了自由》,刘厚纯《妇女反共歌》,吴波《一仗打得好》,张奋岳《保卫海南》,方声《保卫大中华》,胡尔刚《江河忘》,林洪《反攻大陆回故乡》,何逸夫《革命青年》,万銓《打回大陆去》,小亚《反共进行曲》,宋龙江《反极权反独裁》。

另有获奖曲谱15项,皆为清一色的"反共进行曲"。上述作品所提供的,正是50年代"战斗文艺"创作的一种面貌。仅在1950年至1952年这三年,从事"战斗文艺"写作的作家便多达1500多人至2000人,并出版有长篇小说10余种,中篇小说20余种,短篇小说近30种,诗集约20种,漫画与歌曲10余种,合计一百二三十种之多。

1956年1月,国民党中央委员会第七届二中全会通过了《展开反共文艺战斗工作实施方案》,"战斗文艺"运动全面展开,"有关战斗文艺的理论和创作,蔚成一大风尚。各报副刊和文艺刊物都竟相发表此类文稿",当时征集到的作品就达万件,呈现出"战鼓与军号齐鸣、党旗共标语一色"的泛滥之势。至此,"战斗文艺"运动以官方话语霸权的姿态,占据了50年代文坛的主导地位。

二 "战斗文艺"创作的主要作家和作品

"战斗文艺"运动主导台湾文坛的50年代,从事"反共文学"的作家,主要由大陆迁台的政界作家和军中作家两部分人组成。当一种官方政治风潮席卷而来的时候,他们以自己在特定政治语境下的文学创作,或自觉、或不自觉、或被迫地充当了配合官方营造政治神话的宣传工具,也为"战斗文艺"运动起到了程度不同的推波助澜的作用。事实上,这种情形不是个人的、局部的创作现象,而是官方话语霸权和文化垄断政策统治文坛的结果,它不仅以一个时代的作家才华与文学生命的虚掷浪费,扼制了台湾文学的正常发展,也造成了一段荒谬而沉痛的文学历史。

就政界作家而言,早期成员不仅包括那些被官方委以重任、手握副刊的主编,还有一些出身情治系统国民党人士加盟。陈纪滢、王蓝、王平陵、于还素、刘心皇、葛贤宁这类作家,当年多在国民党的党、政、群等机关服务,同时又从事舞文弄墨活动;其文学创作,则直接服务于仕途政治。从创作心态上看,或由于反共抗俄的政治倾向与流落孤岛、短期居留的统治者心态,或因为抒发败退台湾、故土难回的乱世愤情,或由于被官方"战斗文艺"潮流所裹挟,其中也不排除某些人为高额奖金所利诱;所以,政界作家多以峻急之情投入"战斗文艺"创作,不断虚构出"反攻大陆回家乡"的政治神话。

以军中作家来论,是指那些败退台湾任职于国民党军队,又从事文学创作的人。"军中文艺"的推进和军中作家的培养,是"战斗文艺"运动的重要组成部分,它体现着官方在枪杆子与笔杆子相结合,创立能文能武部队方面的政治文化构想。较之"战斗文艺"风潮,"军中文艺"运动贯穿时间更长。从50年代的"军中文艺"路线,到60年代的"国军新文艺运动";从1954年设立的"军中文艺奖金",到1965年之后按年度颁发的"军中文艺金像奖",军中作家不仅数量多,影响大,文学活动周期也长。除了人称"军中三剑客"的司马中原、朱西宁、段彩华,还有高阳、尼洛、张放、田原、杨念慈、魏子云、吴东权、舒畅、姜穆、呼啸、邓文来、邵悯等人,都是当时活跃于军旅的作家。"军中文艺"创作虽然也是50年代"战斗文艺"思潮中的一支流脉,但它与政界作家的反共文学创作有不同程度的区别。由于军中作家多出生于30年代,跟随国民党部队来台湾时许多人还是十六七岁的"少年兵",相比较而言,他们的反共情绪不像政界作家那么激烈、偏执、持久,随着时代的进步和自身的变化,他们其中的一些人也有所反省了自己的政治立场写作。又因为军中作家虽然受到"战斗文艺"口号的制约和影响,写了一些个人的战争经历和与"共军"作战的故事,但以他们对大陆的童年经验和乡土记忆,还是使笔下那种带有政治色彩的"怀乡文学",具有了并非单一的层面;更何况他们的创作高峰往往出现在六七十年代,一些颇有影响的代表作,如司马中原的《红丝凤》,朱西宁的《破晓时分》、《狼》,段彩华的《花雕宴》,以及高阳的历史小说,早已不能以"战斗文艺"而一言以蔽之。

具体到"战斗文艺"的创作实践,它在不同的体裁领域有着各自的表现。充当"战斗文艺"运动急先锋的"战斗诗歌",首先走在了50年代前列。其创作取向,是所谓"为劳苦的反共的三军战士而歌,为勤勉的反共的全中国广大自由群众而歌,为国家的种种灾难和民族的衰弱与不幸而歌,更为大陆上沦为铁幕的六亿同胞在死亡与奴役的挣扎而歌。"一时间,《常驻峰的青春》、《哀中国》、《不凋谢的老兵》、《祖国在呼唤》、《同仇集》、《壮志凌云集》、《在飞扬的时代》、《带怒的歌》、《号角》之类的趋时之作纷纷登场,它们多以歪曲事实和虚构事实为前提来写作。为了重弹"共产共妻"的陈词滥调,《哀中国》有如此描述:

> 为了提倡一杯水主义/破坏快乐的家庭/他们鼓励乱伦/实行配给婚姻/不问年龄大小/长幼卑尊/共产党有权指定/只要是——/男人和女人/就可以结婚/不问女儿和父亲/因为这很合乎唯物论

由此可知,构成"战斗诗歌"基本风貌的不是空洞无物的"标语诗",即是违背历史真实的"丑化诗",政治层面的宣传与攻击占据主要内容。

电影和戏剧的选材,更集中于"揭发中共的贫穷、屠杀、无人性,以及心向王师这些教条",它以强烈的宣教意义和广泛的传播效应,在"战斗文艺"运动中发挥特殊的作用。《恶梦初醒》、《春满人间》、《奔》、《罂粟花》、《歧路》、《夜尽天明》、《碧海同舟》等影片,或以所谓"暴露中共暴行阴谋为主",或以间谍斗智加上谈情说爱为模式,或以掩饰台湾社会阴暗面为倾向,走的皆是"战斗文艺"的路线。戏剧方面,《海啸》、《樊笼》、《大别山下》、《大巴山之恋》、《人兽之间》、《愤怒的火焰》、《春归何处》、《乱离世家》、《魔劫》等作品,无论是题材或功能皆为反共抗俄,戡乱战斗。小说创作作为"战斗文艺"运动的重镇,作品数量极为庞大,且多为文人式写作。小说的描写,"其内容不外两种:一是写我们的忠贞的反共志士,在大陆沦陷前后,和共匪斗争的经过;一是写军中的生活和战争的事实。"在那种高喊"反共"、直奔主题的小说之外,有一类创作发挥的"战斗作用",可能更突出。它们往往将国民党时代的反共意识与小儿女的感情纠葛相交织,把弧悬海外怀旧恋乡的漂泊经验与"反攻大陆"的复仇情绪结合起来,加之辅以某种"艺术性"的传达,这类作品更具有煽动力和迷惑性。比较典型的作品有:陈纪滢《荻村传》、《赤地》、《华夏八年》;姜贵《旋风》、《重阳》,王蓝《蓝与黑》、《长夜》;潘人木《莲漪表妹》、《马兰自传》、《如梦令》;潘垒《红河三部曲》,端木方《疤勋章》、彭歌《落月》,司马中原《荒原》、《狼烟》等等。这些作品多描写所谓国民党的"反共义士",在大陆"沦陷"前后,如何与共产党进行斗争的故事,以及大陆"沦陷"后人民的"悲剧性"遭遇。无论其艺术表达有着怎样的迂回曲折,"反共复国"的主题始终不渝,鲜明如初。

从事"反共文学"创作的作家,有的在大陆时期就已经从事文学创作,并且不乏艺术功力;有的因历史复仇情绪,驱使他们在50年代走的是"战斗文艺"的路线,最终导致了文学创作的失真和个人才华的虚掷。50年代的文坛上,最具有代表性的"反共文学"作家有姜贵、陈纪滢、潘人木等。

姜贵(1908—1980),本名王林渡,山东诸城人,出生于一个式微的地主家庭。中学时代参加国民党,抗战时期任职于国民党军旅,在大陆时曾发表作品,1948年来台后,出版长篇小说19部,中短篇小说集3种。其小说创作,或带有浓郁的自传色彩,或致力于历史题材,或编织婚姻恋爱故事,但真正引起人们关注,是由于其"反共小说"《旋风》(台北,自印,1957年)、《重阳》(台北,自印,1961年)的推出。在50年代的"战斗文艺"作家中,姜贵虽然最为卖力,但当时并没有得到人们想象中的官方青睐和奖赏。《旋风》1951年写完,7年之间无法出版。姜贵至少找了10家出版社,都被拒之门外。直到1957年,姜贵找到台南一家出版社,自费出版《旋风》五百本,多数滞销。这期间,姜贵失业、官司缠身,生活穷困而不得志。政治与生活的双重失意,使得姜贵以一种流亡心态从事创作,虽然服膺于"反共抗俄"的"战斗文艺"方向,但在创作手法上没有完全按照"反共八股"来创作;情治工作人员的经历,帮助他把小说写得有点像反共间谍电影那样曲曲折折的斗智游戏。较之那些粗制滥造、直奔主题的"反共八股",姜贵的"反共小说"有他貌似"高明"的一面,《旋风》和《重阳》由此被胡适肯定为所有台湾"战斗文艺"中仅有的"佳作",但国民党的文宣机器对此却不以为然,姜贵的小说在台湾始终是个冷门。这说明50年代的官方文学政治,表面上仿佛一统天下,简单明确,事实上却有其暗潮汹涌的复杂性。

姜贵的《旋风》与《重阳》,是以反历史的复杂怀旧心理和鲜明的反共倾向为灵魂的。与那些一味叫嚣"杀尽共匪,反攻大陆,光复祖国河山"的反共八股有别,姜贵有着更为自觉的思考。在他看来,"共产党不是从天上掉下来的,我们必须敢于分析它所以产生的那些因素,然后才能希望有办法把它们扑灭……反共需要冷静,也需要智慧。"因而,他的反共小说,都"旨在探究共党何以会在中国兴起。《旋风》重农村,《重阳》重都市,是其不同而已。"姜贵正是从这一主旨出发,对历史、时代、社会生活做了歪曲的描写和解释。

《旋风》又名《今梼杌传》,创作于1951年。"梼杌"本是古代传说中的恶兽,为《神异经》所记载。姜贵以此来比喻共产党,可见其政治立场之所在。小说以20至40年代山东诸城附近的方镇为背景,通过当地望族方家的兴衰变化与人物命运沉浮,来诋毁共产党革命斗争的历史。在姜贵笔下,小说主人公方祥千,本是一个关注社会又有抱负的人,他因厌恶旧家庭的罪恶和新官僚的腐败,秘密参加了共产党的活动。后来方祥千诱骗他的远房侄子方培兰投奔共产党,建立起地方"土共"武装势力,方家叔侄担任要职。抗战期间,他们在共产党省委代表的指导下,成立了地方政府。对外,他们"勾结日军","驱逐国军";对内,他们互相倾轧、角斗、陷害、猎色,产生种种暴力与罪恶;方镇从此开始了"天翻地覆"的时代。后来方家叔侄又有所"觉醒",暗中倒戈反对共产党,却不料分别被自己的儿子方天艾和"开山门"的徒弟所出卖,双双被囚。这时方祥千大梦初醒,认识到共产党是"旋风,旋风,他们不过是一阵旋风","终必像旋风般的烟散失败"。从上述写作可知,以所谓杀人放火、共产共妻、阴险贪婪、勾结日军、残害百姓等种种人间罪恶,来杜撰和诅咒共产党人的革命历史;以方祥千叔侄从旧家族的背叛到对共产党的背叛,来揭示姜贵所认定的共产主义的"虚妄性"和共产党的"旋风效应",这便是《旋风》及其姊妹篇《重阳》对"共党何以会在中国兴起"的探究结果。在这种对历史真相扭曲的背后,隐藏的是姜贵面对无可阻挡的历史进步,通过文学手段宣泄仇恨、挽回政治挫败感的目的。政治立场与阶级偏见对台湾"战斗文艺"创作的掌控与导向,由此可见一斑。

陈纪滢(1908—1997),河北安国县人。1924年即在《晨报》发表作品,与人创办过《蓓蕾周刊》、《大光报》,曾任"中华全国文艺界抗敌协会"理事,1948年当上国民党立法委员，1949年8月去台湾，长期担任台湾"中国文艺协会"的主任委员。他不仅成为多种官方文艺组织的领导者之一，也是官方文艺政策的直接推动者，其文艺活动多与政治活动相关联。陈纪滢一生著作甚丰，小说、理论、传记、游记、散文、剧本等多达56种之多。其中有小说占据10种，并以这个领域的创作引人注目。

陈纪滢的反共小说代表是《荻村传》（台北，重光文艺出版社，1951年）、《赤地》（台北，重光文艺出版社，1955年）、《华夏八年》（1960年，台北，重光文艺出版社），其中以《荻村传》影响最大。作者创作这类小说的动机很明确，它是要"替失败后的国人汲取教训，为抗战胜利后四年的社会悲歌！代大陆沦陷前的中国历史作脚注，为反共复国的誓师吹起前进的号角！"《荻村传》选择一个具有二流子性格的农民傻常顺儿来做主人公，企图透过人物命运的悲欢离合，来描写近代中国北方农村40年的历史变迁。但作品的基本立场和创作手法没有跳出"反共抗俄"、捏造歪曲的模式。在作者笔下，傻常顺儿被塑造成一个昏昏噩噩、被人利用的愚昧农民形象。义和团时，他参加义和团；日本人来了，他充当皇军班长、欺压妇女，胡作非为；共产党闹革命，他又摇身一变，成为共产党的村长，带着上级发给他的大龄妻子兰大娘四处扭秧歌。后来因为处分公审斗死不少村民，到头来犯下浑身错误，被共产党活埋。作者还在篇末煞有介事地发表议论："想来想去，这叫做百姓倒霉大演出，这台戏从头到尾，老百姓演的是全本武大郎。"与傻常顺儿从生到死的命运相对应的，是所谓的荻村由繁荣到衰落的历史变迁："白天，荻村是兽世界，晚上，荻村是鬼天下"。从这些颠倒黑白的攻击性描述中可知，作者诋毁中国革命和人民群众的政治意图清晰自现。事实上，陈纪滢塑造的傻常顺儿形象，不过是出于反共政治与文宣战争的需要所捏造出来的一个工具，并非生活本身和历史真相的发现。

50年代从事"反共文学"创作的作家，尽管他们的创作动机各有侧重，发表数量与持续时段也互有差异，但因为它们都孕育于"战斗文艺"运动之中，在创作倾向上又有其同构性。概括说来，那就是以歪曲现实生活，颠倒历史是非的虚妄性，形成了反现实主义的创作逆流。"战斗文艺"创作要帮助国民党当局掩饰失败的历史真相，转移民众的注意视线，摆脱当时的危困境遇，就需要通过污蔑、歪曲、攻击共产党和大陆人民的手段，虚构出一个"反共复国"的政治神话。然而，艺术的真谛在于社会良知，全然背叛生活真实和艺术真实的创作，只能导致文学艺术沦为意识形态话语传声筒的结局。

三 "战斗文艺"运动的没落

50年代后期至60年代中期，"反共文学"创作随着"战斗文艺"运动的不断跌落，最终走向了它的全面没落。

1957年，"战斗文艺"运动在达到泛滥高潮之际，已经开始出现了日趋衰落的颓势。这一年，"中华文艺奖金委员会"因经费断绝而撤消，国民党当局竭力维持的"战斗文艺"政策，发生了工作中心的位移，它主要通过蒋经国担任"国防部总政治部主任"的军中系统贯彻执行；而由张道藩负责的"文协"系统，则成了外围的配合执行部门，两个系统原有的平行发展、互相呼应的文武结合格局有所打破。随着"战斗文艺"政策对军中系统的倾斜和倚重，"国军新文艺运动"在60年代中期应运而生。

"国军新文艺运动"的出现，标志着以军系作家为主导的政策文学形成。虽然以"新文艺"冠称，但它并未提供比"战斗文艺"更新鲜的内容，不过是50年代"军中文艺"的继续。确切的说，它是为走向衰落和沉寂的"战斗文艺"注入的一针强心剂。从1965年第一届"国军文艺大会"的召开，到《国军新文艺运动推行纲要》的制定；再至1967年国民党九届五中全会上《当前文艺政策》的颁布，这实际上是"将国民党的文艺政策正式纳编于国家行政体系之中，形成了党政军三联合的集团文化改造运动，将环绕着'战斗文艺'的各个主题推向高峰。"60年代国民党文艺政策所强调的"配合中华文艺复兴运动，积极推行三民主义新文艺建设"，"促进文艺与武艺合一，军中与社会一家"，"强化文化的敌情观念，坚持文艺的反共立场"等等，其精神实质，仍旧与50年代"雪耻复国"的"战斗精神"一脉相承。

60年代，国民党当局对于文艺政策的态度虽然更趋明朗化，以官方意示垄断意识形态的动作也有增无减，但这种对文艺发展的投入并未收到预期的效果。尽管台湾军界逐年召开"国军文艺大会"，不断扩大"军中文艺金像奖"的颁奖范围，驱使"枪部队"兼营"笔部队"的使命和任务，但只见官方的忙碌和鼓噪，却没有"国军新文艺运动"的创作高潮出现。事实上，这个时代从精神生活到经济形势已经有了较大的发展，"反攻大陆"政治神话的一再破灭，导致了民众对国民党当局"国策"的现实质疑。加之自由主义思潮特别是西方现代主义思潮的涌进，冲蚀了官方政策文学的基础，从军中诗社的现代主义走向，到某些由"大兵文学"转向岛屿人生的现实关怀，军中作家创作发生了程度不同的分流与变化。在这种背景下，"战斗文艺"所依赖的政治根据与政策文学基础发生了动摇，此类创作亦不可避免地走向了衰落。

从"战斗文艺"自身的创作而言，以逆历史潮流而动的创作姿态，构成一种反历史的怀旧复仇文学面貌；以严重的模式化与公式化创作，形成千篇一律的"反共八股"；以鲜明的政治企图与御用性格，充当了官方政策文学的传声筒；

其种种非文学创作弊端,也使它遭到了社会读者的厌弃。在"战斗文艺"的创作过程中,从作品的情节发展,到笔下的人物设计,都落入了公式化的窠臼,形成了一整套"反共小说"的固定模式。诸如:1. 爱情加反共的故事,如《蓝与黑》;2. 知识分子误入歧途又噩梦觉醒的命运,如《莲漪表妹》、《马兰自传》;3. 共、日、匪合伙制造人间荒原的灾难,如《荒原》、《狼烟》;4. 历史悲剧的控诉与怀旧复仇情绪的宣泄,如《旋风》,5. 大陆的"沦陷"与人民的痛苦现实,如《获村传》,等等。如此庞大的"战斗文艺"队伍,却在重复着单调的模式化作品;更何况"作品本身只在字面上充满'战斗美',在实质上缺乏'文艺美'"。面对千篇一律的文学格局,基于对"反共文学"品质的维护,连国民党文艺政策的始作俑者张道藩也不无悲哀地承认:

> 一个不容否认的事实摆在我们面前:便是反共的文艺作品一年比一年产生得多了,广大读者对反共文艺作品的欣赏兴趣却一年一年减少了。不仅是少数专家学者认为这些作品,是属于"宣传"一类的东西;便是广大的读者,也把它们当作宣传品看待。反共文艺的效用,在逐渐减削。

如此真实的"战斗文艺"运动总结,无疑是对官方文学思潮绝妙的嘲讽。随着国民党"反共复国"政治神话的破产,"战斗文艺"创作也成为强弩之末,不可避免地陷入衰落的命运。

第六节 台湾现代派文学创作及其作家作品

一 追踪世界文学新潮流的现代派小说

20世纪的50—60年代,在特定的社会环境和文化背景下,台湾文坛兴起了现代派文学创作热潮。台湾现代派文学兴起的原因有两点:其一是50年代台湾当局依靠西方的政治经济政策,导致了台湾社会向西方的全面开放;其二是西方文化思潮的涌入,导致了台湾社会一些人对文学价值的反传统取向。在追踪西方现代主义文学新潮流的台湾现代派小说创作中,较为重要的是《文学杂志》和《现代文学》两杂志,它们在促进台湾现代文学的发展、培养文学新人方面,作出了自己的贡献。

《文学杂志》是1956年9月由台湾大学外文系教授夏济安等人创办的,其创办初衷如创刊号《致读者》中所提出的:"我们的希望是要继承数千年来中国文学伟大的传统,从而发扬光大,我们虽然身处动乱的时代,我们希望我们的文章并不'动乱'"。从该杂志的出版内容看,《文学杂志》一方面鼓励写实文学,大量介绍了欧洲19世纪的批判现实主义作品,另一方面,它也广泛地介绍了西方现代派理论,刊登了西方和台湾的现代派作品,在台湾文学界引起较大的影响,并为台湾文学界培养了一大批具有现代主义意识的作家。1959年7月,夏济安教授赴美国,1960年,《文学杂志》停刊。

　　50年代末,原来围绕《文学杂志》创作的一批台湾大学外文系学生,在交友性质的组织"南北社"的基础上,成立了"现代文学社",1960年3月,他们创办了《现代文学》杂志,白先勇任主编,成员有陈若曦、欧阳子、王文兴、李欧梵等。在该杂志的发刊词中,他们提出了自己的主张:"我们感于旧有的艺术形式和风格不足于表现我们作为现代人的艺术感情。所以,我们决定试验,摸索和创造新的艺术形式和风格。"从他们的宣言中可以看出,这是一批有志于在文坛"破坏"和"重建"的开拓者,他们的根本倾向是现代的、试验的。在《现代文学》随后的出版中,他们大量介绍了西方现代文学艺术流派和作家,如第一期是卡夫卡专号,随后又介绍了托玛斯.曼、劳伦斯、福克纳、加缪、吴尔夫、乔伊斯等。《现代文学》从1960年3月发刊到1973年9月共出版五十一期,后因缺乏经费停刊,1977年又复刊,到80年代中期停刊。"现代文学社"的成立和《现代文学》杂志的创刊,成为台湾现代派小说繁荣的重要标志,该杂志在60年代发表的作品,对台湾文坛产生了极大的影响,它为台湾文坛培养造就了白先勇、陈若曦、王拓、欧阳子、王文兴、王祯和、聂华苓、於梨华、七等生、丛甦、水晶、施叔青、李昂等一大批作家,并由此形成了占据台湾文坛主流地位的现代派小说阵营。

　　从整体上看,台湾的现代派小说呈现以下特征:

　　(一)作品从思想内容到创作手法都有着明显的对西方现代派文学的模仿现象。台湾现代派文学是在西方现代文化思潮的感染下产生的,其思想根源和哲学根源都在西方,作家对社会现实发展的迷茫和失望乃至作品中人物的思想性格在物资文明过程中的扭曲,也与西方有着相同的社会基础,台湾现代派的主要作家或到西方留学,或出国定居,对西方的思想文化非常熟悉,在创作上也跳不出西方现代主义的窠臼,因此,表现存在意识、性压抑意识、荒诞意识的倾向比较明显。许多作家在其作品中能熟练地运用意识流和超现实主义的手法来表现人物的心理、塑造人物形象等,都显示出对西方文学的模仿。

（二）现代派小说在内容上注重对人物内心世界的开拓。现代派小说不注重对社会现实的直接反映，而主要是通过对人物主观心灵的透视，以反传统、反理性的手法来表现人物的存在意识，剖析人物的精神生活，从而折射出社会环境给人物心理带来的压抑感和无奈感。如白先勇的《芝加哥之死》，作者写出了主人公吴汉魂在获得博士学位后精神上的空虚和心理上的重负以至自我否定的抉择，其背后隐含着对西方文化和生活环境的难以适从而导致精神崩溃的原因；在聂华苓的《桑青与桃红》中，作者利用时空交错的结构，写出了主人公由清纯到放荡的人格分裂和心理变态过程，从中透现出环境和生活对人物心理的压力和影响，以及人物以变态行为来否定社会的寓意；在於梨华的《又见棕榈，又见棕榈》中，作者通过对主人公牟天磊返乡寻根触景生情的意识流动描写，反映了生活在异乡的"无根的一代"压抑孤寂的苦闷心境等。

（三）现代派作家常用的文学表现手法为象征、暗示、梦幻、通感、心理描写上的意识流和潜意识流动等，作品还常用多角度的叙述方式和多层次的结构，富于感性和寓意的语言，作品的主题也常蕴含在象征、寓意和隐晦的意象中。如欧阳子的《花瓶》，小说描写了一对夫妻感情变裂的故事，题目"花瓶"即具有象征意味，它象征着作为妻子的冯琳在家庭中的地位，也象征着丈夫对妻子的占有欲，作品中的丈夫石治川对妻子的占有、嫉妒和怀疑与对花瓶的抚摸、占有欲以及担心仆人撞翻花瓶、嫉妒客人任意把玩花瓶形成对照，甚至花瓶的曲线也如女性身体的暗示等，使作品的意象含蓄而复杂。

（四）台湾现代派小说与中国的传统文学有着无法彻底割裂的联系。台湾的现代派作家因自身与祖国无法割裂的血缘关系、文学传统的继承关系以及人们在文学欣赏中的传统倾向等缘由，在表现内容及形式上依然或多或少地带有中国传统文学的特色，包括作家创作的传统视角、作品意象中体现出来的传统美学价值等。同时，台湾的现代派文学自诞生之日起，就受到文学批评界的关注和文坛论争的洗礼，这种环境也使得现代派作家在背离传统的同时有所顾忌。在许多作家的作品中，现实主义创作方法的痕迹明显，对社会批判、揭露的深刻性，对人物心理刻画的现实性，都使其作品呈现出传统的特征。

台湾现代派作家后来大多移居国外，尤以到美国居住者较多，如白先勇、於梨华、陈若曦、王文兴、欧阳子、丛甦等作家都是在大学毕业后不久即到美国留学深造并主要留居美国，此外还有留居欧洲以及其他地区的现代派作家，他们的作品具有丰富的思想意蕴和极高的文学价值，在台湾文学乃至世界文学中占有重要的地位，其作品也在其他章节中论述。

台湾现代派文学是在特定的社会背景和西方思想文化入侵的环境中诞生

的,它对祖国传统文学手法和传统价值观的背弃以及表现手法上的形式主义流弊,虽对文坛产生了不良影响,但其也有不可磨灭的存在价值。它造就了一批优秀作家,并使现代派作家在实验和探索中创作出了一批优秀的作品。在表现手法上,现代派作家们也作了多方面的尝试和探索,在丰富文学表现方式、促进传统文学形式的改革和发展、提高文学创作水平等方面作出了自己的贡献。

二 独辟新境的诗歌创作

50年代中期到整个60年代,台湾现代派诗歌的创作非常活跃,出现了一批有影响的诗人,他们借鉴西方现代诗歌的表现技巧,同时也在中国传统诗歌的表现意蕴和形式中吸取营养,形成独特的创作个性。在这些诗人中以纪弦、覃子豪、余光中、洛夫、痖弦、罗门等成就最高。现代派诗歌的声势集中表现在台湾三大诗社的成立、论争和创作上。此外,这一时期还有其他一些诗社,比较重要的有1958年由羊令野、罗门创办的《南北笛》;1962年由陈敏华、古丁等创办的《葡萄园》;1964年由吴瀛涛、桓夫、詹冰等发起成立的"笠"诗社等。

台湾的现代派诗歌创作在形式上追求西方现代主义的表现技巧,讲究运用象征、暗示、直觉的抒写、时空交错的构序以及意象营造的奇特性、歧义性、多层次性等,使诗歌呈现神秘、晦涩、朦胧的色彩和较大的审美空间,一些超现实主义诗人还试图将自己无意识或意识朦胧时的"呓语"作为创作,提倡用"自由语言写作"等,显示出反传统反理性的倾向。

在诗歌创作的内容上,台湾现代派诗人的一个重要主题是对生命存在的哲理性思索。罗门在其诗作《生存!这两个字》中写道:"都市是一张吸墨最快的棉纸/写来写去/一直是生存两个字"。许多现代派诗人在诗作中热衷于表现人的命运的悲剧性和生命存在的虚无性,表达一种与环境不协调的矛盾和孤独幻灭的感觉,现代派诗人周梦蝶将他的第一部诗集题名为《孤独国》,并在扉页上引用了诗人奈都夫人的话作为题辞:"以诗的悲哀,征服生命的悲哀",他也因此获得"孤独国主"之称。由于理想与现实的矛盾,现代派诗人在描述自我生存方式时不免流露出对现实强烈的不满,并显示出对现实的嘲讽和批判,如台湾现代诗的创始人纪弦在诗中常慨叹自己命运多舛,而且表现出一种对现实叛逆而狂放的姿态,他在《狂人之歌》中写道:"在我的生命的原野上,/大队的狂人们,/笑着,吠着,咒骂着,/而且来了。/他们击碎了我灵魂的窗子,/然后又纵起火来了。/于是笑着,吠着,咒骂着,/我也成为狂人之一了。"

死亡意象也是台湾现代派诗人经常涉及的主题,由于死亡是永恒的母题,对死亡的体验乃是现代派诗人寻求的目标之一。罗门在《都市之死》的第三章中生动描述了死亡的恐惧绝望在通过在池水鉴照中得到的反射蔓延,诗人运用了一连串强烈的动词如"击碎"、"取不出"、"破"、"迷乱"、"摇晃"、"断"等,把人们极度迷乱的欲从都市死亡中逃脱的心态淋漓尽致地传达出来,作者还写出:"死亡站在老太阳的座车上/向响或不响的　默呼/向醒或不醒的　低喊/时钟与轮齿啃着路旁的风景/碎絮便铺软了死神的走道/时针是仁慈且敏捷的绞架/刑期比打鼾的睡眠还宽容/张目的死等于是罩在玻璃里的尸体。"洛夫在《石室之死亡》也中反复描写了诗人对死亡的体验,他认为生命以至整个世界都是虚无的,而死亡使他困惑,也使他欢欣。诗中写道:死亡象"松鼠般地,往来于肌肤与灵魂之间",当死亡来临时,墓石竟能使他发现"橄榄枝上的愉悦,满园的洁白/死亡的声音如此温婉,犹如孔雀的前额"。而且"生"也就意味着"死",他把"一口棺"和"一堆未署名的生日卡"并列,并以"蓦然回首/远处站着一个望坟而笑的婴儿"来表明诗人生与死的宿命观。

由于对现实的失望,许多现代派诗人在寂寞中转向从神秘的"禅"的意境中去寻求灵魂的寄托和安慰,如覃子豪晚年的诗作中即充满了禅意,洛夫自称晚年创作了大量的"现代禅诗",表达寂寞的意境和对人生的感悟等,周梦蝶的诗作在禅意中融入道家的哲理,禅味极为独特,如他的《摆渡船上》:"人在船上,船在水上,水在无尽上,/无尽在我刹那生灭的悲喜上",诗歌以万物互相依存的意象,使有限之物与无限之物互相沟通,瞬间与永恒、悲喜与哀乐全部融为一体,从而阐发了禅宗的义理。

(一)《现代诗》诗刊、"现代派诗社"和诗人纪弦。

1953 年 2 月,纪弦等一批诗人,在《自立晚报》诗专栏"新诗周刊"的基础上,创办了《现代诗》季刊,它是台湾 50 年代现代诗兴起的重要标志。1956 年 1 月 15 日,以纪弦为首的"现代派诗社"在台北正式成立,主要诗人有纪弦、方思、郑愁予、羊令野、林泠、商禽、林亨泰等。随后的参与者近百人,形成一股现代派诗歌创作的潮流。1956 年 2 月,《现代诗》第十三期成为"现代派"成立专号,纪弦在该专号上高举现代派的旗帜,把这一诗刊作为"现代派诗人群共同杂志",刊登了"现代派公告"第一号,纪弦提出的口号是"领导新诗再革命"和"推动新诗现代化",并公布了"现代派"的文艺纲领《六大信条》:

(1) 我们是有所扬弃并发扬光大地包含了自波特莱尔以降一切新兴诗派之精神与要素的现代派之一群;

(2) 我们认为新诗乃横的移植,而非纵的继承。这是一个总的看法。一

个基本的出发点,无论是理论的建立或创作的实践;

(3) 诗的新大陆的探险,诗的处女地之开拓,新的内容之表现,新的形式之创造,新的工具之发现,新的手法之发明;

(4) 知性之强调;

(5) 追求诗的纯粹性;

(6) 爱国反共,追求自由与民主。

"六大信条"的提出为台湾新诗运动的突起奠定了理论基础,但其中偏激的观点也引起了台湾文坛关于新诗发展的论争。首先起来批判的是与纪弦并称为台湾诗坛两大领袖之一的"蓝星"诗社的盟主覃子豪,他发表了《中国新诗的六条正确原则》,针锋相对地举起了新诗反移植、反西化的旗帜,该文发表后,纪弦写文章激烈反对,其后,覃子豪及"蓝星"诗社的其他成员如罗门、余光中等人又写文章对纪弦的观点加以批驳。1957年覃子豪在《蓝星诗选》中发表了《新诗向何处去?》一文,进一步表明了自己的观点:"外来的影响只能作为部分之营养,经吸收和消化之后变为自己的新血液。新诗目前极需外来的影响,但不是原封不动的移植,而是蜕变,一种崭新的蜕变。"他认为中国的新诗"要有自己独特的风格"。由于"现代派"是一个文学同仁的松散组织,"六大信条"带有浓厚的纪弦个人主张的色彩,所以在这次论战中,纪弦势单力薄,这场论争到1958年年底结束。后来纪弦逐步修正了自己的偏激观点,并数度声明解散"现代派"。这次论争不仅扩大了现代诗创作的影响,也对现代诗的发展方向起着矫枉纠偏的作用。1962年2月,《现代诗》诗刊宣布停刊,直到1982年,由羊令野、商禽、林泠等诗人重新组织了《现代诗》诗刊的恢复工作,远在美国的纪弦,作了该诗刊的顾问。《现代诗》诗刊在50-60年代共出版四十五期,其发表的作品有各种风格、各种形式的诗作,培养了近百名诗人,有力地推动了台湾新诗的创新和发展。

纪弦(1913—2013),本名路逾,河北清苑县人,祖籍陕西。纪弦1929年即以"路易士"的笔名开始写诗,1933年毕业于苏州美术专科学校,后留学日本,30年代中期返回祖国,1936年与戴望舒、徐迟、杜衡等人集资创办《新月》诗刊,1948年去台湾。纪弦的文学活动和新诗创作大致可分为三个时期:1948年以前为大陆时期,诗集有《易士诗集》、《行过的生命》、《在飞扬的时代》、《摘星少年》、《饮者诗抄》等;1949年以后为台湾时期,诗集有《槟榔树》甲、乙、丙、丁集等;1977年始为美国时期,诗集有《晚景》等,此外,纪弦还著有《纪弦诗论》、《新诗论集》、《纪弦论现代诗》等三部诗评、诗论集。

纪弦50年代前期的创作受西方现代派影响,有较浓厚的极端个人主义倾向,他曾自负的梦想做台湾诗坛"一颗永不落的太阳",但以后不久,由于环境的压抑以及新诗论争的形势,他的创作倾向发生了变化,从创作理论上修正了极端现代主义的观点。在创作上他的诗并不象西方现代诗那样晦涩虚无,而是意象明晰,思路清楚,他对周围社会的黑暗进行揭露,有许多诗抒写了理想与现实的矛盾,如《狼之独步》中,作者表达了一种长嗥撼天的悲壮和独来独往的精神追索;《鸟之变奏》中,作者写出了在现实世界中遭受的压抑和委屈,其诗作《现实》则是这类作品思想和艺术上的代表:

"甚至于伸个懒腰,打个呵欠,/都有要危及四壁与天花板的!/匍伏在这低矮如鸡埘的小屋里,/我的委屈着实大了,/因为我老是梦见直立起来,/如一参天古木。"

这首诗表达了一种在现实中的压抑感和对现实不满的战斗性,诗人通过梦与现实的对立,创造了一种极不协调的意境,并通过形象的比喻,使诗的意象具体可感。此外,纪弦晚年有不少作品表达了浓烈的思乡之情,在这些诗中,作者情感的表达含蓄而巧妙,语言纯净而丰富,知性与感情并重。如在《槟榔树:我的同类》中,作者将槟榔树视作同类,用"单纯"、"神秘"和"沉思着"来形容它的特质,用"寂寞的生物"来表现自己和他的共同点,但槟榔树扎根本土,而诗人"却奔波复奔波,流浪复流浪,""从一个城市到另一个城市,永无休止。"作者通过自己与槟榔树的对比,用直抒胸臆的口吻,在抒发孤独凄凉的感受中,表现了诗人自然质朴的思乡情结。纪弦的诗构成了20世纪中国诗史上不容忽略的一章。

(二)"蓝星"诗社及其诗刊和诗人覃子豪、余光中。

"蓝星"诗社成立于1954年3月,社长覃子豪,主要作家有钟鼎文,余光中、夏菁、蓉子、邓禹平等。1954年6月,"蓝星"诗社将《新诗周刊》移于《公论报》,改名《蓝星周刊》,随后有覃子豪主编的《蓝星诗选》(季刊),又有夏菁、余光中、罗门轮流主编的《蓝星诗页》(月刊)等。"蓝星"诗社是对推动现代诗发展起重要作用的另一个诗社,许多台湾著名诗人的加盟使得"蓝星"诗社盛极一时,如罗门、周梦蝶、黄用、向明、张健、吴望尧、梁云坡、郑愁予、林泠、阮囊、楚戈、沉思等,都是诗社的重要成员。1963年覃子豪去世,该诗社的多数成员旅居国外,"蓝星"处于低谷,直到1982年初,由罗门任社长,《蓝星诗刊》又重新复刊。"蓝星"诗社是台湾现代派中的"温和派",其刊物多,诗人的创作风格和观点也不完全一致,"蓝星"实行自由创作路线,诗社没有统一宗旨,对同仁创作不作约束,有的诗人创作中有较明显的中国传统成分,如蓉子、向明等;有的早期属于传统派,晚年转向超现实主义,如覃子豪的创作;有的则是早期追求西化和现代化,后来又转入对中国传统的追求,如余光中等。"蓝星"诗社组织松散,其诗刊发表的作品内容也较为开放多样,但总体看来,"蓝星"的创作方向是较为持中的,其诗社的主要成员一方面反对新诗的全盘西化,另一方面,他们也提倡新诗的改革和对西方现代派风格的兼容,在中西结合方面,"蓝星"诗人对新诗的发展作出了自己的贡献。

覃子豪(1914—1963),又名覃基,四川省广汉县人。覃子豪在广汉中学读书时,便喜爱诗歌,1932年考入北平中法大学孔德学院,与同学朱颜等成立诗社,研读法国浪漫派诗人雨果等的作品,合出诗集《剪影集》,毕业后覃子豪留学日本,1937年抗日战争爆发,他毅然返国,投入抗日宣传活动,1947年,覃子豪去台湾,在台湾政府任职,1951年主编《新诗周刊》,后与钟鼎文等创建"蓝星"诗社,编印《蓝星》诗刊。覃子豪先后创作、翻译出版《永安劫后》、《自由的旗》、《生命的弦》、《海洋诗抄》、《向日葵》、《画廊》、《未名集》《瓶之存在》、《法兰西诗集》、《论现代诗》等诗集、诗论,其诗作对台湾和东南亚现代诗的发展有过极大影响,他曾主持"中华文艺函授学校"的新诗讲习班,为台湾培养了大批诗人。1963年覃子豪去世后,他的学生和生前好友组成"覃子豪全集出版委员会",出版了《覃子豪全集》三卷。

覃子豪早期在大陆时主张诗歌应反映现实,反映人生,主张个人风格的创造应和民族精神、气质和性格融为一体。抗战期间他出版的诗集《自由的旗》表现了中华民族对侵略者顽强的反抗精神,诗集《永安劫后》以写实的手法愤怒控诉了日军的暴行,这一时期覃子豪的诗作明显的体现着现实主义的特色。50年代以后,由于环境的变更,覃子豪的诗作从内容到表现形式都发生了转变,逐渐显现出现代派创作艺术的特征,1950年他创作的《追求》,其内涵就显得较为复杂抽象:

"大海中的落日/ 悲壮得象英雄的喟叹/ 一颗心追过去/ 向遥远的天边/ 黑夜的海风/ 刮起了黄沙/ 在苍茫的黑夜/ 一个健伟的灵魂/ 跨上了时间的骏马"

在这首诗中,有落日西坠、黑夜苍茫的背景,有健伟的灵魂跨马奋追的形象,景与情形成对照,兴与衰形成反差,作者将自己的主体感受蕴含于诗的意象之中,运用了象征、比喻、示的手法,给人以极大的审美回味。这首诗含蓄而不晦涩,体现了中西结合的特色。到了晚年,覃子豪出版了一系列诗作,虚无的成分逐渐明显,现代主义诗风加重,如《金色的面具》、《瓶之存在》等,意蕴抽象晦涩，让人费解。诗人在诗集的《自序》中认为：自我和事物的存在只不过是"面具"，"面具背后的虚无，不定是虚无，只是肉眼不能察觉虚无中所存在的东西，它是神秘"。在《瓶之存在》一诗中，作者运用了非常抽象的语言来形容瓶的意象：

"净化官能的热情、升华为灵、而灵于感应／吸纳万有的呼吸与音籁在体中，化为律动／自在自如的／挺圆圆的腹／"，"似坐着，又似立着／禅之寂然的静坐，佛之庄严的肃立／似背着，又似面着／背深渊而面虚无／背虚无而面深渊／无所不背，君临于无视／无所不面，面面的静观"。

覃子豪的这类诗富有哲理和禅意，神秘中给人以启示，朦胧中给人以觉悟，洛夫在《从〈金色面具〉到〈瓶之存在〉—论覃子豪诗》一文中曾评论到："他早期的作品具有古典的严谨与精致，有对人的批评，也有信念的寄托。但后期的作品，却显示出一种新的转向，不仅是象征表现的执着，且有对现代主义新表现的尝试与实验。"覃子豪晚年的诗突出了诗人主体的感觉，作者将自身心灵的感悟赋予描写对象，其直觉的表现艺术中带有浓厚的象征意味，意象内涵复杂晦涩，具有明显的现代特色。

余光中（1928—），是台湾当代著名的诗人和散文家，祖籍福建省永春县，他本人生于南京，曾在金陵大学外文系读书，因战争迫近而转往香港后迁至台湾，毕业于台湾大学外文系。1958年余光中留学美国，获文艺学硕士学位后回国，1964年再度赴美，在斯坦福大学任教，1971年返回台湾在示范大学任教，1974年到香港中文大学任教，1985年回台湾，任台湾高雄中山大学文学院院长。

余光中的创作道路基本上是随着生活环境的变化而变化的。他的创作经历了由传统到西化又回归传统的过程，大体可分为三个时期：一是追求格律化时期，主要是作者早期在台湾的创作，其诗风受新月派的影响，也受西方浪漫派的影响，如他写于1952年的《舟子的悲歌》的第一段：

"一张破老的帆，／漏去了清风一半，／却引来海鸥两三。／荒寂的海上谁作伴？／啊！没有伴！没有伴！／除了黄昏一片云，／除了午夜一颗心，／除了心头一个影，／还有一卷惠特曼。"

诗的韵律优美，节奏感鲜明，韵味流畅而忧郁，在古典风格中又明显带有西方浪漫主义的痕迹。二是提倡西化、进行现代诗创作实验的时期，主要是作者1958年以后赴美学习期间受西方文学艺术和台湾现代诗潮的影响而创作的诗歌,但余光中在现代派的诗人中,是一个中西结合较为明显的诗人,他的"西化"作品带有明显的中国传统的特征,余光中自己也认为这一时期的作品"反叛性不够彻底"。其西化实验性的诗作主要搜集在诗集《万圣节》和《钟乳石》中。三是回归传统提倡民主写实时期,在台湾现代派诗歌的论争中,余光中逐渐回归到传统的诗歌创作道路上来,1961 年,他写了《再见,虚无》,表现了诗人与"恶性西化"决裂的决心,1965 年以后,余光中的诗歌创作有了进一步的转变,到了七、八十年代,余光中的诗歌创作无论在思想内容上,还是诗的表现艺术上都取得了卓越的成就,如 60 年代创作的《莲的联想》表明作者对东方美的回归,70 年代的《白玉苦瓜》表达了作者对中国古文化的叹慕向往之情。在余光中的诗歌中,表现乡愁的内容最具感人的魅力,他于 1972 年写的《乡愁》,当属海峡两岸脍炙人口的作品之一:

"小时候 /乡愁是一枚小小的邮票 /我在这头 /母亲在那头

长大后 /乡愁是一张窄窄的船票 /我在这头 /新娘在那头

后来啊 /乡愁是一方矮矮的坟墓 /我在外头 /母亲在里头

而现在 /乡愁是一湾浅浅的海峡 /我在这头 /大陆在那头"

在诗中诗人主要设置了四个象征性的事物,使"乡愁"的意象逐步演化:"小小的邮票"象征着作者少年时代乡愁的骨肉之情,儿子对母亲的思恋是童稚的、直接的;"窄窄的船票"象征着作者青年时代乡愁的恋人之情,情人的思恋是敏感的、深情的;"矮矮的坟墓"象征着作者中年时代乡愁的生死之情,其情感是沉痛的、失落的;"浅浅的海峡"象征着作者晚年时代乡愁的故国之情,内涵是伤感的、渺茫的,海峡虽然"浅浅",但是故国之情却深不可测。作者的情感在诗的意象中步步递进,绵远深长,"乡愁"的内涵和境界,随着诗人的成熟和时代的发展,得到不断深化,从个人和家庭的亲情,扩展到海峡两岸的爱国之情,这就使"乡愁"具有了深刻的社会意义。

余光中的诗歌最显著的特点是追求鲜明的节奏和流畅的韵律。读起来给人一种突出的音乐的美感,诗人有时还利用反复咏叹的格调抒发委婉惆怅的情绪;其次,诗人比较注重诗句、诗节之间对称的形式美感,在对称的形式中,通过对诗的意象的渲染或意象的转换,体现诗人构思的巧妙;其三,诗人注重对诗歌意象内涵的发掘,他的诗歌意象特征鲜明,多具有象征性,诗人还往往利用意象的对比和层层递进,创造出令人回味的意境。

此外余光中的散文创作也成就斐然,他将自己的第一部散文集命名为《左手的缪思》,并戏称自己可以"以右手写诗,以左手写散文",在散文创作上,余光中推崇具有厚重严肃品质、精湛深沉境界和智慧风貌的散文创作观。余光中的散文从内容上看,有对亲情、友情的叙写,有对乡情的怀念,有作者对见闻琐记的感慨和联想等。如《我的四个假想敌》中对女儿的舐犊之爱,温润细腻地凝于笔端,《逍遥游》、《听听那冷雨》等作品则在作者的联想和想象中,表达了对故土和中华古文化的怀恋以及对生命存在的反思。余光中的散文运用现代艺术手法和技巧,传达现代人的感觉,时空交错、纵横开阔而又缜密严谨的结构布局,文言、现代口语与欧化句子相结合的语言表达,形成了他中西结合的散文风格。

(三)"创世纪"诗社、《创世纪》诗刊和诗人洛夫。

"创世纪"诗社成立于 1954 年 10 月,最早由台湾南部的军中诗人张默、洛夫、痖弦等发起,同时发行《创世纪》诗刊,主要成员有:季红、商禽、叶维廉、叶珊、白荻、管管、大荒、菩提、碧果、李英豪、彩羽、朵思等。在首期的发刊词《创世纪的路向》中,"创世纪"诗人表明了他们的三大主张:(1)确立新诗的民族阵线,掀起新诗的时代思潮。(2)建立钢铁般的诗阵营,切忌相互攻讦制造派系。(3)提携青年诗人,彻底肃清赤色黄色流毒。该刊发行到第六期,他们又提出了建立"新民族之诗型"的主张,并在《建立新民族诗型的刍议》的社论中,对"新民族诗型"的含义进行了解释:(1)艺术的,主张形象第一,意境至上;(2)中国风的东方味的,运用中国文学之特异性,以表现出东方民族生活之特有情趣。"创世纪"诗人提出"新民族诗型"的创作路线,目的在于矫正新诗"横的移植",要求现代诗排除纯理性和纯情绪呈现,他们在提倡中国风味的同时,也赞同吸取西方现代诗的表现技巧。到了 1959 年,该刊在第十一期进行了改革,又提出了世界性、超现实性、独创性和纯粹性的口号。此时"现代派"和"蓝星"已过全盛时期,《创世纪》变成了台湾现代派新诗的重要阵地,他们召集了"现代派"和"蓝星"的旧部,迅速发展,在 60 年代形成了现代诗的一个中兴局面。《创世纪》诗刊出版到二十九期,因经济困难停刊三年,1972 年复刊后,呈现出回归传统、接近现实的趋势。

洛夫(1928—),原名莫洛夫,生于湖南衡阳,1949 年随国民党军队入台,1954 年与张默、痖弦共同创办《创世纪》诗刊。洛夫 1946 年开始创作新诗,他出版的重要诗集有《灵河》、《石室之死亡》、《外外集》、《无岸之歌》、《魔歌》、《众荷喧哗》、《时间之伤》、《因为风的缘故》、《爱的辨正》、《月光房子》、《天使的涅槃》、《隐题诗》、《雪崩》等,此外,洛夫还出版有散文集、评论集。

洛夫的诗歌创作体现了极强的探索精神。2004 年 10 月,76 岁的诗人第三次回到了家乡衡阳探访,面对记者的采访,他自己认同将他的诗分为四个阶段:"最早是有首诗叫《窗下》,很简单、很明晰的意境,到现在很多人,包括年轻的朋友都记得,挺喜欢这首诗。然后是《长恨歌》,我把白居易《长恨歌》的故事用现代语言重新编排,评论家说我这首诗很有创意,它不是改写而是崭新的创作。借用唐明皇和杨贵妃的故事,对帝王的婚姻观和恋爱观进行反讽。第三个时期写了很多怀乡的诗,像《蟋蟀之歌》、《故国》、《边界望乡》等一系列诗。第四阶段,就是创作《漂木》的时候。我晚年除《漂木》外,还写了大量的现代禅诗,语言是现代的,但表达的是那些寂寥的意境,寓意是既古典又具有现代意味,有着人生深深的感悟。"他认为诗人"应该是用智慧写诗的"。洛夫的诗歌创作经历了由明朗到晦涩又趋向明朗的探索过程,60年代洛夫《石室之死亡》的出版,标志着诗人由明朗转向艰涩的现代派风格的形成,这部长诗始创于1959年,历时五年不断进行补充修改完成,长诗共64节,每节10行,计600余行,长诗所表现的是关于生与死的命题,诗的结构庞大,气势宏伟,意象复杂而神秘,诗人运用象征、歧义、暗示等手法,在作品晦涩神秘的意象中,表达了人生存在的艰难困窘以及生命对死亡的抗争。70年代以后,洛夫诗歌的意象渐趋质朴明朗。

洛夫后期的诗歌特点之一是语言单纯朴实,简洁明朗的风格中带有人生历练的深沉;二是诗人善于利用时空结构的多层次性,把瞬间的感觉和幻觉交杂错和地结合起来,产生独特的美感,给读者带来丰富的联想。此外,诗人还善于利用词汇中语言的奇特组合,调动多样化的表现手法创造出独特的意境,给人以全新而深刻的印象。如他七十年代创作的《边界望乡》:

"说着说着 /我们就到了落马洲 /雾正升起,我们在茫然中勒马四顾 /手掌开始生汗 /望远镜中扩大数十倍的乡愁 /乱如风中的散发 /当距离调整到令人心跳的程度 /一座远山迎面飞来 /把我撞成了 /严重的内伤 /
病了病了 /病得象山坡上那丛凋残的杜鹃 /只剩下唯一的一朵 /蹲在那块"禁止越界"的告示牌后面 /咯血。而这时 /
一只白鹭从水田中惊起 /飞越深圳 /又猛然折了回来 /
而这时,鹧鸪以火发音 /那冒烟的啼声 /一句句 /穿透异地三月的春寒 /我被烧得双目尽赤,血脉贲张 /你却竖起外衣的领子,回头问我 /冷,还是 /不冷? /
惊蛰之后是春分 /清明时节该不远了 /我居然也听懂了广东的乡音 /当雨水把莽莽大地 /译成青色的语言 /喏!你说,福田村再过去就是水围 /

故国的泥土,伸手可及 /但我抓回来的仍是一掌冷雾"/

　　这首诗突出一个"望"字,洛夫在写此诗时去台湾已整整三十年。诗人站在边界的那一边,望着近在咫尺的故乡土地急切欲归,然而,"禁止越界"的告示牌却让他望而却步。诗人将此时此刻的复杂情绪转化成诗句从胸中奔涌而出。《边界望乡》写乡愁不落俗套,给读者提供一种全新的感受:诗人运用朴实的语言,通过意象的经营和整合,利用通感、隐喻、暗示、直觉和幻觉的结合等,创作了人与物合一的意境,如杜鹃花"咯血"的隐喻和幻觉、白鹭猛然折回的暗示、鹧鸪"以火发音"的通感等,由花到鸟,由鸟到人,在用典中包含着意象的幻化与整合。尤为出色的是,诗人利用有限词语中组合方式的多样变化,给人以奇妙的感觉,在诗中,看不见的"乡愁"能在诗人的望远镜中扩大数十倍,镜中的远山迎面飞来把诗人撞成"严重的内伤",雨水能把大地"译成青色的语言"等,构词创意出人意料,这种新的语言秩序,使洛夫"思乡"的意境别具一格,显示了洛夫诗歌创作的独特性。

三　雅俗共存的散文创作

　　50—60年代台湾的散文创作是台湾文学的重要组成部分,特殊的政治环境和社会环境,促成了这一时期台湾散文创作的特点:作家们继承了中国古典散文以及"五四"以来散文创作的精华,同时,他们又对西方现代派的创作理论吸取兼容,形成了中西结合的散文创作景况。50年代,由于大陆迁台的作家对新环境的不适,以及台湾当局的政治高压政策,许多作家对现实采取回避的态度,怀乡忆旧成为散文创作的主题,抒写亲朋离散、故土难归、人事沧桑、前途渺茫的内容和对中国传统散文风格的秉承,形成了这一时期台湾散文典雅沉郁、温柔敦厚的基调。60年代以后,随着台湾社会开放格局的形成、西方文化的进一步入侵以及留学热潮的兴起,出现了描写海外见闻的游记、表达人情世态的杂感、抒发见解体会的小品等,许多作家将象征、暗示、意识流、蒙太奇等手法运用到散文创作中,使台湾这一时期的散文创作呈现出题材扩大、风格多样的开拓性局面。50—60年代的台湾散文作家人数众多,许多小说、诗歌作家在散文创作领域中也各自有独特的创建,老一代的有梁实秋、林雨堂、吴鲁芹、台静农、谢冰莹、苏雪林、柏杨、琦君、张秀亚、胡品清、林海音等,他们继承"五四"的散文传统,或以家常闲话的形式,幽默含蓄的语言,纵谈社会人生,抒写见闻感触;或以细腻缜密的构思、精粹典雅的语言,描写温馨的回忆、琐记亲人故友。中青年一代的作家有余光中、王鼎均、张拓芜、李敖、颜元叔、许达然、杨牧、张晓风、三毛、席慕蓉等,他们在秉承传统的同时,也接受西方现代艺术的洗礼,思想开放,笔法新颖,对社会人生有独特的观察角度,在语言表达、题材选择、意境创造方面,都具有多样化的表现。

梁实秋(1903—1987),原名梁治华,北平人,祖籍浙江杭州。梁实秋于1923年清华大学毕业后,留学美国,获文学硕士学位,回国后先后在东南大学、复旦大学、北京大学等学校任教,并主编《新月》等杂志,1949年去台湾。梁实秋在学术上以英国文学研究为主,译著有《莎士比亚全集》等,其文学成就主要体现在散文创作上,他一生出版有散文集《雅舍小品》、《秋室杂文》、《文学因缘》、《雅舍小品续集》等30多种。

梁实秋的散文内容,或感触于日常生活琐事,或着眼于社会世态人情,或抒思乡怀旧之情,或写游记见闻之趣,作者将自己一生的经验和智慧,转化成一种艺术审美情趣,流露笔端,他的散文语言朴素简洁,含意典雅睿智,散淡平和中形成了幽默闲适的风格。如他的散文《雅舍》,作者通过对自己的住处和环境的描写,将浪漫情怀和古典情趣融为一体,内容典雅清幽,幽默中略带诙谐。又如他在散文《客》的开头写道:"我常幻想着'风雨故人来'的境界,在风飒飒雨霏霏的时候,心情枯寂百无聊赖,忽然有客款扉,把握言欢,莫逆于心,来客不必如何风雅,但至少第一不谈物价升降,第二不谈宦海浮沉,第三不劝我保险,第四不劝我信教,乘兴而来,兴尽即返,这真是人生一乐。'夜半待客客不至,闲敲棋子落灯花,'那种境界我觉得最足令人低徊。"该段文字语言文白相间,简洁朴实,典雅直率中不乏幽默,从中可见梁实秋散文语言风格之一斑。

台静农(1903—1990),是1949年后最受大陆文学界尊敬的去台作家和书法家,安徽霍丘人。台静农在中学时代即热爱文学,后到北京大学文学系旁听,又转该校国学研究所半工半读。1925年,台静农初识鲁迅,此后两人关系密切,在鲁迅的影响下,台静农与其霍丘老乡李霁野、韦素园、韦丛芜及曹靖华等人在北京成立了一个文学社团——"未名社",该社是"五四"时期最重要的文学社团之一。1927年台静农出版了第一本小说集《地之子》,其内容同情下层人民苦难,抨击黑暗现实,充满乡土气息。早年台静农也写散文,散见于《莽原》杂志。抗战胜利后台静农赴台北市,担任台湾大学中文系教授兼主任。台静农晚年出版有书艺论文集《静农书艺集》、散文小品集《龙坡杂文》、学术论文集《静农论文集》,并著有《关于鲁迅及其著作》和《淮南民歌集》等。

台静农性情宽厚仁慈,天真淡泊,他对友人的感情真挚浓厚而耿介清纯,在1988年出版的散文小品集《龙坡杂文》中,35篇文章或怀人忆事,或谈史说艺,文笔恬淡,情致疏雅,字里行间学问和性情交相辉映,简洁质朴的语言中包含了人事历练的经验和博大深沉的人文情怀。台静农的文章写得随便、简约,他喜爱汉代与六朝文章,其文也隐约可见六朝之风,疏淡平和中,以不动情而让人动情,以平淡之笔论世事沧桑。《龙坡杂文》自出版后,一再荣登台湾文学新书"排行榜"。1985年,台湾行政院曾将文化奖颁给台静农,除对他献身教育事业五十余年表示赞扬外,并对他的文学及学术成就予以肯定:"早年致力于新文学创作,文风兼具犀利批判与悲悯胸襟,作品至今犹为文学批评界重视。其后专攻古典文学研究,阐扬文化精义,重要著作《两汉乐舞考》、《论两汉散文的演变》、《论唐代士风与文学》等,殷论创新,精微独到,于传承文化,功不可没。"应该说,这个评价对台静农是比较恰当的。

柏杨(1920—2008),原名郭衣洞,河南省辉县人,1949年入台湾。柏杨一生经历坎坷,他以小说创作登上文坛,以杂文创作在文坛产生极大的影响,其重要杂文有《倚梦闲话》10集、《西窗随笔》10集、《柏杨专栏》5集以及《丑陋的中国人》等30多种杂文集。

柏杨深受"五四"新文化运动的影响,一生崇拜鲁迅,他常以杂文为武器,针砭时弊,痛斥社会黑暗和官场腐败,揭示人性中的种种不足,为此他曾入狱判刑,坐牢九年。他在《丑陋的中国人》中指出中国传统文化中有一种滤过性病毒,由此毒害了后代子孙,作者列举了中国人的脏、乱习惯和窝里斗的劣根性,以及死不认错、以错掩错的狭窄心胸。谈及民主问题,作者尖锐地指出:"外来的东西一到中国就变质了,别人有民主,我们也有民主,我们的民主是:'你是民,我是主'"。他还认为,中国的文化是一潭死水,中国的文人不敢变革,"所以只好在这潭死水中求生存。这个潭,这个死水,就是中国文化的酱缸,酱缸发臭,使中国人变得丑陋。"中国人的狭隘思想、自傲与自卑、势利、嫉妒、明哲保身等性格弱点都在这里受到淋漓尽致的抨击。《丑陋的中国人》在海内外引起震动,褒贬不一,从文中我们可以看出,作者的目的并不是要在一般意义上否定中国传统文化,无视中国人的优秀品质,而是站在国际文化的视角,分析民族生存的艰难处境,剖析中国人的人性弱点,从而改造国民精神,改变中国命运。作者将中国几千年的旧传统文化比作"酱缸文化",予以抨击、扫荡,有合理之处,也有偏激之嫌。柏杨的杂文文笔酣畅犀利,风格亦庄亦谐,平淡中含有奇崛之美。但柏杨的杂文也有思想偏激而导致认识事物的片面化和表面化的不足。

李敖(1935—),出生于哈尔滨,祖籍山东,1948年随父迁往台湾。李敖高中时因不满足于正统教育,退学自修,以同等学历考入台湾大学,先学法律,又改学历史,台湾大学毕业后,李敖主编过《文星》杂志,后以自由撰稿人的身份从事写作,他的作品编辑成集的有200多册,其散文内容可分为两类,一是政治评论,二是文化杂感。评论性文章以《胡适评传》与《蒋介石研究集》为代表作,杂文代表作品有《传统下的独白》、《给谈中西文化的人看看病》、《为中国思想趋向求答案》等,此外李敖还写有长篇历史小说《北京法源寺》。

李敖在台湾最早提出"全盘西化"的口号,因文笔得罪当局,他曾两度入狱,作品被禁,但仍坚持勤奋创作。在李敖的杂文中,作者将社会种种现象聚焦于文化,揭示其中的文化性质和品味,他的杂文直率无畏的揭露社会弊病,追求民主自由,文笔酣畅,内容具有极强的现实性。1961年11月,李敖的第一篇争议性文章《老年人和棒子》在《文星》杂志上发表,其后陆续发表了《给谈中西文化的人看看病》及《播种者胡适》两篇文章,引发了一场围绕中西文化以及胡适评价的大论战。在《老年人与棒子》中,作者针对老年人的保守、固执、专权、不肯交出手中的权利之棒等进行了辛辣的讽刺;在《给谈中西文化的人看看病》一文中,作者批判了固守传统的保守派们的"义和团病"、"中胜于西病"、"古已有之病"、"酸葡萄病"等,指出"我们一方面想要人家的胡瓜、洋葱、番茄、钟表、眼镜、席梦思、预备军官制度;我们另一方面就得忍受梅毒、狐臭、酒吧、车祸、离婚、太保、(不知害臊的)大腿舞和摇滚而来的疯狂。"并指出"我们的'大目标'是建设现代化的强国,在这个'大目标'下,我们该有'衣沾不足惜,但使愿无违'的决绝与胸襟,'大目标'是安慰我们补偿我们最好的代价。在这个百年大计中如果真有'损失',也是值得一干的。"李敖以善于批判、言词犀利著名,其行事风格特立独行,他一生大鸣大放、东征西伐,几十年来,他一再发表逆论,挑起论战,令台湾朝野侧目。作者文笔百无禁忌,因而引起统治者及一些表面上的道德文人的不满。他在《传统下的独白·自序》中谈到:"在传统的标准里,一个反抗和藐视传统的人,经常被看做是一个不正派的人。"他尖锐直率地写道:"我生平最讨厌一些伪子们在文章上装模作样忸怩作态,一下笔就好像一脑门子仁义道德之气充塞于白纸黑字之间,读其文,似乎走进了孔庙中的大成殿,好像非如临深渊如履薄冰一番不可;读过之后,幸运的读者要昏昏欲睡,不幸的读者便要吃强胃散,文章也者,写到他们那种地步,真算罢了!"从这里我们可以看出李敖性格的叛逆不群,思想的卓而独立,言辞的狂放恣肆。李敖的杂文以批判性为主,其内容往往举证历历,令对方噤若寒蝉,这种快意恩愁的性格和犀利的文辞使他的作品在台湾文坛别具一格。

琦君(1917—2006),原名潘希真,生于浙江省永嘉县瞿溪乡一个旧式家庭里。父亲潘国纲戎马一生,却酷爱中国古典文学,盼女儿成为才女,对琦君爱之深教亦严。琦君自幼喜爱文学,她从父亲的书房里吸取了中国古典文学名著和外国文学名著的营养,并立志当文学家,高中毕业时,她以优秀的成绩直接升入之江大学,成为我国"一代词宗"夏承焘先生的学生,琦君因此诗词的造诣也极高,并由此对散文创作产生影响。琦君于1949年入台湾,服务于司法界,同时在大学任教,并挤出时间写作。琦君的散文结集出版的有《溪边琐语》、《烟愁》、《红纱灯》、《三更有梦书当枕》、《留与他年说梦痕》、《细雨灯花落》、《灯景旧情怀》、《千里怀人月在峰》以及长篇小说《桔子红了》和短篇小说集等30多部,因散文成就卓著,她曾获台湾"文艺协会散文奖"等多项荣誉。

琦君有着深厚的中国古典文学修养,并深受中国传统道德的熏陶和佛教、基督教的影响,作者的笔端充满了激情和爱意,她的散文内容中最具魅力的是作者在笔下流露出的那份温馨的情感和博爱宽容的心胸,以及蕴含其中的对人生哲理式的感悟。琦君的散文内容有对故乡山水和童年生活诗一样的回忆,有对父母师长挚友深沉的怀念,有对在台湾生活的叙写,有对异国旅游的观感,以及专给小读者写的散文等。但作者写的最好最多的,是怀乡思亲的散文,正如作者在《烟愁》后记中写的:"每回我写到我的父母家人与师友,我都禁不住热泪盈眶。我忘不了他们对我的关爱,我也珍惜自己对他们的这一份情。像树木花草似的,谁能没有根呢?我常常想,我若能忘掉亲人师友,忘掉童年,忘掉故乡,我若能不再哭,我宁愿搁下笔,此生永不再写,然而,这怎么可能呢?"琦君写人的散文尤以对母亲的形象刻画最为感人,在"母亲"系列散文中,琦君以纯真细腻的语言塑造了节俭宽厚、任劳任怨的旧时代母亲的形象,如《母亲新婚时》写母亲的爱情和婚姻;《母亲那个时代》写母亲的勤劳和容忍;《髻》写母亲对丈夫移情于姨娘的幽怨;《毛衣》写母亲对女儿的慈爱;《母亲的教导》写母亲如何注重在衣食住行等日常生活中教导自己的女儿。除了这些之外,在其他散文中,在写别人的同时,作者也给母亲一些侧写,多角度地描绘了母亲勤劳、刻苦、节俭、善良、容忍、慈悲的品德。母亲是琦君创作的源泉,也是作者思乡的源泉,母亲做的桂花卤、桂花茶、玫瑰露和玉兰酥等,亦是琦君他乡梦中寻求的美味。

琦君记人散文的特点之一是常用小说的笔法塑造人物,包括用简洁凝练的语言准确细腻的描绘人物的形貌和心理特征,通过动作和语言刻画人物性格,利用人物的神韵情态表现人物复杂微妙的个性等;其二是作者常常通过一系列文章,从多个侧面来塑造一个人物,这种人物反复再现式的写法,在琦君的笔下并不令人感到重复,反而可以使读者从不同角度去感受作品中的人物,建立人物的复式结构,然后把读过的人物印象结合起来,层层深入,曲径通幽,构成统一完整而深刻的印象体系,这是琦君写人散文的一个特征,也是琦君对散文艺术的一种创新,其中以作者对母亲形象的刻画最有代表性;此外,琦君的抒情散文还善于用疏淡隽永的情调写日常琐事,抒发自己的见解和感慨,揭示其中蕴含的生活哲理,如在《我没有绿姆指》一文中,作者写道:"我没有绿姆指,任何绿油油、活泼泼的花草,被我捧回家,起先旺盛一段时期,渐渐地叶子一片片转黄,终于完全枯萎了。"作者列举了生活中的例子,并为残死在自己手中的花草而感伤,最后,作者写出"大自然的雨露阳光,才是真正的绿姆指",所有人为造作的爱护,对原本就属于大自然的东西,往往是一种摧残。琦君的散文严密而不呆板,深刻而不晦涩,如行云流水,舒放自然中带有一种古典诗词的严谨和寓意,作者细腻温润、真挚深沉的文笔,清逸朴实、淡雅隽永的情调以及言情达意上表现出的博爱宽容、温柔敦厚的风范,构成了其散文艺术的基本特征,琦君也因此被称为"20 世纪最有中国味的散文家"。

第七节 崛起的台湾乡土文学创作及其作家作品

一 乡土文学论战的历史状况

二十世纪六十年代中期,台湾文坛上兴起了一个以本省籍作家为主要创作成员,强调文学创作的民族性,并以现实主义为主要创作方法,被称为"乡土文学"的文学思潮。乡土文学是台湾社会的政治、经济转型期的新兴文化产物,是与稳定的政治、发展的经济、相对放松的文化政策和逐步活跃的民主思潮有着不可分割的关联,另外,乡土文学的兴起还取决于台湾本省籍作家的创作素质及日渐增长的创作才干。1964 年 3 月,吴浊流等二十七位本省籍作家创办了《台湾文艺》6 月,由吴瀛涛、赵天仪、白荻、王宪阳、詹冰、林亨泰、黄荷生、杜国清、古贝等人发起成立"笠"诗社并成立《笠》诗刊。带有强烈本土意识的社团和刊物的出现,立刻成为作家集结和思潮拓展的园地。两年后,1966 年 10 月 10 日以战后第二代省籍作家蔚天骢、陈映真、黄春明、王祯和、七等生等为主创办的《文学季刊》诞生了,该刊的主张是:要面向生活,拥抱世界,反映时代、描写人生。由于其成员创作上大都受过现代主义思潮的影响,皆从对现代主义批判和反思中深入到社会现实中来的,因而被叶石涛称做"综合'现代'

与'乡土'而另起炉灶的尝试"。1973年,《文学季刊》改刊为《文季》后,愈加执着的追求台湾文学的使命感和思想性,从而构成了七十年代乡土文学思潮的重要一翼,对繁荣乡土文学创作和形成七十年代乡土文学思潮有着举足轻重的作用。

七十年代初始,一连串的政治浪潮猛烈的冲击着台湾社会:1970年11月,保钓运动的揭起,抗议日本侵占钓鱼岛的留学生在美国掀起了声势浩大的抗议示威,乃至波及台湾岛,大大激发了广大民众的民族意识。1971年10月25日联合国通过决议恢复中华人民共和国合法席位,台湾被迫退出联合国。美国看到大势已去,便改变了对华政策,1972年尼克松访华,《上海公报》的发表,引来了日本与台湾的断交。由于外交突变和国际形势的发展,加之六十年代后期以来,土地废耕、农村劳动力流失、环境污染、生态平衡破坏等等一系列严重的社会危害问题,使原本遭挫的台湾社会和民心受到了生存危机的震撼。此时,多元化的时代、社会背景为乡土文学的论争拉开了帷幕。

1972年,一场纪念现代派诞生二十周年的活动由现代派诗人领衔开展。当年,余光中等主编的《现代文学大系》诗歌部分出版;《现代文学》杂志出版了《现代诗回顾专号》。然而,还没等纪念活动达到高潮,关杰明的一篇《现代诗的困惑》的论文犹如一桶凉水泼向了庆典的火把。无独有偶,台湾文化大学教授唐文标又在《文学季刊》上发表了《诗的没落——台湾新诗的历史批判》的长文。此文的发表,乃正式宣告乡土文学论争正式开战! 1973年8月,乡土派理论家、作家尉天骢、陈映真等主办的《文季》组织了对现代派女作家欧阳子小说的批判和对台湾现代派的《文学杂志》、《现代文学》等的西化倾向所进行的集中批判。

尽管如此,对现代派作家的批评"尤其是对现代派为艺术而艺术、空洞虚无、脱离生活、脱离台湾现实、脱离台湾广大读者的批评,形成了一股相当强大的潮流,有利的推动着台湾文坛舆论和小说创作倾向的变化。"处于这种状态下的文学创作,一种新的创作概念应运而生——"社会写实小说"。正式提出这个概念的当推颜元叔,他率先在《中华文化复兴月刊》第十卷第九期发表了《我国当前的社会写实主义小说》一文,以陈映真、陈若曦等几位作家的作品来论证"社会写实主义小说"的概念。可以看到,此时的"社会写实主义"并非"乡土文学",只不过是贴近了"乡土"的边缘而已,而"乡土文学",用台湾乡土文学作家王拓的话来说"它包括了乡村,同时又不排斥城市。而这种意义上的'乡土'所生长起来的乡土文学,就是植根在台湾这个现实社会的土地上,来反映社会现实,反映人们生活的和心理愿望的文学……也就是说,凡是生自这个社会的任何一种人,任何一种事物,任何一种现象,都是这种文学所要反映和描写的,都是这种文学所要了解和关心的。这样的文学我认为应称之为现实主义的文学而不是乡土文学。"可见,王拓所突出强调的这种文学使命和功能与颜元叔所说的"写实主义文学"本质上的区别。当时,文学创作已逐渐由虚向实发展,写实主义文学强调写实,而乡土文学则要突出的反映生活在这一片土地上的人们,特别是农民和工人的心理和愿望。此后的若干年的文坛风云,"乡土文学"为台湾社会所认同,为民众所喜爱。

如果说,70年代初的这场文学论争仅仅是表现在文学的主张和认同上的两类大相径庭派别的纯创作之论争,那么几年后发生在1977年至1978年之间的乡土文学论战,就被涂上了一层政治色彩,亦是两种意识、两种文化心理乃至两种文学主张等的较量。从1976年10月至1977年下半年,由于乡土文学作家把描写"受屈辱的一群"转向大胆暴露社会弊端、冷静描写炎凉世态,日趋丰富的表现手法和日渐扩大的影响终于引起了台湾当局的不满和干涉。1977年8月,台湾《中央日报》总主笔、反共作家彭歌在台湾《联合报》上发表了《不谈人性何有文学》一文,把矛头直接对准了乡土文学的代表作家和理论家王拓、陈映真、尉天骢,打响了围剿乡土文学的第一炮,把原本在文学领域的争论扯到了政治领域,由争鸣到了争斗,更为甚的是反乡土文学的主将诗人余光中以《狼来了》一文给乡土文学的理论家和作家们下了一道"文学围剿"通缉令。果不其然,在此通缉令下,前来助阵的尹雪曼、王文兴等更是"叫嚣乎东西,决突于南北",一时间文坛内外飞沙走石向乡土派作家打来。在骂声中成长起来的乡土作家们早已练就了一副铁筋骨,迎韧而上,将一篇篇铿锵有力的论文奋起反击,陈映真的《建立民族文学的风格》、王拓的《拥抱健康的大地》、杨青矗的《什么是健康文学》、何欣的《叶石涛文学观》、何立朝的《七十年代乡土文学的新理解》、尉天骢的《欲开壅蔽达人情,先向诗歌求讽刺》等等,既驳斥了荒谬的责难、污蔑,又对乡土文学的理论从多角度进行了开拓性、创建性的探讨和论述,确立了乡土文学理论体系即文学是社会生活的反映。众口一声的认为,只有脚踏实地的反映社会现实,以描写生活在社会最底层的"小人物"的喜怒哀乐并调动其为改变悲惨处境而斗争为创作的主要内容,才能使"文学成为一种社会运动的一部分",这才是每一个有良心的作家应具备的创作使命。显而易见,乡土文学作家创作中展现的民族风格,亦是台湾文学发展中的又一可贵的突破,是时代的需要,因此,代表着新生、蓬勃向上且体现着社会和文学发展本质力量的乡土文学人气甚旺,所有正义者均站在他们一边,这里面包括有台湾文坛的老前辈,海外的大多作家、学者。此次的文学论争一如70

年代前期的那次乡土文学论争的结局一样,仍以胜利而告结束。诚然,乡土文学论战是在文学流派的相互正义的演示下而进行的政治斗争;是官导民演的文坛戏剧的演战,这一点,可从1977年8月29日在台北召开的"第二次文艺会谈"中得到了印证。当时出席会谈者为二百七十余人,会上由"总统"严家淦致辞,强调文艺要"配合国策,跟反共救国的大前提取同一步骤,服膺三民主义,配合中华文化复兴运动","消灭奴役的、唯物论的阶级文学","乡土文学不可作为某一个特定的阶层为描写的主要对象,不可在唯物史观的意识形态下写作。"可见,这次会议就是一次不折不扣的对乡土文学施加政治围剿的会议。然而,其效果却与"总统"的期望大相径庭。随着时间的推移,倾向于乡土文学派的支持者越来越多,乡土文学派的阵容越来越大。不得已,台湾当权者采取了安抚协调的手段进行"招安",1978年1月18日召开的"国军文艺大会"的宗旨就是为安慰乡土文学派弹起的"优美"的曲调。至此,乡土文学的论争似乎已见端倪,不论"官方"如何介入,以现实主义为本质的乡土文学在论争中得到复兴和发展,并一跃成为台湾文坛的主力军。

乡土文学的两次论争对今后的台湾文学产生了深远的影响。论战的结果是让参战的大多数人分析总结了台湾新文学发展的经验和教训,从而展开了台湾新文学史上一场规模空前的回归运动,最终让现代派寻找"民族魂"回归东方,乡土派博采众长提高自身艺术水准。应该说,这场论争,起始令人担忧,终端让人欣慰,其最大意义在于它成了台湾文化、台湾文学全面回归民族、回归乡土的总标志,使在反西化中兴起的民族意识、爱国情感赢得前所未有的声誉。

乡土文学作家与现代派作家们不同之处有两点:

(一)是作家出身背景不同。乡土派作家大多是土生土长的本岛人,很多人出身贫苦,对下层的台湾劳动人民的饱受外来殖民者和资本家的剥削压迫生活有较深刻的体会,而现代派作家有的留洋归来,有的生活在官宦人家,根本没有艰难困苦的生活经历,就象鲁迅所说的"煤油大王怎知道北京检煤渣的老婆子的艰辛"。

(二)创作理论不同。乡土派文学理论是源于实践而又在实践中逐步诞生和完善起来的创作结晶。首先,作品中的民族主义和爱国主义思想鲜明突出;其次,具有现实主义的创作观,文学作品源于生活又高于生活,社会意义较深刻;其三,观点鲜明,爱憎分明;其四,作品中荡漾着浓厚的乡土气息,真挚朴实。而现代派作品一味脱离台湾社会。乡土派与现代派针锋相对,它要"描写民族受压迫,屈辱的惨苦面,谋求民族地位及个人地位的改善。""要反映我们社会问题,反映帝国主义经济侵略所带给民众的痛苦,反映当前的经济现象,指出某些不合理的制度,消灭剥削,以趋向更美好的社会。"

　　台湾从光复以后,被称做乡土作家已有几代人,最早的乡土作家代表当是生活在日据时代的吴浊流、钟肇政、叶石涛、钟理和、杨逵等。他们的作品大都是描写日本人统治下台湾人民的痛苦生活,艺术手法上主要保持了民族文学的特色和日据时台湾山地风情,文字朴实,乡土色彩浓厚。

　　第二代的乡土作家代表为台湾当代创作上最活跃的陈映真、黄春明、李乔、王祯和、王拓、杨青矗等。由于他们自小接受的是国语教育,有着娴熟的文字技巧,同时大多人都接触过欧美文学,与上一代乡土作家不同的是,他们作品的题材来自于台湾社会转型期的农村和都市生活,展示资本主义精神和物质文明同中国的传统文化的冲突,以及由此产生的种种悲剧。并且,他们在创作技巧上除保持民族传统和乡土色彩外,更多的吸取了西方文学的技巧,构筑了多样化的艺术表现形式和表现方法。因此,第二代乡土作家实际上在乡土文学建设中起到承上启下的不可估量的作用。

　　第三、四代乡土作家代表就是被称做"现代乡土派"的宋泽莱、洪醒夫、吴念珍、廖蕾夫、黄凡等。他们大部分出生在五、六十年代,而他们的作品的基调呈现多元化,其创作视野更加宽阔,作品题材着眼于帝国主义侵袭下当代台湾农村破产,农民受外商盘剥的描绘。在写作技巧上,他们一方面注意吸取上两代乡土作家的创作精华,一方面将现代融于乡土,集乡土展示现代,风格新颖,浑然一体。

二　寻找民族魂的第二代乡土小说及代表作家

　　王祯和(1941—1990),在台湾当代文坛最具创造力的作家群中当列其首。1941年,王祯和诞生于台湾省的花莲县的一座偏僻的村子里。在本县读完小学和中学后,一举考取了台湾大学外文系,大一时,王祯和就在文学上展露头角,处女作《鬼·北风·人》在白先勇主编的《现代文学》第七期上发表了,立刻受到文学界的关注和好评,从此便一发不可收。他的短篇小说《老鼠捧茶请人客》、长篇小说《美人图》、《玫瑰玫瑰我爱你》,译作《英格丽褒曼:我的故事》等等的问世,显示了他的创作才干和坚忍不拔的精神。作为创作态度严谨的作家,王祯和并不追求创作的数量,但在他近二十篇短篇小说中,几乎每一篇都是精品,都得到读者的好评。这些量不多且质高的的作品,奠定了王祯和在台湾文学史上的地位。他的小说集有:《嫁妆一牛车》(1969)、《三春记》(1975)、

《寂寞红》(1970)、《香格里拉》(1980)、《人生歌王》(1987);长篇小说有〈美人图〉(1982)、〈玫瑰玫瑰我爱你〉(1984)、《两地相思》(1998)等;剧本,《春姨》(1971)、《望你早归》(1977);电影评论集《从简爱出发》。

王祯和的大部分小说的题材均来自六十年代转型期的台湾底层社会的生活。他以自己的家乡花莲为背景,从多角度对在社会最底层苦苦挣扎的老百姓困苦而又不幸的生活进行了重笔描绘。如果说以王祯和小说中人物的生存环境和性格生成的背景来探讨其作品的思想内涵,即发现他在转型期间的小说的创作,格调低沉,色调昏暗,其作品中的人物在厄运笼罩下挣扎奋斗。作者站在旁观者的立场,在平静淡然的叙述他们生活中的种种悲剧中,亦露出些许无奈。然而,他清醒地掌握自己的创作航向,明确创作动机和目的,竭力反映小人物不幸命运,揭露不合理的社会现实。

王祯和七十年代的小说,已将笔锋转向开掘民族主义题材,全力抨击那些因为西化而给台湾社会带来的崇洋媚外、民族精神沦丧等严重病症。其小说色彩渐趋明朗,表达风格亦由冷漠转入热情,常把自己的喜怒哀乐转换到所塑造的人物形象中去,笔下蕴籍着积极向上的情怀。《小林来台北》、《素兰要出嫁》、《香格里拉》等是这一时期的代表作。小说采用的嬉笑怒骂的强烈讽刺手法将作者鲜明的民族立场和民族情感溢于纸中,不能不使读者深省。

"用喜剧的方式来写悲剧,用喜笑的角度来面对命运的刻薄"乃是王祯和身处社会最底层的平民生活中确立的人生态度及在长期创作实践中练就的艺术本领,因而,他小说艺术特色最突出的即是:一是用喜剧色彩刻画悲剧人物形象,将包含辛酸的悲剧内容用嬉笑怒骂的嘲讽手法展现给读者,蕴意深长。二是采用戏剧表现手法利用明快的场景转换来展现人物的心理状态和人物行动,以推动情节悬念的产生。《小林来台北》中创建的悬疑随着事态的发展接踵而至,吊着读者的口味追逐着悬疑前进,娴熟地将电影中的蒙太奇手法借鉴到小说之中,无疑更具有拓取性。三是多种富有浓厚地方特色的语言运用,生动活泼,极富想象力。作品中人物对话呈现出精彩的民间语言的精华,使读者产生亲和力;追求适度的的陌生和疏离。

黄春明(1935—),台湾杰出的现实主义小说家,1935年初春诞生在台湾宜兰县一户并不富裕的家庭。生活的困窘使得黄春明自小养就了一副不屈不挠的倔强性格,有过当学徒、当兵、当教师、当工人、做电台编辑、拍电影等经历,可以说是前辈林海音将他引入了小说殿堂,黄春明的处女作《城仔落车》便是刊登在由林海音主编的《联合报》副刊上。这篇以细腻的笔法、充满真情的言语刻画的一对孤苦无望、弱病缠身的祖孙二人寒夜搭车所遭受的灾难,具有写实意义。

1962年至1966年是黄春明自认为"苍白而又孤绝"的创作早期,这时期的作品大多刊登在《联合报》副刊上。共八篇小说:《城仔搭车》、《两万年历史》、《玩火》、《北门桥》、《借个火》、《把瓶子升上去》、《胖姑娘》、《男人与小刀》等。

1967年到1973年是黄春明创作的鼎盛期,也是他小说的成熟期,这时候的小说奠定了他"世界级"小说家的基础。他的小说大多刊登在《文学季刊》上,故自称"文学季刊是我的摇篮"。这些小说主要有《鱼》、《锣》、《癣》、《甘庚伯的黄昏》、《溺死一只老猫》、《青番公的故事》等等,多半刻画了现时社会中的一些下层人物遭遇、性格与心声,表现了资本主义侵入台湾省后,农村经济和传统思想的崩溃。他笔下出现了各式各样的悲剧人物,并触及到前人所未注意的领域,可以说是台湾乡土文学的开创者。尽管创作如此丰硕,但此时黄春明的小说并未引起文坛上大的轰动,也还未拥有太多的读者。

1974年后,是他创作的后期。由于生活环境的变迁,他的小说创作领域有了新的开拓。两本自选集《莎呦娜拉·再见》、《锣》的出版引起众多评论家的关注。受台湾"保钓运动"所掀起的民族运动和文学中反西化思潮的感染,他的创作由乡土题材转入对民族题材的开掘上。他主要描写城市生活,揭露殖民经济给台湾人民带来的灾难,反映工人在城市中所处的困境。这时期的小说有《莎呦娜拉·再见》、《我爱玛莉》、《苹果的滋味》、《两个油漆工》等。这些小说斥责了崇洋媚外,揭露了美帝国主义对台湾的掠夺和蹂躏。

80年代末期,台湾社会转型后,由于受到政治、经济的挤压,农村正面临着老未能养的社会现象。如何赡养老人、人老了怎么办等一系列问题就成为黄春明笔下的焦点,随后,他的老人系列小说问世。其作品有:《最后一只凤鸟》、《打苍蝇》、《呷鬼的来了》、《死去活来》、《银须上的春天》等。新世纪之初,还出版了短篇小说集《放生》,以精辟理论对老人生存观念作了深刻的阐述。

作为有着十分强烈使命感的作家,黄春明时刻关注着这个社会的发展,关注着社会中最下层的民众的地位和处境。在他的小说中,小人物占着重要地位,他戏言自己是"小人物的代言人"。

黄春明的笔下的小人物大多是不与现实妥协的、坚强的、自信的小人物,他们有着一种极为任性的生命力,有着一股很强的要平等和自由的情绪。因此,以揭露控诉社会的黑暗,替小人物伸张正义是黄春明小说题材中的首要主题。

作为台湾文坛上当之无愧的创造性最强作家之一的黄春明,他不仅在小说创作题材上努力开拓新的领域,而且在小说的艺术表现手法上大胆的创新与突破。由于他对生活在底层社会的弱小民众寄于深切的同情,因而着力表现对人性尊严的维护和对人的价值的思考。

王拓(1944—),原名王纮久,在乡土文学论战中,是唯一出身于贫苦"讨海人"家庭、经历艰难坎坷人生的理论骁将,1944年出生于台湾省基隆市郊的八都子小鱼村一个祖祖辈辈以捕鱼为生贫苦家庭。1963年王拓以优异的成绩考入当时免收学杂费的台湾师范大学政治系。他一面读大学,一边做家教来接济母亲。几年的大学生活,使王拓对文学产生了不可遏制的兴趣。大学毕业后,他又一鼓作气求学于台湾政治大学中国文学研究所,后获硕士学位。1970年9月,在《纯文学》第24期发表处女作《吊人树》。1973年他走向社会,曾在中学教书,当过药厂工人,后在台湾政治大学做讲师。1975年,他结束教师生涯,开始走向商界。在1977年的那场震憾台湾文坛的乡土文学大论战中,他与陈映真、尉天聪成为首当其冲的被攻击对象。然而,作为理论斗士和骁将,在这一有关台湾文学命运的论战中,他创建的台湾乡土文学主张则对台湾文学的全面发展起到了一定的促进作用。

1979年12月,因受台湾"高雄事件"的牵连,王拓被当局拘捕,在龟山监狱他被关了将近五年,直到1984年9月才获准假释出狱,曾任《文季》杂志社总编辑。

王拓的创作生涯开始于七十年代初。与同时代的乡土作家一样,贫寒的出身、老百姓的苦难、以及所处资本主义经济和西方文化思想风行的台湾社会转型期的现状,与他油然生出的强烈现实意识是作品的重要基点。现实生活中小人物的困惑、资本主义侵入对人们心灵的毒害,使他深刻感到贫穷的人使他想到自己,提醒他也是一个贫穷的人,使他对贫穷的人产生更强烈的认同,帮助他找到人生奋斗的目标与方向。现实主义文学观的形成和他"文学发展必需能与当时的社会发展相一致,文学才能更有效地发挥它改良社会的热情和功能。"的论点决定了他的小说创作具备有强烈的现实意识与鲜明的政治观念。做为从贫困的八斗子渔村走出来的作家,他始终是"讨海人"的代言人。基于为劳苦大众说话这一观念,王拓"坚持把事实告诉大家"而写就的作品,至今已编辑为中短篇小说集的有《金水婶》(1976年)《望君早归》(1977年),在狱中完成的长篇小说《牛肚巷的故事》与《台北、台北,一九七一》于1986年相继出版。为了祖国的统一和民族的团结,王拓以自己锐利的笔锋撰写了一些文艺评论和政治文章,积积主张文学创作要沿着民族的、乡土的、现实主义道路走下去使之成为整个社会运动的一部分。评论集《街巷鼓声》、《张爱玲与宋江》及政治文集,《民众的眼睛》等相继问世。

作为台湾第二代乡土作家,王拓那鲜明的现实主义创作主张与其他几位乡土作家相比,受西方现代文学的影响较少。他从创作伊始,就坚持沿用传统的现实主义路线,以冷静的写实笔触向台湾的现实生活,其作品风格朴实,不做作,尤为善于刻画人物的性格特征,挖掘人物的内心世界。

统观王拓的文学创作,可以其入狱为界分为前后两个时期:1970年处女作《吊人树》的发表至1979年因高雄事件被捕时而发表的小说为王拓前期的创作。这一时期的小说创作素材几乎都来自那让他抹不掉、忘不了的祖祖辈辈浸泡在苦海里的"讨海人"的苦难的回忆。此期的作品有如下特色:首先,紧跟时代步伐让作品成为时代的传声筒,将改革社会的理想融化到正面人物塑造中,运用白描手法来渲染乡土地方特色。

1979年高雄事件被捕入狱后至今为王拓后期创作。在极端艰难的牢狱中,王拓并未扔下这支替被剥削、被凌辱人说话的笔。八十年代初,《牛肚港的故事》、《台北、台北,一九七一》等直接触及台湾政局时弊的政治文学作品在牢狱中问世,这标志着王拓的创作登上一个新的制高点。从对贫苦具有反抗意识的人物形象的刻画,而跃入更广阔的政治背景描写台湾当代社会激荡、表现民族呼声,解剖人性的善恶、揭露诸多社会问题的更高层次,这正是作者经历过坎坷生涯、世界观及创作观更新后的体现。此外,将有表现力的方言与干净利落的国语在作品中交互使用,朴素、生动、形象,赢得了更多的读者。

杨青矗(1940—),原名杨和雄,被称为"台湾十大小说家"之一的台湾省当代最著名的工人作家。1940年生于台湾省台南县七股乡后港村,祖籍福建。六十年代初期开始登上文坛。1979年,高雄事件的发生,使他被捕入狱,四年后被假释出狱。1985年应邀参加美国爱荷华大学"国际写作计划"。1987立春天,"台湾笔会"成立,杨青矗任首届会长。

对于文学创作,杨青矗深有感触的说:"这是一个变迁的时代. 我从一个'草地囝仔'变成都市人。二十多年来,时时看到草地人变成都市人的各种过程,看到农村的衰微"。对于描写来自农村的工人,他自称这是他的使命感:"我每次回乡,看到那些荷锄的阿伯阿婶,五十出头,脸皮就皱得可以夹死苍蝇。我觉得我每餐所喝得是他们的血汗吃得是他们的骨肉,有一种使命感要我写下这些,为他们说话"。为此,杨青矗写作的使命就是要让民众听到最下层的劳苦大众的呼声,为这些贫穷的小人物的苦难鸣不平。杨青矗所说的变迁的时代,正值外国资产的入侵给台湾社会带来的动荡和潜在的危机:大量农民流入城市、产业工人队伍扩大,贫穷两极对抗日趋严重,外国资本企业控制了经济脉络,台湾同胞正承受着殖民地域的残酷剥削。面对这样严酷的现实,杨青矗改变了以往在创作上的美学追求,他原来希望的那种歌舞升平,和谐安乐的生活已无法进入创作,小说倘若只能歌颂而不反映现实社会,那么就丧失了一个文学家起码的道德,因而作为一个中国作家,以医治社会的心灵疾病为准笔,消除邪恶的毒瘤,使社会早日康健。为下等人请命,为工人伸张正义,《工厂人》系列小说就此诞生了。

杨青矗自处女作《在室男》发表后,便一发不可收。由于勤奋,作品接连不断。至今,他已出版小说集:《在室男》(1971)、《妻与妻》(1972)、《心癌》(1973)、《工厂人》(1975)、《工厂女儿圈》(1997)、《厂烟下》(1978);长篇小说:《心标》、《连云梦》(1987);散文集:《工者有其厂》(1977);杂谈集:《笔声的回响》(1978)等等。纵观杨青矗的小说创作,题材较广泛,并体现了他的创作理想。其中,有描写农村贫困劳力流失的作品如《绿园的黄昏》、《在室女》等;有反映受西方思想文化和道德观念影响而产生嬗变的作品如《麻雀飞上凤凰枝》、《成龙之后》、《天国别难》等;还有以台湾工业经济发展为背景,描写第一代企业家艰苦创业的历程以及工商社会中人们爱情观、人生观锐变的《心标》、《连云梦》等。总之,"工厂人"系列小说是杨青矗的重要代表作。所收作品近三十篇,通过各类工人形象从几个方面描写了台湾工人充满辛酸血泪的生活遭遇,深刻控诉了造成这种人间苦难的社会根源。号称"工人笔侠"的杨青矗冷眼相观这些不平等的社会现实。正是通过描写生活在社会底层的这批工人在升等、待遇、婚姻等方面面临的困境,从不同侧面揭示了台湾劳工制度的不合理性,作品的现实意义可谓深远。如在《工厂女儿圈》、《昭玉的青春》、《秋霞的病假》等作品中流露出的正义,人道,与尊严是对资本家卑劣无耻行径成对抗的。

七十年代后,作者的认识更为成熟,他从感性认识上升为理性分析,他的大部分作品对资本家进行了本质上深刻的揭露和批判,如对《龟爬壁与水崩山》中青年知识分子黄嘉、《升迁道上》的候丽姗等人物的刻画可以窥视到杨青矗此时的创作已从为工人言不平而逐步迈入唤起民众觉醒的新历程,这正是做一名"工人笔侠"的精神所在。

在艺术表现形式上,杨青矗的小说有着自己鲜明的个性。首先,其创作的某些观念和写作技巧受因西方现代小说中的意识流手法的影响,来展现人物内心的想象以及梦幻的世界。其次,小说的结构较独特。无论是谋篇布局抑或是人物设计、情节安排等都利用强烈的对比去揭示主题,如在对照中控诉人间的不平、反映尖锐对立的两种事物、资本家与工人即所谓的"上等人"与"下等人"之间的矛盾冲突。其三,在语言表达上,坚持以普通话为主,略使用少量的方言来点缀,既生动又朴实,具有表现力。

季季(1945—),原名李瑞月,在台湾乡土派的作家群中被评价为"海洋中一块永不屈服的岩石"。她1945年元月生于台湾省云林县二乡永定村的一户贫苦的农家,少女时就在纤弱的肩膀挑起了家庭的重担。自然,艰辛的生活也造就不善屈服的性格而体现在她后来追求不已的文学创作上。十三岁时,以笔名"姬姬"在《台湾新闻》"学校生活"专栏发表了她的第一篇小说《小双辫》,1964年3月,又在台湾《中央日报》副刊发表《假日与苹果》显露出创作才华,引起文坛注目。不多久,便与台湾有名的皇冠出版社签定了基本作家合约,成为职业作家。然而,事业有望,接踵而来的婚姻却远不如创作小说那么顺利。甜酸苦辣让季季心憔力瘁。季季冷眼相观这大千世界给予男女不平等的各类待遇;成功的男人背后是有女人在无私地支持,而成功的女人却是从荆棘中挣扎出来的。由于家庭生活的坎坷,在某种程度上,直接影响到她的文学创作。因而在她早期小说中描写的爱情大多是忧郁、冷漠、与不幸。由于顾及家庭生活,时间紧迫无法为已写出的作品反复推敲润色,使一些作品缺乏应有的色泽。

六、七十年代的台湾文坛,正值台湾社会的转型期,西方现代派文艺思潮和存在主义哲学风靡台湾文坛,此时跻身于台湾文坛的作家大都被现代风吹得不知所措,季季当然也在其中。在她早期的创作中,或多或少地染上现代派的尘埃。如《属于十七岁的》、《没有感觉是什么感觉》、《褐色念珠》、《拥抱我们的草原》等作品中都有现代派的投影。早期这类受存在主义哲学和现代派文艺思潮的影响着实让季季扪卷反思,她总结了其时自己的创作理念,认为台湾六七十年代的存在主义的流行文艺思潮,整个是给人带来一种浪漫且又无可奈何的空间,受影响是不可避免的、自然的,但无意去模仿,因而在弥漫着此类浊气的空间,自然表达的就是此种氛围的东西了。由此可见,创作正是沿着她的人生阅历的不断加深而逐渐走上了成熟。

在台湾诸多女作家中,季季可谓是多产者之一了,虽然曾搁笔数年,至今作品数量斐然可观。她出版的著作、短篇小说集有:《属于十七岁的人》、《谁是最后的玫瑰》、《泥人与狗儿》、《异乡之死》、《月亮的背面》、《季季小说选》、《拾玉镯》、《蝶午》、《谁开生命的玩笑》、《寂寞之冬》、《涩果》、长篇小说有:《我不要哭》、《我的故事》,散文集《夜歌》等。读季季的小说,宛如听她在讲故事,款款叙来,娓娓动听,其文学风格质朴细腻。在情节的安排上,她多以时空为顺序,极少出现突破时空的跳跃。季季注重对人物的刻画,如坚强机智的江秀桃

(《菱镜久悬》)、幼稚可怜的芬芬(《初夏》)、贪婪市侩的堂姐(《拾玉镯》)、思乡心切的崔老师(《异乡之死》)等等。由于坚持探讨人的生存价值,道德和罪恶的价值,现实和精神的价值,希望和绝望的价值,以及真实与虚伪、妥协和反抗、爱与恨、大我和小我等等价值的最佳创作方式,季季始终认为一个作家要写的是"人"和人所构成的社会,她该关切和了解的也是他们的生存,以及因生存而产生的诸多问题:贫穷、痛苦、爱的幻灭,从农村走入都市后的迷失,新文明对旧社会的冲击……

季季的小说创作经历了从虚幻到现实的历程,由于其创作的盈丰,题材也呈多样化。早期创作由于受西方现代主义文学的影响,多数的作品是描写爱情的,显露了早熟少女的心理阴影,且弥漫着漂泊气氛,带有虚无和幻想的色彩。然而精致的构思和拥熟的技巧,不能不说是她创作才能的根本展现。在跻身于乡土文学作家队伍的 70 年代中期创作的小说《拾玉镯》中,通过对某家族后代乘为已逝曾祖母拾骨重葬之机争夺葬物的生活闹剧的描绘,反映了在资本主义入侵之后当代台湾社会价值观与道德观的增变,具有较深刻的社会意义。此后的乡愁题材与揭露题材乃是季季作品的主流。首先,表现在满怀同情之心描绘了"异乡人"在台湾的忧愁与寂寞,如在《异乡之死》中,作者包含着同情、深刻地将学校里那一个个漂泊他乡寂寞无奈的老教师的念乡思乡的情感以及爱情婚姻的不幸推到读者面前,将一位思乡的老人在异乡死去的情景放在一片悼念哀伤沉寂的环境氛围中来叙写,情感深切,催人泪下。其次,以愤怒之情揭露社会的黑暗,描述弱者被践踏之不幸。此时,季季将笔触向社会深处,意在暴露将其阴暗可鄙之处。如《刀子的故事儿》、《鬼屋里的女人》、《喜宴》、《拾玉镯》等揭露抨击了资本主义的拜金和物欲主义对人们灵魂的腐蚀;《塑胶葫芦》等作品中用自身微弱的力量来保护自己,漠然、矜持、躲避,以挫伤大男人主义的高傲自尊,来维护自己的生存权力的弱女子的刻画而显露出来的在不合理的婚姻爱情中消极反抗的女性意识;系列小说《涩果》中被侮辱与被损害的"未婚妈妈"的巨大的心灵创伤的重写是作者以此来暴露畸形社会的黑暗为不幸被践踏的弱者争取合法的生存地位。总之,季季将她那颗滚烫的爱心"献给所有跌倒爬起勇敢前行的同胞姐妹们",并义无返顾地"迈入了洞悉艰辛人生的深层心理世界"。

洪醒夫(1949—1982),原名洪妈从,笔名司徒门。台湾当代文坛英年早逝的一位才华横溢的青年作家。他 1949 年 12 月出生于台湾彰化县二林镇的一户中等农家,1976 年台中师范专科学校毕业后做了小学教师,1982 年在一次车祸中遇难。他从小就目睹了那些祖祖辈辈与泥土打交道的农民和与其具有密切关系的人们的痛苦和悲哀、坚韧和顽强,在他尚未成熟的心灵中刻下了深深的烙印,以至于在后来"一不小心就这样走上了文学路"时,一发不可收地创作了大量的反映台湾农民的生活和品质的小说佳作,并成为乡土文学论战的主力。走上文坛,正如洪醒夫自述,纯属偶然。那是在他上师专时,寒假在家无聊,突然萌发了欲吐国小所受的恶气之感,于是执笔载书痛痛快快的下笔两万五千字有余。这篇处女作得以在《台湾日报》上发表,也得到了编辑们的赞赏。自此,台湾文坛上又升起了一颗闪亮的新星。然而,这颗新星的亮点还在于其不是单纯的为创作而创作,而是有感而发,为抒发心中不平而写,可见,洪醒夫以后的小说主题的界定如此鲜明突出,并能沿着此风格的发展即缘于这根深蒂固的"感慨"。对此,洪醒夫坚持认为:"作家,是一项非常痛苦的行业,他必须有与生具来的秉赋,这个秉赋包括你在文学艺术上的技巧,以及你的心——同情心。还必须用尽心血,远离世界上的所有美好的事物的诱惑。他必须有坚强的生命力,有说真话的勇气。当一个写作的人,往往在漫长夜之中,受尽煎熬折磨,永远跟贫穷为伍。"

由此看来,洪醒夫不愧为既有使命感责任感,又有献身精神;既朝气蓬勃充满活力,又脚踏实地坚忍不拔;既有敏锐的眼光,又有说真话的胆魄的乡土文学勇士。

迈上文坛以后,洪醒夫的小说在台湾文坛上颇受瞩目,荣获了几个大奖,如《散戏》获得1978年《联合报》小说奖,《扛》获得1975年"吴浊流"文学奖,《跛脚天助和他的牛》获得吴浊流文学奖。小说集《黑面庆仔》、《市井传奇》、《田庄人》相继问世。在他不幸遇难后,为了深寓怀念之情,由他的好友王世勋、利锦祥整理编辑并出版了他的另一部小说集《怀念那声锣》。

凭着对农民的执着的爱和深刻的认识与了解,洪醒夫的小说创作以反映台湾农民生活和品质为着眼点,以农村生活环境为背景而展现了台湾农村发展历史舞台上的一场光怪陆离、悲喜交加的剧情

首先,赞颂了农民内心蕴藏着的善良品质与人道精神的迸发和升华。

《黑面庆仔》就是一篇着力刻画农民黑面庆仔及其复杂情感和人性光辉的作品。失去妻子,养活着一对又傻又疯的儿女的老农庆仔,善良、憨厚,具有浓厚的道德观念。然而,当他看到智力低下的傻儿子只知道吃吃睡睡,终日昏昏庸庸;而相貌出众的疯女儿遭到歹人强暴怀了孕产下一婴,却只会"文文的笑"说不出歹人是谁的时候,老庆仔"愤怒、忧伤、悲叹"感情异常复杂。当屈辱、悲痛的火焰即将他烧化时,他决心下手掐死婴儿,而后嫁祸于无法辩白、指明而又无法律责任的疯女儿。可当他靠近那对"纯粹与世无争的安然自若""纯粹

洁白无暇的了无遗憾"的母子时,却浑身抖个不停,巨大的人道力量让他良心遭到谴责,使他在千钧一发之际感到了"那是罪恶!"罪恶在关键时刻得到了遏止,那是人道精神美的力量,婴儿的幸运乃象征着罪恶死亡线的崩溃。表现农民品格优秀的在爱土地如命的《吾土》和爱牛如命的《跛脚天助和他的牛》里都有较深的表现,无疑,善与恶、美与丑的鲜明对比明示了"卑贱者"的心灵乃是高尚的、可爱的。

其次,揭示了在"西化"与现代艺术大潮冲击下的旧传统文化的没落实质。

主题深沉且又运用时空交错表现手法的小说《散戏》,就是通过台湾歌仔戏的衰落景况而说明西化风潮涌起既是历史的自然发展的推动,是不可阻挡的,是历史发展的必然规律。歌仔戏的没落恰是旧传统文化没落的象征,前面我们阐述过这种没落的原因,因而坦然的去面对淘汰,迎接新生,洪醒夫正是以其优越

其三,真挚感人的乡愁主题,抒发了"异乡人"的归心似箭情怀。

洪醒夫亦力求通过作品中的故事情节的展现,来反映一个时代的特点。然而,他并非一味的去描写异乡人的"缘愁似个长",而从大我的角度异常感人的表现异乡人的乡愁,将处于逆境中渴盼真爱与友情的思想恰是赴台老兵们的共鸣,窥一斑而见全豹。

洪醒夫小说的艺术特色是其内容和形式的相互协调、统一,通过对人物行为的细节的刻画来揭示人物内心世界,把人物在矛盾中推向顶端,然后才入情入理地使矛盾得到解决,主人公便徐徐的从矛盾的颠峰上降落。在结构层次上,有些作品呈现出套层方式,如《散戏》;有些采用意识流的跃式,如《黑面庆仔》等等。统观洪醒夫的创作,不能不为其才华横溢却由如此短暂的生命而痛惜,好一颗熠熠闪亮的新星。

三 乡土小说的旗帜陈映真

陈映真(1937—2016),原名陈永善。1937年11月生于台湾西海岸的竹南村。两岁时过继给他的三叔。七岁时,因躲避空袭,养父家与生父家一同搬到台北县莺歌镇,此时与他孪生哥哥相聚。九岁时,小哥哥重病身亡,这给他一次身心上的沉重打击。直至很久很久以后,感伤的情绪还笼罩着他的心灵。为了怀念死去的小哥,便在发表处女作《面摊》时用了他的名字"映真"为笔名,除此之外,还寓意为反映生活的真实。1957年,陈映真考入台湾淡江文理学院外文系读书。大学二年级时,《面摊》的问世使他从此跻身于台湾文坛。陈

映真善写小说，又作评论。发表小说时的笔名为陈映真，而发表评论文章时的笔名则是许南村。台湾著名学者、评论家吕正惠教授曾将陈映真的创作分为四个阶段——自传时期、现代主义时期、反省时期及政治小说时期。统观陈映真的创作历史，每一个时期都留下了他的创作足迹。1959年至1961年是他的自传时期。

陈映真（1937—2016）

这时期他的作品基调是"伤感、忧郁、苍白而且苦闷"，他在自剖式的《试论陈映真》一文中写道："1958年，他的养父去世，家道剧而中落。这个中落的悲哀，在他易感的青少年时代留下了很深的烙印。这种由沦落而来的灰黯的记忆，以及因之而来的挫折，败北和困辱的情绪，是他早期作品中那种苍白惨绿的色调的一个主要根源。"正如他自己所剖析的那样，破败的家乡市镇、贫困的哀愁、苦闷的情绪，以及远离故乡这样种愁思，无一不在《面摊》、《我的弟弟康雄》、《乡村教师》、《死者》、《故乡》、《祖父和伞》等篇中找到影子。这一时期，陈映真还在现代派超现实主义的圈子里盘旋，惶惑、迷茫、充满凄苦和无奈。他作品中人物的命运也大多在失败中走上自杀的道路。如《我的弟弟康雄》中的那个充满乌托邦式空想社会主义幻想的康雄、《乡村教师》里在幻灭中发狂自杀的吴锦祥、《故乡》中的那个终于堕落的哥哥、《加略人犹大的故事》中的犹大等等，都是市镇小知识分子。他们都怀着极旺盛的理想，但都缺乏将理想付诸实施的勇气和力量。他们只看到理想的美好，却不愿为实现理想而付出代价；他们只想走平坦而有鲜花的大道，却畏惧崎岖长满荆藜的小路。这种用生命赌明天的有着浓重感伤情绪的城镇知识分子形象的再造，正是此时期由于养父去世、家道中落的悲局使陈映真处于人生彷徨阶段的真实写照。这些作品，无疑打上了自传体的烙印。

1961年至1968年是陈映真的创作由超现实向现实主义过渡时期，此时，他的作品涉足于实实在在的生活之中，揭露、讽喻现实取代了原本的无奈和逃避，两岸关系成为他作品中的主题：描写台湾姑娘与大陆老兵演绎爱情悲剧的《将军族》，既突出了人物自愧的心灵美，也突出了对现实的控诉，残酷的现实生活摧毁了有情人终成眷属的希望。《将军族》的问世，将陈映真的创作从幻想拉回到现实，落脚在坚实的土地上。而在他另一部小说《唐倩的喜剧》中又可看出他的思想有了飞跃性的变化,从现代派文学的灵魂——存在主义的阴影中挣扎出来,走向灿烂、多姿的现实:女主人翁的四次换偶轮转与存在主义信徒的试婚到信奉存在主义且又挣脱正显示出作者冲出现代派的樊笼迈入新的创作行列。1968年在陈映真生命史上最不能忘怀的一年,也就是从这一年,他开始陷入了八年的"牢狱抗战"。因莫须有的罪名被台湾当局关到了监狱,一关就是漫长的八年。监狱生活并未使陈映真退缩、沉沦,而变的更成熟、更坚强、更敏锐了。监牢里造就的力量为陈映真的创作开辟了一个新的"战场"。在这个战场上,他愈战愈勇。《永恒的大地》、《某一个日午》等小说就这样诞生于牢狱之中。此时可谓是陈映真创作人生的辉煌时期,他彻底摒弃了以往创作中的感伤、悲怆情调将健康向上、豁达欢快和讽喻的风格溶入作品之中,思想的觉醒带来了再创作的崛起,世界级作家的桂冠戴到他的头上。出狱后更一发不可收,《永恒的大地》、《某一个日午》、《贺大哥》、《夜行货车》、《华盛顿大楼》系列以及中篇小说《上班族的一日》、《云》、《万商帝君》等相继问世是他在乡土文学论战中所提出的"建立民族文学"的思想的立体印证。期间,他的《夜行货车》和《山路》分别获1078年吴浊流文学奖小说奖和1982年台湾〈中国时报〉文学奖小说推荐奖。

1983年陈映真开始涉足于敏感的政治小说区域,目的是要把他认为的"历史真相"告之于众,发表了影响颇大的《铃铛花》、《山路》等力作。1985年他又创办了大型报道记实杂志《人间》,着力于思想文化战线战斗。尤其是九十年代以来,站在"中国人"立场上清理台湾社会历史,反思文学现状,直面现实,与文化台独和文学台独论者展开了不屈不饶的战斗。从1999年开始,陈映真的文学创作再出发,为文坛奉献了《归乡》、《夜雾》、《忠孝公园》等重作。无疑,陈映真创作的震撼力再次迸发"象一个文学领域的探险家,从不满足于脚下的获得,不断地踩着坎坷的路前行,不断地有所发现、有所创造"。

至今为止,陈映真出版的中短篇小说集有:《将军族》、《第一件差事》、《陈映真选集》、《夜行货车》、《华盛顿大楼》、《山路》等;出版的评论集有:《知识人的偏执》、《孤儿的历史,历史的孤儿》等。

陈映真不仅是著名的小说家,也是鼎鼎盛名的文艺理论家。尤其自乡土文学论战以来,他有大量的文艺理论著作问世,其形式多样、理论范围宽泛在台湾文坛亦是首当其冲的。他的文学理论不仅在乡土文学论战中取得了胜利、为乡土文学的发展开拓了航道,而且其思想力量在读者中产生了较大的社会效应。国内的评论家曾将陈映真的乡土文学理论内容归纳为以下几点:"文学源泉来自生活;文学必须启迪人生;文学有自身的规律,不能凭借暴力来左右或消灭;文学应建立自己民族的风格,首要的是民族的灵魂;台湾文学是中国文学的一部分,台湾文学要向中国文学和第三世界文学认同等"。应该说,陈映真的理论思想应该是他出狱后所确认的。并且,他出狱后所写出的小说作品亦是在他文学理论指导下进行创作的,早期即自传时期、现代主义时期的作品所缺乏的理智与探索精神在他后期的创作中得以发挥。

七十年代,台湾经济复苏,呈现一派繁荣气象。作为美国跨国公司驻台湾分公司职员的陈映真,对整个世界商战极为熟悉。作为一个有骨气的中国知识分子,他不愿再看到台湾中国文学如经济一样被外国的文学和经济所支配,要树立鲜明的、自强自立的民族主义旗帜,才能维护自己庄严的民族信心和民族意识。此后,陈映真便将笔锋转入揭露和批判帝国主义进行经济文化掠夺的民族性题材。《夜行货车》的发表,正体现了陈映真这一段的创作水准。作品呈现的民族主义、爱国主义,回归乡土是回归民族的深邃主题,使陈映真的探索之路又前进一步。

创作政治小说则是他后期创作中的更深的一次探索。八年的监狱生活,使陈映真的创作理智较早期创作更发达更宽阔。他不把自己限制在极小的范围内,兢兢业业地去开垦自己所熟悉的土地,而是"弃其所能导"的行径,追寻更高的思想境界,拓宽自己的艺术才思。所幸的是,他所创作的政治小说《铃铛花》《山路》,由于台湾的政治禁忌逐渐放松,这两篇小说无论从题材上还是艺术表现形式上都得到一个较大的突破,在台湾文坛上发生较大影响——领导学生同不合理的教育制度做斗争后被台湾当局所杀害的革命者(《铃铛花》)、舍己帮助革命者家庭的女青年蔡千惠(《山路》)是作者极力讴歌和赞颂的,无论是从思想还是艺术形式上,这几篇作品不失为完美统一。在三十年来的台湾新文坛上,很少有作家像陈映真一样随时用他的敏锐的现实感捕捉台湾历史的"真实"。从他前后期的创作风格和思想内容来看,独特的使命感成为他创作的精神支柱。作为台湾的最具思想性,最具政治头脑,最具时代感,而又最具浪漫情趣的优秀作家,近年,他的"再出发"小说中突现的反思现状、直面现实的主题设置则预示出陈映真的作品将会达到一个更完美的顶峰,这就是陈映真理智、探索精神的最终实现。

现实主义深沉的揭露和批判精神与现代派的象征、暗示、时空交错等灵活多样的表达艺术相融合是陈映真小说中所显现的独特艺术。其既有深邃的思想,也有高度的艺术;既有现实的内涵,又有梦幻色彩。概括的讲,陈映真的小说艺术特色主要表现为以下几点:

首先,在表现技巧上,陈映真大胆采用梦幻和现实相交织的超现实主义手法，使小说的艺术和心理空间得到延伸，象征的寓意引导着读者去联想意会生活的真谛。在陈映真早期的小说《我的弟弟康雄》、《兀自照耀着的太阳》、《永恒的大地》等中，都可看到一道浓郁的超现实的梦幻色彩。

其次，在结构艺术上，陈映真别出心裁的构筑层级结构，设置多重主题。如《云》中突出主题使用的两条线索、三级结构法分层叙述，融合在统一的主题下、多种体裁形式的叙述方式等使作品具有立体感和真切感。

其三，在刻画人物形象上，陈映真将民族特色与欧美风格相结合去探索人物的内心世界。前期作品中，较多的是采用意识流的表现手法描绘人物形象；中后期作品中，吸取中国传统的刻画人物的方法借助富于个性的人物语言和行为来展示人物独特的个性。调动多种手法使同一类型人物的形象大相径庭，如《云》中的艾森斯坦与《夜行货车》中的摩根同为洋经理，但前者表面道貌岸然，实际内心虚伪狡诈，后者既粗俗不堪，又骄横粗野。在语言表达上，陈映真不仅流畅自如的运用书面汉语普通话来塑造人物，还可根据内容和人物身份的需要，引用外语和欧化句式甚至台湾山地语来描绘，具有浓厚的当代生活气息。

第八节 在商品经济大潮中冲浪的台湾通俗文学及其作家作品

一 通俗文学创作概况

通俗文学一直在台湾当代文坛占据着重要一席。自本世纪二三十年代从大陆流入并畅销于台湾岛的武侠、言情小说至现今已达八十余年之久，起起伏伏却始终充溢着旺盛的生命力。

一种文学现象的形成，当与其所处的社会背景和文化氛围有着密不可分的客观联系，当然，也由其自身特性所决定的。尤其通俗文学在台湾六十年代那场社会经济结构变迁下的商品潮的冲击中，作为精神产品骤然卷入商品经济的巨浪中。文学作品的精神目的要受"市场规律"所制约，物质生活决定精神文化也是一种文化消费的需求，一种寻求精神刺激、化解内心苦闷、填补心灵空虚、猎取奇特梦幻等等为打发时间的消遣文学的应运而生,必然带来强大的市场经济效益。如以爱情婚姻为描写题材的言情小说,因大多出自女性作家之手、凭借女性独有的文化心理与气质,着力构筑虚幻飘渺的爱的世界,用缕缕忧伤的丝线编织着缠绵悱恻的感情,不仅打动了青春期的少男少女,也让具备高学历却赋闲于家的富家太太们掩卷不舍;再如武侠小说,那高超武功、儿女情长、非常男女、呼风唤雨的义士等等人物的刻画,无疑获得了多层次、多群体读者的青睐。松弛内心,企求得到精神上刺激或情感上愉悦的公职人员;填补内心的空虚,追寻奇特而迷人的梦幻的城镇小市民;处在青春的跃动时期,倾心英雄与美人并得到生理与心理上满足的青少年。总之,通俗文学所具备的大众文化品格与大众文化消费心理的一致性为通俗文学提供了滋长的苗床,所以它的出现与流行是大众文化的必然产物。

追溯台湾的现实环境与文坛的实际情况,由于50年代,国民党当局造成的的"反攻"局面,使整个社会的思想、教育与文化都笼罩在泛政治主义的氛围中,这种不安定因素给一般民众造成巨大的心理压力,他们往往从害怕政治到希望远离政治。而在当时,充斥文坛的那些"战斗文学",让渴求安逸、平静的民众心悸,于是那些不涉及政治,便于阅读,容易理解的消遣性作品便被文化市场所接受。60年代中期之后,随着经济的开放,台湾当局对普通民众的政治控制虽然有所松动,但政治重压的阴影依然存在。这就使得自50年代以来在民众之中滋生的逃避政治现实的心态不但持续下来,而且进一步蔓延。通俗文学以它流行的伤感、梦幻、煽情、轻松的格调很快适合了社会上的一大部分读者的口味;年轻女性面对处于社会转型期的两性关系分化而未有新道德规范的约束的无奈和茫然之中,急于寻求一种世外桃源般的生存;大多知识层次较底的民众因无法从随着经济大潮涌来的西方现代主义文学里获得精神给养,仍然对产生于本土的通俗文学情有独钟。这种对文学的嗜求,就是当时台湾社会所存在的逃避与满足的对抗,所谓的"琼瑶热"、"古龙武侠"就是这种对抗中的"赢家"。70年代时,台湾社会面临着的一系列重大政治事件,"保钓运动"、尼克松访问中国大陆、台湾当局从联合国驱除等,又一次给刚趋于稳定的社会以冲撞。自然,社会动荡的不安因素使广大民众不得不从"桃花源"走到关注现实的精神世界。因而,此时的通俗文学被反映社会婵变的作品所替代。80年代后,由于台湾的政治、经济、社会结构又发生了巨大变动,从以往现实环境低谷里走出的普通民众又迈入唯美与梦幻的感情世界。市场经济的需求,加快了文学商品化的进程,通俗文学开始"梅开二度"。从台湾图书市场的出版发行量来看,通俗文学的发行销售总列畅销书榜首,如高阳历史小说的频频再版；琼瑶言情小说走红影视；萧丽红的长篇小说连连获奖；三毛情趣盎然的散文、席慕容如梦如画的诗集等，都造成了轰动效应。至今，随着台湾后工业社会的来临和两岸文化的沟通，通俗文学今后发展势头将会更加旺盛，因为"在以科学技术和信息为基础的后工业社会中，文化和工业生产以及商品已经是紧紧地结合在一起，文化已经完全大众化了。雅文化和通俗文化、纯文学和通俗文学的距离正在消失，商品化的形式和逻辑将更深入地渗透到文艺领域之中"。

综上所述，通俗文学如此持续不断的走红于当代文坛，一是能够以其特殊的精神与品格满足普通民众的文化消费心理；二是台湾特定的现实环境与文学背景又成为它流行的土壤。现将其创作特点归纳如下：

其一，模式化的构思，简约离奇。通俗文学之所以能广泛流行，关键一点在于抓住读者，巧妙构思。就单部作品而言，从情节构筑上来看，通俗文学着重于事件的描述，尤其讲究内容的故事性，往往抓住主要矛盾，一波未平，一波又起，在不断激化矛盾过程中推进情节，并兼制造悬念，埋下伏笔，使情节曲折生动，引人入胜。在人物安排上，时常使人物在偶然中巧遇，在交往时误会，侧重人物外部形象的描绘，细腻的心理刻划，使人物形象具体鲜明，可感性强。从总体上看，通俗文学模式化倾向较重。无论同一作家的不同作品，还是不同作家之手的创作，大同小异不足为奇。

其二，通俗易懂，无深度的内涵。鉴于广泛流行的特色，必得通俗易懂，无论是"阳春白雪"读者还是"下里巴人"读者，茶余饭后的消遣时，都需要并喜爱阅读，这就要求其内容不能崛屈艰深，令人费解，应该较浅显、较贴近日常生活。通俗文学颉取生活表层现象，用不着刻意的捕捉而没有加以审美的过滤与选择，缺乏一种较深层次的理性认识与升华。这就使得作品内涵相对比较肤浅，缺乏应有的力度与深度。

其三，语言生动流畅，但缺乏锤炼。以语言为手段去吸引读者的通俗文学，自然尤为注意语言的生动性与趣味性，乃至于不根据表达需要而堆砌形容词。因而有信手写来不加推敲的痕迹，有不重视遣词造句的准确性和语言的创新与变化，也有不讲究修辞的运用与不注意语法的规范，甚至，无年龄段的语言使用，矫揉做作。前边我们已提及，台湾的通俗文学以其形式大众化、情节曲折、内涵浅显、语言生动流畅而深受各层读者的喜爱。鉴于此，研评通俗文学，不能简单的把通俗文学作品统统归入"拳头加枕头"的地摊文学，排拒于文学的殿堂之外。其实，较好的通俗文学都具有一定的认识价值与审美价值，都能陶冶人们的美好感情，启发人们的正义感和是非感，鼓舞人们的侠义精神和爱国主义情操,乃至传播历史知识和民族文化信息,都能使读者展卷得益,获得精神享受和休息。当然,通俗文学中也有一些低级庸俗之作,不仅思想内容欠佳,艺术技巧也十分粗劣,其对广大的读者,尤其对涉世未深的青少年读者来说,无疑有害无益。

二 通俗小说创作及其代表作家

高阳(1922—1992),原名许晏骈,字雁冰,另有笔名郡望等,浙江杭州人。出身于名门的高阳,自幼喜读家中藏书,少年时,尤为对鸳鸯蝴蝶派小说爱不释手。因战乱,大学未毕业就入国民党空军官校服务,后随军去台湾。1960年转入新闻界。曾担任《中华日报》主笔、总主笔,《中央日报》特约主笔。同时开始了小说创作生涯,写了一些以抗日战争为背景的小说。后来,高阳认为,其最大的乐趣在于研究历史,于是,从研究历史到得心应手的开拓历史题材的小说,高阳经历过多次的失败,在从失败到成功是以长篇历史小说《李娃传》的问世而稳固的奠定了自己历史小说的创作地位。他的历史小说享有"有村镇处有高阳"之誉,在台湾、大陆、香港及其他华语地区都拥有众多读者。70年代末以前,高阳在台湾报刊上连载或出版的主要作品有:《李娃传》、《风尘三侠》、《荆轲》、《少年游》、《百洲》、《大将曹彬》、《慈禧前传》、《玉座珠帘》、《清宫外史》、《母子君臣》、《胭脂井》、《瀛台落日》、《正德外传》、《红顶商人》、《胡雪岩》、《小凤仙》、《廷宫春晓》、《乾隆韵事》、《小白菜》、《徐老虎与白寡妇》、《印心石》及《红楼梦断》第一部《秣陵春》等,另改写了《水浒》的《林冲夜奔》、《野猪林》、《乌龙院》、《翠屏山》。近年出版的作品有《红楼梦断》第二部《茂陵秋》、第三部《五陵游》、第四部《延陵剑》、《灯火楼台》、《刘三秀》、《八大胡同》、《清末四公子》等。另外,除写历史小说外,高阳还撰写学术著作,出版了《高阳说曹雪芹》、《高阳说红楼梦》、《高阳说诗》等。其中《高阳说诗》获得1984年台湾中山文艺奖金委员会"文艺论著奖"。

高阳历史小说题材内容主要有以下特色:其一,着重刻画历史人物,生动再现当时社会风貌与统治集团的内部矛盾和斗争。以《慈禧全传》展开来看,整部著作是由慈禧前传》、《玉座珠帘》(上)(下)、《清官外史》(上)(下)、《母子君臣》、《胭脂井》、《瀛台落日》六卷组成。将所描绘的清朝宫廷内部发生的事件放在清末丧权辱国的空前危难时代这个大的背景中;其二,以历史上影响较大的民间传说和野史为创作素材,加以想象铺张,描绘更为动人的故事。民间流传已广的《小白菜》、《汉宫春晓》、《红叶之恋》、《小凤仙》、《胡雪岩》、《印心石》等故事,原版情节简单,经过高阳的艺术创造,成为情节跌宕起伏,人物栩栩如生的历史小说。其三,从历史文学名著和古典诗词作品中寻取创作题材。如古典文学名著《红楼梦》,高阳通过它提供的有关素材和史料,创作出长篇历史小说《红楼梦断》。它们从历史的角度表现了《红楼梦》作者曹雪芹的感情生活和曹、李两家盛衰的过程。其四,从记忆中挖掘历史素材。如以商人与官场结合密切的小说《胡雪岩》,其素材就是取自于高阳童年时耳闻于熟的同乡胡雪岩的事迹。这本小说后来成为外国商人作为打开中国市场的研究"珍本",可见,高阳的"记忆"成为一代商贾的研究对象。

总之,高阳历史小说的题材非常广泛,各个历史年代,尤其是清代社会的画卷在他笔下有大量的反映。各种重要历史人物,无论是最高统治者,还是社会上名流,都在作品中被勾勒得活龙活现,这除了高阳具有渊博扎实的历史知识外,还得力于他独到的文学功底。他的历史小说的艺术成就主要表现为历史真实与艺术真实的有机融合、赋予历史人物生动鲜明的艺术形象、重绘历史画卷的细节等诸方面。

琼瑶(1938—),本名陈喆,笔名琼瑶。1938年生于湖南衡阳,1949年随家人到台湾。1963年创作出她的第一部长篇小说即成名作《窗外》。先后出版了《窗外》、《几度夕阳红》、《幸运草》、《烟雨朦朦》、《月满西楼》、《庭院深深》、《彩云飞》、《在水一方》、《我是一片云》、《六个梦》、《月朦胧鸟朦胧》、《还珠格格》等40多部中长篇小说,可谓是台湾的高产作家之一。她的作品在大陆,台湾、香港及新加坡,马来西亚等地都拥有众多的读者,并被改编成多部影视剧。通观琼瑶的作品,爱情这个永恒的主题贯穿在她的整个创作之中。琼瑶笔下的爱情,绝非一味花前月下无病呻吟般的滥爱,而是能从其深沉的思想内涵中呈现出缕缕柔媚的情感。下面,单就琼瑶作品的爱的主题来看其主要特色:

第一,以美的情感追求爱的真谛,构筑理想的爱情。琼瑶笔下那些美如梦幻的爱情故事是一种大众情感的追求,其审美价值主要体现在给予读者精神上的满足与情感上的愉悦,因而是带有理想主义的色彩。对此,琼瑶坦言:"现实生活中某些脏、乱、狡诈、恶毒……,经常令我无法忍受,我相信有很多人的情形和我相同,我并不是这个世界上唯一的唯美派,只不过我将自己对'美'的看法和感受表达在我的作品中"。的确,小说中往往通过褒扬生活中真情流畅的爱、忠贞不渝的爱、有道德教养的爱来诠释男女之间情感。如《几度夕阳红》里的李梦竹与何慕天的怨解冰消、《窗外》里江雁容的纯真初恋、《彩霞满天》里殷采琴与乔书培的青梅竹马等等,这种不带任何世俗色彩和附加条件的爱情是纯朴、真挚和强烈的。琼瑶正是以这种美的理念去讲述一个个近乎于完美的爱情故事,去刻写一个个真诚可爱的人物,去营造一个个如歌如梦的意境。

第二,以多元化的人物关系营造曲折蜿蜒、生动离奇的情节模式。琼瑶小说之所以引人入胜,关键在于她调动了人们的情感,将一方天地中的几个人物间发生的故事讲述的扑朔迷离,娓娓动听并由此展示出形态迥异的爱情景观,让读者在现实中无法实现的梦幻理想得以实现。

第三,以细腻的笔触探向初恋中的少男少女,着力刻画其内心世界,揭示心灵的奥秘。琼瑶特别善于把握两性关系中心理的细微变化,从多角度、多侧面将兴奋、迷惘、神秘、彷徨的初恋心情一一展现。

琼瑶的小说在艺术表现上无不飘逸着浸透于作者身心的中国古典审美情趣的气息,具有以下几个特点:

首先,将传统诗歌创造意境的手法融入小说中。琼瑶动用自己良好的古代文学功底,引入古诗辞赋构成意境来衬托两性之间的关系及其离愁别绪的情愫,或设为标题,如作书名的《一帘幽梦》、《几度夕阳红》、《聚散两依依》等,寓意深长,韵味十足。

其次,语言优美生动,轻松流畅,一读到底。这固然与琼瑶营造的吸引力极强的故事情节分不开,但也由此看到琼瑶熟练规范的文学语言的娴熟应用的结果。

然而,琼瑶小说在艺术上也有不足之处,如题材的狭窄、模式化;有的作品情节悖离常理,可信度较弱。作为言情小说,此不足,亦在情理之中。

古龙(1936—1985),本名熊耀华,1936年生于香港,祖籍江西赣州。

从小因身世飘零,性格孤僻,几度陷入生活困境。从淡江大学文理学院外文系毕业后,就以写小说为生,过着隐居生活。由当初写文艺小说改为写武侠小说后,便一发不可收,在其身后的25年间,写了80多部小说,约2000万字,被改编成200多部武侠影视。主要作品有:《孤星传》、《楚留香》、《火并萧十一郎》、《流星·蝴蝶·剑》、《陆小凤》、《武林外史》、《绝代双骄》、《圆里弯刀》、《多情剑客无情剑》、《天涯·明月·刀》等。古龙的知名度随着其小说数量的递增和销售之广,超过了众多武侠小说名家。

古龙小说创作可划分为束缚于传统武侠小说的"闯荡期"、打破传统,赋予新意的"探索期"、风格独特,意境深远的"创新期"三个阶段。显而易见,古龙中后期小说的创造,明显的把握住武侠小说的创作思路,力图开拓全新的主题。作为新武侠小说的代表人物,古龙最大的创新就是将强烈的现代意识融入到创作之中。其一,将现代人、情、事融入历史事件的背景中,以感情冲突制造情节高潮和动作。作品中呈现新的伦理准则、道德观念、心理特征,乃至某种偏嗜或忌讳,尤其对于男女爱情的描写,更带有时尚的现代做派。古龙笔下的女性不仅突破男女授受不亲的礼教大防,不少人还抛弃从一而终的传统条规,建立了新的贞操观,如《绝代双骄》中的胡药师与白夫人、铁萍姑的三角爱情纠葛;黑蜘蛛对慕容九无条件的爱、沈璧君个性的觉醒,挣脱了传统礼教的樊笼。其二,在聚集着古代武林侠士的环境中制造大量的现代侦探推理情节。他笔下的武林高手,不仅多谋善断,而且具有洞察幽微的分析推理能力。如主智多谋的楚留香(《楚留香》)、精明有致的江小鱼(《绝代双骄》)、细心敏捷的沈浪(《武林外史》)等人物形象的塑造,使作品情节跌宕起伏,而且使之呈现出鲜明的现代品格。其三,将现代社会普遍存在的孤绝、深沉感投注到作品人物的内心世界中去,如孤独寂寞的萧十一郎(《萧十一郎》)外冷内热的品性正说明其仍生活在现实世界之中。

固然,在古龙小说中具有鲜明的现代品格,但传统的武侠风格仍然存在。描写武功技击的招式和扶弱济危的豪侠精神不乏在他作品中流露。因而,在表现形式上,还保留着中国古典小说的许多特点。首先,按时空顺序结构篇章,强调情节的故事性,追求篇章完整。其次,注意人物外部形象描写。如对萧十一郎等豪侠赋予"野兽般的活力"、"野性的吸引力"的外表,赋予南宫燕、慕容姐妹的花容月貌,给读者留下深刻的印象。其三,短小精悍的语言,洒脱多变,文言词汇的跳跃使用,更能增强小说的时代感。

总之,武侠小说是一种广吸博收、兼容混杂的特殊文体,具备大量文化资料拼凑的特殊的文化价值,古龙与金庸的武侠小说里均有的这种"文化价值",不同的是,金庸小说中侧重于对中国历史与传统文化的描绘与诠释,而古龙则偏重于对现代社会文化现象的鉴照与折射。

三毛(1943—1991),原名陈平,出生于四川重庆的一个律师家庭,祖籍浙江宁波。因喜爱张乐平的《三毛流浪记》,便取三毛作为自己的笔名。19岁时,三毛的处女作《惑》登在白先勇主编的《现代文学》上,以后,创作的"诱惑"改变了三毛的一生。在陈若曦的建议下,三毛走入台湾文化学院读书。大学毕业后,三毛转赴西班牙马德里大学进修文学,后入德国歌德学院学德语。之后,又飞往美国,在芝加哥伊利诺伊大学主修陶瓷。这期间,为求学,三毛拼命苦读,过着异常艰苦的生活。

在飘迫为读书的人生流浪阶段,三毛从东西方文化的碰撞中,从形形色色人生百相的体验中,认识了生活,拥有了自己的天空。西班牙的留学,给三毛带来了一生不曾忘怀的爱。如果说与西班牙青年荷西的恋爱、结婚让她找到了生活的暂时归宿。那么,多年的飘落他乡,也让她萌发出对平沙万里的撒哈拉大沙漠的厚爱。她一脚插入了撒哈拉,在那里渡过了她一生中既平凡又辉煌的"大漠侠女"的时期。再往后,爱夫荷西的意外死亡,让三毛痛不欲生、悲魂不定,她一次一次的穿行于五大洲之间,依然一个万水千山都踏遍的天涯游子。因而三毛自称是一个"走世界的人"无尽的远方乡愁牵引着她飘泊在路上。三毛认为,快乐最深的时光是从读书与旅行中来。在"读万卷书,行万里路"的同时,一篇篇文情并茂、生气盎然的文章从三毛笔端展开,显示了一个风尘仆仆走世界的奇女子形象。

三毛一生走过59个国家,可谓人间阅历丰富。不得不说,旅行为她的生活注入了新的内容的同时,也给她的生命带来了新的冲击。青少年时的自闭症,在历经过大喜大悲后,终于在三毛感到失重疲倦时发作了。1991年1月4日凌晨,三毛以勇敢潇洒的生之意志和告别红尘的死之归宿而自杀身亡,留给世人无解的谜底。

三毛的创作,从《惑》的起步,到电影文学剧本《滚滚红尘》的创作终结,三毛笔耕整整31年,共出书23种,作品被译成15国文字,获得西班牙塞万提斯奖。三毛的作品在台湾长久保持着畅销不衰的势头,《撒哈拉的故事》至今再版近40版,《倾城》被列为85年台湾十大畅销书榜首。不仅在台湾风靡,而且在大陆、东南亚一带形成了三毛作品冲击波,有上千万痴迷三毛的读者。

三毛创作以散文为主,主要代表作有散文集《撒哈拉的故事》、《雨季不再来》、《稻草人手记》、《哭泣的骆驼》、《温柔的夜》、《万水千山走遍》、《送你一匹马》、《倾城》和《我的宝贝》等,另有译作两部:《娃娃看天下》、《兰屿之歌》(与荷西合译)。

三毛是以她富于异国情调的散文作品步入台湾文坛的。她的散文向人们展示了神奇的异国风光和人情习俗,由衷地赞美瑰丽、浩瀚的大自然,文中涌动着蓬勃生机,表现了对生命的热爱。

首先,在东西方文化碰撞中,从西方社会的人生世相中突现东方民族的人格精神。以流浪的东方人的眼睛看西方,不同的文化背景、道德风尚、做人的准则势必发生碰撞,民族的自尊心与东方的人格精神都将受到新的考验。三毛心中的理想世界被旅途中转机受阻被投入监牢的遭遇(《赴欧旅途见闻》)和西方学校欺善怕恶的怪事(《西风不识相》),西方老板对公司职员的压迫与掠夺(《五月花》)等等所击溃,虽然失落,但也由闯世界闯出了中国人的铮铮铁骨。

其次,描绘了异国他乡的民情、景观,活泼风趣。她的异国记行之作,具有宽泛的主题内容,个性十足。一则善于从社会底层、民间百姓中发现当地独有的世态人情,感受不同民族的生存境遇和文化背景,如墨西哥的饮食文化和服饰文化的一瞥(《街头巷尾》),令人心仪的拉哥美拉岛奇妙的口哨语言(《逍遥七岛游》),还有与印地安人的朝夕相处、马德拉岛居民的反朴归真的情趣共鸣等等,都给读者提供了新鲜、独特的人生经验。二则以"文化人"的眼光来审视异族文化,慧眼独具,旅途中到处具有独特意义的文化现象。如宗教图腾造就的小自杀神(《街头巷尾》),玛雅文化的结晶(《青鸟不到的地方》),印地安情节的触动(《银湖之滨》)等等,与异质文化产生某种心灵感应,正显示三毛作品中那宽广的文化胸怀。三则,三毛异国记行之作特别注重以美与丑、文明与愚昧、善与恶的角度来把握异族风情和人物。从描述印地安人的敬业重诺的人格精神的《夜戏》,反映贫穷讨钱的苦孩子的《一个不按理出牌的地方》等散文中,可看到三毛作品提供给读者的是闪烁着作者个性色彩的人生之旅。

其三,对自身婚姻风貌的真实展示,构成爱情的生命体验。三毛现实婚姻的足迹在《撒哈拉的故事》、《温柔的夜》、《哭泣的骆驼》、《稻草人手记》等集子里展露无疑。一篇篇的心灵述说,更达到了一种情感的极致,使爱的心灵走向了净化与永恒。

三毛无拘无束的人生追求影响了她的创作面貌,由构成了反朴归真的艺术风格,主要有:一是自然美构成作品独特的生命姿态。二是以自然本色的文字作生活的见证。三毛的风光小记,洋溢着自然本色的风格。朴素纯净,无一人工着色,却又赏心悦目;三毛的人物素描,寥寥几笔,平平淡淡,却栩栩如生,在不动声色中征服读者。三是语言幽默诙谐,趣味横生,无论是描写故事情节,抑或是人物对话,总能让人忍俊不禁,回味无穷。

第九节 文海弄潮的女性文学

一 女性文学创作概述

在台湾文坛上,起步甚晚的女性文学竟在短暂时间中以不可阻挡之势越过男性文学格外引人瞩目。近四十年来,"阴盛阳衰"的现象极甚,正象国内学者预示女性文学"这条长河一经启开,便以汹涌澎湃之势一泻千里,奔腾向前。不长时间里,就超越男性文学,使台湾文学尤其是小说,出现了某种"阴盛阳衰"迹象"。确实如此,以女性作家特有的同情、爱、坚忍、与包容的品性来着重反映女性在男权社会中的苦闷、哀怨、彷徨、抗争，反映女性意识觉醒的富有特色的女性文学已逐渐"占领"了台湾文坛，尤其是二十世纪八十年代以来崭露的新女性主义文学更一举打破台湾文坛长期以来独家鼎立的局面，而使当代台湾文坛迈进多元化创作发展的大道。

　　台湾文坛的女性文学可追溯到50年代初，由于大陆的众多女作家南迁至台湾，这样便弥补了台湾文学领域的一页空白。当时台湾文坛硝烟弥漫，"战斗文艺"运动中的"反共文学"虚构的"反共复国"神话成为台湾广大民众唾弃、厌恶的产物。此时，由台湾籍北平女作家林海音、鲁西南才女郭良蕙、女兵作家谢冰莹、小说名家苏雪林，还有张秀亚、孟瑶、琦君、钟梅音等等诸些具有良好文化教养且又不必承担家庭与个人谋生责任的知识女性，以一诉自己内心的苦闷、孤独、彷徨、惆怅心境为快，纷纷拿起笔，瞬间在台港文坛自成一道创作体系。她们积极筹建妇女文学社团，创办妇女文学杂志，形成了台港文坛有史以来第一个女作家群，这一切标志着女性文学即将崛起。其时的台湾女性文学当仍以"五四"以来中国传统女性文学为基点，以写实手法，着重描写受尽婚姻磨难，生活惨痛，被污辱、被损害的善良女子。大多数作品亦不乏表露出对母爱的讴歌、对温馨幸福家庭的渴求。自然，作品中的女主人公，大陆女性占多数，极少出现台湾女性的形象，可见台湾意识在当时还是薄弱的。又由于作者多为闲赋在家的主妇，作品趋向主题琐碎，风格"委婉"，基本不带政治倾向。于是，台湾文坛一时称这类作品为"主妇文学"，称创作这类作品的女作家为"闺阁作家"。尽管如此，这批在思想性、艺术性方面尚欠成熟的台湾女性文学的开山之作，在台湾文学史上仍当占有一席之地。

　　60年代，女性文学的创作在台湾文坛稳步发展，新作品的题材面有所开拓，写作技巧更为娴熟。可喜的是，在女性文学这片园地里又萌发出棵棵茁壮的禾苗，一场"中西文化论战"将一批受西方文学思潮影响，高呼"西化"、"现代化"脱颖于科班文学殿堂的文学新女性——欧阳子、陈若曦、施叔青等推上了文坛。然而，她们的创作并未摆脱女性文学的传统"华盖"，仍沿袭着老一套"闺怨思路"去塑造一个个饱经磨难的苦女子形象时，仅仅充满同情、哀怜，尚无抗争社会的思想与行为，只蜷缩在没有阳光的角落里呻吟，寻觅不到光明的路途。可以说此时的台湾女性文学，并未反映出东西文化碰撞时代的女性意识和女性主义。但值得注意的是，"台湾意识"逐渐在作品中增强，愈来愈多的台湾妇女形象在小说中亮相。

　　如果说五六十年代的台湾女性文学的起步和探索，为女性文学发展打下了坚实基础，那么，七八十年代的新女性文学创作逐渐增强的时代气息，则塑造出一批不屈不挠的、具有坚韧意志的中国妇女形象,这正是台湾女性文学发展进程中一次不可忽略的飞跃。"提高女权,男女平等"是七十年代台湾岛上响起的最为强烈的呼声,随之而来的台湾现代妇女运动打出了"新女性主义"的旗帜。即刻,这面旗帜下,赫然站立着一列台湾女作家队伍——新女性主义文学诞生了。可以说,特定的社会条件是迅猛发展的女性文学的丰腴土壤。这正是台湾女性文学发展进程中一次不可忽略的飞跃。由于西方经济大潮的涌入,处于封闭状态下的台湾社会,文化结构受到强烈的冲击,随着台湾妇女的经济地位和精神面貌的更新——新的价值观念和新的感情,对抑制女性做"人"的权利和尊严的传统观念的批判,对歧视女性的社会偏见的抨击,建立男女平等、两性和谐的理想社会,强调塑造自我完善由此而产生的"妇女运动"率先打出的"新女性主义"旗帜给女性作家以强烈召唤。一批受西方文化教育的新生代女性步入作家行列:曾心仪、李昂、萧飒、廖辉英、朱秀娟、袁琼琼、施叔青、萧丽红、苏伟贞等,她们相继以别具特色的风姿咄咄逼入文坛,突破"主妇文学"、"闺怨文学"之框,深入探讨现代女性命运、前途。新女性文学创作逐渐增强的时代气息,塑造出了一批不屈不挠的、具有坚韧意志的中国妇女形象,她们笔下的女性早已不是当年那般唯唯诺诺的小媳妇,而是具有自尊、自信、自强的独立人格思想并敢与社会抗争的妇女形象。这类被称做女强人的形象融汇了作家本人的思想范畴而向世界显示了自己的力量,既有可读性又有思想性,在社会上产生了一定的影响力。尤其在八十年代的台湾各项文学奖中,女作家独占鳌头,如萧丽红的长篇小说《千山有水千江月》获奖后至今已印三十版有余。苏伟贞连中《联合报》中篇小说、短篇小说、极短篇小说和散文奖多项,尤其是获奖中篇小说《红颜已老》在文坛凡响极大。萧飒亦有多部中长篇小说《我儿汉生》、《霞飞之家》、《死了一个国中女生之后》等获得两大报之奖。袁琼琼的《自己的天空》获联合报小说奖,并以褒扬自强不息的女性而产生强大的社会效应。廖辉英、姬小苔、张小凤、朱天心、朱天文等都曾夺得各类文学奖,成为台湾新生派女性创作主力。

在着力推出当今台湾女性的新意识、新观点的同时,新生代女性作家兼以锐利的笔触向描写了难以突破工作与家庭矛盾困境的白领女性、备受有权有钱老板玩弄、歧视的工厂、企业的打工妹。这些中下层普通妇女的命运往往是坎坷多难的,在她们对独立自主精神的追求之中,尚要付出血和泪的代价。在作品的描写中,不乏现代色彩的两性情爱关系,既有严肃的人生与社会的剖析,又有描写有闲阶级的男欢女爱的场景。新女性主义文学以直面人生的现实精神,从女性感同身受的婚姻结构、家庭模式、爱情观念、事业前程等问题切入,描写出台湾经济转型期社会价值观念急剧变革情况下台湾妇女由传统女性到现代女性之间角色转换的艰辛。作品中从原来从属地位逐渐移位于主体地位的女性形象也为追求独立付出了巨大的代价。从对中国传统女性文学的继承和发展,到新生代女性文学的突起,均显示了台湾女性文学发展的实力。犹为突出的是,女性文学发展到40年后的今天,无论是在艺术形式上,抑或是表现技巧上,当属不拘一格,百花竞开。既继承发展了乡土派创作意识中的写实艺术。又运用了现代派意识流、象征的表现手法。女性作品中那种新颖独特的思考方式和表现技法,在台湾文坛上得到大的反响,颇有"盛气凌人"之势。当然,与特别关注女性生活和命运并结合其坎坷生活道路对不公的社会发出强烈呐喊的男性作家相比,女作家那细腻情感和敏锐的观察力特别"善于营造男女两性情结",善于探索女性心灵世界。但是,由于地理和环境的局限,女性作家的视野往往不甚开阔,尤其缺乏应有的生活经历。在对社会中下层妇女生活的描写上,仅仅限于个人的经历和家庭生活,题材范围较窄,未能全面深刻反映出社会与时代的变迁。

统观历经40多年创作道路的台湾女性文学,其主旨不仅仅是停留在对妇女生活命运相关的社会现象的直观描写,而着重于对表现妇女人生的社会生活的内在诠释,让多重结构的人物性格因素替代了单纯化的人物性格因素。从"闺怨"写实文学到新"女性主义"创新文学,女性的生存始终是众位女性作家所关注的焦点。正是透过女性生存这一空间,来窥视变动之中的两岛社会和文化,也正由于从其社会文化的反映,才将女性的种种面目廓清。因而,台湾女性文学创作主题便是以塑造众多形貌迥异的女性人物形象来透视出其畸形社会本质。

二 女性文学作品及其代表作家

苏雪林(1897—1999),原名苏小梅,字雪林。出生于浙江瑞安县丞衙门里,原籍安徽太平县,小说名家。1915年苏雪林考入安庆省立初级女子师范。后考入北京女子高等师范学校国文系。在北京高等女子师范读书期间,正值"五四"运动发生不久,新文化运动带来的一股蓬勃、新鲜的空气,弥漫北京。其时苏雪林受教于胡适、李大钊、周作人、陈衡哲等知名教授、学者,同学中又有庐隐、冯沅君、石评梅等追求女性解放的才女,在师友的影响下,她的思想也深受震动,发生了很大变化。从对写作产生浓厚兴趣,并开始用白话文写作,在《时事新报》副刊"学灯"和《国风日报》副刊"学汇"及《晨报》"副镌"等处发表政论性文章到参加社会问题的论争,苏雪林求知欲十分旺盛,新思想十分活跃。1921年秋,抱着去大千世界闯一闯的梦想,她前往法国留学。回国后任教于高等学校。在经历过丧母、结婚、离婚变故后,1931年到1949年她在安徽大学、武汉大学任教授。她勤奋刻苦,一方面以爱心、耐心循循善诱地引导学生学习知识,一方面又在教书之余,努力著书立说,成为了海内外知名的学者。

苏雪林1949年到了台湾,离开了她为之奋斗半生的土地。1957年在台南成功大学任教授,1974年退休。

苏雪林是一位勤奋的作家,其执笔时间之长,在中国新文学史上也是少有的。她的作品有小说、散文、剧本、诗词、现代作家作品研究及多种学术著作。形式多样、内容广泛,天文、地理、科学、历史、风土人情、自然风光、山川河流、月夜星空,全部囊括其中。

其代表作《棘心》、《绿天》等。《棘心》共十五章,主要是以作家赴法后的生活为素材,展现了女主人公的全部生活经历以及思想性格,因此说《棘心》是一本自传小说,也是作家为纪念她的母亲而创作的。

郭良蕙(1926—),出生于河南开封,祖籍山东省巨野县乡绅之家,早年毕业于上海复旦大学外文系。曾在上海新民晚报做记者,专采访地方新闻。1949年到了台湾,在一个陌生的环境中,她努力寻求生活的情趣。然而一部使她的声名达到最巅峰,并也因此让她背上莫须有的"罪名"的长篇小说《心锁》在台湾文坛引起了震动。当时,台湾文坛上某种不知名的原因,致使《心锁》中中因涉及叔嫂间恋情,有违中国传统礼俗而受到些许知名文人的情节受到文人墨客的大肆攻击。1963年1月,台湾"内务部"及"省政府"作出决定,予以查禁《心锁》。

《心锁》是一部当时台湾争议最大的长篇小说。作品展示了畸形社会的人际关系,描写出人物复杂多变的心理过程。这部小说以它娴熟的表现技巧,清新晓畅的文字表述对后来的女性小说产生了影响。这部60年代深具指标性的经典小说《心锁》,被拍成电影后,轰动一时。因书中的纵情、贪欲等赤裸裸描绘人性,无法见容於当时的卫道人士而遭二度查禁。迫于压力,郭良蕙被三个文艺社团开除会籍,此后很长一段时间,她不得不扔掉心爱的笔放弃割舍不掉的小说创作而不得不转向文物鉴赏并取得界内不菲的声誉。直到台湾当局所谓"解严"后,《心锁》才得以解禁,郭良蕙才又拿起笔来进行文学创作。

张秀亚((1919—2001),笔名陈蓝,河北沧县人,祖籍河南,幼年时全家迁居天津,1932年入省立第一女师。1935年开始在《益世报文学周刊》、《国闻周报》发表作品。第一首诗作《夜归》现收入诗集《秋池畔》,1937年出版第一本小说集《大龙河畔》。

1938年考入北平辅仁大学中国文学系,1943年到四川重庆任《益世报》副刊编辑,1946年回辅仁大学任教,1948年到台湾,1958年任台中静宜英专教授,后回辅仁任中文系和研究所教授,1973年赴美考察,并在西东大学进修。1952年出版了到台后第一本散文集《三色堇》。作品以散文著称,代表作:短篇小说《大龙河畔》、《皈依》,散文《三色堇》等。

张秀亚的散文色彩缤纷,诗情浓郁,笔致秀逸。她的散文多撷取身边的物事人情和个人经历,或写景咏物,或描人情世态,或缘事写情,看似小事一桩,写来又各有情致。她的散文自成一派,独具特色,如《种花记》、《杏黄月》、《秋日小札》等,都是睹物兴情,移情于物的佳作。她能捕捉生活中种种动人的"真趣",善于激发想象和联想,从平凡中发掘出纯真不凡的美来并能灵活处理叙事、抒情、写景和议论等技巧因素,做到虚实结合,反复渲染,组织意象,营造意境。如《没有荷叶》写雨中的山城,夹叙夹议,写景抒情,虚实相映,意境幽远,诗情盎然,讲究语言的锤炼和修辞手法,用词生动准确,散文呈现诗意美和韵律美。

林海音(1918—2001),中国现当代著名女作家。1918年出生于日本大坂。3岁随父母返台,5岁来到北平(北京),在北京度过了童年与青年时期,在北平(北京),她完成了从学生到新闻记者、从少女到为人妻母的转变,北平(北京)是她文学之路的起点。1948年,举家迁往台湾。在台湾仍以办报、办刊、写作、出版为主,联络了大批在台的文化界人士,提携了大量台湾的文学青年,出版了众多文学名作,被称为台湾文学"祖母级的人物"与 台湾女性文学的开创者。在二十世纪五十年代,当台湾文坛众多的作家沉醉于政治话语写作时,林海音已经在历史记忆的普通社会生活中开拓新的领域了。因对北京有着深厚的情感,一篇描写北平(北京)生活的代表作短篇小说《城南旧事》的问世,既是她童年生活的写照,更是当年北平(北京)平民生活的写真,也成为她最具影响的作品。短篇小说《金鲤鱼的百裥裙》和《烛》是林海音小说创作中猛烈抨击封建婚姻残害妇女的名篇经典,描写了台湾地区旧家庭中不同身份地位女性的悲惨命运。

二十世纪五十年代末及整个六十年代是林海音创作的丰收时期,其主要作品的题材都是跨越海峡两岸的人物的故事。她的作品多以家庭为背景,擅写婚恋悲剧,长于心理刻画及细节描写,著有长篇小说《晓云》、《春风丽日》、《孟珠的旅程》,和数十篇短篇小说及散文。她的作品被译为多种文字,她的一生荣获众多文学奖项,在1998年"第三届世界华文作家大会"上荣获"终身成就奖"。林海音以她的成就、她的为人、她的号召力,成为联接大陆台湾文学之间的桥梁、中国与世界文坛的桥梁。

我们谈到的她创作中的女性意识的充分流露,其特点可从下面几点中进行阐述。

第一,刻画了形形色色的女性形象。

这在她描写早期大陆生活的《城南旧事》和描写早期台湾生活的《孟珠的旅程》《晓云》中都可以找到:用童真的眼光观形形色色的人物遭遇的女孩小英子、舍去自己的孩子而去为别人的孩子作奶妈的宋妈、疯女秀贞、风尘女子兰姨娘等连起来构成一个以女人为主的苦难的女性挣扎图,这些在《城南旧事》中一一得到展现做家教的夏晓云和她的学生晶晶、晶晶的母亲梁太太、夏晓云的知心女友后来嫁到乡下过着美满的小家庭生活的美惠等等构成了《晓云》中的以女性为活动中心的生活网;孟珠和她的妹妹、自杀的风尘女等成了《孟珠的旅程》中的女性交恶的战场。

第二,关注海峡两岸命运。

大陆人在台湾谋生的艰难、婚姻的周折、爱情的苦涩均缠绕在大陆与台湾这条连接线上。如在北京城南小胡同里长大的小英子到了台湾就变成了台湾文坛上杰出的女作家。《孟珠的旅程》里的孟珠正是由大陆来到台湾的,她的婚姻和爱情也正是在海峡两岸得以进行的。诸如此类,《晓云》中的人物大都是从大陆抵台的;《蟹克黄》中的以手艺去谋生的人物也来自大陆,却在台湾打工生存;《烛蕊》中的主角元方的生活和婚姻也是由大陆至台湾发展起来的。甚至连作者本人的生活和隐患也横跨了海峡两岸,所以她也特别注重理解关怀那些将命运系在海峡两岸的人们,从婚姻家庭及各个角落来反映这一人为环境所造成无辜人们的不幸和悲哀,从而揭示出造成他们这样不幸命运的原因和背景,刻画了时代和社会的悲剧性。

第三,悲剧角色往往以女主人公来承担。

幸福和幸运与女主人公无缘。像《晓云》中的夏晓云无可奈何充当第三者,而不得不带着将没有父亲的腹中胎儿奔走他乡。这种悲剧的结局,作者并不是一味同情,而多的是斥责侵犯别人的家庭,掠夺别人的丈夫、充当第三者的行为而造成的恶果。夏晓云的悲剧不过是一种资本主义社会的现代文明病所造成的那种爱情至上的、性解放的变态心理的重现。在林海音笔下的女性悲剧中,表现大陆生活的女性悲剧和传统婚姻下的女性悲剧都具有较深刻的意义。在她另一篇短篇小说《烛蕊》中,也描写了大陆人在台湾的婚姻悲剧。

与和夏晓云的婚姻悲剧相比,女主人公元芳的婚姻悲剧有着深刻的社会内容,这是和日本侵华战争、祖国分裂连在一起的,是民族悲剧下的家庭悲剧的体现。

第四,细致入微生动深刻地描写了传统婚姻中的女性悲剧。

出自善于描写女性悲剧的林海音之手,悲剧的性质和时代的发展变迁相联系,一是现代文明下的变态心理造成的悲剧,二是传统封建婚姻造成的悲剧。相比之下,林海音在描写传统封建婚姻时得心应手,寓意深刻,通常是以一夫二妻的三角婚姻显现悲剧效应,动人心弦。有写小妾的不幸,抑或是大妇的悲哀,亦在抨击了中国传统封建婚姻对妇女的残害。《金鲤鱼的百裥裙》和《烛》是林海音所写这类题材的代表作。而在林海音另一篇小说《烛》里,却以同样的笔力刻画了大妇的悲惨命运。

第五,为普通的下层妇女鸣冤,以悲天悯人的胸襟作女性救助者。

在台湾进入资本主义社会后,性解放的思潮突起,不少妇女成了男人的玩物,命运极其悲惨。如在《晓云》中的两个女人的感情争斗——梁太太和夏晓云,她们既是社会上的弱者,又是感情上的强者,她们均有着相同的悲剧结局,作者不偏不倚,尽量给她们以慰藉和欢乐。

在众多描写婚姻恋爱的女作家中,以严肃锐利的目光来看待虐待侮辱不幸的妇女弊端的当首属林海音。作为一个女人,林海音大为同情关怀那些地位低下的,出身贫寒且遭受不幸的下层劳动妇女的命运。她大声疾呼男女平等,抗议男人欺压女人、女人自相残杀。

廖辉英(1949—),以现代女强人之雅号崛起于台湾当代文坛,曾获得"最善掌握现代男女两性情境的作家"称号。1949年,廖辉英诞生于台湾省台中县一户生活拮据的知识分子家庭。作为廖家的长女过早地将家中许多事担当起来,尽管身处那样困苦的家庭环境,有着做不完的家务事,却丝毫未能影响辉英的学习成绩。她六岁就进入乌日国民小学读书,成绩一直名列全班的前茅。升中学时,又一举考上了第一志愿重点中学——台北一女中。这所学校可称为台湾女作家的摇篮,欧阳子、陈若曦、琼瑶等著名女作家就是从这里"摇"出去的。或许命运之神的安排,曾在初中时就开始投稿的廖辉英从台北一女中又升入台湾大学中文系。几年后,她戴着一顶学士方帽选择了能解脱家庭困扰的挣得优厚薪水的一家广告公司工作。尽管当时,她所从事的工作和文学创作风马牛不相及,但对于曾系统地接受了中国语言文学知识的廖辉英来讲,正是一次广泛接触观察台湾社会、研究了解各种人的极好机会。在她后来涉足文坛而创作的各类小说中,不难看到当时这段商贸生活经历的影子。

后来她又尝试做过《妇女世界》杂志主编、凯英·龙霖建设公司企划部经理、《高雄一周》杂志主编等等,因为她知道,在自己的一生中,不能光期待别人的陪伴和芬香的鲜花,要靠自己、靠自己去开拓广阔的世界。可以说与诸多从小便显露文采的女作家相比,廖辉英跻身于文坛着实够晚的。然而,一篇自传体的小说《油麻菜籽》获得第五届中国时报文学奖短篇小说首奖,使她的名声大振。不鸣则已,一鸣惊人,廖辉英那年已三十五周岁。紧接着,1983年发表的中篇小说《不归路》又获得第八届联合报特别小说奖。"最善于掌握现代男女两造情境的作家"的雅号便是在此时获得的。随后,她的这两篇获奖小说均被拍成电影,受到社会广泛赞誉,上座率极高。从她跻身文坛至今,创作硕果累累,出版了中短篇小说集《油麻菜籽》、《不归路》、《今夜微雨》,长篇小说《盲点》、《落尘》、《蓝色第五季》、《朝颜》、《都市候鸟》、《木棉花与满山红》、《爱与寂寞散步》。散文小品《照亮自己》、《自己的舞台》、《心灵旷野》、《咫尺到天涯》、《淡品人生》、《两性拔河》、《女性出头一片天》、《与温柔相约》等。

  在80年代崛起的众位台湾女作家中,廖辉英可称得上纯粹的女性文学作家。她笔下的焦点集中于婚恋和家庭,她时刻关注着女性的生活,女性的命运。她的笔触向她们的悲欢苦乐,奋斗挣扎的生活之中。从她的成名作《油麻菜籽》到《木棉花与满山红》,众多形貌迥异的女性人物从她笔下站了出来,扶持、安抚弱女子,激励、赞赏女强人。畸形扭曲的社会、复杂多格的家庭,组成了一篇篇情节变幻的故事,感人至深,发人自省。廖辉英的小说虽则涉及的是家庭、婚恋、及男女之间复杂关系,但由于她如前所述的特殊的工作环境,从某种意义上来讲,她的小说并未带有女性作家常不自觉流露出来的些许脂粉气、闺阁腔。同样是描写女性的生活,可她作品中社会性时代感较强。她所描写的每一个小家庭亦是社会和时代的一个窗口,人们将会透过这个小小的窗口去探索社会的大千世界。下面我们透过廖辉英笔下所展示的魍魉社会来直观几种不同女性人物命运。

  第一,向被封建伦理观念所扭曲的女性自身价值观挑战,借描写封建枷锁下挣扎过来的旧式妇女的命运来抨击传统女性意识,推出新女性主义。奠定廖辉英文坛地位的获奖小说《油麻菜籽》可以说是一篇向中国几千年来男尊女卑封建传统观念挑战的檄文。小说中的那位出身于名门世家千金小姐的母亲,是一个地地道道的从封建枷锁中挣扎过来奶台湾社会转型期的最后一代日式妇女。她饱尝了封建婚姻强加给自己的不幸,却有着扭曲变形的女性价值观,认为女人就像一颗油麻菜籽,落到哪里,就长到哪里。男尊女卑的旧观念,不仅让她自己吃尽苦头,而且祸及后一代,对呆板木讷的儿子视若命根,对聪明乖巧的女儿视为油麻菜籽。从这种种可感受到封建伦理规范及传统文化心理对女性的压制和束缚得有多么沉重。然而,背负着这种沉重负担的女儿阿惠,丝毫未被压垮。她所受的良好的大学教育和台湾社会转型期的新观念新风尚熏陶,显露出新女性主义的亮色,走上了与母亲那代人不同的生活道路。母女二代的不同生活道路、不同的命运摆入特定的生活环境中来描写,正体现了新旧社会意识和婚姻观念相互撞击所产生的强烈效应。如果说阿惠母亲是从对封建枷锁挣扎过来的旧式妇女,且背着沉重的传统意识之负担,那么封壁嫦(《焚烧的蝶》)则是台湾社会转型期被西化风吹走了样的所谓新的婚恋观下的牺牲品,她的悲剧在于她没有意识到自身价值的存在。社会与时代为封壁嫦铺了一条不同于阿惠妈的道路,虽然壁嫦是以儿女之死和家庭之变的沉重代价换来了新生,但毕竟她冲出了这条黑暗的死胡同,比起残缺终生的阿惠妈们则是幸运的。

第二,以悲悯的情感痛斥了做茧自缚、自暴自弃的女性人物,强调独立的女性意识,树立自尊、自爱、自强的坚定信念,才能获得真正的爱情和幸福。廖辉英描绘了在畸形现实社会中挣扎的形形色色的女性——为替家庭还债而沦落的风尘女子、不堪忍受不幸婚姻折磨的弃妇、插足于他人家庭且苦不堪言的"不归女"等等,一一揭示了社会转型期家庭和婚姻形态急剧变动中的家庭婚姻的不稳固状态,以及给女性带来的不幸和痛苦,告诉她们如何自处社会,怎样开拓自己的世界。带着一个被扭曲的灵魂和思想上的斑斑伤痕及身体的玷污,却幻想着"只要还清债,再存点钱,……过正常的家庭生活"的少女任可文(《木棉花与满山红》)、缺乏人格独立和自身意志的薄弱而葬送了近十年的青春和名誉的李芸儿(《不归路》)、与有妇之夫私通,且又被玩弄后而走向绝路自缢的齐子沉(《盲点》)、在无望中等待幸福降临的朱庭月(《窗口的女人》)等等,这些在"不归路"上徘徊的女人是不会得到真正的爱情幸福。她们的结局不外两种:一是怀着痛悔到另一个世界去寻求幸福,另一是带着耻辱的烙伤苟且偷生。

第三,刻画了挣脱不幸婚姻和爱情的羁绊,事业有成,且大起大落于社会的女强人形象。在经济转型期的台湾现实社会,女性的生存道路并未像男人那样宽阔。他们一方面潜心于对事业的求成,寻求自己在社会上的完整地位,与男人在事业上争高低,另一方面却还遭受着来自男性的侵扰,忍受着社会强加于女人头上的种种不平等的待遇。廖辉英笔下这类"与男人一争长短"的女强人,才貌出众,事业有成,经济条件优裕不乏为女性的佼佼者。然而,她们大部分遭遇到或面临着爱情和婚姻的挫折。如逃脱不了流言蜚语的打击,终以辞职来结束如日中天的事业的黎欣欣(《红尘劫》)、杜佳洛(《今夜微雨》)、李衣黎(《玫瑰之泪》),她们的似强实弱的身心性格深处还受着根深蒂固男尊女卑的封建思想余毒的侵蚀。较之于她们三位,《盲点》中的丁素素显然是个更为丰满的新女性形象。在规模大,立意新,描写人际关系更为复杂的这部小说中,很明显地蕴含着更为强烈的新女性意识,作者将自己表现新女性敢于冲破重重困境成功开拓创业以及要求重建平等、和谐互爱的新家庭的理想注入丁素素这一形象之中,使之更为丰满、完美。

朱秀娟(1936—),出生在江苏盐城,日据时期在家乡读小学,1946年随家人去台湾。她爱文、习商、写小说、开办贸易公司,样样都来。社会的磨练,商海的沉浮,让她在多技能、多侧面、多行业广阔的生活和事业的基础上,形成了她的文坛女强人形象。在台湾文坛上,朱秀娟虽然出道较晚,但她却是一个高产作家,以创作长篇小说为主,迄今为止,朱秀娟出版了三十多部作品,如短篇小说《桥下》、《朱秀娟自选集》、散文集《纽约见闻》以及二十多部长篇小说。1996年,人民文学出版社着重推出了她的八部长篇小说:《女强人》、《晚霜》、《万里心航》、《花落春不在》、《雨荷》、《再春》、《别有情怀》和《握不住的情》,并在北京举办了朱秀娟作品研讨会。在台湾文坛上,她是个虽然不很轰动,但却实力强悍的女作家。

朱秀娟的创作目的就是要用文学留下自己思想的足迹。不过,朱秀娟的创作成就,早已大大地超越了她当年的纯主观意识,尤其是她对于在商海中往来游刃的女性有着深刻的了解与感受,着力运用文学形式来反映女性在工商业社会中的挣扎和奋斗,具有极强的财经意识。她的作品的社会作用和在读者中产生的反响,已把她推上了历史见证人和妇女代言人的地位。作为擅长创作长篇小说的作家,朱秀娟最善于在曲折但不离奇的故事中去展现女主角的生活和命运。她的第一部长篇小说《雨荷》是描写她自身的婚姻故事,来忏悔对一段纯真感情的漠视。那种幼稚与骄傲,使自己的婚姻到三十出头才开始"。《破落户的春天》里的那一对留学生的婚姻故事,也或多或少的带有浓郁的自传体色彩"我的婚姻就是在美国那破落户似的小城中完成的。那里的人与事至今仍鲜明地活在我心底"。也是描写留学生生活的《归雁》、《万里心航》和《晚霜》则是探讨家庭的不快和婚姻中的"外遇",表现了他们不平衡的物质生活和精神生活。自迈入文坛以来,朱秀娟的作品多次获得各项文学奖,如"中山学术文学奖"、"年度中国文艺奖"、"金钟奖"、"北美文艺学作有恒奖"、"海峡情小说一等奖"等。但真正奠定朱秀娟文坛地位的当数获得84年"中山学术文学奖"的长篇小说《女强人》。就是这部小说,让朱秀娟成为台湾家喻户晓的人物,接受众人投来的钦佩的目光。

　　作为朱秀娟的代表作的《女强人》,以一位聪慧坚韧且吃苦耐劳的女性的奋斗历程而展现了新时代现代女性独立自主的现代意识,而在她的其他小说中如《万里心航》、《丹霞飘》等中都刻画了现代"女强人"的形象。由此可见,作为女性作家更为关注女性生存的空间,通观朱秀娟的长篇小说的创作,其每部小说都呈现不同的题材构思,在主题的勾勒、结构的设置乃至表现风格上,均有着不同的文学风采。如果说《女强人》是从正面表现未受挫折而取得成功的女性的奋斗经历,那么《万里心航》中张芝芬的成功却是从异国他乡经过多次磨难后在痛苦不堪中挣扎出来的,而《丹霞飘》中的女主人公尹桂珊可谓是上帝的宠儿。她有呵护、支持、帮助自己的家人,有顺利难逢的机遇,有一帆风顺的婚姻,有如日中天的事业,真是爱情事业两得意。与林欣华和张芝芬那充满风雨与泥泞的道路大相径庭,尹桂珊的道路则撒满了阳光和鲜花。尽管不同的生活道路和不同的奋斗方式,但在朱秀娟笔下的这类女强人都有一个共同的特点,即柔中有钢,钢中有柔。虽自强自立、勇于竞争,有超男子一般的才干,但又温良贤淑、忍辱坚韧,并非不食人间烟火的铁娘子。这就是作者鼎力塑造的鲜明、生动的新时代女性的实质所在。

　　在艺术表达形式上,朱秀娟绝无以教条口号式来力图表明自己的观点,而是以平实可信、娓娓道来的情节引人入胜,从典型的环境、典型的事件中突出典型的人物,找准"这一个"。

　　萧飒(1953—),本名萧庆余,1953年出生于台湾省台北市,祖籍江苏南京市。萧飒自幼爱好文学,考入台北师专后,从白先勇等台大学生创作的《现代文学》、尉天骢的《文季》和较早发行的《笔汇》等文学月刊接触了大量的台湾当代文学作家与作品,就像一个贪婪的婴儿,吮吸着母亲香甜的乳汁。其时,萧飒十分看重并受之影响的外国作品当推日本作家的作品。正在求学的萧飒,寻遍了当时台北的全部书店中的日本翻译小说,如芥川龙之介,川端康成、三岛由纪夫、夏目漱石、横光利一等著名作家的书都不被放过。因为大量地阅读了日本作家作品,在以后她的小说创作中,常洋溢着日本文学中那种简练的叙述、清新的格调之气氛。可以说,萧飒在众多台湾中青年女作家中是最早跻身于文坛,且又创作颇丰的作家之一。从花季年华创作出版的第一部小说集《长堤》始至今,出版了长、中、短篇集子近二十余部,获奖作品《我儿汉生》、《死了一个国中女生之后》、《霞飞之家》等在台湾文坛颇有影响。萧飒的作品多次入选台湾年度小说选,得到众多评论家的好评。著名的评论家隐地曾说:"萧飒虽然年纪轻轻,可是一派大家风范,她曾以《我儿汉生》超越了年龄限制,又以

《小叶》超越性别限制,在小说的世界里,她已能控制全局,加上文字的能力也在水平之上,只要她此生写小说的心态不改,萧飒实在是我国文坛上十分重要的一位作家"。在台湾女作家中,萧飒的创作题材较为广阔,她将笔触向社会各阶层之中去探索各类形形色色的人物形象;不论是高阶层的"白领"还是低阶层的"蓝领"抑或是那些在社会最底层挣扎的被侮辱被损害者,她意在挖掘他们内心最深处,塑造他们独特的个性。对这些不同层次、不同身份人物的刻画、描绘,不仅展示了一幅台湾现代社会生动鲜明的生活画卷,同时也揭示了随着时代、社会的变迁,人们的价值与道德观念的嬗变。

在她由短篇小说创作转向以长篇小说创作为主以来,她把更多的注意力集中在了台湾社会转型期,家庭形态变化中较为经常和普遍发生的、对妇女儿童损害最大的"外遇"问题上。萧飒的许多作品都是反映这类问题的。如《爱情的季节》、《明天,又是一个星期天》、《叶落》、《如梦令》、《小镇医生的爱情》及《唯良的爱》等。近年来,萧飒仍有一些新的作品被推出,同样,她的创作已趋向成熟,尤其是她的长篇小说《小镇医生的爱情》标志着她的小说创作达到了一个新的高峰。萧飒透过婚姻恋爱去解剖社会,从小小的一个家庭中窥视到时代脉搏中流通的血液,以她细腻、含蓄、温情的笔墨在爱情之角度挥洒出她略含忧郁、苦闷的故事来,以悲天悯人的胸怀细细地去刻画现代都市中形形色色的人物。然而,在她潇洒流利的文字下却透露出对锋利的社会观察与对敏锐的问题的探讨。

施叔青(1945—),出身于台湾西部靠海的古城鹿港的一个充满书香氛围的家庭。在她就读于彰化女子中学时,由于对小说与现代诗的迷恋,便开始尝试文学创作。她的第一篇作品《壁虎》问世让她走上了写作的道路,此后,《现代文学》、《文学季刊》成了她笔耕不辍的园地。作为在台湾文坛上成名较早的女作家,施叔青有着变化多端的创作风格。但无论创作风格如何变幻,死亡、性和癫狂则是她小说循环不息的主题。在施叔青早期的创作中,常用奇异怪状丑陋的生物来增强其作品的修辞感去形象地表现这些主题。无疑中西文化的冲突同样在她身上有着潜移默化的作用,因而被称为中西文化摆荡边缘之人。至今,施叔青以她锐利的创作素质和勤奋之手笔,创作了大量的作品:短篇小说集《约伯的末裔》、《拾掇那些日子》、《常满姨的一日》、《夹缝之间》、《完美的丈夫》;系列小说《香港的故事》;长篇小说《牛铃声响》、《琉璃瓦》;戏剧论文集《西方人看中国的喜剧》;传记文学《甘地传》、《杜立德医生》等。

施叔青小说的创作,以她人生经历的自然流程,与其小说创作描写的对象的不同,可划分为三个时期,早、中、晚时期。台湾是作者生长的故园,在坚实的家乡土地上,骨子里荡漾着对家乡亲情般的爱恋,不免用一种超乎现实的少女般的青涩迷惘的感触来探向社会。美国是作者寄居的客土,当她目睹着异国斑驳陆离的社会现实,成熟的认识一抹去先前的梦幻,便由空中踏上坚实的地面,对人生的坎坷有了理性的认识。从异国之土定居到香港,面对这座被殖民者占据了一百多年的祖国领土,施叔青不由得将以往对女性意识的关注落眼于华洋混杂琳琅满目的奇异区域,极端的美与丑从她笔下汩汩流出。大相径庭的创作风格,正反映了施叔青多角的人生阅历。

李昂(1952—),本名施叔端,与其两位姐姐施淑女、施叔青一同享誉台湾文坛。良好的文化环境和优越的家境,使她从小就受到中国传统文化的熏陶。中学读书时她就尝试写作,高中一年级就发表了处女作短篇小说《花季》。读大学时,就发表了以古朴的鹿港风情为背景,以鹿港人的命运为主线,反映鹿港古镇六、七十年代的社会变迁和人世沧桑的系列小说,使她在台湾文坛初露锋芒。其中暴露台湾教育制度弊端,为青年鸣不平的《人间世》获台湾《中国时报》短篇小说奖,受到了台湾各界的广泛注目,李昂之名从此不胫而走,蜚声台湾文坛。至今,出版的主要作品有:至今,出版的主要作品有:《鹿城的故事》、《人间世》、《她们的眼泪》、《杀夫》、《暗夜》、《爱情实验》、《迷园》、《北港香炉人人插》等等。

李昂在 80 年代新女性文学勃兴中是女性现代意识和批判性最强的作家,她的作品题材多以表现两性关系为主,具有以女性为中心来反应社会生活的共同特点。在众多女作家向封建传统观念和不合理的社会现实发动猛烈攻击时,她率先赋予的是极大的勇气和创新的精神。从涉足于文坛,李昂的创作就因为"性、情欲"成为倍受争议的众矢之的,因为她的情欲世界里的那些"通奸、偷情、乱伦、性贿络、性暴力"等等的寻常题材,诚然叫恰似道貌岸然的当权批评者不容。然而,李昂却以其小说呈现剖析台湾现代女性情欲观的性描写特征和对传统封建社会、男性沙文主义为中心的社会规范挑战的"性写作"不仅赢得了大众读者的心,也典定了她在台湾文坛的代表地位。笔者认为,李昂小说之所以拥有众多读者群并能产生强大社会影响,关键在于其以丰富的写作阅历、娴熟执笔技巧并带着强烈的问题意识进行创作,是用"性"表达自己的政治观点,而非用"性"作低俗的色情展示刺激感官。李昂的性题材小说就如"一座力求打造的情欲迷宫",敢于向社会黑暗、禁忌权威挑战,敢于触动其时的台湾经济和社会历史,无疑,这也是李昂不顾一切重塑的现代女性意识的标榜。"李昂的小说乃是一个'非理性'、虚无的异异端","也就是李昂一再透过女性的角度,翻新台湾的经济奇迹和民主改革历史,当多重话语并存于小说之时,他们互相补充,但也互相矛盾嘲弄,甚而互相解消,由此揭示了表象底下的虚伪与虚无。"她的获奖作品除《人间世》外,还有《爱情实验》和《杀夫》等。

李昂的创作分为两个时期。早期的创作被称为"孤芳自赏",那时尚未未完成《人间世》和《鹿港故事》两个短篇系列,比较注意作品形式的追求,而较忽视主题思想的呈现。那时李昂所描写的女人和性,大都是一种思想贫困,缺乏筋骨的性游戏和陶醉于对自我胴体的玩味和自赏中。李昂的后期创作,是在她萌发了"试图回到人间管管是非"之后,李昂的后期创作,是在她萌发了"试图回到人间管管是非"之后,逐渐赋予了性描写以积极深沉的社会主题——传统女性的挣扎与新女性的觉醒。女性意识的萌生,对女性问题的积极探讨,使她的创作骤然地升华了一大步——关注两性关系,将性、情欲放在社会、经济和政治大背景之中,用文学的真实呈现政治观点。至此,才真正在自我追寻中找到了属于自己的位置。

袁琼琼(1950—),出生于台湾省新竹县,祖籍四川眉山,毕业于台南商业职业学校,曾任创作月刊编辑。80年代初,短篇小说《自己的天空》的发表,使她拥有了大量的读者,并获得了联合报小说奖。不久,袁琼琼赴美国爱荷华大学作家班深造。1984年以《沧桑》一文获得"时报文学奖"小说首奖。1985年,因一偶然机会创入台湾影视圈,此后。曾创作了长长短短的电视剧20多部。迄今,著有小说集《春水船》、《两个人的故事》、《自己的天空》、《沧桑》、《又凉又暖的季节》《袁琼琼极短篇》、《今生缘》等。另有散文集《红尘心事》、《随意》等。影视剧《大城小调》、《红男绿女》、《家和万事兴》等。

袁琼琼是70年代末萌生、80年代突起的新女性主义文学代表作家之一。她和曾心仪、朱秀娟、廖辉英、苏伟贞、杨小云等的创作。共同形成了新女性主义文学的潮流。袁琼琼的小说以平实的笔调、不乏的细节描绘表现女性独立自强意识,反映在男权主义社会阴影下女性自强奋斗的身影,她笔下的女性不再是生活中的悲剧角色。而是敢于挑战男权、挑战社会的强者。

萧丽红(1950—),出生于台湾省一个典型的中国传统文化的标本且具有强烈抗拒力和封闭性的传统小镇——嘉义县布袋镇。与其他经历过从幼年少年创作期的作家不同的是,萧丽红的创作知名度好象是一夜之间骤然地从文学的大海上跃出的,那是1975年,她的第一部长篇小说《桂花巷》在台湾《联合报》连载,便引起人们注目。接着,1980年,她的第二部长篇小说《千江有水千江月》又获台湾《联合报》长篇小说奖,成为台湾持续不衰的最畅销的长篇小说之一。评者、论者蜂拥而起,使萧丽红的名字一下超过那些久负盛名的女作家,成为台湾文坛最著名的人物之一。虽说萧丽红的出生地布袋镇与前面我们提及的文坛施家三姐妹的出生、成长的鹿港镇在传统文化遗存性上有点相似,但却并未象鹿港镇那样容易被西化风席卷,因而一如施家姐妹早期作品中那种传统和现代在演变过程中并存的情景,在萧丽红的小说中却看不到。萧丽红为其作品选择的背景和为其人物确定的成长环境,无疑是萧丽红自身生长,而且非常熟悉的环境。从这个角度说,抗拒力与封闭性极强的故乡小镇无疑对她的创作产生了巨大影响,这种影响甚至超过了台湾乡土派作家。如此推论,从创作风格来讲,萧丽红当为典型的台湾乡土派作家了。更为准确的说,其作品中表现的并不是小乡土,而是以特定的历史和社会背景表现出了中国的大乡土。

苏伟贞(1954—),祖籍广东番禺,出生于台湾。政战学校影视剧系毕业,曾在军队服役,现任《联合报》副刊编辑。苏伟贞致力于文学创作,出版的作品二十余部:长篇小说《有缘千里》、《离开同方》、《陌路》、《过站不停》、《沉默之岛》、《梦书》;小说集《红颜已老》、《陪他一段》、《世间女子》、《旧爱》、《离家出走》、《流离》、《我们之间》、《热的绝灭》、《封闭的岛屿》等;散文集《岁月的声音》、《来不及长大》、《预知旅行记事》等。与台湾其他新女性主义作家一样,苏伟贞亦把笔触向女性生存的空间,亲情、友情、爱情甚至性都是其作品涉猎的主题,似乎每部作品的主人公均为女性,女性形象是当然的主体。以女性作家细腻的手笔来解读两情、如临其境,如见其人。同为表现两性关系,苏伟贞似在有意无意之间表现了强烈的社会性和现实性,无激烈的语言,更无惨不忍睹的画面。如果说李昂以惊心动魄的故事情节传达忍辱负重的女性走上抗争之路,那么,苏伟贞则是以爱情故事的形式所做的关于人的情欲的探索。

写作出版于九十年代中期的长篇小说《沉默之岛》可谓是苏伟贞在表现两性关系的方面所做的探索性创作了,也就是这部小说,获得了第一届台湾"时报文学百万小说奖"推荐得奖作品。

台湾女性文学创作无论是在追求对一种能启迪以致使人们进一步思考的深刻内涵和思想力度方面,还是将审美理想色彩融汇进艺术表现技巧之中,均已显示出其独特的功力与实力。目前,台湾女性作家队伍日渐壮大且迸发着青春活力,女作家的创作之笔已伸到闺怨之外的大千世界,争得了自己的一片天空。

思考练习

1. 台湾文学的基本性质是什么?
2. 简述光复后的台湾文学特色。

3. 台湾新文学高潮发展期诗歌主题是怎样的？
4. 乡土文学的论争是怎样形成的？
5. 台湾新女性主义文学是怎样产生的？
6. 何谓主妇文学、闺阁作家？
7. 试述林海音创作中流露的女性意识。

第三章 港澳文学概述

重　　点：港澳文学特质以及各时期代表作家作品
难点释要：港澳文学发展概况如何？怎样掌握港澳代表作家创作实质？

第一节　香港文学发展历史及其特质

一　香港文学的内涵及其特质

（一）香港文学的内涵

香港文学是中国文学的一个特殊组成部分。

　　作为"东方明珠"的香港，是古老中国的一个有机组成部分。香港位于珠江口外侧，包括香港岛、九龙、新界，四周环山，港阔水深，四通八达，既是一个有很大优势的开放的自由港，又是一个多层次、多结构的错综复杂的社会。
　　远在六千年以前，香港地区（含本岛、九龙和新界）就有先民活动。嬴秦时代，香港属南海郡番禺县管辖。至汉，改隶博罗县，其时已有中原人士迁入居住。此后两千年间，在中原内地时有战乱的朝代更迭中，避难南迁者益多。唐代，这里设了屯门镇。北宋年间，开辟盐厂，增设盐官专管。元明时期，岛上居民煮盐、捕鱼、植稻,经济已有了很大发展。清朝康熙年间,清政府曾派兵驻守香港,并准许内地人民迁往岛上居住谋生。到了18世纪中叶,清政府腐败无能,鸦片战争失败后,被迫与英国签订了屈辱的《南京条约》,香港沦为英国的殖民地。从此,英国殖民主义者在香港组建政府,构筑"属地"社会,移山填海,大兴土木。先进的科学技术与管理技能和中国人的智慧加上廉价劳力的结合,香港迅速地成为了南中国的门户,由一个凋敝小岛发展成为一个高度现代化的商业大都会。如今,香港已成为世界十大商埠之一,是仅次于纽约、伦敦的世界第三大金融中心,又为世界三大黄金贸易中心之一,同时还是世界第二大货柜码头。另外,在轻工业、旅游业、航运业以及信息等方面也在世界经济中占有显要位置。因此,香港被誉为"东方之珠"、"动感地带"。香港文学就是在这样的时空环境下萌芽发展起来的。

1842年8月29日,一纸《南京条约》,英国开始了对香港的殖民统治,香港被迫按照英国的模式发展资本主义。于是,香港社会逐渐形成了独特的政治制度、经济体制及意识形态领域。尤其是20世纪50年代以后,世界上东西两大阵营的分野和国共两党尖锐的政治对立,长期隔绝了香港与内地的联系,直接导致了香港在经济、政治、法律、教育等方面,与内地有了质的区别,文化方面的差异也很大。然而,就香港占90%以上的华人人口而言,华人是构成香港社会的主体,以岭南文化为主要形态的中华民族文化,是香港社会的文化基础。无论从地缘辖属香港是中国领土的一部分,还是从文缘的承传香港文学秉承着中国文学的文化传统、文体范式和文学精神来观,香港文学都是中国文学的一部分。作为中华民族文学的一条分支、一个区域性文学类型,香港文学又有着不同于一般文学发展的特殊性。那么,究竟怎样界定香港文学呢?纯粹的香港文学界定,比较困难。香港自开埠以来,云集的多为"难民"和"移民",纯粹的香港人很少。同时意识形态、语言方式、文化方式的驳杂也加大了这种界定的难度。作为东西方文化融通的都市,香港一方面受到传统文化的影响与制约,另一方面又吸收来自世界各地的外来文化。在相互碰撞、冲突、接受、融合的进程中,香港成为中西文化的交汇地,香港文学正是在这一土壤中成长起来的。可以说,香港文学是中国传统文化和西方文化相互吸收、相互融合的产物,是中华民族文化和中国文学传统在这一特定区域、特定时间里,不断与外来文化和外来文学思潮交会、冲撞、融汇,经历了与内地文学的互相延伸到独立品格的追寻,从而发展起来的一个具有现代都市文化特征的中国文学的分支。正是在这个意义上,香港文学确立了自己的价值和位置。

因此,在这里我们所说的香港文学,指的是发生在香港文坛上所有对香港文学发展具有重要意义的文学现象——文学活动和文学创作。它既包括狭义的"香港"作家的文学活动和创作,也包括广义的并无"香港"身份的一切来自中国内地、台湾、澳门、东南亚和欧美等地的外来作家,居住香港期间具有影响力的文学活动和创作。

(二)香港文学的特质

回归前的一个多世纪里,香港虽为英国侵占,但香港居民绝大部分仍是中国人,在各方面都与祖国保持着密切的联系,文学也不例外。进入现代以后,香港的新文学同样是在反帝反封建的"五四"新文学运动影响下发生和发展起来的。长期以来在香港从事文学活动的文学工作者,经常往来于内地与香港之间,文学书刊更是相互流通,两者之间的文学也就没有什么明确的界限和区别。可以说,当时香港的文学和内地的文学是连成一片的,很难说有什么独立的香港文学存在。

新中国成立后,香港由于历史、政治和社会制度等种种原因,与内地处于隔离的状态,香港文学由此也走上了相对独立的发展阶段,开始形成自己的特殊形态。然而,香港的文学仍然是生活在当地的中国人用中国的语言文字创作出来的,所反映的也仍然是中国人的社会生活。从"五四"时期开始的新文化的传统并没有被切断,两地人民、文学工作者和文学作品之间的交流也没有完全隔绝。因而,当代香港文学仍是当代中国文学的组成部分——一个具有自己特殊形态的组成部分。由此,它形成了自己鲜明的特色:

1. 地区性。香港文学的地区特色是逐步形成的。50年代以前并不明显,到50年代末叶以后,随着当地作家队伍的成长,他们着力描绘香港社会生活图景,而从内地来港的作家也转为面向香港现实,香港文学才日益确立自己的地区性特色。随后出现的反映下层社会人情风貌的"乡土小说",揭示商业城市种种矛盾的"都市小说"和表现现代资本主义制度下变态形态的现代派作品,进一步使香港文学的地方色彩更加丰富而独特。

2. 开放性。香港是一个国际性的贸易港口,是东西方各国经济交流的中心。随着自由贸易,东西方各种文化思潮和文艺形态也纷纷流入,香港文学也因为中西交融、新旧并蓄,而显得五光十色、流派纷纭。作为一个自由港,经济体制和政治制度的开放直接导致了香港文学的开放性,即在价值观念、人生态度、爱情观念等方面都超越了传统观念。由于特殊的政治地理位置,香港既是沟通台湾海峡两岸文学的渠道,又是海内外华人文学的汇集地,不但丰富了民族文学的内容,也推动了当代中国文学各个组成部分的发展。

3. 兼容性。香港文学接受和融合了中西混杂的文化,并使之和谐地统一其中，显示了香港文学极强的兼容性。这一特性，导致了香港文坛上左派与右派并存、通俗与严肃并存、本土与外来文学并存的文学现象。它们各自独立发展，很少进行交锋，一起在香港文坛上齐头并进，极大地丰富了香港文学的内涵。

4. 商品化。香港是一个高度发展的资本主义商品城市，在这里，一切都成了商品，文学也不例外。不少专业从事文学创作的人，自觉或不自觉地成为职业的"写作机器"。他们为了谋生，不得不服从市场经济的规律，听命于"文化老板"的需求，大量制造那些具有竞争能力的"文化商品"。这给香港文学的发展带来了消极的影响。

此外，香港文学的都市文化色彩很浓重。由于香港早已成为世界著名的经济发达的现代都市，具有较高层次的现代都市文明，所以在都市文明孕育下的香港文学，就具有了相当浓重的都市文化色彩。由于香港社会生活节奏的加快、影视等高科技媒体高度发展的冲击，当代香港文学中，"快餐（专栏）文学"极为活跃，形成一大特色。"快餐文学"以数百字的杂文小品居多，长篇作品较少。香港文学里通俗文学占比重最大，又以武侠、言情为主，另外科幻、惊险、侦探题材的作品也不少。同时，还不乏进步、健康、严肃的文学创作。这些严肃的文学作品，有的和祖国内地的社会主义文学紧密联系，歌颂大陆的社会主义制度，抨击资本主义的香港社会；有的继承"五四"新文学的优良传统，用批判的眼光描绘香港社会生活现实，关怀下层人民的命运，就是在西方现代主义思潮影响下产生的一些文学作品，也不难从中看到以象征、变形等方式来揭露资本主义社会的病态，具有一定的认识意义与艺术水平。

二 香港文学的兴起与发展

其实，香港自从有了中国人居住，就有了文学活动。在早期，主要是山歌一类的口头文学，而有学问者也吟诗作文，这些姑且算作香港文学的古文传统。

英占香港后，西方文化长驱直入。香港最早出现的报刊是英文报刊。但这些报刊在关注中国内地形势、抨击香港政府的腐败行为方面，作出了重要努力，同时，也对中国近代报刊的发展产生了重要影响。后来，中文期刊相继在香港诞生，最早的当数1853年面世的《遐迩贯珍》。该刊多发表外国人的文章，介绍西方社会科学、自然科学以及东西方文学。接下来还有《香港中外新报》、《华字日报》，而影响最大的是《循环日报》。该报是中国报刊史上第一家以政论为主、并反映华人舆论的报纸,也是中国人在香港创办的一张最著名的报纸。它的创办人是王韬,创办于1874年2月4日。《循环日报》最大的特色是每日在头版头条位置发表一篇论说文章,评论洋务,鼓吹变法自强,这些文章大部分由王韬撰写。文字深入浅出,雄辩而富有感情,继承了我国古代政论家的优点,又具有自己的风格。因此,从文学史的意义来看,王韬为香港文学的诞生做了许多富有开创性的工作。他不仅是中国第一位报刊政论家,而且是香港报纸副刊的开创者。当时的副刊叫"谐部",王韬以他独特的文笔,在副刊上发表了不少诗词、散文以及各种文艺小说等。可以这样说,王韬的《循环日报》副刊不仅为香港的报纸开了一个先河,而且为香港文学的起点奠定了一个重要的基础。之后,1900年1月同盟会创办的《中国日报》也开辟了文艺性副刊"鼓吹录",1903年创刊的《世界公益报》辟有副刊"谐部"。尤其是1904年3月创刊的《广东日报》,其副刊"无所谓"里的"舞台新籁"和"社会新声"栏目,采用广州方言民间说唱班本、龙舟、南音、粤讴等形式演唱民族历史故事,广受欢迎,一时洛阳纸贵。1905年6月4日创刊的《有所谓报》(全名《唯一趣报有所谓》),文笔老道,亦庄亦谐,融雅俗于一炉、集阳春白雪和下里巴人于一堂,独具特色,一跃成为当时港粤报中读者最广、发行量最高者。这些报纸、尤其是副刊产生的广泛影响,它们所培育的作者和读者群,对香港文学的发展以及促进香港新文学的萌发,都产生了不可估量的作用。

  在报纸副刊的影响下,香港最早的文艺期刊《小说世界》于1907年1月创刊,同年年底,《新小说丛》又创刊。前者以发表小说为主,含有反帝反清的内容,诗词多宣传民族独立意识;后者则以翻译欧美小说为主。20世纪初的香港文学,还是以娱乐消闲为主。如这一时期面世的《妙谛小说》、《文学研究录》、《文学研究社社刊》、《墨花》、《小说旬刊》和《人造一月》等文艺刊物,主要刊登一些旧式文人的趣味主义、消遣主义的作品。这些作品,以小说为主,内容有社会、娼门、言情、哀情、家庭、武侠、神怪、军事、侦探、滑稽、宫闱、历史、民间等类。这些作品,标榜趣味第一,以描写男女之情、名人逸士的私生活、社会上的奇闻轶事为主要内容,其中以言情小说为大宗,从而使得当时旧派文艺期刊成为鸳鸯蝴蝶派的重要园地。香港的这一段历史及文学状况,曾被称为隐逸派人士的怀古时期。所谓隐逸派人士,是指那些不满民国共和而避居香港的晚清遗老。他们一进入香港,便成为香港知识分子阶层的一部分,与香港旧有的文化势力相勾结,形成庞大的旧学队伍,鼓吹复古观念,与新文化、新文学运动相对抗,阻碍新文化在香港的传播与发展。

  因此,20世纪20年代中期之前,香港的文化仍处于落后、保守状态,五四新文化运动对当时香港社会和香港文坛影响甚微。在当时的香港文坛上，国粹派占了主流，就连港督本人也亲自鼓吹"整理国故"。因此，香港早期新文学起步较晚，这是香港早期文学发展的一个独特现象。

香港新文学的萌芽，大约在20世纪20年代中期。尽管此时旧文学仍占据香港文坛的正宗地位，但是，五四新思潮和五四新文学所显示的时代新方向，所反映的历史新潮流，对沉寂的香港文坛也产生了潜移默化的渗透作用，并开始吸引一些作家和一些文艺青年接受新文学的熏陶，使他们开始尝试白话文写作。与此同时，一些文艺刊物如《双生》、《小说星期刊》、《妙谛小说》等，也开始刊登白话或半白话小说以及白话新诗，新文学的进入构成了香港早期文坛的一种可喜的景象，并预示着香港新文学发展的新阶段即将到来。

香港新文学的真正兴起是在1927年以后。北伐战争胜利后，中国的封建残余势力遭受毁灭性打击，代表旧文化的国粹派，也开始放弃香港这个避居的堡垒。内地的新文学运动蓬勃发展，文学研究会、创造社、太阳社以及其他社团的文学作品渐次流入香港，对于香港文坛和香港文学青年产生了强烈的震撼。1927年2月，香港基督教青年会的进步青年热情邀请鲁迅赴港演讲，有力地打破了当地沉滞的气氛。鲁迅在香港作了两次演讲，题目分别是《无声的中国》和《老调子已经唱完》。鲁迅的演讲，一方面抨击了封建主义的愚民政策，它主张现代人应该说现代的、自己的话，变无声的中国为有声的中国；另一方面，鲁迅对外国人企图利用中国的旧文化以奴役中国人民的用心，予以毫不留情地揭露。鲁迅的演讲，对于已经初步接受了五四新思潮和新文学熏陶的香港文学青年来说，是一次极为深刻的启迪；而鲁迅在香港的活动，对正处于文白消长、新旧交替的香港文坛来说，无疑是有力的促进，从而使得香港文坛终于能够冲破旧势力的阻挠和多年的黑暗，迎来了1927年新文学的兴起。

香港新文学兴起的标志，表现在以下几个方面：

一是报纸副刊展现出新文学气象。从1927年起，香港报纸差不多每一种都辟有一个新文学副刊，专门登载新文学作品。如《大光报》的"大光文艺"副刊，《循环日报》的"灯塔"副刊，《大同日报》的"大同世界"副刊，《华侨日报》的"华岳"副刊等。这些副刊为香港文学青年发表新文学作品提供了很好的园地。

二是第一本新文学杂志《伴侣》创刊。《伴侣》由张稚庐主编，1928年8月问世。这既是一本纯文学杂志，也是香港第一本纯白话文刊物。它的问世，标志着香港文学新时期的到来。它公开反对旧文学，主张面对香港现实社会人生，倡导写出有特点的香港都市文学。该刊主要刊登较为成熟的白话文作品，内容活泼健康，形式短小多样，风格别致清新。该刊还发表过内地作家沈从文和胡也频的小说，培植了香港第一批新文学作者，如侣伦、张吻冰、岑卓云、谢晨光和陈灵谷等。该刊曾举行过"初吻"和"情书"两次征文活动，应征作者百余之众，其作品大多是对个性解放与婚姻自由追求的抒写。该刊虽然存在时间不长，但它开启了香港新文学运动的航程，成为"香港新文坛第一燕"。自此以后，十多种新文艺刊物先后涌现。

三是第一个文学社团"岛上社"诞生。《伴侣》停刊后，它的一些作者由于思想接近、志趣相投，便组织了香港第一个新文学社团"岛上社"。主要成员为侣伦、张吻冰、岑卓云、谢晨光、陈灵谷等人。他们常常聚汇一起，研讨新文艺问题。他们先后创办了《铁马》和《岛上》杂志，前者只出了一期便停刊了，后者也只出了三期，但是，他们对香港新文学的影响却不可低估。

1930年以后的几年，香港文坛又有十几种文学期刊陆续出现，如《激流》、《春雷》、《今日诗歌》、《新命》、《时代风景》、《南风》等，而出版时间最长和最有影响的当数《红豆》了。该刊于1933年12月创刊，1936年8月停刊，该刊为综合性文艺刊物，刊登小说、诗歌、戏剧、散文等，图文并茂。《红豆》的包容性很强，熔东西方新文学于一炉，既有香港作家的作品，也有内地作家的作品，还有西方文学作品。香港文学青年梁之盘、李育中、侣伦等人为其基本作家，内地作家欧阳山、唐弢、路易士不时在刊物露面，《英国文坛十杰专号》、《世界文学专号》为该刊译介西方文学的重要专号。因此，《红豆》在当时深受香港读者欢迎，为香港新文学的繁荣作出了重要贡献。

香港的新文学从1927年兴起，发展到1937年，基本上走完了一段复杂而艰辛的转化过程，这也是新文学从渗透到取代旧文学的过程。这一过程的结束，开拓期的香港文学完成了其历史性的跨越，为新文学出现第一次高潮奠定了基础。

抗日战争全面爆发后不久，上海、广州等城市相继沦陷，大批爱国进步的文化界人士来到香港，他们当中有蔡元培、陶行知、萨空了、邹韬奋、茅盾、夏衍、欧阳予倩、蔡楚生、司徒慧敏、于伶、章泯、叶以群、萧红、端木蕻良、骆宾基、戴望舒等。这么多文化名人汇集香港，他们积极创办报纸、文艺刊物或主持报纸副刊，从事出版工作，宣传抗战。其中影响较大的有茅盾主编的《文艺阵地》（1938年）、茅盾和叶灵凤先后主编的《立报·言林》（1938年4月）、戴望舒主编的《星岛日报·星座》（1938年8月）、周鲸文主编的《时代批评》（1938年6月）、陆丹林主编的《大风》（1938年3月）、端木蕻良主编的《时代文学》（1941年6月）以及夏衍主编的《野草》等。这些报刊的出现为本港及外来作家提供了作品发表的园地,活跃了香港文坛,把香港新文学从最初兴起推向一个新的发展阶段。尤其是南来作家以自己积极参与现实斗争的忧国忧民的作品,培植并影响了香港本地的青年作家,从思想和艺术两个方面,提高了香港文学的水平。在南来作家创作潜移默化影响下,香港第一代本土作家,如侣伦、李育中、阿宁、夏易、舒巷城等人的创作也积极关注现实人生,以写实主义的手法,表现了香港市民空前高涨的爱国热情。

总之,内地南来作家在香港的文学活动与创作,扶植正在萌发的新文学阵营,尤其是在他们培植、影响下本土作家的成长以及对抗日文学活动的参与,迅速在香港掀起了第一次文化高潮,使香港新文学出现了一个前所未有的局面,也使香港与延安、重庆、桂林等地一样,成为中国抗战前期的文化中心之一,香港新文学从此进入一个繁荣期。

但是,繁荣却是短暂的。1941年12月底,香港沦陷,南来作家和本地作家纷纷撤离香港回到内地。少数留港作家也不得不停下手中的笔,正在热闹的香港文坛顿时陷入岑寂。直到抗战胜利后,不少香港本土作家回归故里,重拾笔杆,沦陷时期关闭的报纸纷纷复刊,各种文学杂志也联袂问世。不久,内战爆发,国民党当局加紧镇压内地的民主运动,大批进步人士又陆续移居香港。这次的南下作家除了茅盾、夏衍、欧阳予倩、蔡楚生,还有柳亚子、郭沫若、黄药眠、冯乃超、孟超、巴人、周而复、邵荃麟等,以及一些在抗战烽火中成长起来的岭南作家。香港新文学再度繁荣,成为争取民主进步的一个重要文化据点。这时文艺出版物相当繁荣,文学刊物有《文艺生活》(司马文森主编)、《野草》(夏衍主编)、《小说》月刊(茅盾主编)、《大众文艺丛刊》(邵荃麟主编),还有《华商报》的副刊《茶亭》(夏衍主编)、《文汇报》的副刊《文艺》(聂绀弩主编)等。一批岭南作家的作品,以鲜明的南国色彩和浓烈的海洋风情,引起了人们的广泛注意,如归侨作家司马文森以海外华侨生活为题材的长篇小说《南海淘金记》,香港本土作家侣伦的以香港沦陷前后为背景的中篇小说《无尽的爱》,陈残云的反映珠江水乡人民斗争生活的电影剧本《珠江泪》,尤其是黄谷柳的长篇小说《虾球传》,都是富于地方特色的作品,对于后来的香港文学产生了深远影响。

内地作家在香港的文学活动和创作,是他们在内地的文学活动与创作的延续和扩展。数以百计的内地作家,在这片土地上辛勤耕耘,驱散了笼罩于此的旧文学气氛,并给香港文学带来了五四新文学传统,使香港的新文学园地呈现出前所未有的繁荣景象。他们先后在香港持续了十年之久的文学活动,对香港文学的发展产生了深远影响,他们在港期间的作品是香港文学的一个重要组成部分。

新中国成立前夕,除了一部分人留港坚持进步文化活动外,大部分爱国进步的文化工作者陆续回到内地,香港文学结束了它的现代阶段,也结束了它对全中国文学运动都产生广泛影响的辉煌篇章,翻开了相对独立发展的新一页。

从 1949 年 10 月迄今,是香港文学发展的当代阶段。这是香港文学形成自己都市文化品格和建构自己都市文学形象的重要时期。以此为标尺,这半个多世纪的文学历程可以大致划分为前后两个阶段。前一个阶段,从 50 年代到 70 年代初,是分流初期的文学从纠葛与多元政治之间走向寻求自身价值和位置的转型时期;后一个阶段从 70 年代初期迄今,是香港文学形成自己都市文化品格和建构自己都市文学形象的发展时期。具体讲来,这一时期,香港文学的发展经历了一个曲折的过程。50 年代,出现了左派和右派两大营垒严重对峙的局面,反共文学一度占上风,香港文学与内地文学一体化的局面不复存在。60 年代,随着市场经济的发展,文学的内容和表现手法也发生了很大变化,现实主义与现代文学相互共存,相互影响,共同发展。70 年代,又可分为前期和后期。前期的香港文学受内地极左文艺思潮的影响,创作缺乏生机与活力。后期的香港文学,则在内地改革开放政策的影响下,出现了转机,进入了一个新的发展阶段。80 年代以后,随着"一国两制"的提出,香港进入了过渡期,文学也得到长足的发展,特别是到了 90 年代中期以后,香港回归祖国,给香港文学的发展提供了机遇,香港文学呈现出丰富多姿、异彩纷呈的景象。

第二节　现代主义文学创作及其作家

一　香港文学思潮与现象

首先是"绿背文化"思潮。

1950 年,香港文学相对独立伊始,香港文坛发生了极大变化。战后一度主导文坛的南来进步作家像郭沫若、茅盾、夏衍等,大部分返回内地参加新中国的革命和建设,而对新中国有误解或有抵触情绪的一大批大陆文化人则南来香港,像徐訏、徐速、李辉英、黄思骋、易君左、卢森、黄霞遐等人,形成了南北对流现象。由于这批文化人初来乍到,尚处于适应新环境的阶段,所以,曾经热闹非凡的香港文坛又一次沉寂下来。这一时期,文艺刊物寥寥无几,更鲜有好的作品。这时的香港文坛,成了"难民作家"或右翼文人的天下,这种右翼作品有司马璐的《斗争十八年》、林适存的《驼鸟》等。朝鲜战争爆发后,美国制定了新的反华政策,由消极观望转为积极进攻,对新中国实行经济封锁,同时企图以香港为桥梁,向中国内地进行文化渗透。由于美国的介入和支持,那些被谑称为"落难文人"的南来作家便活跃起来,从而掀起了这一时期对香港文坛影响广泛的"绿背文化"思潮。

"绿背",即美元(因为美元纸币呈绿色,故称)。"绿背文化"思潮,又称美元文化思潮。这一思潮的产生,是在美国于朝鲜战争爆发后制定的反华政策影响下将香港纳入其所谓"防止共产主义南下"的战略总目标所采取的一项文化措施。同时,它也是当时以美国为首的一些国家对新中国军事、经济、政治、文化等方面实行全面围堵政策的产物,而台湾 50 年代推行的反共政策和反共文学,则对"绿背文化"起了推波助澜的作用。"绿背文化"思潮以批判共产主义、宣扬美国文化为宗旨,由驻港美国新闻处统一策划和指挥,大致采取了如下措施和步骤:

一是建立文化基金会和情报机构,为反共反华的文化机构和作家提供经费和情报材料。50 年代,美国在香港成立了一个"救难总会",后来又改为"亚洲基金会",同时成立"孟氏基金会"。这些基金会就是收买从内地逃来香港的一些落难文人,给予他们经济上的援助,鼓励他们进行反共反华的宣传,同时通过各种文化机构,收集新中国的情报,翻译美国的书籍和出版报纸杂志,宣扬反华反共的思想意识。1951 年成立的"友联研究所"便是基金会支持下的产物,他们所收集的情报和所编制的资料,成为各种反共反华宣传的重要材料来源和炮弹。

二是用金钱收买、拉拢作家和各种文化出版机构,大量出版反共读物。如五十年代活跃于香港的人人出版社和友联出版社便是以亚洲基金会为背景成立的。前者在出版政治性的"苏联问题丛书"、"美国问题丛书"的同时,于 1952 年 5 月创办了《人人文学》;后者在成立专门研究中共政治的"友联研究所"的同时,又针对不同年龄和文化层次的读者创办了《中学生周报》(1952 年 7 月)、《祖国》(1953 年 1 月)、《儿童乐园》(1953 年 1 月)和《大学生活》(1955 年 5 月)。而 1952 年 9 月成立的另一个右翼文化机构亚洲出版社,更以出版文艺作品为主。同时还组建亚洲影业公司,拍摄由小说改编的电影,如沙千梦原著的《长巷》、赵滋蕃原著的《半下流社会》等,影响广及台湾和南洋。此外,美国新闻处直接出版了宣扬美国文化及其价值观的《今日世界》,并以今日世界出版社名义出版思想专著和中英文的文学作品,如张爱玲《秧歌》、《赤地之恋》的英文本。在反共基金会的经济援助下，出版界出现了一个集团垄断的现象，绝大部分出版社及刊物都接受了美新处、"亚洲基金会"经济援助。

三是策动和指使作家发挥反共文学作用。"绿背文化"思潮对香港文学的发展危害很大。它不仅使不少作家在金钱的诱惑下，离开严肃文学创作的轨道，成为他人驱使的政治工具，而且使作家创作的艺术水准下降，作品变成政治意识的图解。美元的诱惑力的确很大，一大批政治落魄、心境悲凉的文化人在美国"经援"的诱惑下，甘愿充当政治的宣传工具，制作了大量政治倾向鲜明的作品，竭力为美式文化宣传服务。他们在作品里尽情宣泄个人的落拓情怀和悲凉心境，并透露出鲜明的反共意识。这股"绿背文化"浪潮在五十年代初、中期，裹挟了许多作家。后来他们组成了一个"友联"体系，其活动与创作一度几乎主宰了香港文坛。由于"绿背文化"的冲击，纯文学作品和文学出版机构直接受到很大的影响，它们因无法与廉价倾销的"绿背文化"书籍和刊物竞争而纷纷停刊或倒闭。因此，"绿背文化"受到香港许多正直作家的批判和指斥，老作家刘以鬯、曹聚仁、罗孚、卢昭灵等都曾撰文尖锐批判"绿背文化"对香港文学与文化的危害，揭露美国和麦卡锡用美元引诱腐蚀作家的不争事实。

然而这种"绿背文化"在扼杀自由局面的同时，在客观上也促进了香港文学的发展。比如，"绿背文化"背景下的一些杂志，从长远、宏观的角度看，还是有积极作用的，如《人人文学》和《中学生周报》，前者只出版了两年多，后者则出版了22年，是香港文学史上的重要刊物，四五十年代出生的本地作家或在本地成长的作家，有很多是由它们直接或间接培养出来的。另外，这些杂志在六十年代大力推介西方现代文学，刊登了不少具有现代主义风格的诗和小说，对香港文坛产生了很大影响。与此同时，香港作家的眼界被打开了，他们从固守传统中接触到美国新诗、文学理论等西方文化，尤其是用美钞作后盾的《中国学生周报》，成了香港新生代作家的摇篮，培育了像西西、也斯、小思、亦舒、昆南、钟玲玲等新一代本土作家。尽管"绿背文化"思潮在当时笼罩了整个香港文坛，但香港的左翼作家依然发出了自己的声音，创作出了反"绿背文化"的作品来。如宋乔揭露国民党黑暗面的纪实小说《侍卫官杂记》、唐人即阮朗的小说《人渣》、《金陵春梦》，散文有曹聚仁表现新中国面貌的《北行小语》等。

面对右翼文化的活跃，在"绿背文化"浪潮沸沸扬扬的同时，得到新中国政权力量支持的左翼文化机构也积极作出回应。出版方面以三联书店和历史悠久的商务印书馆以及中华书局为基地，加上一些外围出版社和书店，做了大量的富有成效的工作；报刊方面，除了原有的《大公报》、《文汇报》和1950年新创办的《新晚报》等一些进步报纸都有文艺副刊外，又先后创办了《青年乐园》

(1956年4月)、《小朋友》(1959年4月)、《良友杂志》(1957年1月)等，分别针对《中国学生周报》、《儿童乐园》、《亚洲画报》；文艺刊物则有《文艺世纪》(1957年)、《海光文艺》(1966年)、《伴侣》(1963年)、《文艺伴侣》(1966年)等。这些报刊的出版发行，对于团结香港各派作家、抵御"绿背文化"、培养青年作者、推动香港文学的发展，发挥了十分重要的作用。

文坛上构成的这种不同政治背景的对峙，形成了这一时期香港文坛浓厚的政治文化氛围和作品浓郁的政治色彩，这种文化对峙几乎贯穿整个五十年代。随着"绿背文化"的撤退，以及西方文艺思潮的涌入和国内外政治经济形势的变化，到五十年代末，文坛的这种对峙状况才得以改变。

还有一个现象值得注意，那就是50年代中期以后，一股现代主义的文学思潮在香港悄然兴起，给香港文学的发展带来了深远的影响。现代主义是一种世界性的文学思潮，它以反对传统，鼓励创新为旗帜，与现实主义抗衡，当香港著名作家刘以鬯宣称"现实主义早已落伍"、"现实主义已经死亡"时，香港的现代主义已在悄然兴起。

香港的现代主义运动可分为前期和后期：前期为50—60年代，现代色彩较浓，主要刊物有《诗朵》、《文艺新潮》、《新思潮》、《浅水湾》、《好望角》，代表作家有刘以鬯、马博良(马朗)、李维陵、昆南、王无邪、叶维康、李英豪、卢因、金炳兴等；后期为70—80年代，本土色彩渐浓，现代主义刊物有《诗风》、《四季》、《大拇指》、《文美》、《八主》、《素叶文学》，此外尚有文社刊物，如《四分一》、《新一代》、《秋莹诗刊》、《风格》、《春妮》、《绿》、《新穗》、《青年文学》、《青年文社文刊》、《新火》、《海旋外》等。《中国学生周报》则是贯穿前后期的刊物。后期现代作家主要有西西、也斯、戴天、黄国彬、何福仁、吴煦斌、钟玲玲、李国威、钟晓阳、胡燕青、钟伟民、陈锦德等。在前后期的现代作家中，创作成就较突出的是刘以鬯、西西、也斯、昆南、黄国彬、戴天，理论上颇有建树的是李维陵、李黄豪，办现代刊物、推动现代主义运动功劳颇大的是马博良、刘以鬯和黄国彬。在现代主义的刊物中，成就较高、影响较为深远的是《文艺新潮》和《诗风》。

1955年8月，由王无邪、昆南、叶维廉等合办的诗刊《诗朵》出版，它的主要作者还包括了刚在文坛崭露头角的杜红(蔡炎培)、卢因、蓝子(西西)等，这是香港现代诗人第一次带有流派性质的集结，因此被视为香港现代主义文学的先声。杂志虽然仅仅出版了3期，但影响却不可低估。1956年2月，由马朗主编的《文艺新潮》出版，这本坚持了3年多的刊物，无论在作者阵容还是现代意识上，都是《诗朵》的扩大和深入。它从西方现代主义文论和作品的译介、理论探讨和创作实践三方面，把香港的现代主义文学浪潮推向高峰。它在翻译、创作、理论方面的重要成就,奠定了香港现代主义文学的基础,开辟了文学创作和理论探索的新路。它不仅影响了50年代的现代主义的创作,而且此后几十年的香港现代主义刊物都是沿着这条路走的。《文艺新潮》发表的有关现代主义理论的文章,不少都是有创见的。如李维陵在《现代主义·现代生活·现代文艺》一文中,对西方现代主义和存在主义中的虚无主义、悲观主义和个人主义进行了严厉的批评,提出作家和文学创作要走在时代的前面,用积极的思想去引导读者,而不是用消极颓废的思想使读者更加彷徨、迷惘。作者提出要用有道德规范有社会责任感和使命感的"社会人",去代替西方现代文学中的"个人主义",用健康的"当代文艺"的名称去代替问题多多的"现代文艺"的名称。在《文艺断想》中,李维陵又针对西方现代主义学脱离现实和主观主义的不良倾向,提出文艺必须是"主观"与"客观"的结合,"精神生活的内在形式及社会生活的外在形式"的结合。这些理论,未必都很完善,但无疑纠正了西方现代主义文学中的某些偏颇和毛病。在现代主义理论的指导下,推动了香港现代主义文学的发展。一些作家写出了一批现代主义作品,如马朗的《焚琴的浪子》、《祭国殇》、刘以鬯的《酒徒》、昆南的《布尔齐亚歌》、叶维廉《我们无期待月落的时分》等等。1959年5月,《新思潮》停刊,《文艺新潮》创刊,该刊为香港"现代文学与美术协会"的会刊。它以文化再造运动为宗旨,"建立文化真正的力量"为目标,探索的领域从文学延及艺术,其作者队伍还是从《诗朵》到《文艺新潮》的那批主干,而其创造意识更趋前卫和成熟。

  60年代伊始,由于香港文坛上的政治意识日益淡漠,香港的工商业经济迅猛发展,城市的现代化促进了人们思想意识的现代化,旧的文艺传统、文艺样式不足以表现现代人的思想深度和复杂性,这就为现代主义思潮的传播提供了良好契机。1960年2月,刘以鬯接编的《香港时报》副刊《浅水湾》改版,积极推介西方现代主义文学,并刊登了一些较为新锐的作品。而在青年学生中有较大影响的《中国学生周报》的"诗之页",也大力推出一批现代主义作品和青年作者。1963年3月,香港"现代文学与美术协会"的又一会刊《好望角》半月刊面世,该刊由岑昆南、李英豪主编,走的也是前卫路线,刊登了香港和台湾的很多新潮作品。这些刊物接力一般地互相声援,把香港的现代主义文学浪潮环环相扣地从50年代中期推展到60年代。这期间,一群留学欧美的青年学者功不可没。比如,戴天、也斯、叶维廉、亦舒等,他们经历了欧风美雨的洗礼,视野开阔,阅历丰富,回港后聚集在现代主义文学刊物的大旗下,以新的姿态、新的视觉,高昂的热情积极进行现代主义的文学创作活动。与此同时,老作家刘以鬯开始了他"实验小说"的创作,西西则创作了具有幻想个性的奇诡的作品,戏剧家李援华在现代主义戏剧方面也进行了大胆的尝试。

香港现代主义的另一重要刊物是作家黄国彬发起创办的《诗风》。《诗风》创刊于1972年6月,停刊于1984年6月,整整12年间共出版了116期。《诗风》出版了一系列古今中外的诗人专辑。专辑的作者范围很广,其中包括香港、台湾、大陆、越南、新加坡、马来西亚等地的中国或华裔作家。《诗风》除发表新作和诗论外,还举行了一系列讲座,主讲者大多是当时台湾的著名诗人,如余光中、洛夫、杨牧等,对培养香港年轻一代诗人起了重要的作用。《诗风》兼容并包,融古今中外于一炉的宗旨和实践,使《诗风》的诗人形成了一种比较容易为广大读者所接受的现代民族抒情体诗风。其特点是现代与传统结合,主知与主情结合,最典型的代表是《诗风》主编黄国彬的诗作。这种诗风的形成,当然与该刊对中外诗人,特别是中国古代诗的介绍与推荐有密切关系,同时,台湾诗人特别是余光中的影响,无疑也是一个重要的因素。《诗风》诗的新风格有一定的启示意义,这就是中国现代诗不能走全盘西化的道路,在现代与传统、主知和主情之间取得一个平衡点,是现代诗的一条新路。

总的说来,《诗风》是处在50、60年代前期和70、80年代后期的十字路口的一份重要诗刊,特别是它在理论和创作方面所取得的丰硕成果和重要成就,使它成为香港现代诗史上一份承前启后和继往开来的重要刊物。它一方面继承了前期《文艺新潮》的现代主义特点,另一方面又发展了现代诗的许多新特点,它在香港现代诗史上的价值和功劳是不可磨灭的。如果说,《文艺新潮》标志着香港现代主义的第一个高峰,那么《诗风》就是香港现代主义的第二个高峰的重要标志。

总之,西方现代主义文学思潮的涌入,对于改变两派文学对峙的尴尬局面,为香港当代文学的发展,开辟了一条新路。在香港现代主义文学的发展中,有几点值得特别注意:

第一,香港的现代主义文学既接受西方现代文学思潮的影响,也是对五四以来中国现代主义文学流脉的承接。但它又对西方的存在主义、个人主义和悲观主义思想有所批判和修正,而不是照搬,这主要体现在李维陵发表在《文艺新潮》第七期上的《现代人·现代生活·现代文艺》这篇香港现代主义的纲领性论文上。香港现代作家抛弃西方现代主义的虚无主义、悲观主义,对西方现代主义的批判和修正,大体上来说是积极的,有进步意义的,它使西方现代主义成为具有香港特色的现代主义。

第二,将现代主义与香港现实相结合。如老作家刘以鬯的现代小说,内容广泛,形式多样。从新感觉派小说、意识流小说到新小说派小说,几乎运用了西方现代小说的一切形式,但它的内容却既是香港的,又是中国的。他的长篇小说《酒徒》写的就是香港的社会问题,作者把笔触伸展到抗日战争的历史及中国人民的苦难与耻辱,有很强的现实感和社会性。西西是新一代作家,他所追求的是以马尔克斯为代表的拉丁美洲的魔幻现实主义,但她所关心的全是香港的现实和香港人的故事。再如,也斯的《养人龙师们》写的是古代神话故事,反映和批评的是中国的政治与现实。吴煦斌是生物学家,从表面上看,作者写的是自然界和生物界,实际上是写现代香港人的"中国情结"。这些作品都表现出作家的现代性与写实性。

第三,香港现代主义具有鲜明的地方色彩。如昆南的《买梦的人》、《悲怆交响乐》、叶维廉的《我们只期待月落的时分》、马朗的《太阳下的街》、李维陵的《标题》、《魔道》等,都是在香港这一特殊时空下产生的,反映了香港人的意识、情绪和心态,有鲜明的香港背景和香港色彩。

香港现代主义也存在一些问题,主要是不少作家作品和刊物有强烈的意识形态倾向,有些文学作品成为政治意识的具体图解,这不仅妨碍作家客观地观察和描写历史社会生活,而且削弱了作品的艺术性。此外,还有不少作品远离生活实践,脱离传统,写得晦涩,使读者难以接受。

当现代主义文学思潮在香港文坛传播发展时,一群与内地社会主义文学有密切联系的香港作家,仍坚持现实主义创作。其中既有资深作家叶灵凤、罗孚、侣伦、何达等人,还有海辛、金依、阮朗、三苏等人。这批现实主义作家秉承文学"引导社会向上、改造社会"的宗旨,其作品着重反映现实,反映中下层群众的疾苦,揭露社会矛盾,抨击社会黑暗,歌颂真、善、美。现实主义文学在艺术上多采用传统手法,注意塑造人物形象,与现代主义文学强调抒写个人的体验与感受、表现自我有很大不同。现实主义作品的发表园地,主要是《大公报》、《文汇报》、《新晚报》的副刊和《文艺世纪》、《伴侣》、《青年乐园》、《南洋文艺》等杂志。

特别值得注意的是,香港的现实主义文学和现代主义文学在传播发展中并没有互相对抗,而是相互借鉴、取长补短,这为香港文学的多元化自由发展,开了一个好头。通俗文学也正是在这一时期勃兴的。梁羽生、金庸在50年代已开始武侠小说创作,到60年代出现了创作高峰,从某种意义上说,它已凌驾于现实主义与现代主义文学之上,开创了一种新流派。

通俗文学的勃兴,一方面是这一时期香港从困境转入起飞的经济发展带来文化工业发展和文化消费需求增加的结果,另一方面也是社会大众对于过分紧张尖锐的政治对立和斗争厌倦的心理反映。它奠定了此后香港通俗文学发展的两大基本类型:其一为通俗小说,其二为依附于各种报纸副刊的大量文体介质模糊的"框框"杂文。

战后从内地归来的早期香港新文学的几位拓荒者,如黄天石、张吻冰等迫于生计,改用杰克、望云等笔名,应出版商之约撰写满足市民阅读需要的言情小说,开了香港言情小说创作的先河。但他们的作品,基本上未脱二三十年代才子佳人式的鸳鸯蝴蝶派作品的窠臼。50年代初期,梁羽生和金庸的相继出山,把历史悠长的武侠小说推向一个新的高峰。无论是价值观念的更新还是艺术手法的突破,以金庸、梁羽生为代表的新武侠小说都是香港通俗文学成就的代表,它的影响已超出香港,延及大陆、台湾及至世界所有的华人社区。而一些50年代南来作家如南宫搏、董千里、高阳等,以他们深厚的学识涵养和文字功力进入历史小说的创作,或征于正史、或取材稗闻,或纵笔于朝代兴替、历史播迁,或落墨于宫廷秘史、爱情传奇,都为香港通俗文学开拓了一个沟通现实与历史的新生面。60年代初期,倪匡在中断了武侠小说的创作后,转以"卫斯理"的笔名撰写科幻小说,为香港的通俗小说增添了新的品种。这样,在这一时期香港通俗小说的格局已经基本成型,它以武侠和言情为两大支柱,辅以历史和科幻小说,这个格局一直延续到现在。

香港报业的蓬勃发展,使副刊成为报纸争夺读者的重要阵地之一,也为通俗文学的发展开辟了巨大的空间。副刊除了刊登连载小说外,还划出固定版面约请作者撰写专栏,谓之"框框"。"框框"杂文或小品,便在这一背景下获得异乎寻常的发展,这是徘徊于文学和非文学之间的一种特殊的文类,其中不乏属于散文、杂文、政论、小品之列的精粹之作,但大多却是只供一次性消费的文化"快餐"。

通俗文化在这一时期的盛行,是香港在现代都市发展背景下文学走向世俗化的一个标志,也在一定意义上对传统的"载道"文学价值观及文坛紧张的政治对峙,起到了某种解构与纾缓作用。

这一时期还有一个值得注意的现象就是大专生及文学青年热心组织"文社",其中较为活跃的有座标现代文社、草木社、微望社等。这些青年文社是六十年代香港文坛的重要景观,堪称培养作家的摇篮。

综上所述,60年代,香港文学已形成了显著特点:本地作家和外来作家并存;"通俗文学"和"严肃文学"并存;左派作家和右派作家并存;专栏杂文为重要的文类。因此,可以说当代香港文学的模式奠定于60年代。

1966年以后,内地的"文革"和1967年香港出现的政治风暴,对香港文坛冲击很大,文坛又一度沉寂。在此期间,稍具规模的文学杂志很少,而一些维持日久的有影响的文学杂志也被迫停刊,这种情况一直持续到70年代。

二 最有"实验"精神的作家刘以鬯和西西

1956年,香港出现了第一份以介绍西方现代文学、推动现代主义为宗旨的刊物《文艺新潮》。很显然,它与后来在60年代形成潮流的现代派文学创作之间有着必然的内在联系。西方经济的起飞以及由此给香港社会带来的影响,西方文学在这个时期层出不穷的现代主义的新思潮、新观念、新技巧,都给香港的小说创作带来了冲击。一些创作意识比较前卫的作家,开始转而向西方现代主义文学寻求创作的新滋养,并且和台湾当时的现代主义文学运动互相沟通、互相影响、互相促进,成为60年代香港小说创作的一个新景观。这一时期,除了资深作家刘以鬯积极地从事小说创作的实验外,年轻的作家如江诗吕、朱韵成、绿骑士、王无邪、昆南、戴天、文楼、李英豪、蔡炎培等,也在留意外国最新的文学动向,对于当时西方流行的存在主义、意识流以及超现实主义的写作,都有很广泛的涉猎和钻研,并在借鉴的基础上以开创性、试验性的艺术风格进行创作。由马朗创办的《文艺新潮》、由刘以鬯主持的《香港时报》文艺副刊《浅水湾》,在介绍西方现代派文学、推动香港的现代主义文学创作中起了不小的作用。

刘以鬯(1918—),原名刘同绎,字昌年,祖籍浙江镇海,生于上海。1933年读初中时就参加作家叶紫发起和主持的"无名文学社"。1941年毕业于上海圣约翰大学文学系。抗日战争时期在重庆从事新闻工作。战后回到上海,创办"怀正文化社",出版了姚雪垠、徐迟、戴望舒、熊佛西等人的文学作品。1948年冬,他离开上海,曾在香港、新加坡、马来西亚等地从事新闻工作。1957年起定居香港,主编《香港时报》的文艺副刊《浅水湾》,翻译介绍西方前卫文学和美术,提倡现代主义,使该副刊成为当时香港现代派文学的主要阵地之一。之后,又任《快报》、《星岛晚报》的编辑。1985年1月,刘以鬯创办了纯文学杂志《香港文学》月刊,并自任社长兼总编辑。这是一本立足于香港面向海外的华文文学杂志,在沟通海峡两岸的文学交流、扶持新秀和推动香港文学的发展方面起着重要的作用。在从事报刊编辑的同时,刘以鬯创作了大量的作品。1963年10月,他出版了中国第一部意识流长篇小说《酒徒》,轰动港岛,饮誉海外。他的主要作品还有:长篇小说《岛与半岛》、《陶瓷》、《对倒》,中篇小说《寺内》,中短篇小说集《春雨》、《一九九七》等,另外还有翻译作品、文学评论集、散文随笔等。

刘以鬯曾自嘲是"写稿机器"。为了生活,他为报刊撰写的连载小说和专栏文章,达千万字以上。他认为其中很多是"垃圾",是专为"娱乐别人"而写的。但他始终没有放弃严肃文学作品的创作,他称此类作品是"娱乐自己"。他的实验小说独树一帜,对香港文学的繁荣和发展作出了重要贡献。刘以鬯从事文学活动,已长达半个多世纪,成果斐然。他曾任香港文学研究会会长、香港作家联谊会会长、香港文学杂志社社长兼总编辑。1988年11月,他以香港地区特邀代表的身份赴京参加"中国文学艺术界联合会第五次代表大会"。刘以鬯的创作大抵有三条线:即现代主义的线、现实主义的线、通俗文学的线。其中成就最高的是现代主义的线,这就是他的实验小说,包括新感觉派小说,意识流小说和新小说派小说。

1963年10月,长篇小说《酒徒》在香港出版。这是刘以鬯的代表作,后来曾在台湾等地再版。《酒徒》是刘以鬯一次创作实验的成果。作者大胆地打破了传统小说的故事架构,吸收和运用了西方现代小说的意识流技巧和象征主义的艺术手法。小说的主人公"我",是一位青年职业作家,曾办过出版社,编过报纸。战后从内地来到香港。他主张文学要创新,创作过实验小说,但在金钱至上的香港社会中,他的理想和追求屡屡碰壁。他对现实十分不满,尤其不满文艺界的乌烟瘴气。但迫于生计,他只好随波逐流,大写"飞剑绝招"之类的东西,办些哥哥妹妹之类的消闲杂志,他的理想破灭了,为了逃避现实,他沉溺于酒吧之中,不能自拔,堕落成为一个整日靠酒麻醉自己的酒徒。酒徒的悲剧命运极具代表性,其诸多精神问题都是香港这个现代大都市挤迫的结果,是香港这座充满矛盾的城市诞生的"这一个"。小说通过对酒徒一步步走向堕落的描绘,深刻地反映了香港畸形的社会现实。

《酒徒》被誉为中国第一部严格意义上的意识流长篇小说,也是一部愤世之作,作家是在借酒徒手中的酒杯来浇自己胸中的块垒。同时,作品在艺术上达到了相当的高度,开拓了一个多元性的艺术空间,被认为是香港文学史上一部里程碑式的杰作。小说用第一人称手法,通过主角酒徒这样一位才华横溢的职业作家不满于现实而又无力抗争、便借酒浇愁、最后沉沦的悲剧,不仅从本质上揭露了香港这个高度发展的商品化社会及其文坛的客观真实，而且深入挖掘了一个职业作家极端矛盾苦闷的精神世界的内在真实。《酒徒》通过恰到好处地运用西方的意识流技巧反映香港的现代都市生活，给香港的现代派文学实验带来了希望的曙光。这部作品原在1962年10月香港的《星岛晚报》上连载，1963年由香港海滨图书公司初版，1979年台湾远景出版事业公司出了《酒徒》的台湾版，到了1985年，由中国文联出版公司出版了该小说的大陆版。

《岛与半岛》出版于1994年，之前曾在报纸副刊上连载，深受读者的欢迎。出版时，出于艺术上的追求，刘以鬯对原70万字的连载小说进行大幅度地整理、裁减、修改，最后浓缩成12万字的现版小说，由此可见刘以鬯严肃认真、精益求精的创作态度。《岛与半岛》通过对香港这座城市里小市民形象的刻画，写出了70年代的香港面貌。作品以香港股灾为背景，内容涉及香港节、工展会、通货膨胀、炒股、色情、打斗影片、青少年问题、治安问题、失业率上升……通过主人公沙凡一家人的见闻，折射出当时香港市民在股灾破坏下的恐惧心理。这是一部极具香港地域色彩的小说，写的是发生在香港的事件，主人公也是生活在香港的一家人，是一部"港味"十足的小说，它的出版是对"香港文学无区域色彩"这一说法的有力回击。

在中短篇小说的创作中，刘以鬯也有许多尝试和创新。他用现代人的感觉和新的表现方法创作了一组故事新编，如《寺内》、《蛇》、《除夕》、《蜘蛛精》等，这些都是根据家喻户晓的古老的民间故事和神话传说改写的，被称为"旧瓶装新酒"。《寺内》把《西厢记》的故事作了诗化的处理，从叙事上看跳跃性很大，淡化了原作情节，对人物的心态进行细致入微的刻画，语言富有诗意。《蜘蛛精》的故事情节源自《西游记》的一个片断，作者利用这节故事的部分表象，对唐僧的内心进行开掘，展现了他的潜在欲念。除此之外，刘以鬯的中短篇小说还写了当代都市生活中的香港人。《一九九七》中的主人公面对"九七"的恐惧不安，正是香港社会在转型过程中市民心态的真实写照。《天堂与地狱》、《蟑螂》等也都是以小市民的种种生活情态作为对象的。像《蟑螂》中的主人公为一只蟑螂而竟至于终日焦躁不安，就很能表现香港市民在生活的挤迫下精神的紧张和脆弱。

从艺术手法上看，刘以鬯的中短篇也有许多打破传统小说规范和格局的实验。他的小说，有些是没有人物的，只是描述一段事情发展的过程，这种创作手法是不多见的。如《吵架》，从头到尾没出现一个人物，读者只是从一个家庭在吵架之后的场景中，了解到吵架的程度与过程。作者的视镜焦距对准了家具被捣烂、衣服被撕碎后的狼藉惨象,以此衬托出吵架的激烈程度。《吵架》可算是一篇场景折射体小说。有的小说,虽然也有人物,也有完整的情节,但作者采用复叙式的创作手法,使一样的情节,出现两种不同的结局。比如小小说《打错了》,以可能性的假设写了主人公陈熙匆忙出门而赶上车祸,和陈熙临出门时因接了一个打错了的电话,延迟了时间而避免了车祸。作品寓意深刻,富有哲理性。它试图去表现现代都市由于空间的挤迫和精神的压力所潜伏的生存危机,以及现代人无法把握自身命运的悲哀——命运是一个太不可靠的东西,只因为临出门前偶然接了一个打错了的电话,一场惨烈的车祸就可避免;另一方面,命运又是一个太可靠的东西,它会想办法通过一个错误的电话来拯救你。

如果说,在香港的小说家中有不少"平民作家"的话,那么,刘以鬯则可以称为"文人作家"。他的创作具有十分浓烈的文人气息,他的作品所涉及的生活范围更多地局限在文化人的小圈子里,而且他还一贯坚持小说创作的现代性实验。虽然他所受到的西方现代派小说的影响很大,但从创作中所展现出来的试验的多样性来看,他并没有坚定地站在某一个西方现代派的立场上,并不是西方现代派文学单纯的模仿者,而是以一种开放的创作心态,不断地探索着小说创作的各种可能性。他的"实验"的成功缘自他是一个创作的"有心人"。

刘以鬯的现代小说在中国当代文学史中的地位和成就,有几点是值得充分关注和肯定的:

第一,在中国现代文学史上,刘以鬯是小说革新精神最强的作家之一。近半个世纪以来,他创作了种类繁多的现代小说:从新感觉派小说、意识流小说、存在主义小说、超现实主义小说、魔幻现实主义小说、象征主义小说、寓言小说,到心理小说、抒情小说、哲理小说、新小说派小说,他都尝试和探索过,并取得了突出的成就。在中国现当代文学史上,象刘以鬯这样几乎耗尽毕生精力、孜孜不倦地探求小说艺术形式的革新创造、并给中国文坛贡献出如此数量的现代小说艺术珍品的作家还不多见。

第二,刘以鬯是将现代主义与现实主义结合得最好的少数作家之一。他的小说形式是西方的、现代的、前卫的,但他的小说内容却是中国的、现实的、传统的。它是中国现代主义作家中现实主义精神最强的作家之一,这也是他有别于其他单纯追求现代主义形式的许多青年作家的地方。他创作的《酒徒》是我国较早出现的一部意识流长篇小说,小说广泛而又深刻地反映了香港和中国的社会历史问题,有深厚的历史感和现实感。但这些社会历史问题,又是通过意识流、内心独白、梦境、象征、暗示、联想、回忆等一系列现代小说的技巧表现出来的,否则它就不可能取得如此高的思想艺术成就,也不能奠定作者今天在中国现当代文学史上的地位。《酒徒》的成功在于:作者在现代与传统之间,"向内转"与"向外转"之间,"潜意识"与"意识"之间,"病态"的心理与"健康"的心理描写之间,现代语言与现实语言之间,找到了比较适中的平衡点和接合点,取得了新的突破。总之,它能取现代小说和传统小说之长而去其短,从而创作出一种既有别于现实主义小说,又有别于西方现代小说的中国现代小说,具有鲜明的中国特色。

第三,刘以鬯是真正将现代小说的技巧发挥得淋漓尽致的作家,这特别体现在他创作的新小说上。刘以鬯的新小说具有反传统的特点,它不仅反现实主义小说的传统,而且也反现代主义小说的传统,甚至反自己的传统(自己曾经使用和习惯使用的技巧)。传统的现实主义小说和西方存在主义的小说,一般都有鲜明的主题、人物、情节等一般小说不可缺少的因素,刘以鬯却反其道而行之,创作了一系列非主题小说,如《链》;非人物小说,如《吵架》;非情节小说,如《对倒》;心理小说,如《寺内》;视觉小说,如《盘古与黑》;对比小说,如《白得像雪,黑得像墨》;电影小说,如《动乱》等等,形式新颖,种类繁多,富于技巧,与传统写实小说和一般的现代小说完全不同。

刘以鬯新小说最擅长于结构技巧。他的小说不像现实主义小说那样靠人物和故事情节来支撑而是靠结构来支撑的,有时候结构几乎决定他小说的一切。他是一位结构大师,有些平凡普通的生活片断,一经他组合,以一定的方式把它放到一定的位置上,就会像电光火石,发出耀眼的思想火花和艺术光芒。他的小说的结构方式也很多,有平行逆向结构,如《对倒》;有链式结构,如《链》;有平列式的自由结构,如《动乱》;有场景式结构,如《吵架》;有意识流结构,如《春雨》;有对照、反衬结构,如《黑色里的白色,白色里的黑色》;有反复、重叠结构,如《打错了》,等等。

刘以鬯的有些新小说不像现实主义小说那样,将故事和盘托出,而往往写得含蓄隽永,读者需要通过自己的想像和推测,才会领略到作品的内涵和艺术美。如《吵架》,写的是一个家庭夫妇吵架而造成婚姻破裂的故事。但是这篇小说只有结局,没有吵架的故事情节,整篇小说写的都是夫妻吵架后弄得乱七八糟、杯盘狼藉的客厅场景。尽管如此,如果仔细阅读,还可从小说所描写的现场情景推测到故事(吵架)的过程,从环境的描写推测出人物及其相互关系。当然,他的小说也存在一些不足,这主要是有些小说如《对倒》、《春雨》、《蟑螂》等,虽然深藏哲理,但由于没有一般小说的生动情节可以吸引读者,读来让人感到沉闷。

进入 20 世纪 70 年代之后,香港文坛具有现代主义倾向的小说创作实验,成为这一时期一部分作家的艺术追求。属于现代主义流派的作家大都学贯中西,较多吸收西方现代派文学的养分。他们比较尊重艺术规律,讲究艺术技巧,追求艺术质量,勇于探索、实验、创新,为香港的小说创作注入了新的活力,推动了香港的现代派小说创作继续向前发展。在现代主义的小说创作中,西西是较为突出的代表。

西西(1938—),原名张彦,祖籍广东中山,生于上海,1950 年随家人来港定居,香港葛量洪教育学院毕业后,从事小学教育多年。西西是香港现代主义的重要作家,又是本土文学的核心人物。她在现代小说艺术变革所取得的成就与在实践现代主义与本土生活相结合方面所作出的贡献,使她在香港当代文学中占有重要位置。以《我城》为分水岭,西西的小说大致可分为前期和后  期。前期以《东城故事》、《象是笨旦》、《草图》等为代表,主要受存在主义影响,表现人类没有前途,生活没有希望,充满虚无主义和悲观主义思想,色彩灰暗。自《我城》起为后期,这时西西的创作思想和创作方法发生了根本性转变:告别存在主义,走向魔幻现实主义与香港现实生活相结合的道路。

西西最早的作品发表于 50 年代的《人人文学》,是一首十四行新诗。从此开始写作,先后给许多家报刊写专栏,诗歌、小说、散文、书评、影评,各类体裁都写,60 年代还写过电影剧本,并亲自执导过电影短片,是香港最早制作实验电影的元老之一。她曾担任过《大拇指周报》编辑,1979 年退出教职,专事文学创作与研究。现在已出版的著作有:长篇小说《美丽大厦》、《我城》、《哨鹿》、《候鸟》;中短篇小说集《交河》、《春望》、《手卷》、《胡子有脸》、《像我这样一个女子》、《母鱼》、《东城的故事》、《像是笨蛋》;小品散文集《像我这样一个读者》、《花木兰》、《剪贴册》、《耳目书》;诗集《石磬》等。二十世纪八十年代以后,海峡两岸交流日渐频密。西西在这期间曾向台港读者转介中国大陆新时期的作家、作品,先后为台湾洪范书店主编了四本 80 年代中国大陆的小说选集《红高粱》、《阁楼》、《爆炸》、《第 6 部门》,为两岸三地的文化交流作出了突出的贡献。

西西的短篇小说处女作,是她学生时代写的《玛利亚》。作品尝试用诗意的文字写一异国情调的故事,而且是"仅有战地记者才敢写的"战争故事。此后,她沿着这一艺术风格还写了一系列以异域生活为题材的作品,如《墨西哥可可糖》、《法国梧桐》、《奥林匹斯》等。异域在西西的小说中是个"他者",她把那些在香港的狭窄空间和都市环境中难以表达的意念有意地推远,以便能更自由地加以处理。

1974年,西西创作了长篇小说《我城》,这是她创作的转折点。从此她开始关注现实社会的生活环境、社会中的人和事,创作了一组表现香港"小人物"的生活和命运的作品。这就使她的小说创作呈现出一个重要特色——本土化。西西是香港本土作家,从小在香港接受教育,在香港成长,在香港生活和工作。她创作的本土化,特别体现在题材和内容上。她的小说所反映的基本上都是她所熟悉的香港社会生活和社会问题。比如《我城》所描写的就是香港青年人的日常生活和工作,他们守纪律,责任心强,对生活抱乐观主义的态度,对香港的经济繁荣作出了贡献。再比如《肥土镇故事》,主要写香港的经济奇迹与经济危机,可以说是香港经济发展史的一个缩影。《浮城志异》描写了一部分香港居民在"九七"回归前的傍徨心态;《美丽大厦》反映的是香港居民大楼的生活和现代风情;《碗》写的是香港的教育问题;《宇宙趣·补遗》是写香港的环保问题;《抽屉》提出了香港现代社会中人的异化和物化问题;《玻璃鞋》表现了香港人的适应力和顽强的生活能力;《奥林匹斯》所反映的是香港社会重物轻人的世俗眼光;《春望》、《玫瑰阿娥的白发时代》描写的是香港老年人的心态,他们与大陆亲人千丝万缕割不断的亲情关系,以及青年人对这种关系的反应;《感冒》表现了一个知识女性对传统婚姻观念的反叛,以及对婚姻自由的追求。尤其是《像我这样一个女子》——西西写实小说的代表作,也是她最有影响、最受好评的短篇小说,1983年获得台湾《联合报》短篇小说奖。作品采用女主人公第一人称的叙述方式,用带着强烈感情的内心倾诉的笔调,写出了殡仪馆化妆女对爱情和美好人生的追求,并以悲剧的结局来完成对这种追求的呼唤。小说一方面表现了任何职业都具有一种崇高价值的思想,另一方面也表达了作者对于死亡的冷静透彻的理解:死亡是每个生命的必然终点,无须恐惧。由此可见,西西小说与她上一辈作家有很大的不同。50年代南来的现实主义作家,由于他们过去曾长期生活在大陆,作品的内容和题材大多取自大陆,充满家国意识。西西小说题材与内容的本土化,不仅显示了她的创作与前辈作家不同的特色,同时也标志着香港文学的发展进入本土化阶段。

西西小说的另一重要特色是陌生化。她的小说内容虽是写实的,但它的形式却是幻想的。她常常用童话、寓言、神话、传说、历史故事等带有幻想成份的文化,将小说故事发生的时间、地点、环境、人物、内容与主题陌生化,使小说描写的艺术世界与她所反映的现实世界保持一定的距离,从而使她的小说具有象征性、暗示性、哲理性、神秘性、多义性、朦胧性等多种特点。这种陌生化的效果与特色,在她的《浮土镇》系列小说中的《肥土镇的故事》、《浮城志异》、《肥土镇灰阑记》中表现得最为明显。《肥土镇灰阑记》写的是宋代清官包丞断案的故事,但作者绝不是重复古人的故事,她通过古代的历史故事,达到借古讽今的目的;《肥土镇的故事》表面上是一篇神奇瑰丽、变幻莫测的童话,但实际上是一部用童话写的香港经济发展史、兴衰史;《浮城志异》是一个童话故事,故事的地点是悬在半空中的浮城,作者所描写和暗示的实际上是"九七"临近时香港市民动荡不定的心态。

在创作上,西西不断开拓新的题材。《哨鹿》是一部长篇历史小说。清皇室有着说不完的话题,风流天子乾隆更是文人津津乐道的对象,然而西西却以磅礴的气势赋予其全新的面貌。乾隆到热河木兰围场猎鹿,从圆明园到避暑山庄,又到木兰围场,场景变幻莫测;从清高宗弘历到哨鹿人阿木泰,两条互为交叉的主线;从帝王家的豪奢到百姓的饥寒,两极分化的生活,传统的、现代的两种写作技巧在《哨鹿》中交替运用。写实、想象、倒叙、推移、跳跃……不平铺直叙,却又层次清楚;两条主线是纠缠着的,但脉络分明,对比清晰,有着谨严的结构和布局。

1989年9月,西西患病住院,手术后,病情得到控制。在家休养时,她根据自己得病、医病的经历,写了一部长篇纪实小说《哀悼乳房》。这部集文学、心理学、社会学、医学为一体的作品又再次显示了西西的创作实力。作品讲述的是女主人公"我"患上乳癌后对身边事物、朋友以及自己生命的所思所感。无论是发现自己患了乳癌,还是手术后对失去乳房的感觉,西西都用一种平静的叙述语调来显示女主人公面对死亡威胁和失去健全人生的豁达。名为"哀悼乳房",实际上并没有多少"哀悼"的成分,既没有写到什么痛苦,也没有写到失去之后对人的身份、地位和社会角色的影响,更多的是理性思考。

在西西小说中,还有一类描写改革开放后大陆与港台亲情交往的题材。如用杜甫诗题作标题的小说——《春望》,可谓寓意深长。不论是年迈的陈老太太,还是她的女儿美华,都在关切着远在大陆郑州的亲人明姨一家,反映了香港中层居民对开放后大陆的重新认识及对亲人的渴盼。同样的题材还有《北水》,它通过开放后的大陆古城开封人思想感情和精神面貌的显著变化,反映了两岸交往的密切程度。

对新的题材和形式的追求,使西西成为一个具有独特艺术风格的作家。她对艺术执着追求,在艺术上总是别树一帜。她广泛吸收西方现代主义的创作技巧,但并不一味模仿,而是力争有所突破。她是一个追求创意的作家,决不重复别人的作品,也很少重复自己的旧作。她的每篇作品几乎都有新的题材、新的人物、新的形式和新的技巧。她的小说种类繁多,异彩纷呈,令人赏心悦目。如《我城》用儿童的感觉去体味,用儿童的语言去表达,充满童贞稚趣,作者自称为"顽童体";《像我这样一个女子》全是写"我"在咖啡馆等候夏时的思维活动,这是典型的意识流结构;《镇咒》写姑母用咒语指挥殡仪馆僵尸行动,要走就走,要站就站,这是荒诞手法的运用。西西的短篇小说更是五花八门,古今中外,现实的、荒诞的、严肃的、童话的什么都有。《鱼之雕塑》和《奥林匹斯》的象征含义;《玻璃鞋》和《胡子有脸》的"童话写实";《镇咒》的荒诞不经;《肥土镇的故事》的古戏新编……西西几十年来一直坚持实验性的严肃文学创作,尽管生活窘迫,写作环境恶劣,然而她不计名利、甘于寂寞、不随流俗,凭着一种坚韧的精神在艺术的道路上孜孜以求,因此,西西和刘以鬯同被称为香港两位最有"实验"精神的作家。

西西小说形式的多样化与刘以鬯的小说有极相似之处,但又有很大不同。刘以鬯多写知识分子,如露意莎(《霞意莎》)、酒徒(《酒徒》)、张生(《寺内》)、唐僧(《蜘蛛精》)、曹雪芹(《徐夕》)、"我"(《编辑部的白日梦》)等,而西西笔下大多是香港的小市民——形形色色的香港小市民,从青年人到老年人,特别是青年人;刘以鬯最善于结构作品,结构是他小说的支柱和基础,使他的小说变化无穷,种类繁多,主题深邃,气象万千,而西西善于幻想和想象,幻想和想象是她小说的灵魂和翅膀,使西西的小说具有象征性、暗示性、哲理性、多义性和朦胧美的特点。可以说,刘以鬯的小说基本上是结构小说,而西西的小说基本上是幻想小说,是成人的童话;刘以鬯的小说较多接受日本新感觉派和英国意识流小说,以及法国新小说派等西方现代派的影响,而西西则较多接受拉丁美洲的魔幻现实主义的影响。西西既继承了中国的现实主义文学传统,又融进了幻想性、神秘性的特点。

第三节 现实主义文学创作及其作家

一 新武侠小说集大成者金庸、梁羽生

先来认识一下侠和侠文学。提起"侠",人们自然就会联想到武侠小说以

及小说中描述武艺高强的侠士、侠客。在中国,"侠"的概念并不是完全和武相连,也不是仅仅停留在武侠小说的世界里。侠,最早见《韩非子?五蠹》:"儒以文乱法,侠以武犯禁,而人主兼礼之,此所以乱也"。这反映了春秋战国时期,周室衰微,战乱纷争,诸侯士大夫"养士"的社会风气,其中不乏我们后来称之谓的"侠士"或者是"游侠"。在汉《史记》中,司马迁专门为游侠立传,将其分为了"乡曲之侠"、"匹夫之侠"、"闾巷之侠"与"布衣之侠",并高度评价"其言必信,其行必果,已诺必诚,不爱其躯"。而这实际上是对"侠"及"侠义"文化的初步诠释。到了唐代,李德裕在他的《豪侠论》这样写到:"夫侠者,盖非常人也。虽然以诺许人,必以节义为本。义非侠不立,侠非义不成。难兼之矣。"将"侠"与"义"进行了高度的结合。

关于"侠"的文学描写,可以上溯到《史记·游侠列传》,但在汉大一统的政治文化背景下,未能继续发展。到《后汉书》以后,朝廷不再为游侠立传,使得江湖与庙堂从微妙的联系走向对立。到了六朝小说,在自身宗教色彩的民间文化中,侠文学又以另外的方式存续了下来,像干宝《搜神记》中的"干将莫邪"、《李寄斩蛇》,刘义庆《世说新语》中的"周处除三害"。到了唐五代,在尚武任侠的社会风气影响下,侠文学得到了发展,涌现出一批描写豪侠之士及其侠义行为的传奇作品,内容涉及扶危济困、除暴安良、快意恩仇、安邦定国等方面,于中突出豪侠人格的贤韧刚毅和卓荦不群,武功的出神入化,功业的惊世骇俗,由此展现出一种高蹈不羁奔腾流走的生命情调。像《太平广记》中的"豪侠类"作品,诸如《虬髯客传》、《昆仑奴》、《聂隐娘》、《红线》之类的作品。明清以来,以描绘"义侠"为主的文学创作更是走向了一个高潮。明代的《水浒传》是中国第一部长篇白话小说,被誉为武侠小说的萌芽。清代中期出现的《三侠五义》,是中国第一部具有真正意义的长篇武侠小说,对中国后世武侠小说影响深远,称得上是武侠小说的开山鼻祖。另外还有言情武侠作品,像《儿女英雄传》。

而"武侠"一词的真正产生却是在 20 世纪初。1905 年《新小说》第十五号《小说丛话》在评论《水浒传》时提到"《水浒传》一书,为中国小说中铮铮者,遗武侠之模范,使社会受其余赐,实施耐庵之功也"。此后"武侠"这个词开始被小说杂志所适应。辛亥革命后,人们从封建桎梏下解放出来,各种思想流派涌入中国,报业、出版业得到空前繁荣,文学艺术得到大力发展,各种风格流派的文艺作品异彩纷呈,武侠小说也异军突起,它以武侠们独特的的侠义精神传统深得人们喜爱。武侠公案、短打评书盛极一时,例如《五女七贞》、《永庆升平》、《小五义》,民国《三侠剑》、常杰淼的《雍正剑侠图》(即《童林传》)等纷纷问世,清末民初亦有大量知识分子投身武侠小说创作,其中不乏脍炙人口的佳作,比如王度庐的《卧虎藏龙》,还珠楼主的《蜀山奇侠传》。1915年,林纾在《小说大观》第三期发表短篇小说《傅眉史》,第一次标明"武侠小说"。20世纪20年代,首先有被称为"南向北赵"等一批开风气的武侠小说作家,其代表作有《江湖奇侠传》、《侠义英雄传》等;赵焕亭则有《奇侠精忠传》留世。在30年代后,最有名的武侠小说家便有"北派五大家":还珠楼主、白羽、郑证因、朱贞木和王度庐。其中还珠楼主的神怪武侠小说、白羽的社会武侠小说、郑证因的技击武侠小说和王度庐的言情武侠小说等又被称为四大派武侠小说。而这些都被称为民国旧派武侠小说,从50年代中期开始,以香港的梁羽生、金庸和台湾的古龙为代表的则被称为"港台新派"。梁羽生在60年代借佟硕之之名在《金庸梁羽生合论》一文中提到:"近十年来港台东南亚各地武侠小说大兴,开风气者梁羽生,发扬光大者金庸。他们的小说在写作手法、内容意境上都颇有推陈出新之处,一般人称之为'新派武侠小说'(包括受他们影响的诸家作品)。香港报纸常简称为'新派武侠'。"

说来令人难以相信,武侠小说在香港的崛起竟缘自一次偶然事件。1954年澳门新花园一台雷声大雨点小的白鹤派与太极拳的打擂,经过传媒大肆渲染,在港澳两地闹得满城风雨,激起了公众心中潜伏着的"武侠幻想"。《新晚报》的总编辑敏锐地感觉到了这种"阅读期待",就邀请梁羽生在《新晚报》副刊《天方夜谭》上撰写连载的武侠小说。于是,被公认为"新武侠小说开山祖"的《龙虎斗京华》就这样问世了。这部小说不同于评话式的旧武侠小说,而是注意到气氛的渲染和场景的烘托,人物性格与心理活动有精细的描画,并对作品所述史实及山川景物的绘写均作了认真的考证,令旧武侠小说读者耳目一新,故而大受欢迎。梁羽生由此便一发不可收,同时引出了金庸、林梦、高峰、风雨楼主、倪匡等人的创作。各种大小报纸的副刊每天连载武侠小说,出版社大量出版武侠小说,还有专门的武侠小说杂志也应运而生:《武侠世界》1958年由环球出版社创办,出版至今;1961年金庸又创办了《武侠与历史》,出至1976年停刊。20世纪60年代前后的香港,称之为"武侠"的时代,并不夸张。

相对于传统的武侠小说而言,"新武侠小说"的创新、变革首先在于手法的突破。金庸、梁羽生两人对于传统文艺相当熟悉,也非常了解五四以后的新文艺,以及西方文学。因而,传统武侠小说那种简单的叙事方法得到矫正,代之以复杂的、精致的叙事角度、结构、语言等。武侠小说是我国传统的章回小说之一,形式比较固定、刻板。新武侠小说融合了中外小说、新旧小说的艺术表现手法,其中包括吸取西方现代侦探小说、意识流小说、精神和心理小说以及电影等手法，使新武侠小说在继承传统武侠小说的基础上，艺术手法多彩多姿、灵活生动。新武侠小说塑造人物，注重心理深度，注重人物性格的丰富性。在金、梁的某些作品中，甚至可以发现精神分析学的影响，写出了潜意识对人的制约、支配。而且，讲究语言文字，一方面继承了明清的小说语言传统，保持了独特的中国韵味，另一方面又融合了五四以来新文学的语言因素，散发出浓郁的"现代感"。其次是内容上的突破。新武侠小说以国家、民族的利益、大多数人的利益为准则，以民族感情、爱国精神、正义正气为基调，歌颂英雄豪侠的爱国爱民、行侠仗义，歌颂人性美，鞭挞人性恶，具有历史的、人生哲学的深度。新武侠小说中表现出的是现代意识，而不是传统武侠小说中那种僵化的、陈陈相因的观念。例如对于"快意恩仇"观的否定，对于狭隘的民族主义的否定，对于个性独立的肯定，对于人道主义的张扬等，都令"新武侠小说"充满着强烈的"现代色彩"。新武侠小说，主要是通过武侠故事写社会、历史、文化，写道德、爱情、宗教，进而写人性、人生、哲学。新武侠小说突破了传统武侠小说写武侠故事的狭小天地，和整个社会的变迁联系起来，使我们从中看到一定时代的社会真实面貌。新武侠还常和历史描写相结合，使武侠小说具有鲜明的历史背景，有强烈的真实感。这些小说承续了中国优秀的传统文化，如儒、佛、道的思想，批判了传统文化的污垢和积淀，如对"国民劣根性"的批判。新武侠小说描写爱国爱民的大义大侠，歌颂他们的爱国主义精神，歌颂自由平等的爱情，反对封建礼教对妇女的束缚；还有一些武侠小说在写实的基础上，表现一种形而上的哲学思想和人生观、世界观，具有深厚的思想底蕴。

在香港新武侠小说界中，金庸无疑是一代宗师，被普遍誉为武侠小说作家的"泰山北斗"，更有金迷们尊称其为"金大侠"或"查大侠"。他继承古典武侠小说之精华，开创了形式独特、情节曲折、描写细腻且深具人性和豪情侠义的新派武侠小说先河。他的小说自问世以来，有如一股强烈的冲击波，震动着华人社会的读书界，自从80年代初进入大陆，迅速风靡华夏神州。金庸的小说在华人世界具有无与伦比的影响力，文坛流行这样一种说法："凡是有中国人、有唐人街的地方，就有金庸的武侠小说。"金庸的作品还被翻译成多国文字。不少作品多次被改编为电影和电视连续剧，深受观众欢迎。

金庸（1924— ），本名查良镛，笔名金庸是"镛"字的一分为二。他出生于浙江省海宁县，查家是当地的名门望族，先祖中如查伊璜、查慎行等，都是清代的著名人物，博学多才，而且注重气节，正直刚烈。金庸先后在杭州、重庆、苏州读完中学、大学，1948年拿着国际法专业的文凭，考入上海《大公报》做电讯翻译，随后被派往香港。50年代初，他在香港的一些报纸开过专栏，撰写影评，也编过剧本,如《绝代佳人》、《王老虎抢亲》等。他还与友人合股创办《明报》,成为香港《明报》报刊系列的大股东。1955年,金庸开始创作武侠小说,至1972年,共写了15部38册,之后他宣布"封刀"。接着他又花了十年时间进行增删、修订,由于《越女剑》较短,不列入系列,其余按创作时间顺序排列如下:《书剑恩仇录》(1955)、《碧血剑》(1956)、《雪山飞狐》(1957)、《射雕英雄传》(1958)、《神雕侠侣》(1959)、《飞狐外传》(1959)、《白马啸西风》(1960)、《鸳鸯刀》(1961)、《连城诀》(1963)、《倚天屠龙记》(1964)、《天龙八部》(1965)、《侠客行》(1965)、《笑傲江湖》(1967)、《鹿鼎记》(1969—1972)。

金庸曾饶有趣味地将其作品名字的第一个字抽出来组成一副对联:飞雪连天射白鹿,笑书神侠倚碧鸳。这些作品绝大多数风靡至今,广受欢迎。金庸成为20世纪知名度最高的华文小说家之一,被誉为"文坛侠圣"、"世界第一侠笔"。

1999年,金庸叶落归根,被浙江大学聘为人文学院院长、教授,并开始进行金庸作品集的三度修订工作,耄耋高龄的金庸先生花了7年时间,亲自操刀,把1972年封笔前创作的15部武侠小说旧作逐一作了修订。在"大修"中,除了文字更加凝练生动、情节更加合理严谨外,还注重细化某些武打场面,使小说更突出"武";同时也增添了多处人物心理描写,丰富了侠客的性格特点,使小说更突出"侠";并且大幅增加"情感戏",使小说更突出"情"。新修版由广州出版社和花城出版社联合出版,2008年全部出齐,名为《金庸作品集(新修版)(全36册)》。

金庸博学多才,学贯中西。琴棋书画、人情风俗、天文地理、佛道儒学、秘笈剑经、气功脉道、武功招式、江湖黑话、行帮切口、中外历史、门派渊源,均了然于胸。他的作品内容包罗万象,既有武侠传奇的一面,天马行空,情节曲折;也有推理、言情的一面,悬念重重,扣人心弦;有悲剧的一面,写人间的无奈悲凉;也有喜剧的一面,处处夹杂幽默谐趣,以及善意的嘲笑;还有讽刺的一面,对于世态人心、社会历史的阴暗面,作犀利的思考与揭露;而对于真善美则表现出热烈的讴歌与向往。与其他的通俗小说家相比,金庸作品最突出的是蕴含于其间的那种氛围与意象,这是现代中国人失落了很久的"中国",是梦幻里的如诗如画的"中国"。他小说里的人物是地道的中国人:他们的语言是地道的汉语,他们的生活方式、活动的场景是中国式的,他们的情感也是中国式的,洋溢着中国审美传统的神韵。总之，中国文化美好的一面，诗情画意的一面，全都在金庸的作品中表现得酣畅淋漓，上至儒、道、释的哲学伦理，下至民俗，无不活泼泼地呈现在读者面前，使生活在现代的中国人，感受到内心深处的"根"与"魂"。

金庸的武侠小说大多以宋、元、明、清四个朝代为历史背景，内容丰富，内涵隽深，具有历史厚重感，真实的历史人物如康熙、乾隆、朱元璋、李自成等，都在他的作品中出现过。除《笑傲江湖》外，一般都有明确的历史年代及具体的历史背景，而且多取材于"乱世"。如《射雕英雄传》写的是宋末乱世，《碧血剑》书写明清换代，《倚天屠龙记》再现元朝乱世，而《天龙八部》则涉及北宋、辽、西夏、大理、吐蕃、大燕等几国的纷争。作品多以重大的历史事件为主干，在宏阔的历史背景中，以大手笔挥洒笔墨，展开波澜壮阔的情节，在构思宏大的大境界中，淋漓尽致地刻画乱世中出现的英雄，在沧海横流中显示英雄本色。

金庸的武侠小说具有高屋建瓴的气势。从人物的思想境界到理想抱负，从民族战争的场面到故事情节，突破了过去囿于个人、家庭的小圈子，乃至宫廷的狭小范围，也不囿于个人恩怨情仇，更不歧视少数民族，作者以宽阔的视野审视历史，致力于民族团结和民族融合。宋元、元明、明清之际的民族关系极为复杂，诸如少数民族入主中原、兄弟民族间的战争、汉民族的民族英雄、少数民族的民族英雄等，而金庸却以全新的历史视角，表达了自己独特的历史观念。如对少数民族入主中原的问题，作者也有一个不断认识的过程。第一部作品《书剑恩仇录》仍保持传统的民族观念：反对满清统治，讴歌侠客义士所进行的反清复明斗争。随着对历史研究的深入，他中后期作品的历史观念，已从狭义的民族主义立场转向人民本位思想，人民利益及社会进步成为评判历史人物和事件的标准。

作为形式上的武侠小说，金庸对武打招式、武打过程的描述，别具匠心。他给每一招武功都取了美妙动听、充满诗情画意的名字，而且将各种稀奇古怪的招数介绍得一清二楚。他的作品具有电影蒙太奇效果，精彩的镜头层出不穷，一个套一个，一环扣一环，读来津津有味。他还常常将佛法、道教原理，以及中国传统哲学融入武功中去，写出那种天地万物融为一体的高妙境界，将东方文化中天人合一的神韵发挥到了极致。

在金庸的武侠小说中，作者常用"化实为虚"的手法，将历史融入"传奇"，历史的背景与传奇的情节巧妙地融合。在诡异莫测的布局中，"江湖"与"江山"同时兼顾，真实的"历史人物"与虚构的"传奇人物"并存，并在作品中凝聚为艺术形象。如《书剑恩仇录》的历史人物乾隆皇帝与传奇人物陈家洛同时出现，而且有手足之亲缘关系。《碧血剑》中未出场的两个主要人物袁崇焕、夏雪宜，一是抗清名将，是历史上的真实人物；一是作者虚构的传奇人物。《鹿鼎记》中的韦小宝是虚构的，而康熙皇帝却确有其人。书中所写的捕杀鳌拜、收复台湾、平定吴三桂叛乱、签定《中俄尼布楚条约》等，都是有据可依的。这种亦真亦假、真假难辩的艺术构思，以及将真人假事、假人真事都描绘得真实可信的艺术手法，既增加了作品的历史真实感，也使历史背景下的传奇故事显得精彩纷呈。

金庸武侠小说成功的关键在于塑造了众多性格各异、栩栩如生的人物形象，为中国现代文学的人物画廊提供了一些永远值得人们谈论而永远谈论不尽的人物形象，例如小龙女、黄蓉、郭靖、杨过、张无忌、韦小宝等。他笔下的人物，很少是单纯的"好人"或"坏人"，他洞察了人性的奥秘，以及人性自身的矛盾和冲突，以一种宽容、理解的态度，来刻画每一个人物。特别耐人寻味的是，金庸作品中的"主人公"，有一个变化过程。从陈家洛、袁承志、胡斐、郭靖、杨过、张无忌、乔峰、令狐冲，一直到韦小宝，写得一个比一个深刻、复杂，也一个比一个更见悲剧性。因此，金庸笔下的人物，已突破了旧武侠小说人物性格单一呆板的模式，他把英雄豪侠从神秘莫测近于神的地位拉回到人的位置上，赋予他们七情六欲，让读者感到英雄也是人。

以人物形象来统率传奇故事，是金庸武侠小说不同于其他武侠小说的又一特色。一般的武侠小说，致力追求曲折的情节、离奇的悬念、神奇的武功，借以吸引读者，而金庸的作品却立足于写人。他笔下的人物，多种多样，各有特色：或大仁大义，大忠大勇，如郭靖（《射雕英雄传》）；或"英雄气短，儿女情长"，如张无忌（《倚天屠龙记》）；或豪迈慷慨，侠义心肠，如萧峰（《天龙八部》）；或"神魔兼是，正斜之间"，如夏雪宜（《碧血剑》）；或行为偏激，任情任性，如李莫愁（《神雕侠侣》）；或由人变"魔"，逆施倒行，如岳不群（《笑傲江湖》）；或人在江湖，身不由己，如虚竹（《天龙八部》）；或归隐遁世，自由自在，如风清扬（《笑傲江湖》）。金庸不仅成功地塑造了英雄人物，还擅长描写像欧阳锋、岳不群、成昆、金轮法王等反面人物，淋漓尽致地揭露其丑恶灵魂。至于那个生于妓院而来到宫廷的韦小宝，似武而非武，似侠而非侠。其政治立场非明非清，道德品行亦正亦斜，为人既无赖无耻，又注重义气，且生性圆滑，机灵百变，然而所建的功业却奇而又奇。这个独一无二的人物，更是金庸小说的独创。

在人物形象塑造上，作者十分注重刻画人物的性格，突出人物的个性特征。作品中的江湖英雄、草莽豪杰、绿林好汉，既有胸襟广阔、快意恩仇、悲天悯人、仗义行侠等共性，又各自具有鲜明的个性。郭靖（《射雕英雄传》）是诚朴厚道、忠拙木讷、却又正气凛然的大侠;杨过(《神雕侠侣》)是英姿潇洒、风流倜傥的痴情狂侠;萧峰(《天龙八部》)是粗犷勇武、肝胆照人、至性至情具有英雄本色的豪侠。令狐冲(《笑傲江湖》)很潇洒,而段誉(《天龙八部》)则很随和。此外,作品对黄蓉、黄药师、周伯通、任我行、林平之、阿紫等人物形象,都刻画得栩栩如生,令人过目不忘。为了突出人物个性,作者往往采取类比的手法,取得很好的效果。在《射雕英雄传》中,由于18年前丘处机与江湖七怪的一场豪赌,并分别对郭靖和杨康两位遗孤授以武艺,引发了一场大比武。虽然杨康聪明伶俐远胜于资质鲁钝的郭靖,然而他人品低下、心术不正,与郭靖正邪分明,其结果则是"同途异归":一个好奸为恶,变成中蛇毒的新鬼;一个为侠为善,成为华山英雄。

在金庸早期的作品中,《射雕英雄传》可能是最重要、最受欢迎的一部。主人公郭靖是儒家文化理想人格的化身。他外表高大威武英俊,心底善良仁慈、诚实憨厚。他有着纯原的本性,人生目的也相当单纯:男子汉活在世上就应为国为民,明知其不可为而为之;他有极强的是非观念,憎爱分明,对朋友讲究义气,对妻子讲究忠贞。到了《神雕侠侣》,金庸对于正统的儒家传统有所偏离,如果说,郭靖是一个合规合矩的英雄,那么,杨过则是一个反叛的英雄。与郭靖相比,杨过的侠途和情路都没有那么顺当。他从小就有点狡诈,介乎正邪之间,他与师傅小龙女相恋,就更为大逆不道;再加上他天性旷达不羁,风流倜傥,很容易被误认为品行不端。实际上,金庸在杨过身上,写出了一种道家文化的理想人格:顺其自然,洒脱不羁,至情至性。

《鹿鼎记》是金庸的最后一部小说,也是武侠小说中至为奇特的一部。它写的基本上是史实,只不过加了一个虚构的韦小宝。书中的大多数事件都基于真实的历史,如康熙谋杀鳌拜、中俄签订《尼布楚条约》。虚构的韦小宝参与真实的历史,反映了金庸观察历史的一种独特视角。《鹿鼎记》对于历史,对于人世,充满了讽刺,也充满了洞察和怀疑,似乎是一部厌世的书,或者说,是一部看透了人生的书。它的主人公韦小宝完全不会武功,而且也不是什么侠义的英雄,只是一个亦正亦邪的顽童。在金庸武侠小说的所有人物中韦小宝是一个典型,是中国武侠小说史上一个里程碑式的人物,他是金庸对中国文学人物画廊的一个贡献。韦小宝是妓女的儿子,没受过什么教育,一个偶然的机会,成了少年康熙的朋友,以后便左右逢迎、官运亨通,既做了天地会青木堂堂主,又在清廷中当太监总管,官至一等公、大将军。他有浓重的流氓习气,在官场上也会逢场作戏、左右逢源,与腐败官员同流合污,但他似乎又非常讲义气,恩怨分明、是非不淆。因他处于清廷与天地会两股势不两立的政治力量的夹缝之间,故其侠义精神显得特别可贵。

除了上述作品外,金庸其他的作品也都各有特点,这是他与一般武侠小说家的重大区别:摆脱了复制化、程式化的写作陷阱,每一部作品都有新的突破,都具备强烈的原创精神。金庸的作品整体上看,前期到后期是越写越好,具有丰厚的文化底蕴,洋溢着儒雅的书卷气。他常把武功原理,与儒家、佛家、道家哲学思想结合起来,深刻地反映人生哲理。从《笑傲江湖》的厌恶权力斗争,《侠客行》、《天龙八部》的不守常规、惯于飘逸的人物中,都可见他受佛家以及魏晋之风的影响。他作品中的张无忌、陈近南、袁承志等正派人物,不但武艺高强,而且风格高尚、尊敬长辈、以德服人,无一不是彬彬有礼的谦谦君子,皆可见所受到的中国传统文化影响。作者精通历史、地理、法律、民俗学,谙熟电影、音乐、舞蹈、棋艺……因此他的小说既有历史知识,又有文化意识。如《笑傲江湖》中的"江南四友",《书剑恩仇录》中的陈家洛,《天龙八部》中的段誉等,性僻诗书,喜爱琴棋书画,既是侠士,又像儒生。金庸对医卜星相、花道茶道等方面的描写,也相当精细生动,入情入理。他的作品从60年代起风靡海外,并受到海外少数学者的激赏,但到80年代以后,才真正影响大陆、台湾的图书市场及文学界,乃至文化界。现在已经很少有人将金庸只看作是"通俗小说家",而是将他与鲁迅、老舍等现代文学大师相提并论。在20世纪的中国,金庸可能是受到赞誉最多的作家,也是读者最多的作家,更是真正突破了"雅""俗"界限的作家。他的作品内容包罗万象,有如一部大百科全书,故有人把金庸的武侠小说当作一门学问来研究,称为"金学"。在海外,早有"金学"之称,并有"金庸学会"。台湾远景出版事业公司出版了"金学研究丛书"近二十种。大陆从80年代末开始,陆续出版了十多种金庸研究著作。

梁羽生(1924—2009),中国著名武侠小说家,与金庸、古龙并称为中国武侠小说三大宗师,被誉为新派武侠小说的开山祖师。梁羽生,本名陈文统,出生于广西蒙山一个书香门第,自幼写诗填词,接受了很好的传统教育。1944年,一批学者避难来到蒙山,太平天国史专家简又文和以敦煌学及诗书画著名的饶宗颐都在他家里住过,梁羽生向他们学习历史和文学,很受教益。抗战胜利后,他就读于广州岭南大学,学国际经济。1949年定居香港,由于酷爱中国古典诗词和文史,便在《大公报》作副刊编辑。梁羽生博闻广识,多才多艺,曾用"梁慧如"、"冯瑜宁"等笔名写过许多散文、文艺评论和文史随笔,著有《中国历史新话》、《文艺新谈》、《古今漫话》等,还曾用"陈鲁"的笔名写中国象棋的评论文章。他的棋评写得相当精彩,公认为一绝,读来比亲临现场观棋还有兴味。梁羽生从小爱读武侠小说,以致入迷,往往废寝忘食。走入社会后,他仍然爱读武侠小说,与人评说武侠小说的优劣,更是滔滔不绝,眉飞色舞。深厚的文学功底,丰富的文史知识,加上对武侠小说的喜爱和大量阅读,为他以后创作新派武侠小说打下了牢固的基础。他的作品摒弃了旧派武侠小说一味复仇与嗜杀的倾向,将侠行建立在正义、尊严、爱民的基础上,提出"以侠胜武"的理念,因此他的《龙虎斗京华》才能够一炮打响,开创了"新武侠小说"的先河。因为他写随笔的名字是梁慧如,平时又心慕白羽,所以就取笔名梁羽生。其实,直到2005年在香港浸会大学演讲时,梁羽生才首度公开解释笔名由来,指由于南北朝分"梁"先于"陈",也是文人辈出时代,故取姓"梁",结合台湾友人赠句"羽客传奇,万纸入胜;生公说法,千古通灵"成名。梁羽生从50年代初一直写到80年代才退出"武林",总共出版了35部武侠小说,其中《白发魔女传》、《七剑下天山》、《萍踪侠影录》、《云海玉弓缘》都是广受欢迎的代表性作品,不少作品被改编成电影、电视连续剧。

关于武侠小说,梁羽生有独到的见解。首先他充分肯定武侠小说在文学中的地位及其价值。他认为,作为一种小说流派,武侠小说无疑是中国文学百花园中一朵奇异的鲜花,"应当允许武侠小说存在"。其次,他认为,武侠小说必须有武有侠,武是一种手段,侠是真正目的,通过武力的手段去达到侠义的目的。所以,侠是重要的,武是次要的,一个人可以完全不懂武功,却不可以没有侠气。其三,他认为,写好武侠小说,作者只有具备相当的历史、地理、民俗、宗教等知识且有相当的艺术手段、古文底子,而且还要懂得中国武术的三招两式,才能期望成功,撰写者的创作态度应当端正。

作为新武侠小说的开山祖师,梁羽生的武侠小说独具特色。他笔下的"侠、史、诗、情"以及"侠中见儒",充分展示了中国五千年传统文化的魅力,在平淡中飘溢出古雅的韵致!他以一腔正气创造了武侠小说新的格调,使之成为一种古今贯通、雅俗共赏的新的文学类型。

梁羽生的武侠小说兼有历史小说之长。他的大多数作品都有史实的依据,写作的范围涉及从隋唐到近代的中国历史,其间的重要人物或重要事件都被写到。可以说,他以文学的手法为一段历史提供了另一种独特的视野。他对于中国历史颇有心得,除熟悉一般的正史之外,还了解很多野史和传说,而且还熟悉不同朝代的官僚制度、民间风俗、社会心态等。他写了许多真人真事,如义和团、武则天、魏忠贤、纳兰性德等,不仅写出了这些人和事的丰富性与生动性,也写出了自己对这些人和事的独到认识。《龙虎斗京华》是以清末的义和团运动为历史背景的。梁羽生较深入地研究过义和团,他用小说的手法表现这一历史事件时,极其深刻地描画出义和团所处的悲剧性历史环境,以及义和团内部"灭清"、"扶清"、"保清"三派之间的相互矛盾与斗争。总的来看,梁羽生对历史素材的选择,倾向于民族冲突、朝代兴亡之际的风云变幻及人事沧桑。这也许与他对近代中国的关注与思虑有关,借历史来浇心中块垒。读他的小说,的确能引起读者联想到近代中国的情势,尤其能引起读者的"家国之恨"。就历史观而言,梁羽生继承了中国传统的民间文艺所体现出来的价值观念,忠与奸的划分,主导着对于历史人物的描写。更为重要的是,他十分强调抽象的"人民"两字,人民是历史的创造者,是历史舞台上的主角。与人民对立的是官府,以及残暴的入侵者。正是基于为人民代言的信念,梁羽生确立了他小说的主题:为人民的安乐而奔波、斗争。

梁羽生很重视武侠小说的教化功能,特别强调"家国意识"。他的大多数小说都以异常尖锐的民族矛盾为背景,因此,他塑造的侠士形象,大都具有忧国忧民、深明大义的崇高的思想境界,侠客之间争斗,也不像旧武侠小说那样只是门派之争,而往往是正义与邪恶之间的较量。例如,在《七剑下天山》中,凌未风和刘郁芳是一对心心相印的爱侣,但在民族危难之际,他们毅然割舍了个人的恋情,投身于挽救国家命运的民族圣战之中。

梁羽生的小说写人写事写景,都力求一种浓郁的诗词气息。他在作品中直接加进了许多前人的诗词名作,而有些则完全是他自己的创作。每一部小说的开头都题上一首诗或词,当然不是随意的安排,而是暗藏玄机的。读完整部小说,回头再看开头这首诗或词,就会恍然大悟:原来这首诗词已经包含了故事的主题。或者说,小说的故事如果用诗的语言来表达的话,也就是这么浓缩的几句。这就给读者一个对比的乐趣,也增添了诗的意境。

梁羽生对于新武侠有着突出的贡献。一是开创了新武侠,把武侠小说的人物平民化、真实化,对后来的新武侠小说作家影响很大。于侠,梁羽生的理解是"宁可无武,不可无侠"。二是把"江湖一江山"和"民族斗争"作为武侠小说的主要题材,将武侠小说从传统的"血亲复仇"的私仇上升到国家、民族的层面。历史背景下的江湖恩怨,突出反抗异族侵略和统治者的暴政。在他的作品中流露出的爱国主义与民族主义的情感,都与深厚的历史感有关,他对历史有了一个崭新的解释。他的《萍踪侠影录》,主人公张丹枫最后为了民族、国家的大义,更是放弃了自己的私仇。三是把女性当作与男性平等的"人"来写。在梁羽生的大部分作品中,都写出了女性的独立、自尊、自信、自强。他笔下的女性形象是最丰满生动的,她们或侠骨柔肠、或纯善天真、或机伶百变、或性情倔强,都是活生生、立体生动的。如敢爱敢恨的玉罗刹、不畏世俗的上官飞凤、仁爱宽厚的华玉、侠肠义骨的于承珠、邪气横生的厉胜男……都是有着独立人格的女性,是真正女侠,亦是真正的"巾帼不让须眉"。梁氏女侠大体上分为魔女、淑女、侠女三类。魔女首推厉胜男和白发魔女,以特立独行的姿态存在于世俗正统之外,执拗痴狂地追逐自由与爱情,在生命破碎乃至粉碎的爱情悲剧中爆发出生命的刹那绚美。淑女如云蕾、谷之华、吕四娘等等,体现了传统女子温文尔雅端庄贤淑的古典之美。侠女身上兼有魔女淑女之长,如凌云凤、武玄霜、飞红巾等等,在追求独立人格中显示女性的飒爽英气,同是又不失传统女性的古典气质。这就是梁羽生的贡献——开了武侠小说的一代新风。"新派"不仅是他们自命的,也是得到社会承认的。旧武侠小说虽也热火朝天,但自始至终为新文学所瞧不起,始终难登大雅之堂。当时自命为大雅的报纸和自命为大报的报纸,都不屑于刊登,武侠的读者,还缺少知识分子,而主要是下层的"识字分子"。当时武侠小说的地位,犹如流浪江湖的艺人,看的人虽多,却始终算不得名门正派。梁羽生、金庸的武侠小说一问世,局面顿时改观,各大报都以重金作稿酬,争相刊登,读者也普及到社会各个阶层,港、台、新、马,一时风起云涌,开创了武侠小说的一个新世纪。随后,关于武侠小说的专门研究也渐成热潮,与纯文学相比美。

梁羽生在评武侠方面也是大家。1966年香港《海光文艺》上发表过一篇署名佟硕之的《金庸梁羽生合论》,其实就是梁羽生所写。他说:"梁羽生是名士气味甚浓(中国式)的,而金庸则是现代的'洋才子'。梁羽生受中国传统文化(包括诗词、小说、历史等)的影响较深,而金庸接受西方文艺(包括电影)的影响则较重"。这个观点影响至今。

1977年,梁羽生在新加坡写作人协会讲《从文艺观点看武侠小说》,提出了"宁可无武,不可无侠"的观点。他还加入了中国作家协会,出席过中国作协第四次代表大会,会上慷慨陈词,为武侠小说的一席之地大声疾呼。有人为梁羽生作过一首诗:"金田有奇士,侠影说羽生。南国棋中意,东坡竹外情。横刀百岳峙,还剑一身轻。别有千秋业,文星料更明。""金田"是太平天国起义的金田村,就在他的家乡蒙山附近,"侠影"是《萍踪侠影录》,"棋中意"说他善于写棋话。"竹外情"取自苏东坡"宁可食无肉,不可居无竹",说梁羽生爱吃肉,而且爱吃肥肉,一反东坡诗意,正是"竹外"之情。"还剑"取自他的《还剑奇情录》,也说他金盆洗手,封刀挂剑,不写武侠了。"别有千秋业"说他准备写关于太平天国的历史小说。另外,正如上文所言,梁羽生在散文、杂文的创作上也有很深的造诣,曾与金庸、陈凡(百剑堂主)合著《三剑楼随笔》。

梁羽生曾为自己撰写了一副对联:"侠骨文心笑看云霄飘一羽,孤怀统揽曾经沧海慨平生",此联既含有书的名字,又在联尾暗嵌自己的名字,正是他一生淡泊名利的写照。

二 本土作家舒巷城与科幻小说大家倪匡

从50年代后期开始,香港本土作家崛起。由大陆南来的作家也逐渐适应香港社会,他们用自己的作品反映香港下层社会小人物的穷困生活和悲剧命运,于是出现了本土文学。

舒巷城(1921—1999),香港第一代本土作家、香港的"乡土作家"。原名王深泉,笔名王烙、邱江海等,祖籍广东惠阳,在香港出生、长大、接受教育。他从小兴趣广泛,尤喜文艺、音乐。抗战时期,就开始在茅盾主编的《立报》副刊《言林》上发表习作。1942年秋,他离开香港,只身赴内地,辗转于贵阳、昆明、越南、上海、东北、天津、北平、南京等地,直到1948年底才回到香港。他先后在商行、建筑公司、教育机构等任职,文学创作是他的业余爱好。他日间在写字楼工作,晚上从事文学创作,以自己的生活体验,写了不少以香港市民的苦乐生活为题材的短篇。因为,他从小接触过各种各样的小市民,对他们生活中的辛酸、快乐、哭与笑,非常熟悉,常常引起共鸣。他的主要作品有:短篇小说集《山上山下》、《曲巷恩仇》、《雾香港》、《伦敦的八月》等;长篇小说《再来的时候》、《太阳下山了》、《白兰花》、《巴黎两岸》、《艰苦的行程》;诗集《我的抒情诗》、《回声集》、《都市诗钞》;散文、随笔已结集的有《拜伦与爱情》、《灯下拾零》和《浅谈文学语言》等。

《太阳下山了》是舒巷城创作上的一个制高点。作品1961年连载于《南洋文艺》,后列入"南洋文艺丛书"之一出版,广州花城出版社再版时,改书名为《港岛大街的背后》。作者以40年代的香港社会为背景,以简洁、抒情的笔触深刻反映了西湾河一带穷苦人家的辛酸生活,字里行间流露出鲜明的香港地方色彩和浓郁的生活气息。小说的主人公林江,一个十几岁、沉迷于看小说的男孩,在成长过程中,经历了人生的生离死别,但他没有抱怨,也不沮丧,而是学着用爱心去关心亲人和朋友。其他人物还有林江养母梁玉银,她为了孩子、家庭,含辛茹苦;林江的养父林富成生意不景气直到堕入赌博酗酒的深渊,终被汽车辗死;写小说的张凡,颇具文才,生活陷于困顿,但仍坚持不写艳情、侦探之类……作者在塑造人物性格上颇见功力,人物富有个性、形象鲜明,读来如闻其声、如见其人。

在审美情感上,作品既有对现实的批判,也有冷静的观察,更多的则是通过主人公林江的奋斗,和周围的许多人对他的支持与帮助来展现普通百姓之间的温情和对生活的信心。作品从总的方面看有一种明朗的调子,在众多的香港小说中,这样的调子是不多见的。这也正是这部小说能给读者带来不同一般的审美感受的地方。

在艺术创作中,舒巷城孜孜以求。《巴黎两岸》充分体现了他的创新精神以及独特的艺术构思。作品通过青年画家西蒙的死,深刻揭示了巴黎两岸贫富的对立和艺术价值在商业社会中的扭曲,对那个冷酷无情的社会作了无声的控诉。小说围绕西蒙的死因而展开故事情节,但西蒙始终没有出现,他的生活经历完全借助于他的亲戚、朋友、爱人等人的议论、叙说、回忆、思念、眷恋一点一滴积聚起来完成的。作者采用多角度、多侧面的烘托、渲染等方法刻画人物,暗写西蒙,明写西蒙的亲戚、朋友、爱人,最后揭开西蒙之死的迷雾,可谓匠心独运。

《艰苦的行程》是一部有着独特价值的纪实小说。这部作品记述了作者于香港沦陷后,胸怀着报国之志、辗转漂泊于祖国大地的艰苦行程。小说避开对战争的正面描述,侧重写战争留下的灾难,写沿途的凄怆景色、难民的流离失所……成为折射中国40年代历史的一面镜子,在香港文学史上具有特殊的文学价值。

从艺术上看,舒巷城的小说没有太多刻意的技巧,无论是情节构思还是叙述方式,无论是表现手段还是语言风格,都讲究平实、单纯、明快和简练。作为地地道道的香港本土作家,舒巷城对香港社会有着深刻的了解和切身体验,尤其熟悉香港草根阶层的生活,他笔下的人物大都是下层百姓,他把自己的生活激情寄托在他所塑造的人物身上,同时,也把对香港的热爱表达了出来。因此,他的作品总是洋溢着健康、引人向善的格调。

作为一种文学类型,科幻小说出现在19世纪初。科幻小说应该具有科学性、幻想性和故事性三个特点。科学性是前提,但科幻小说毕竟不是对现有科学的演绎,还要有一定的幻想性,但这种幻想又必须建立在一种科学的可能上,故事性成为科幻小说进行情节的关联。这就要求作家要具有一定的科学知识、丰富的想象力,还要对生活有深切的体验和理解。香港的科幻小说产生于上个世纪50年代,最初偏重于科普介绍,随着现代科学技术的飞速发展,20世纪60年代以后,香港科幻小说开始盛行起来,尤其是倪匡的科幻小说源源不断地推入市场后,使得科幻小说在香港的大众文学中与"武侠"、"言情"三足鼎立,自成一派。

倪匡(1935—),原名倪亦明,后改名倪聪,另有笔名卫斯理、沙翁、岳川、魏力等。原籍浙江镇海,出生于上海。1957年辗转从大陆到达香港,先后当过染厂杂工、《真报》杂役、见习记者、记者、主笔。一步步辛勤耕耘,终于成为一位富有传奇色彩且风格多变怪异的名作家。他写作上是个多面手,单小说就包括侦探、科幻、神怪、武侠、言情各种。写作速度也十分惊人,每小时可写四、五千字,曾同时为 12 家报纸写连载。他以"卫斯理"的笔名写科幻小说,用"倪匡"的笔名写武侠小说,以"沙翁"的笔名写框框杂文,以"魏力"的笔名写侦探小说……他是香港最多产的作家。在香港,纯以写稿而致"富"的作家很少,倪匡是其中之一。因此,他自称是世界写汉字最多的人。1987 年,倪匡与梁小中(石人)、黄维梁、胡菊人等发起成立香港作家协会,并出任会长。90 年代初,倪匡移居美国三藩市新唐人埠。2012 年倪匡获得第 31 届香港金像奖终身成就奖。

倪匡的文学生涯始于武侠小说创作,先后发表了《女黑侠木兰花》、《浪子高达的故事》、《神仙手高飞的故事》、《六指琴魔》、《五伟屠龙》等作品。他还曾在金庸度假期间续写过《天龙八部》的部分章节。由于倪匡起笔较晚,很难在金庸、梁羽生之外再开辟出新的天地,在金庸的鼓励下,转入了科幻小说的创作。1963 年,以"卫斯理"为笔名,创作了第一部科幻小说《钻石花》,在《明报》连载。由此一发不可收拾,他走上了科幻小说创作的道路,一连写了《老猫》、《蓝血人》、《地图》、《天外金球》、《仙境》等几十部科幻小说,形成"卫斯理科幻小说系列",在港台大受欢迎,倪匡成为香港最负盛名的科幻小说作家。他被称为"香港四大才子之一",是亦舒的哥哥。倪匡的科幻小说、金庸的武侠小说、亦舒的言情小说并称为"香港文坛三大奇迹"。他兄妹二人占去两个,不能不说是香港文坛的又一奇迹。

倪匡的科幻小说明显地掺杂了武侠的成分,有时又近于侦探小说。他的作品大体上分为两种:一种是以卫斯理、白素为主角,着重对人性的描写;另一种以原振侠、黄娟为主角,较具幽秘气氛。他的小说情节曲折诡异,悬念迭起,具有非凡的想象力。他喜欢翻用一些传统的迷信素材,重新以科学的角度加以解释,令人耳目一新。最常见的是他爱用"外星人"来解释某些不可思议的事物。但他作品中的"外星人"观念,耐人寻味之处是带有一定的中国色彩,据他自己说,有些就是从《聊斋志异》这类中国传统小说中获得灵感的。而且,倪匡借"外星人"的描写,往往是为了对人性恶作出针砭,有强烈的自省、批判意识。

倪匡前期作品较注重情节推演,注重娱乐性。70 年代末开始,由于他的作品逐渐进入台湾文化市场,有意无意地受到台湾作家及读者的影响,变得较注重作品的思想性,尤其注重对于人性的思索。前期作品大都以卫斯理、白素为主角,后期大都以原振侠、黄娟为主角。《老猫》(又名《千年猫》)是前期作品中很有代表性的一部,1976年曾在台湾的《中国时报》副刊刊出,从此为他的科幻小说在台湾打开了市场。《老猫》的故事似乎怪诞不经,但却充满了人情味。一件寻常的案件引出天大的秘密:那只黑猫已有三千年的寿命,外星人的思想附在它身上。而张老头也是外星人,在八百年前到了地球,目的是要找附托于黑猫身上的外星人。小说的结局是在白素的帮助下,外星人与黑猫成功分解,和张老头一起回到了他们的故乡。在扑朔迷离的叙事中,作者不仅仅让读者享受到意料之外的"惊喜",更让人感觉到外星人与地球人之间、外星人与外星人之间的那种相互依恋、相互扶持的温馨。

倪匡的后期作品,对于人性刻画相当深刻,比如《无名发》,写A. B. C. D. 四个人从宇宙中某一星球被发配到地球来,原因是他们"有极强烈的罪恶因子,不适合该星球生活"。这四人就是人类的始祖,也是世界上最负盛名的宗教创始人。再如《标本》,写的是人和外星人的首度遭遇,即所谓的"第一次接触"。这类作品在西方比比皆是,但倪匡别出心裁,从外星人的角度来描写第一次接触。一直到最后,读者才恍然大悟,被当作标本的,原来正是自命为"万物之灵"的人类。对常规的思考立足点进行颠覆,换了一种全新的视角,提出的问题发人深省:"人类采集别的动物为标本,习以为常;如果别的动物采集人类为标本,又当如何呢?"这两篇小说都具有反讽色彩,对于人类自以为是的"灵性"、"崇高"等质素作了无情的解剖,提出了"人性恶"的严肃课题。

第四节 回归前后的香港文学

一 创作概述

1982年9月,中英开始就香港问题进行谈判。1984年12月19日,中英《关于香港问题的联合声明》在北京正式签定,并于1985年5月27日正式换文生效,香港开始进入为期12年的回归祖国的"过渡期"。这是中国历史上的重大事件,也是百多年来香港最大的一次政治变革,不能不在香港社会和世界上引起巨大的震动。一时间"九七"成为香港政治、经济、文化各界关注的焦点。

文学虽不似政治那样,也进入一个以"九七"为界限的"文学过渡期",但

"九七"对香港文学发展的影响,其深刻程度和深远意义绝不可低估。

1984年5月4日,香港中文大学的《中大学生报》和中大文社就联合举办了题为《九七的启示——中国·香港文学的出路》的座谈,最先敏锐感应"九七"问题,并直接切入香港文学与中国文学关系这一要旨。"联合声明"换文生效后,香港青年作者协会主办的《香港文艺》,又率先以《1997与香港文艺》为主题,采取问卷调查、座谈讨论、著文评论等方式,邀请了20位资深作家发表意见,处于过渡期的香港作家开始意识到自己作为中国人的身份,他们在赞扬或批评中国时,已不再站在第三者的立场,而多了一份投入的激情与承担的负重感。认识中国,关心"九七",渐渐成为不同流派香港作家的共同价值取向和创作题材。

整个"过渡期"的香港文学创作,大致经历了三个阶段。最初以反映社会不同阶层对待"九七"回归的反响和心态为主,表现出香港作家在重大历史事件面前被重新激发起来的政治热情。1983年2月,老作家刘以鬯发表了短篇小说《一九九七》,这是最早反映"九七"的作品。继后又有叶娓娜的《长廊》和陶然的《天平》,长篇小说则有梁锡华的《头上一片天》和《太平门内外》,陈浩泉的《香港九七》等。这些作品都从不同的角度反映了"九七"前夕香港的世态人心,在比较两种制度的优劣中,以爱国主义思想鼓舞港人把个人命运和祖国命运联系在一起,面对现实,增强信心,参与推动香港稳定繁荣地发展,这是这一时期文学创作的主流。主流之外,也出现了一些不和谐音符。如季子的中篇《一九九一》,以政治幻想小说的体裁预测香港未来的种种变化,臆想1991年大陆发生军事政变,大批军队南下,造成香港股市狂跌,社会动乱不安,最后以带有象征意味的世纪大厦的爆炸而将对香港回归的恐慌与仇恨推至极点。

在反映"九七"前夕社会世态民情的同时,一些作家进一步着眼于历史,希望从更广阔的背景上描写香港的社会变迁,表现香港遭受英国殖民统治的屈辱命运和与祖国母体密不可分的联系,从而揭示出香港回归的必然主题。它掀起了小说创作的一股忆旧浪潮,成为香港文学回归"九七"的更深入的另一个创作阶段,这类作品以施叔青的《香港三部曲》、《维多利亚俱乐部》、梁凤仪的《归航》等为代表。另外,还有海辛的长篇小说《塘西三代名花》、《庙街两妙族》,林荫的长篇小说《九龙寨烟云》等。

随着"九七"的日益临近,香港文学为迎接回归而展开的种种创作征文活动,便成为香港文学呼应"九七"回归的第三阶段。它以爱国主义为主题,反映了正在向"九七"迈进的香港社会现实,为正在实现的这一伟大历史时刻留下了珍贵的"档案"。

除了创作上的反应,"九七"还使香港作家的组合出现了新的波荡。一方面是"过渡期"的初期,少数作家由于对政策的不了解而缺乏信心,在一度出现的"移民潮"中也随波逐浪,移居海外。但这一状况很快出现了逆转,大部分作家并未离开,而因各种不同原因移居海外的作家,不少仍继续以香港作为自己的创作基地,或是重返香港或是往来频繁。另一方面,"过渡期"间香港涌现了数个带有全港性的文学社团并出版会刊,如"香港中华文化促进中心"(1985年3月),出版《中华文化》周刊;"龙香文学社"(1985年春),出版《香港作家报》;"香港文学研究会"(1986年9月),"香港作家协会"(1987年6月10日),"香港作家联会"(1988年1月31日),出版会刊《香港作家》;"香港文化艺术工作者联合会"(1990年),出版《香港文艺报》;1991年,岭南学院成立了"现代中文文学研究中心",出版《现代中文文学评论》等。这些文学社团,都以立足香港、团结各派作家、推动香港文学事业发展为宗旨,在政治上与香港的"回归"保持一致。尤其是"作联",以其宽广的襟怀团结了不同政治态度和艺术倾向的作家,开展各种旨在推动香港文学繁荣的活动,因此获得了广泛的支持和较快的发展。作协和作联是香港当代文学史上两个规模最大的文学社团。

香港回归前后的纯文学期刊和报纸副刊并不景气,但文化人的热忱与执著却令人感佩,其景况可用此起彼伏、前赴后继来形容。创刊于1985年1月的大型文学月刊《香港文学》是影响最大、令香港作家引以为荣的纯文学期刊。该刊由刘以鬯任社长兼总编辑,倡导文学革新,追踪世界华文文坛新热点,钩沉史料,撰稿者遍及五大洲,成为一本世界性华文文学杂志。该刊坚持不登媚俗文字,以其高水准、高格调、高品位深受好评。

"过渡期"香港文学发展的另一特点是与内地文化交流和文学交往日益密切。自70年代末就已开始的这一交流现象,在这一时期从四个方面得到加强:一是香港与内地作家互访的日益频繁,这是加深经过较长时间疏隔之后互相了解的主要渠道;二是香港与内地文学作品的互相出版得到加强,这就创造了一个"共享的文学空间",有益于中华文学在不同地域发展的互补与整合;三是加强了对两地文学的个别与整合的研究。既有大陆学者对香港文学的研究,又有香港学者对大陆文学的研究,还有两地学者从比较或整合的角度对香港和内地文学的综合研究;四是香港利用其特殊的地理位置和政治空间,成为沟通大陆与台湾、澳门文学以及海外华文文学的一个重要桥梁和中介。80年代后期成立的文学社团、创办的文学刊物,都意识到香港这一地域优势,而普遍以此作为自己创会或办刊的宗旨之一。较为活跃的有香港作联、香港文学世界联谊会等社团以及《香港文学》、《香港作家报》、《文学世界》、《当代诗坛》、

《香港文学报》、《世界中国诗刊》等。他们接待从大陆、台湾、澳门和海外各地过往香港的作家,召开包括这些地域作家和学者出席的文学研讨会,开辟专栏刊登这些不同地域作家的作品,使香港成为整合包括大陆、台湾、澳门文学和建构海外华文文学体系的一个重要阵地。

二 才女作家施叔青、钟晓阳、亦舒、梁凤仪

施叔青(1945—),出生于台湾的古城鹿港。她是著名的施家三姐妹之一,另外两个是大姐施淑女(施淑)和小妹施淑端(李昂)。在充满书香氛围的家庭里,施叔青从小就受到了良好的文学熏陶。中学时代,受在大学中文系读书的姐姐的影响,开始尝试文学创作。高二那年,17 岁的施叔青在《现代文学》杂志上发表了第一篇小说《壁虎》,极具现代派倾向,受到好评,自此走上创作道路。淡江大学外文系毕业后留美专攻戏剧,在曼哈顿获纽约市立大学戏剧硕士学位后回台湾,在政治大学讲授西方戏剧,并从事传统戏曲研究。1978 年随丈夫移居香港,任香港艺术中心亚洲节目部策划主任,后辞职专门从事写作。1994 年,她离开香港回台湾,2000 年底又把家搬到纽约曼哈顿。施叔青的社会经历既丰富又带有局限。她的独特经历导致了一种少有的人生体验:即多种文化和不同社会环境对心灵所造成的撞击。

施叔青到香港后,先是以短篇小说起步,创作了《香港的故事》系列小说。系列小说大都涉及环境适应的主题,小说的主人公常常带有浓重的文化气息,他(她)们或者喜欢中国字画(《愫细怨》),或者热衷于瓷器收藏(《窑变》),或者是京剧演员科班出身(《票房》),或者迷恋于苏州评弹和盆景艺术(《情探》)……但是作者又偏偏把这些在精神生活上充满高尚追求的人物,放在香港这个世俗氛围过于浓烈的商业化都市中,因此出现了对自身文化身份在认定上的困难。适应的主题代表了施叔青对香港最初步的体验和认识。"故事"广受好评,后结集成书出版。在施叔青的"故事"里,看不到英雄,也极少遇见卑鄙无耻的歹徒,从而揭示出现实生活中的人,有善的一面,也有恶的一面。系列小说中的主要人物,无论男女,无论属于哪个阶级、阶层,都有一种共同的心态,那就是深深的、难以排遣的孤寂,和由此而来的苦闷、挣扎、悲观。施叔青孜孜不倦地为自己作品特定的内容寻找最适合的表现形式。香港生活节奏快,信息量大,长篇小说固然有容量大的优势,然而创作周期较长,不大容易为现实写照;短篇小说出手快,但容量毕竟有限。系列短篇小说可兼具长、短篇小说的优势,弥补二者的缺憾,堪称反映香港社会生活高明而适宜的艺术形

式。施叔青这一系列"故事"展现了一幅幅多姿多彩的香港生活场景,显现出一种多层次、多方位、多侧面的"立体交叉"型构筑。

显示施叔青创作上超越的是另一个系列小说——《香港三部曲》。根据她的自述,这个系列小说的构成首先是缘自其另一部长篇小说《维多利亚俱乐部》。在广泛收集和接触历史材料的基础上,施叔青开始着手创作了三部曲的第一部《她名叫蝴蝶》。这部小说以一个东莞农家女子黄得云被绑架到香港为妓、并与洁净局代理帮办亚当·史密斯结了一段露水姻缘来展开香港开埠之初的历史画面。然而在《她名叫蝴蝶》和《维多利亚俱乐部》之间却相隔了几十年的时间,有点衔接不上,作者便又从《她名叫蝴蝶》继续往下写,于是就有了第二部《遍山洋紫荆》、第三部《寂寞云园》。《香港三部曲》再加上从年代、人物和事件上都相连续的《维多利亚俱乐部》,基本上描画出了香港由开埠直至"九七"回归的百年历史。这个系列的成书过程颇为耐人寻味,表面上看来作者的构思似乎不十分自觉,似乎只是为了追寻人物的家谱而不期然地闯入,但这恰恰表明了施叔青在试图深化对香港现实的认识时,其或迟或早总是要触及到它的历史这个富有必然性的过程。也就是说,要想更进一步地认识香港的今天就很难回避香港的历史。这样,一个很偶然的追溯人物血统和家谱的创作步骤,却成就了一部具有史诗规模、相当有气魄和力度的《香港三部曲》。勿庸置疑,《香港三部曲》堪称是香港当代文学中一部相当重要的作品。这不仅表现在它试图概括香港百年历史的那种勃勃雄心,也表现在历史还原的真实和细致,更重要的是表现在人物命运和人物纠葛中所展示出来的概括的广度和深度,特别是她把主要的情节都交织在华洋杂处、以及由此而建立起来的复杂关系,表现其间既互相融合又互相冲突,并在此基础上使香港和处身其中的香港人不断发展的过程,可以说是非常准确地抓住了香港社会的一个本质的方面。在写出了《香港的故事》后,施叔青的创作并没有超出其他的外来作家和南来的作家太多,但在写出《香港三部曲》之后,施叔青必将跻身于香港最重要的作家之列,特别是"九七"香港回归祖国,她的这部展现香港百年历史、为香港百年立传的长篇,更显得具有很强的现实意义。

钟晓阳(1962—),原籍广东梅县,出生于广州,同年随父母定居香港。1981年从圣玛丽亚英文书院毕业后赴美留学,毕业于密西根大学电影系。在相对后起的香港女作家中,钟晓阳是有突出才华的一个、香港第二代本土作家中的佼佼者,她属于那种早熟型的作家。十三四岁便开始写作,曾多次荣获"中文文学奖"和"青年文学奖"。18岁创作的长篇小说《停车暂借问》,问世后轰动香港文坛,同年获得香港第八届青年文学奖散文奖高级组第一名及第二届中文文学奖第一名。主要作品结集有《停车暂借问》、《春在绿芜中》、《流年》、《爱妻》、《哀歌》、《普通的生活》、《燃烧之后》等。

钟晓阳的创作，主要以爱情婚姻为题材。如《二段琴》叙说了一个穷苦出生的青年二胡琴师莫非的爱情故事，《哀歌》中的"我"深深爱着那位商业渔夫，最终未能结为夫妻而留下永久缺憾。作品叙述的都是男女主人以真挚相恋开始，以悲剧结束，其艺术魅力也正在于此。随着时间推移，钟晓阳的创作视野有所突破：如中篇小说《唤真真》表现年轻人对前途的选择；《荔枝熟》表现迁居的一对兄妹梦想破灭；《良宵》则写新婚之夜的复古游戏。1995年出版的长篇小说《遗恨传奇》，拓展了原有的婚恋题材，描写了香港豪门的情仇故事。作品人物众多，情节曲折，在广泛的社会背景上展开了复杂的矛盾冲突，标志着作家创作的新起点。

《停车暂借问》是钟晓阳的第一部长篇小说，也是她的成名作。这部在时间和空间的跨度上都相当大的小说，显示了钟晓阳在创作上的才华。小说叙述了女主人公东北少女赵宁静的两次爱情故事，从四十年代写到六十年代，从东北写到香港，活灵活现地展示了40年代东北的社会面貌，诸如风光地貌、民俗人情、生活方式、方言土语，这一切和她自身的生活经历相去甚远，由此更充分显露了她把握和表现写作对象的本领。小说共分三部：第一部《妾住长城外》，写赵宁静爱上了一个日本青年，但因为日本投降，这爱便过于匆忙地结束了。第二部《停车暂借问》是全书的重点，赵宁静一方面爱上了母亲那边的亲戚林爽然，一方面又迫于家庭的压力和父亲生意上伙伴的儿子熊应生定了亲。后来林爽然南下上海，不久赵宁静也随着熊家到了上海，由于生意上的困境，熊家设计陷害林爽然，赵宁静得知真相，便毅然离开熊家回到了东北。第三部《却遗枕函泪》，写的是十五年后，已是熊应生太太的赵宁静在香港偶然遇上林爽然，两个人旧情复燃，但林爽然虽然仍爱着赵宁静，而且仍未结婚，却担心自己不能给赵宁静更多物质生活上的依靠，当赵宁静和熊应生分手后，林爽然却远离香港到美国去了。赵宁静一生对爱情的苦苦追求最终换来的却是这样一个无言的结局。

《停车暂借问》基本上还是言情小说的框架。之所以能引起相当大的反响，主要有几个方面的原因：一是小说在人物的性格和心理的刻画上，在人物之间的关系、特别是爱情关系的刻画上，显示出了与十八岁的年龄极不相称的功力，特别是男女之间那种互相试探又互相期待、互相迎合又互相征服的内心较量，是小说最生动的方面。二是小说的语言描写，一方面是对40年代的东北环境作相当有意味的还原；一方面是营造了一种细腻而又凄婉的抒情性的氛围,有力地烘托了小说人物的悲剧性命运。这部作品也震惊了台湾文坛,成为当时台湾十大畅销书之一,台湾地区著名的纯文学杂志"三三文集"随即引进该书出版,马上又在宝岛红极一时,并于2001年被改编为电影,又名《烟雨红颜》。

爱情、婚姻、家庭是钟晓阳小说创作的主要题材,但在对待爱情、婚姻、家庭问题时,钟晓阳选取了一个崭新的表现视角:现代人在现代生活、现代社会下爱情的残缺与失落。钟晓阳既不怀疑人世间有真爱情,也不把爱情理想化、梦幻化。她作品中的人物,总是一生一次恋情,一人一个目标,一旦相爱总是那么缠绵、执着,然而最终总是好梦难圆、残缺不全。一切都得随缘,这就是钟晓阳的爱情观。她早期的作品,主要是审视与反思女性深层的传统意识,展示留存于妇女身上的弱点。如《停车暂借问》中的主人公赵宁静敢于追求婚姻自由,思想较新潮,但当她得知林爽然已订婚,尽管林爽然是被迫的,她仍把心中的爱扼杀了,因为她不能摆脱林爽然未婚妻的影子,这说明赵宁静内心仍然受着旧思想观念的束缚。在稍后的作品里,作者则侧重于揭示环境压迫及各种复杂关系的制约。如《流年》中的江潮信对俞爱伦没有真正的爱,回港后他曾告诫自己不要受俞家恩惠太深,然而当他找职业时又不得不接受俞家的帮助,并深深为俞家优裕的物质条件所吸引,于是他欲罢不能。

钟晓阳是香港第二代本土作家中的佼佼者。虽然她沐浴着香港这个国际都会的晨风暮雨长大,行笔之间却极少香港作家的地域特色,相反,她颇有几分台湾作家的气息。她的小说艺术深受张爱玲的影响,尤其在文字运用、气氛渲染、意象营造、背景淡化等方面,更见张爱玲的痕迹。她作品的风格和张爱玲很近似,都是低沉哀婉,她笔下的世界是一个"灰青土冷的世界"。她深得张爱玲的精髓,冷眼看世情,聪明糊涂心,中国古典诗词和小说对她影响颇深,西方文学潮流在她身上印痕不多。她笔下的主人公多是深宅大院的闺秀、生活底层漂泊的贫民、不知明日该往何处去的青春少年,较少都市白领和商界名女人。她走笔行文沉静娟秀清明沧桑,不见港式女作家惯常的犀利泼辣,当作品中男女主人公爱得如痴如醉时,她并没用激越的文字、高昂的情趣去刺激读者,以获得廉价的共鸣,而是在低回轻叹的柔曼旋律中诉说一个个忧郁、哀伤的爱情故事。但她和张爱玲的作品在思想内涵上有着本质的不同,张爱玲的作品是对人性恶的张扬,钟晓阳则展示人性善。

亦舒(1946—),原名倪亦舒,另有笔名梅峰、依莎贝和玫瑰等,原籍浙江镇海,出生于上海,5岁移居香港,是科幻小说家倪匡的妹妹。他们两兄妹加上金庸被认为是"香港文坛三大奇迹"。金庸创作流行武侠小说,倪匡创作流行科幻小说,亦舒创作流行言情小说。

亦舒早在14岁就写了第一篇小说《暑假过去了》,刊登在环球出版社的《西点》杂志上,此后经常为《中国学生周报》写稿。1963年出版第一部小说集《甜呓》,中学毕业后任《明报》记者,1973年赴英国曼彻斯特留学,修读酒店食物管理课程,毕业后返港先后任职酒店公关部、港府新闻处新闻官员、电视台编剧等,后为专业作家,现移居加拿大。

在香港,亦舒是家喻户晓的高产作家,至20世纪90年代末,香港天地图书有限公司出版的亦舒系列已逾183种,其中散文集88种,长篇和中短篇小说集62种。亦舒的作品是介于通俗文学与严肃文学、言情小说、世情小说之间的一种中间文学,她小说强烈的现实性,反映了香港都市生活以及现代都市人的心态,代表作是《玫瑰的故事》、《喜宝》、《朝花夕拾》等。她的多部作品,包括《玫瑰的故事》等,亦曾改编为电影。亦舒的作品以情节取胜,故事往往跌宕起伏,环环相扣,结局受欧·亨利的影响,常常出乎意料,富有传奇色彩。在语言形式上,亦舒小说都是以一两句话为一个段落:跳跃性大,节奏感强,这和香港惜时如金的紧张生活很吻合。她更具有敏锐的观察力与触觉,有擅于将平凡的字眼变成奇句的才华。她的写作正如她的人,麻利、泼辣,而又快又多,即使换上十个笔名,读者也很容易一下子从作品中把她辨认出来。

亦舒的小说,大体上都可归为爱情小说。可她对爱情又持怀疑态度,她认为永恒、纯真的爱情不过是美丽的童话。因此,她小说故事的结尾,大多是不如意的。这就形成了她作品的一个明显的特色:活生生的真实,没有梦,但是有眼泪;没有幻想,但是仍有浪漫。亦舒笔下的爱情故事,没有沿袭"灰姑娘"的童话模式,也不编造现代"神话",更不耽于情感漫游的梦幻之中,而是直面竞争激烈的现实人生。《我的前半生》、《我们不是天使》、《独身女人》等都属于这一类型的作品,透过爱情故事,诱发读者对社会、人生的思考。

亦舒的小说,着力描写女性形象,她将自己的情感体现与生命体验都融入自己的作品中。她以写实的技巧,将女性的命运、心理、生理以及欲望追求与人生遭遇真实的反映出来。她笔下的爱情与传统的言情小说相比少了那种浪漫的情怀,更关注实实在在的东西,她笔下的女性形象也抛弃了男权社会附加在女性身上的从属意识,以自身的需要和价值取向决定自己的行为。因此,她的小说并不是简单地讲述男女间爱情的游戏,而是通过爱情题材,找寻都市女性生存的价值,以自身的女性视角,反映了都市中各类女性面对婚姻爱情的态度以及游走于传统与现代之间的生活方式,以平淡的笔调写出了女性生存的困惑以及都市生存背负的辛酸与落寞。

长篇小说《喜宝》中的姜喜宝,父亲在她不满周岁的时候便抛弃了她和母亲,喜宝从那时开始与收入微薄的母亲相依为命,饱经生活的磨难。21岁那年,凭着自己的聪明才智和勤奋努力考上了十分有名的剑桥圣三一学院,为了维持生活,不得不与自己轻视的人同居。在假期回港的飞机上,遇见了富家千金勖聪慧,在为下学期学费发愁的时候,得到了勖聪慧父亲勖存姿的资助,喜宝选择了"堕落"。但小说中,喜宝并没有对命运屈从,"我不怪社会,社会没有对我不起,这是我自己的决定",在这样的一场交易中,她要以今日的卑贱换取日后的高贵。但即便如此,在爱情面前,她仍需要自尊。当勖存姿说"也不止是物质,情感上我还是依赖你的。你为什么不能爱我",姜喜宝的回答是"我在等你先爱我"。勖存姿慷慨地满足了她一切的物质需要,她认为他是世上唯一爱护她的人,最终以爱的名义,完成了自己最大的理想,在拥有青春的时候,同时拥有可以随意支配的庞大的金钱,过自己想要的生活。

《玫瑰的故事》是亦舒笔下最长的一篇小说。内容方面,除主要叙述一个美丽到了罕见地步的美女一生的爱情故事外,并描述各种各样男女的情爱、各种不同性格的男女对情爱采取不同的处理态度,可以称之为"情爱宝鉴"。

亦舒可说是一个女权主义者。她在作品中描述了独到的、真实的女性经验,将女性的命运、她们的心理和生理,以及其他种种有关的欲望追求和经历遭遇,真实而自然地反映出来;并在对男性霸权主义进行批判之后,对乐于与女性"合作"、与之站在同一地平线上的男性予以接纳和赞扬,从而使她的"性别歧视"显得较为温和。

亦舒最擅长的是运用第一人称写作,揉合白描、象征、巧合、悬疑、反讽和蒙太奇诸种手法,变化多端,生动有趣,确实做到了让人物的心理自由与情感自抒相互交融;并时常用旁敲侧击法和比较法去描写人物,扩大叙事空间,推动情节向纵深发展。她的语言很有特色,简洁、凝炼,并不多用华美的词藻,也不刻意雕饰,而是善于排列组合,以短句短段不分章节的结构形式和快速跳跃的行文取胜,往往于短短的句式中,揉合了许多因素。她的作品极少刻画、描写,多为棱角分明、个性化的对话,加上笔调俏皮犀利,对人物灵魂的揭示,亦庄亦谐,一针见血,对社会的抨击直率无忌,痛快淋漓,读来脍炙人口。

梁凤仪(1949—),原籍广东新会,出生于香港。她曾在香港和英美等地修读过文学、哲学、图书馆学及戏剧学,1985获香港中文大学博士学位。1986年开始为报刊撰写专栏,迄今共出版小说、散文及其他实用丛书100多种。梁凤仪的小说多以香港风云变幻的商界为背景,以"人情+爱情+商情"的情节结构小说,以自立奋斗的女强人为主人公,以缠绵悱恻的爱情故事为中心情节,并将财经知识和经营管理知识融于悲欢离合之中,较为广阔地反映了香港工商界、经贸界、金融界的云诡波谲、惊心动魄的画面,描绘了经济领域内斗争的复杂性与残酷性,创造出与以往言情小说风格迥异的"财经小说"系列,为当今香港小说增添了新品种。在作品中,她塑造了一大批自立、自主、自信、自强的女强人形象,展示了现代都市另一种女性的风采。这样的财经小说,题材新颖,别开生面,具有开拓性的意义。她的作品自问世后便畅销不衰,并在大陆、台湾、加拿大、东南亚等地拥有大量读者,以至在20世纪90年代中期产生了所谓"梁凤仪现象"。她曾荣获香港市政局、香港艺术家联盟联合主办的1991年度最佳作家大奖。1993年,香港市场调查公司报告,评定她是香港三大畅销作家之一。1992年5月,梁凤仪托人将她的几本财经小说带到了内地的人民文学出版社。几个月后,内地推出了梁凤仪的《醉红尘》、《花魁劫》、《豪门惊梦》三部长篇小说。1994年11月24日,广州暨南大学专门召开了"梁凤仪现象"研讨会。

  之所以取得如此成就,和她的经历有很大关系。梁凤仪是香港工商界和出版界颇有建树的女强人。她大学毕业后,只身闯荡商界,从担任香港电视节目监制到任永固纸业集团董事及勤+缘出版社董事、总经理,曾先后在香港证券、银行集团投资公司及联合交易所等多家工商金融机构任职,经历了艰苦的拼搏创业过程,在成功和失败的经历中她获得了深切的人生体会和丰富的从商经验,而且对商界内情、人情世故、各种层次的人都有仔细的观察和了解,因此,她写起香港财经界的生活和斗争就显得得心应手,她笔下的商界女强人就显得血肉丰满、风采照人。这些时代女强人形象,一扫香港文坛上闺门怨妇和纯情少女的柔弱气息,令人耳目一新,如《信是有缘》中的阮楚翘、《花魁劫》中的小三等。女性要求独立的反叛意识以及财经背景、女强人爱情故事的传奇性是梁凤仪小说的卖点所在。她写女强人,最常用的是"先抑后扬"的艺术手法,从她们的变化过程中去探讨和重新认识女性在现代社会中的价值和作用。女主人公由惨遭不幸到成功,就把普通人现实生活中难以实现的理想,在小说中延续、实现,从而赢得了市民读者的喜爱。因此,她的财经小说具有大众性、通俗性、娱乐消遣性、传奇性等流行小说的美学特征,更兼有纯文学严肃主题的探索。

  还值得一提的是,梁凤仪的小说着重反映的是香港回归祖国前这一特定时期、特定环境的社会生活,带有强烈的民族自尊心和自豪感。她的作品不仅反映了"过渡期"整个香港社会心态的"无序"与"悬空"状态的某些侧面,如移民风潮、投资策略等,更明确表达了日渐浓厚的家国观念。

《归航》是梁凤仪为庆贺香港回归撰写的长篇历史小说,故事自1838年写起,到1997年7月1日凌晨香港回归为止。全书约100万字,共分六卷,前三卷为《日落紫禁城》、《西风逐晚霞》、《篱下的岁月》,描述了香港第一代人如何在香港被英国占领的过程中和统治下,艰苦奋斗、不屈不挠进行斗争的故事;后三卷《沧波万里风》、《深情似往时》、《冲上九重天》写的是香港第五、六代人在香港回归的过渡期内爱港爱国、投资国内报效祖国的故事,并对一些偏袒英国势力,做出有损民族自尊与民生安定的人提出了指控。《归航》是第一部由香港作家撰写的香港历史题材的小说。作者为我们展现了香港150年的风云变幻和历史沧桑,在铺展和演义历史事件、描绘和塑造历史人物中,礼赞了中华民族虽历经屈辱却生生不息、虽历经磨难却抗争不已的民族豪情。小说注入纯文学因素,并穿插了一系列浪漫爱情故事,使《归航》成为一部颇具历史沧桑感、相当有分量的长篇历史小说。由"财经小说"到"历史小说",《归航》的问世应该说是梁凤仪创作生涯中的重要跨越和重大突破。

第五节　澳门文学的发展与回归

一　澳门文学的历史和现状

澳门位于中国南海之滨,珠江口西侧,毗连广东省珠海市,东侧与香港隔海相望,别名濠镜、香山澳,包括澳门半岛、氹仔岛和路环岛。澳门自古以来就是中国的领土,公元前三世纪,秦始皇统一六国就将澳门作为海南郡之一部而纳入中国版图。1553年葡萄牙人通过贿赂广东地方官吏得以在澳门码头停靠船舶进行贸易。1557年葡萄牙人侵入并开始聚居澳门。1840年鸦片战争后,葡人趁清政府战败,宣布澳门为自由港,赶走清政府官员,占领澳门半岛,并相继占领氹仔岛和路环岛。1887年,葡萄牙政府迫使清政府先后签订了《中葡会议草约》和《中葡北京条约》,其中规定"葡国永驻管理澳门以及属澳之地,与葡国治理他处无异",以后葡一直占领澳门。1979年中葡建交时,葡承认澳门是中国的领土。1987年4月13日中葡两国政府签署《中华人民共和国政府和葡萄牙共和国政府关于澳门问题的联合声明》,明确规定中国将于1999年12月20日对澳门恢复行使主权,设立澳门特别行政区。

澳门在历史上也有辉煌的一页。澳门是中国最早的开放城市,有"海上丝绸之路"之称。400多年前,澳门被历史的机遇推到中西文化交流的前沿,成为中西方文化相互了解的第一个窗口,也成为中西方文化交汇的一个节点。意大利的利玛窦、法国的金尼阁、德国的汤若望、葡萄牙的徐日升、比利时的南怀仁等大批传教士,都是通过澳门进入中国内地的。他们一方面把西方的数学、天文学、物理学、医学、建筑学、语言学、哲学以及艺术等介绍给中国,改变了中国传统知识分子崇尚空谈的玄学之风,使明清的经世致用之风气开始盛行;另一方面又通过对中国古代典籍的翻译,将中国古代哲学、自然神观和重农思想介绍到西方,这直接影响了德国的古典哲学思想和法国哲学的无神论、唯物论和民本思想,也影响到英国经济学家亚当·斯密的《国富论》。厚重的历史文化积淀,将澳门造就成了一个富有特殊的文化意蕴的活标本。因此,澳门文化呈现出岭南文化、妈祖文化、葡萄牙文化、中国文化等多元文化特征。

澳门是中国的领土,澳门文学当然也是中国文学的一个组成部分,其意义与香港文学、台湾文学相同对等。对于澳门文学与中国文学的关系,澳门资深作家李鹏翥曾明确地指出:"澳门文学根须是从我们伟大祖国的文学树干伸延出来的。"澳门文学作为中国文学母体主干的一个分枝,具有鲜明的中华民族的民族性。文学作品的文学性,首先表现在展现民族生活方式,描绘富有民族色彩的风俗画上。澳门文学在描写风土人情、世态习俗、习惯势力和社会伦理等方面,具有中华民族色彩。中国传统的人伦关系及家庭的温馨,是澳门作品常涉及的题材。

澳门文学的分期大致也可以"五四"运动为分界线。前期为旧文学即澳门的古代文学,之后则为澳门的新文学。

(一) 澳门旧文学

澳门旧文学要上溯到明末清初,如果从葡萄牙人占领澳门算起,从那时到本世纪30年代可称为澳门旧文学。据韩国全北大学中文系客座副教授李德超在《中国文学之发展概况》一文统计:与澳门文学有涉的作家作品,清至鸦片战争前有48人、186篇;鸦片战争后至辛亥革命前有52人、40篇;民国成立以后有36人、100篇。

最早的澳门文学,是内地来到澳门的作家创作的。早期在澳门留下诗作的是明代著名戏剧家汤显祖。他于万历十八年(1590)因上书弹劾大学士申时行而被贬官为广东徐闻典史,次年赴任途中特意拐道香山(今中山市)在澳门(辖属香山)作短暂游历。当时,他身患疟疾,欲到澳门向贾胡求灵药,于是写下了《香澳逢贾胡》、《听香山译者之一》、《听香山译者之二》、《香山验香所采香口号》、《南海江》等诗篇,对当时澳门的风物人情及华夷贸易等均有所反映。

后来他还把"番鬼"(洋商人)、"通事"(翻译官)写进传奇《牡丹亭》。这是关于"香山澳"最早的文学记录,也是记载澳门中西交往的最早文献之一。而比汤显祖早 30 多年的葡国大诗人卡蒙斯,也曾随船队来到澳门南湾的白鸽巢上,在几块岩石垒成的洞内写下了八千八百多行的长诗《葡国魂》,由此被文学史家称作"葡萄牙文学之父"。汤显祖与卡蒙斯一个来自东方,一个来自西方,他们在四分之一世纪内相继与澳门结下文学因缘,澳门文学史于是有了极富象征意义的开端。明崇祯年间,澳门禅院的大汕和尚能诗擅画,著有《离六堂集》和《海外记事》六卷,堪称澳门文学的开山祖师。明末清初一批反清避难来到澳门的文化人,在澳门也留下了文学墨迹。据史料记载,南来澳门的骚人墨客数以百计,其中著名的有方凯恺、屈大均、印光正、何绍基、康有为、丘逢甲、梁启超等,他们都为澳门留有诗词佳作。清末民初,孙中山曾以澳门为反袁基地,而前清遗老、遗民诗人,相继来澳,加之后来军阀混战,来澳避居者大增,其中不少名士、学者和艺术家,如前清遗民诗人汪兆铨、汪兆镛等,他们也留下不少关于澳门的诗词佳作。

综上所述,从 16 世纪至 20 世纪初期中国古代文学在澳门的发展过程,可以看到大都是以古典诗词为表现形式,而每当内地改朝换代之际,澳门就成了不少文人名士的避居之所,他们的诗作大都充满着悲痛情怀的故国之思,或者歌咏澳门胜迹风光以及在澳门所见到的西洋民俗风情。澳门作家历来流动性大,流寓作家的作品成了主体,也就是说澳门旧文学的作者以"过客"为主体,直至民国以后,本土化和土生土长的作家才开始生成发展起来。

(二)澳门新文学

由于地处偏僻,澳门旧文学影响力很强,而新文学则发展迟缓,即便"五四"新文学运动,澳门也几乎没有什么回应。澳门的新文学虽然仍以"五四"新文化运动为起点,但却是明显地滞后了近十年。就在包括台湾、香港整个中华大地新文学浪潮风起云涌之际,澳门却由冯印雪、冯秋雪兄弟等人创立了第一个旧体诗社——雪社,而且成绩斐然,在澳门这块"文化荒漠瘠土"上大放异彩。这也说明中国古典诗词在澳门根基之深,而又因地处僻远导致的信息之不灵。直到"九·一八"之后,在抗日浪潮的推动下,特别是广州和香港相继沦陷、穗港一批文化人转来澳门,随着抗日救亡运动的展开,澳门的新文学运动才逐步发展起来。最早是爱国人士陈少俊先生从日本回来,开设第一间供应文艺书刊的"小小书店"。著名学者缪朗山教授,组织过多次专题报告会,辅导青年阅读爱国文艺作品。这可看做是澳门新文学的开端。

澳门新文学从 20 世纪 30 年代发展至今,大体经历了三个时期:草创的三四十年代、沉寂的五十至七十年代、繁荣兴盛的八九十年代。

草创的三四十年代。那时内地大批文化人为避战祸转入香港时,也曾在澳门小住,如茅盾、张天翼、于逢、夏衍、端木蕻良、杜埃、秦牧、华嘉、紫风等。他们的南下,除扶持了不少文学青年成长外,还给澳门文学注入了反帝反封建的爱国主义优良传统。这些人对澳门本土文化教育界人士追求进步起了一定的推动作用,也促进了澳门新文学的发展。一些救亡文艺团体"起来读书会"、"大众歌咏团"、"前锋剧社"、"晓钟剧社"、"绿光剧社"等纷纷成立,演话剧,唱救亡歌曲,创作文艺作品,进行抗日救亡的宣传工作。

30年代后期,几家报纸副刊如《大众晚报》、《华侨报》、《学生报》都发表有关抗战题材的作品。当时的报纸副刊还连载通俗小说,如言情小说《温柔滋味》、武侠小说《芝加哥杀人王》、侦探小说《侦缉王》等。30年代末,诗人蔚荫发表了长诗《在街上》,有5部687行,批判了当时社会的种种丑恶现象,表达了对光明和美好的渴求,这首诗至今仍是澳门新诗史上最长的一首诗。1941年太平洋战争期间,澳门先后出现了"艺联剧团"和"中流剧团",进行半职业性演出,由于当时电影片源中断,故演出上座率颇高。剧作《明末遗恨》以古鉴今,鼓舞人民爱国救亡,演出大获成功。

在祖国内地大片土地以及香港均沦陷后,大批爱国志士文人避难于澳门,他们运用手中之笔宣传抗日,创作了不少深受民众欢迎的抗战诗篇、剧作和散文,这成为战火环绕中的澳门的一大文学景观。这种"避难文学"(姑妄称之,欠妥)较之历代来澳避难的文人感怀身世的文学现象有着本质的不同。尽管这种文学尚处萌芽状态,较稚嫩,但毕竟是一种开始、一种转机,是充满着爱国民族精神的,它推动了澳门新文学的发展,具有深远的历史意义和时代意义。抗战胜利后,作家茅盾、张天翼、于逢都曾来澳门小住,但整个40年代,澳门文坛比较沉寂。澳门新文学的发轫期有以下几个特点:第一,直接受到祖国"五四"新文学的影响,作家来去自由,澳门与内地文化交流密切;第二,抗战期间,澳门文学与内地相呼应,许多文艺界知名人士来澳门宣传抗战文艺。

沉寂的五十至七十年代。抗战胜利后,由于内地和香港文人的离去,澳门新文学在一度热闹之后又一度归于沉寂。新中国成立后,由于意识形态的差异,内地作家不能自由往来,加之澳门本土相对封闭,作家队伍单薄,出版事业不发达,文学园地较少,使得这一时期澳门的文学发展缓慢,即使这样,澳门文学仍然在进行着探索。1950年创刊的只有4开的小型报纸《新园地》为社团出版的文学性期刊,培养了梅萼华等一批文学新秀。同年创办的《学联报》也开辟有创作栏目,夏茵、鲁茂、胡培周都为这家刊物写短篇小说。1958年,《澳门日报》创刊,其综合性副刊仍用《新园地》。副刊首先连载了香港著名作家阮朗的小说《关闸》,同时还注重发表短篇小说。1963至1964年出版有《红豆》期刊14期,这是澳门首次出现的新文学期刊。这期间,诗人余君慧、李丹、汪浩瀚、江思扬都开始崭露头角。70年代,《澳门日报》、澳门归侨总会、中华总商会都曾举办过文学讲座,阮朗就曾到澳作讲演。澳门从1950年一直到1985年,在这长达36年的时间里,没有一本公开发行的文学杂志。正是由于澳门社会对文化建设的偏失,文学仍处于一种孤苦无援的摸索阶段。由于发表园地不足,促使澳门文学青年将稿件投到香港发表。当时香港的《文艺世纪》、《海洋文艺》、《伴侣》、《当代文艺》等刊物,经常发表澳门作者的作品。据统计,二十年间澳门过海在香港发表作品的作者有雪山草、李丹、隐兰、陶里、江思扬、汪浩瀚、韩牧(诗作)、李涤非、李心言、金予、江映闻(散文)、楚阳、楚山孤、锷未残、游静萍、谢草园(小说)等三十多人,他们大部分已成为今日澳门文学的中坚,这就形成了一种特殊的文学现象——"离岸文学"(即到澳门以外地区去发表作品)和"离岸作家"(移居香港或海外但仍保持与澳门密切关系的澳门作家)。凌钝把这些作品编为《澳门离岸文学拾遗》一套上、下册两册,收有新诗、散文和短篇小说。1995年5月由澳门基金会作为《濠江丛刊》的一种出版。

这一时期,澳门文学思潮更多的是与内地保持着密切联系,关注社会人生的写实主义是文学的主导。因而,"文革"时期,澳门文学也不同程度地受到极左文艺思潮影响,致使澳门文学日渐萧条,惟报纸副刊的连载小说和"框框"短文成为澳门作家广泛尝试的文体,这多少显现出澳门都市文学的一点光彩。

繁荣兴盛的八九十年代。1979年,中国和葡萄牙建立外交关系,中国大陆实行改革开放政策,人的思想解放,自我意识复苏,精神个性的意识强化,对澳门文学的发展起了很大的推动作用。随着与内地经济文化交流的日益频繁密切,中资机构的介入大大刺激了澳门的经济,大量的新移民从内地、东南亚各国移居澳门,给澳门带来了新的思想,澳门固有的文化秩序产生松动,社会经济也已复苏,原有家族式的手工业开始慢慢地改变为半工业性质的转型,使澳门经济空前发展,也给文学发展带来十分良好的契机,使澳门文学走上自觉发展之路。于是,就有了本土文学资料的追寻、澳门文学的澳门性探索,各种文学座谈会、研讨会的召开,以及文学刊物、社团的创办等一系列引人注目的文学事件。

文化开放和移民潮对澳门文学产生了重大影响。1983年《澳门日报》开设了澳门历史上第一个文学周刊《镜海》。之后,《华侨日报》、《市民日报》、《星报》、《正报》、《澳门人周报》都开辟了文学副刊。1984年,《澳门日报》邀请香港作家与澳门文学界人士举办座谈会,研讨澳门文学应如何抓住机遇发展的问题。韩牧在会上提出的"建立澳门文学形象"问题,使作家自觉地凝集成一股气势来迎接澳门文学的春天,引起与会者的强烈共鸣。1986年在澳门东亚大学(澳门大学前身)与澳门日报社联合举办的"澳门文学座谈会"上,首次就本土文学在新诗、小说、散文和戏剧方面的成就进行了具体的讨论,并结集成《澳门文学论集》(1988年由澳门文化学会《澳门时报》出版社出版),这是有史以来第一次对澳门文学进行系统探讨的论文集。在会上,李鹏翥等人提出加强文学活动,扩展文学园地,壮大创作队伍的主张。这次会议的召开,是在中葡联合声明发表的前一年,因而也被认为是澳门向过渡时期转变的文学上的一个标志。1987年澳门的文学团体"澳门笔会"成立,从组织上将作家们聚集起来,对推动本土文学活动起了积极作用,并于1989年创刊澳门第一家纯文学刊物《澳门笔汇》。1989年"五月诗社"正式成立,创办了《澳门现代诗刊》。同一年两本杂志的创办出版,在提高澳门文学的层次、品位方面起到了积极的促进作用。1990年,澳门中华诗词学会成立,出版有《镜海诗词》。1992年,澳门写作学会成立,办有会刊《澳门写作学刊》。这些文学社团、刊物的出现,正是澳门文学在过渡时期转变中走向繁荣发展的体现,也说明澳门本土作家正在从各个方面为"建立澳门文学形象"而努力。

　　1987年,中葡关于澳门回归的联合声明签署,确认中国将于1999年12月20日恢复对澳门行使主权。自此,澳门进入了过渡期,澳门文学也飞速发展起来。通过"请进来"、"走出去"的形式,澳门作家加强了与外界的沟通交流。在中国内地举办的各类世界华文文学国际研讨会上,经常可以看到澳门作家的身影,他们也积极参加台湾、香港及海外的华文文学研讨活动。1991年在广东中山市第五届台港澳及海外华文文学国际研讨会上,澳门文学第一次被列入议程,澳门派出黄晓峰、庄文永、廖子馨等5人与会,并提交了《澳门新生代诗歌》等几篇论文,这是澳门作家代表第一次登上世界华文文学研讨的国际讲台。1992年懿灵、苇鸣等澳门作家应邀出席了在台北举行的世界华文作家协会成立大会。1994年,黄晓峰出席了在香港举行的"中华文学的现在和未来两岸暨港澳文学交流研讨会"。1997年冬,澳门大学中文学院召开了关于澳门文学的学术研讨会,来自澳门、香港和大陆的代表,全面回顾并检阅了澳门文学的历史与现状,会后出版了论文集《澳门文学研讨集》。澳门文学从题材上看也开始拓宽了,除了表现热爱祖国、景仰悠久的中华历史和文化、怀乡恋土等传统题材之外,还出现了众多描写本地风土人情、世态习俗方面内容的作品,澳门文学开始进入了一个繁荣的新时期。

二 各类体裁的创作

(一) 诗歌

当代澳门文学,在各类体裁的创作方面,作品数量最多、成就最突出的首推诗歌,尤其是传统的古典诗词引人瞩目。旧体诗词创作非常繁荣是澳门文学的一大景观。这里有一支可观的创作队伍,领唱者为名家耆宿梁雪予、马万祺,另有中壮年诗人程远、谭任杰、冯刚毅、林佐瀚等。此外,还有青年新秀的崛起,使旧体诗词在澳门后继有人。20世纪60年代以来,澳门从事诗词写作并出版过个人诗词专集的就有陈融、金曾澄、月溪、王志澄、陈勉云、郑春霆、梁披云、马万祺、佟立章、万宽烈等一大批人。80年代出版的《马万祺诗词选》和《晚情楼诗》(佟立章著),是澳门传统诗词创作的重要收获。1990年10月,澳门出版社隆重推出一部《澳门四百年诗选》(李毅刚选编),这部厚重的诗选收录了澳门自开埠以来的诗词佳作,在华文文坛颇有影响。进入90年代后,老诗人激情勃发,佳作联袂面世。1991年,梁雪予(梁披云)出版了《雪庐诗稿》,这是诗人20年代至80年代的诗稿集锦。1992年,澳门中华诗词学会会刊《镜海诗词》隆重推出首卷——《澳门当代诗词选》,集子中辑入马万祺、梁雪予、佟立章、冯刚毅、黄坤尧、谭任杰等当代澳门四十多位作家的七百多首诗词作品,可谓洋洋大观。1993年以来,又有曾铁明、冯刚毅、陈伯辉等老诗人纷纷推出诗词专集。澳门文学在整体上自然无法与香港文学相比,但澳门的旧体诗词创作却不输香港。

澳门诗坛前辈们的诗词继承了自《诗经》以来的中国古典诗词和民歌的优良传统,丰富的生活阅历和饱满的情感表达,是其创作的优势。他们的诗词以直抒胸臆的表达方式为主,兼用比兴手法,有浓烈的生活气息,并不刻意经营意象,于平淡中见精神。这些诗人均有扎实的古典诗文功底,炼字工夫颇深。老一辈诗人骨子里都很传统,但他们对诗坛不同风格流派的态度相当宽容,有些老诗人也热心于新诗的尝试。

　　当今澳门诗坛呈现初步繁荣的景观,老中青三个年龄层次已形成梯队,承上启下的中年诗人以陶里、云惟利、韩牧为代表。他们的诗在精神气质上大体继承了"五四"文学传统,而在艺术技巧上则比较开放,呈现多样化的风格。陶里的《紫风书》以柔美婉约的笔致衬托壮怀激烈的场景,诗中充满瑰丽的意象,多用隐喻、象征等手法抒发情思。云惟利的《大漠集》和韩牧的《伶仃洋》出版于1985年,收入澳门文学创作丛书,前者充满历史沧桑感和色彩斑斓的现实人生画面;后者思路纵横,对熙熙攘攘的尘世有冷静的观察和热烈的求索,技巧已显得相当圆熟。

　　澳门的新诗创作,同样非常活跃。当今澳门诗坛表现最为活跃的是一群青年诗人,他们大胆突破了传统诗的结构和手法,拓宽了反映生活和人的心灵的层次,在诗的构思、节奏、语言、韵律等方面,形成了鲜明的现代主义的艺术表现手法。开放、追求"前卫"是澳门新诗人最突出的特点。现代主义诗潮在澳门出现要比香港晚近二十年,直到70年代末,现代主义诗人和现代诗才出现于澳门文坛。澳门青年诗人的文化冲突,主要表现在对澳门的文化氛围难以协调的心灵碰撞上,于是借助现代主义艺术手法来抒发自己的主体精神和对人生价值的体认。与香港相比,澳门社会显得较为传统、守旧,诗坛亦是如此,当这批才华横溢、富于现代意识的青年人登上诗坛后,如同向较为封闭的社会环境吹进了一股劲风,使诗歌创作的美学观念出现新的变化。

　　年轻的诗群已成为澳门诗坛的坚实存在。年轻诗人的成长,与前辈的呵护、培养是分不开的。1985年,云惟利主编的《澳门文学创作丛书》中的《双子叶》,是青年诗人苇鸣、刘业安、林丽萍诗作的合集。1986年,黄晓峰编的《澳门现代抒情诗选》,收入了不少青年人的探索之作。在扶掖新人方面出力甚大的是五月诗社。五月诗社主办的《澳门现代诗刊》辟有《诗苗》专栏,为青年诗人提供"试验田"。五月诗社还出版了一系列诗选,不少青年诗人的处女诗集由该社出版。1990年出版的《五月诗侣》,是新老诗人的诗作合集,编辑不吝惜版面,收入许多新诗人的作品。1993年由舒望选编、黄晓峰作序的《镜海妙思》出版,收入谢小冰、冯倾、林玉凤、郭颂阳、黄文辉等五位年轻人的诗作。据有人调查统计,澳门每平方公里就住着两位诗人,其密度比台港地区都大。从80年代以来,五月诗社出版了26册个人或数人合著的诗集,5本诗论和15期《澳门现代诗刊》,成为澳门最活跃的一个文艺团体。此外,90年代还新成立了以年轻诗人为主的"如一诗社",其诗风和五月诗社接近。郑炜明编选的《澳门新诗选》,基本上反映了澳门新诗创作的概貌。

(二) 散文

散文是澳门文坛仅次于诗歌的重要文体。澳门散文创作队伍阵容较为整齐，有以鲁茂、李鹏翥、芳菲、梅萼华、胡晓风等为代表的老作家；有以陶里、林中英、东方一羽、南宫燕、凌棱、金子中等为代表的中年作家；有以玉文、陈浩星、黎绮华等为代表的青年作家。就整体而言，澳门散文创作题材广泛，种类繁多，有抒情散文，有偏重叙事的报告文学，还有随笔、社会速写、游记、小品、杂感、回忆录等。就数量而言，已颇为可观，但有强烈艺术感染力的作品并不多见，多数作品缺乏大气，游离于时代潮流之外，泛泛而论，属于消遣性的"小摆设"。

80年代的澳门文坛就出版了几本比较有分量的散文集，如陶里的《静寂的延续》、叶贵宝与苇鸣及黎绮华三人合著的《三弦》、李鹏翥的《澳门古今》、鲁茂的《望洋小品》、冯为铿的《谈文字说古今一集》等。内地出版由袁鹰、曾敏之主编的散文集《海天·岁月·人生》中也收入李成俊、李鹏翥、陶里、柳惠等澳门作家写的一批散文。1985年中国友谊出版公司出版了陶里的《静寂的延续》，使内地读者初识了这位澳门作家。书中收入的93篇作品，是从他所发表的五六百篇散文中精选出来的，题材广泛，反映的生活面亦相当广阔。陶里阅历极丰，博闻广识，行文逻辑严密。他的散文有时选择自然界或社会生活中的各种现象来阐述某种思想，有时列举各类材料来引证一个道理，努力发掘生活的深层内涵，从中揭示某种哲理或创造一种情景交融的意境，形成了鲜明的创作个性。

90年代以后，澳门散文集更是频频问世。1990年，有徐敏的《镜海情怀》。1991年，陈浩星主编的《七星篇》出版，书中收入林蕙、沈尚青、林中英、丁璐、梦子、玉文、懿灵、沙蒙八位女作者的作品，还有林蕙的《有情天地》、刘羡冰的《南欧风采·葡国教育》等。1994年，澳门星光出版社推出《人生大笑能几回》(林中英著)和《澳门风物志》，后者收入250多篇文章，是从发表于《澳门日报》上的文章中精选出来的，作品语言活泼生动，颇有可读性，有的属澳门史料钩沉之作。90年代中期，澳门基金会出版的散文集还有冼为铿的《谈文字说古今二集》、章文钦的《澳门与中华历史文化》等。此外，陆续出版的散文集还有澳门青年文化协会出版的游记《世界奇观背囊游》、《澳门日报》出版社出版的《足迹的幻化》等。1996年9月，林中英主编的《澳门散文选》出版(由澳门基金会推出，列入《濠海丛刊》之一)，共收入57位澳门作家的114篇散文佳作。从作者年龄来看涵盖了老中青三代，作品内容、风格琳琅满目。不少作品从不同角度深刻地表现了不同年龄层次、不同文化背景、不同价值观念的人物之间的矛盾冲突,如冯倾城的《她的第二次爱情》、李丽青的《少年亚底尔斯的烦恼》、苇鸣的《与妹书》等都是写这方面题材的佳作。文化与观念的比较,易于引发对历史的回顾与思考,这也是澳门作家乐于表现的题材,诸多篇章寄寓了对中国前途和命运的关怀以及对中国历史变迁的感喟。穆欣欣的《附庸风雅》、白思群的《且将茶叶漫年华》等作品,字里行间流露出对中华文化的归属感。石城的《蛏子乡思》写乡思不是停留于单纯的"念旧",作者从吃蛏子引发乡思,又联想到由于家乡滩涂污染严重,如今已不能养殖蛏子,为此深感"惨然、惋惜","毕竟种蛏可以养活许多人啊"。澳门散文家常以一颗爱心去关心广大市民的疾苦,在作品中展示温柔敦厚的内心情怀,弘扬善良人性的光辉,充分体现了真、善、美的文学特征。

澳门的散文由于多半寄生在报刊上,因而大多数是叙事与议论并重,尤其讲究知识性与趣味性。和香港一样,散文作家也在报纸上开专栏,但由于澳门报纸种类没有香港多,而散文作者又比新诗作者多,因而大都是几个人合开一个专栏,另还腾出版面供其他作者自由投稿,而不像香港报纸那样完全实行"井田制",不容外人插进。

(三) 小说

澳门小说主要是报载的长篇连载小说和短篇小说。早在 30 年代,澳门报纸就有连载小说刊出,但都未结集出版。长期以来,澳门报纸副刊刊登的数量十分可观的长篇连载,居然没出过一本单行本,现在都无从寻觅,这实在令人遗憾!澳门小说,较诗歌、散文似略逊一筹,若纵向比较,还是有长足的进步。80 年代出版的小说集有:林中英的《爱心树》、周桐的《错爱》、星显的《钱庄风云》和多人短篇小说合集《心雾》(收入再斯、叶贵宝、苇鸣、林丽萍、刘业安的作品)。90 年代出版的小说集有:李毅刚选编的《澳门小说选》,书中收入 1986 年澳门青年文学奖的获奖小说,以及 1991 年市政厅举办的妇女节小说作品评比的获奖小说共 19 篇。林中英的短篇小说集《云和月》收有 12 篇小说,内容和技巧都有可圈可点之处。

鲁茂和周桐是澳门当代最负盛名的长篇连载小说家。

鲁茂(1932—),本名邱子维,原籍江西,生于广东佛山。从 1952 年起即用"维之丘"笔名在香港《文汇报》副刊发表小说、影评、剧本。1967 年后在《澳门日报》以"万山红"、"梅若诗"、"鲁茂"、"鲁牛"、"余振中"等笔名发表了《辫子姑娘》、《百灵鸟又唱了》等十余部长篇连载小说,达百万字。鲁茂小说格调高,注意社会效果,情节曲折生动,可读性强,而且他还擅长戏剧,编、导、演样样都行,因而在小说中能借用戏剧冲突来处理人物情节与人物关系,悬念迭出,引人入胜。《蒲公英之恋》,通过三个女工不同的生活道路,折射出澳门的社会面貌。写于90年代的长篇小说《白狼》,更是他的代表作,在澳门小说创作领域中具有开拓意义。作品塑造的白朗这个人物是前所未有的,为澳门文学人物画廊增添了一个全新的富有澳门社会典型意义的艺术形象。

周桐(1949—),澳门当代最负盛名的长篇连载小说家。本名陈艳华,笔名还有"沈实"、"沈尚青"等,祖籍广东新会。她是典型的澳门本土作家,生于澳门,受教育、做新闻工作均在澳门。1968年开始创作,主要在《澳门日报》、《华侨报》发表作品,也是位多产作家,从70年代至90年代中期,共写了13部长篇小说。最初写的连载小说是以澳门女文员生活作题材的《八妹手记》,手法还不够老到,但由于内容新颖,有较强的可读性。到了《晚晴》,她的作品走向成熟。她80年代末出版的《错爱》,用生动细致的笔墨描写了现代都市男女常见的错综复杂的恋爱关系。小说不仅在情节设置中独具匠心,同时也塑造了几个有血有肉的人物形象,后被改编为同名电视连续剧。周桐创作特点是无论在悲剧或喜剧中都表现了一种积极向上的乐观情趣。她有意识地用严肃小说的方式和态度来写通俗小说,做到雅俗共赏,她既善于运用中国传统小说的悬念手法,又有西方小说那种对人物心理的细致刻画。她能避免一般通俗小说中的人物性格类型化的弊病,深入人物内心世界,不加掩饰地展现人物的灵魂,使之个个真实可信。

林中英(1949—),原名汤梅笑,广东新会人。长期从事报刊编辑工作,现任《澳门日报》副刊副主任。创作以女性和儿童小说见长。她的《爱心树》,对儿童心理观察入微,笔法细腻,很有儿童情趣。她和寂然合出的短篇小说集《一对一》,在改变传统技法上作了极大的努力。这里要特别提到寂然,她创作了17篇短篇小说和微型小说,还有一个系列小说《月黑风高》,从中不难看出她所选的叙事角度和叙事技巧的独创性。2011年10月澳门日报出版社出版的林中英散文集《女声独唱》。这本装帧精美的竖版繁体集,收录了林中英2000至2011十二载的散文精品,篇篇如同书的封面设计一样讲究,立意新颖且结构精美。

林中英的人类之思或许得力于她强大的知性思考力,反思科学,关怀人本。但人本之本实在奥秘无边,除去现实生活理想的民主追求,生命还有无穷无尽的欲望渴求实现。在有限的生命中寻得无限,在平凡的日常中获得奇迹,生命的艺术正是艺术家们无止境探索所在。林中英无疑也是生命艺术的执著探索者。她的散文集中最迷人的部分,可说是唯美的"女声独唱"辑。"女声独唱"围绕一个女性主题进行多重表达,不仅充分体现了林中英对女性问题的系统思考,和对散文技巧的纯熟驾驭,而且演绎了林中英式的唯美散文风格:将女性生命感性隐喻于人类生命感性,把日常生活的细节隐喻于人类生命工程的细节,思想于是在书写生命感性和细节的过程中熠熠生辉。一种真正的女性之声,融女性生命感性悟性和思考性于一体,使得"女声独唱"声情并茂,篇篇佳曲,读之回味无穷。

另外还有文坛新秀梁淑琪的作品,用意识流渗入写实法,取得了澳门首届文学奖冠军。

(四)土生文学

还有需要提及的是,澳门的土生文学。"土生"则泛指澳门土生的葡人或中葡混血儿。由于澳门四百多年葡人占领的历史,他们的生活、繁殖,不可避免地出现了一个特殊的族群,他们既属葡人后裔或有葡族血统,又从小深受中华文化的熏陶,都不同程度的在思维方式、情感心态、审美情趣、价值取向以至于语言风俗习惯各方面都有着东方文化的烙印。20世纪40年代就出现了一批土生作家,从小说、诗歌、散文到戏剧,都有他们的作品。最有影响的有若瑟诗集《澳门,受祝福的花园》和飞历奇的小说《大辫子的诱惑》等。此外,还有马若龙的诗集《一日中的四季》、李安乐的诗集《孤独之路》、江莲达的短篇小说集《长衫》、爱蒂斯的童年回忆《废墟中的风》等,均为优秀之作。这些土生作家的文学创作,便称为"土生文学"。

若瑟·山度士·飞利拉(1919—1993),又称阿德,出生于澳门。父亲为葡萄牙人,母亲为澳门土生葡人。他是澳门最后一位以澳门土语进行创作的土生葡人作家,其作品有诗歌、散文、话剧剧本及小型歌剧剧本等。他一生都在澳门度过,共创作了18部作品,并自编自导自演过多出澳门土语话剧和小型歌剧以及用澳门土语创作了多种电台节目。他的著名诗集《澳门,受祝福的花园》至今为人们所传诵。

飞历奇(1923—2010),出生于澳门,其家族在澳门历史逾200年。飞历奇在澳门完成中小学课程,1952年毕业于葡萄牙科英布拉大学,法律专业,回到澳门后,他做了一名律师,并在澳门商业学校担任老师和校长多年。他是澳门大学、澳门高等校际学院荣誉博士,还担任过澳门土生教育促进会主席、澳门律师公会主席及振兴学会会长等职务,2001年获澳门特区政府颁发的文化功绩勋章。飞历奇爱好写作,是澳门为数不多的几个擅于写中国人故事的葡语作家之一。1978年发表了以《南湾》为名的短篇小说集;1985年发表了第二部作品《爱情与小脚趾》,1993年发表长篇小说《大辫子的诱惑》,两著作先后被搬上银幕,并获得了中国和国际上电影节的大奖。尤其《大辫子的诱惑》是首部描写澳门本土人物形象的经典作品,深受广大读者喜爱。

思考练习

1. 香港新文学兴起的标志是什么?
2. 何谓"绿背文化"?
3. 何谓"土生文学"?
4. 刘以鬯从哪些方面来探索实验小说?
5. 试述西西小说创作特色。

第四章 欧美澳及其它旅居地华文文学一瞥

重　　点：了解欧美澳华文文学发展概况；掌握各阶段主要代表作家及作品思想内容与艺术特色。

难点释要：新移民文学从哪些方面与"留学生文学"不同？为什么说北美华文文学作家人才济济？

第一节　欧美澳华文文学概述

一　发展概况

作为海外华文文学基地之一，由于历史和地理的原因，欧美澳华文文学的发展是不平衡的。在这一版块中，北美华文文学的发展可以作为主述内容，北美又以美国为主的华文文坛发展状况瞩目，作家队伍相对庞大；欧洲华文文学虽然起步于"五四"运动后，但由于历史原因，发展比较缓慢，文坛活动此起彼伏；而南美以及澳洲华文文学起步较晚，规模较小，但新世纪以来发展势头可喜可赞，前景可观。

（一）欧洲

欧洲是希腊罗马古典文明和日耳曼文化的发祥地，也是世界上资本主义发展最早的区域。现有 45 个国家和地区，人口约 8.2 亿，面积 1016 万平方公里，是居民密度最大的洲。

现当代欧洲华文文学的发展大致分为三个时期：

早期欧洲华文文学：是从上世纪初中国大陆留欧学生开始发展的。

以蔡元培、瞿秋白、徐志摩、艾青、巴金、萧乾、老舍、钱钟书等为代表的一批有志青年，为了报效祖国，留学欧洲。他们极想趁着在欧洲的时机，向西方人引介一些中华文化的概念，于是就成立了一个文艺团体，名叫"天狗社"，每个月出版一次手抄的单张报，内容全是刚刚萌芽的白话体的文学创作，有新诗、散文、杂文和艺术评论。虽然是由留法学生主办，也寄往英、德等国，而那儿的留学生也热心地寄回文稿来，就这样留学生文学的萌芽诞生了。"天狗社"活跃了几年，可惜后来这些学生学成归国，"天狗社"的一切也随之终止。回国后，他们把西方文化与中国文化相结合，创作出不少传世之作。可以断定，这些学者型作家在欧洲所从事的文学活动和创作，开辟了欧洲华文文学的先河。

中期欧洲华文文学：从港澳台留学生开始发展的。二战后，香港、澳门以及光复后的台湾人大量移民欧洲，其中一大部分为留学生。当时欧洲列强统治下的东南亚殖民地和附属国相继独立，那里的华侨华人流入原宗主国者为数不少，香港实行产业革命，失去土地的新界农民移居英国为主的欧洲国家颇多；台湾由于国民党退居宝岛反共措施屡屡失败，战败的一些将领及家眷都移居到了海外；整个20世纪50年代到70年代，港台赴欧留学的学生开始发表一些文学作品，但真正将文学发展起来的还要再过20年。20世纪70年代初，德国的热心侨民出钱办了一本《西德侨报》刊物，交由留德学生负责编辑，数十页的一小册子，内容多样，按月发行，均为手抄本。"老"的编辑们学成归国，新的留学生立刻接手，足足维持了30年，非常不易。在那些年里，《西德侨报》扮演了欧洲侨民精神食粮的角色，也给日后的欧华作协培养多位作者。还要一提的是，在60年代之前，即所谓的"欧洲华文文学的石器时代"，德国就有一位传教士出身的汉学家，翻译了数本中国的经典作品：《易经》、《孙子兵法》、《水浒传》等，据说译得甚好。

近期欧洲华文文学：两岸赴欧学者及留学生的文学创作。欧洲华人社会在生态上发生根本性的变化，是近三四十年的事。20世纪后期，随着中国大陆的改革开放，两岸都有大批的留学生涌向欧洲，来自中国大陆的移民遍及欧洲主要国家。作为史上人数最多、持续时间最长的移民大潮，使欧洲华社人口自二十世纪四十年代末的2万人左右猛增至1997年底的200万人。中国与欧洲在经贸、科技、艺术、文化等方面也渐渐的有了接触。对欧洲人来说，中国不再只是地理上的名词，而是与之有千丝万缕关系的实体。随着欧洲各国华人数量都大量增加，华人社会的结构起了根本性的变化。在变化中的新侨社里,知识分子占了很大的比例,其中也有爱好文学、以写作为专职的,欧洲的华文文学便自然而然地诞生了。

综观当代欧洲华文文坛的文学创作,从二十世纪五十年代起,即有少量的台湾赴欧留学生的作品在台湾或香港发表。但是华人的真正有组织的文学创作应该是起源于由欧洲著名东方学者、瑞典中国文化学者黄祖瑜先生倡导于1981年在法国里昂成立"欧洲华人学会"。之后,学会主办的《欧华学报》在1983年5月创刊,促进了中国文化的传播与发展。伴随着《欧洲时报》、《欧洲日报》、《西德侨报》以及意大利的《梅讯》、维也纳的《多瑙河》、西班牙的《阳光》、法国岭南文娱体育会的《泉源》等刊物的创刊和发行,极大地推动了华文文学的创作与研究。1988年英国华文写作家协会在伦敦成立,其目的是为了提高华文写作水平,宗旨是交流英国及英国以外的作家、翻译家、诗人、编辑、报刊撰稿人、记者等用华文写作人士的写作经验,促进华文写作爱好者的写作水平,繁荣华文写作事业并聘请凌叔华、叶君健、郭南斯、何文格为顾问。

然而欧洲华文文学的真正发展却归于1991年成立的欧洲华文作家协会(Association of Chinese Language Writers in Europe),这是欧洲第一个华人文学团体。"天狗社"之后,曾经断断续续有人想成立文学组织,却始终未能达成愿望。其时,旅居法国的著名华人作家赵叔侠早就有心在全欧地区组织一个文学会社,经过一年多努力"欧洲华文作家协会"于1991年3月在巴黎成立。紧接着,旅居比利时的原香港作家林湄也在居住国发起成立了卢(森堡)、比(利时)、荷(兰)华文作协,并出任创会会长。该文学社团成立后,卢森堡、比利时、荷兰三国的华文作家增加了交流创作心得的机会,促进了共同发展。这样,旅欧的华人学者作家获得以文会友、相互切磋的机会。

"欧洲华文作家协会"是欧洲有华侨史90年以来,第一个全欧性的华文文学组织,标志着欧洲华文文学由散居到联合的状态转变。赵叔侠被推举为首任会长,至今她是欧洲华文作家协会永久荣誉会长。多年来,该学会集合欧洲中文创作力量,在海外辛勤笔耕并取得可喜成绩。如今协会成立已20多年,发展迅速,人才辈出,培植了众多新作家,现任会长为郭凤西(比利时)。目前有会员80余人,分布于22个国家,涵盖13种语言。协会不断与当地的主流文化团体或大学的汉学研究部门合作举办文学集会，还出版会员文集。虽无固定经费支持，却能保持正常运作和良性成长，不断创作新篇，按时召开年会或参与欧洲以外的文化交流活动。

长期以来，欧美华文文学创作人员分散居住在法、德、瑞士、荷兰、比利时、卢森堡、美国、加拿大、英国等国家和地区，置身于欧美文化丰厚的历史沉淀和多姿多彩的现实变化中，欧美华文文学创作整体上却一直表现出强盛的中华民族文化的聚合力。尤其值得关注的是：大部分华文作家早在离开故土之前就已经开始了华文文学创作，他们的创作在冷静、睿智的文化观照中表现出勃勃生命力。在两种甚至多种民族文化的对比、渗透和参照里，他们的创作也有着多种文化思考、糅合的特殊品质。在他们的努力下，欧洲华文文学步入了一个新的发展阶段。据欧华联会的统计，到1997年底为止，欧华社自己出资设立的华文学校（班）已达266个，在校生2万多名；由华侨经营的华文报刊有16家。在华社中颇具影响力的有：发行范围较广的法国《欧洲时报》、《欧洲日报》，构成荷兰三足鼎立的《华侨通讯》、《唐人街》与《新华土地》，以及英国的《天下华人》、德国的《欧洲之声》等。由于华文教育的复兴造就了日渐扩大的读者群，再加上华文报刊杂志提供了发表的园地，欧洲华文文学就获得了发展壮大的土壤、阳光和雨露，并逐步成为世界华文文学的骨干力量之一，欧华作家们的传世名篇佳著也引起众多读者的广泛关注。

欧洲华文创作中老作家多采用传统写作手法写过去的生活，而年青作家多受西方文学影响以写现实生活为主。整体作家较少，人员分散，但文化修养普遍较高，属学者型的"文化精英"居多。欧洲华文文学传承着二十世纪初留欧学人精英文化的传统，作者素质高，起点高，代表作家有赵淑侠、吕大明、余心乐（朱文辉）、林湄、北岛、祖慰、高行健等。如今的欧洲华文文学，已进入成熟、稳定阶段，会员里有名家亦有新秀，前景一片光明。

中国语文和华文文学，对今天的欧洲人来说，已经不再陌生。一些大学的汉学系报名学习者众多，多到甚至要严格筛选或在学习过程中淘汰。在某些国家，譬如法国、德国、瑞典、瑞士等国的中学里亦设有中文课程，供学生自由学习，算做课外活动的一种。这对旅欧的华文工作者是极大的鼓励。我们设想着可能有那样一天，欧洲不仅有金发碧眼的华文文学的读者，也有一批非华人作者创作华文文学作品。

（二）美洲

美洲华人文学由北美和南美组成，以北美为主。根据有关资料统计，北美地区现在有华人、华侨近250万人，是除亚洲以外最大的华文阅读群体。华文作家中在美国出过书的至少有1000人,目前在中国大陆出过书的不少于100人。

上世纪末以来,北美华文文坛开始出现繁荣景象。其表现有三点:一是形成了有组织的而且较庞大、稳固、规范的华文作家团体;二是在创作上,不断有佳作出现,一些后起之秀的作品在两岸三地连连获奖;三是是在双重文化背景下写作,无论表现离愁别绪还是荣辱沉浮,他们的精神层面都烙上痛苦挣扎的痕迹。他们的作品与中国本土以及台湾本土、香港本土、东南亚本土的作家有着截然的不同。

1. 北美

北美的华人文学以美国为主,主要分为三个阶段:

第一阶段是早期的移民文学。它是随着十八世纪华人前往美国淘金、修铁路而发展起来的,主要是一些打油诗等纪实、叙事文学,较有影响的是张维屏《松山诗集》中的《金山篇》,主要是反映劳工苦难的生活和血泪的奋斗,抒发了一种民族主义精神。另外,还有当时在旧金山做中国总领事的黄遵宪于1882年写的长诗《逐客篇》。小说方面较有影响的有:佚名的《苦社会》,我佛山人(吴研人)的《劫余灰》,吴沃尧的《人镜学社鬼哭篇》,哀华的《移民泪》等,反映劳工的生活和反抗资本家的剥削和压迫是这一时期华文文学的主要内容。

第二阶段是抗日战争前后的文学。美国华人政策改善,大批华侨子弟避祸美洲,出现了叱咤社、民铎社、芦烽话剧社、联合救国宣传团等二、三十个文艺团体。《美洲华侨日报》、《中美周报》等报刊副刊都相继发表华侨社会题材作品。1942年,美国第一份华文纯文学期刊《华侨文阵》创刊,还明确提出了美国华人文艺的概念。四十年代后期,《绿洲》、《新苗》等一批华文刊物彼此呼应,当时华侨们积极支持抗日,涌现出短篇小说、诗歌、散文、杂文各种体裁的华文文学作品,极大地丰富了美国华文文学。林语堂是当时美华文坛最为活跃的作家。反映抗战是这一时期华文文学的主要内容。

第三阶段是从五十年代至今。从五十年代后期开始,大批台湾学生纷纷前往美国寻找出路,正是他们中的一些笔耕者成为日后美华作家队伍的主体。六十年代至八十年代出现了"留学生文学",白先勇曾把它分为三个时期:第一时期以於梨华为代表,主要描写台湾旅美留学生生活的沉重与感伤,表现一种无根的命运的无奈和失落;第二时期以丛甦为代表,写海外华人和知识分子在移民生活中经受的文化冲突,揭示了华人在追求美国梦时所付出的代价,突出了盲目地美国化造成华人家庭两代人间的鸿沟;第三阶段以张系国为代表,这时的作品中海外华人和知识分子的社会处境和心态已发生了深刻变化,在无情地揭示部分华人思想和性格中的劣根性的同时,也表现了华人的勤奋、智慧、刻苦及其无与伦比的坚忍性与适应能力。旅美留学生文学的重要作家还有白先勇、聂华苓、郑愁予、许达然等。留学生文学作品中充满强烈的人生漂泊感、怀乡感和沧桑感,中西文化的剧烈碰撞,为作家提供了得天独厚的精神源泉,使美华文学呈现别具特色的内蕴。

1970年以来,由聂华苓、安格尔主持的爱荷华大学"国际作家写作室"得到政府经费上的支持,成为国际文化交流、特别是中美文学交流的桥梁。七十年代纽约文艺协会诞生后,又有一些旅美学人组成的文学社团宣告成立。在美国最为活跃、影响最大者首推海外华人女作家联谊会,该联谊会于1988年7月在加州成立,陈若曦和於梨华分别任正、副会长,在欧、美、东南亚等地拥有会员近百人。迄今为止,美华文坛尚未建立起一个吸纳全美华人文学家的文学组织,也未见有一本定期出版的大型综合性华文文学期刊。每年春天在旧金山湾举办"海华文艺季",其间有各种文艺演出、文学讲座,和新书展览。

加拿大华文文学在规模上与美国华文文学不可同日而语,但可谓一个后来居上的领地。它是随着八十年代初香港大量移民中的一些文学界专业人士定居加拿大而开始的。像洛夫、梁锡华、痖弦、古华等人,都延续了各自的文学生命。温哥华是加华文学的发源地,八十年代中期,先后有三个文艺社团宣布成立,先是以萧湘为发起人的枫叶文艺创作社,接着是以袁军为发起人的白云诗社,1987年11月加拿大华裔写作人协会宣告成立。该协会由卢因任首届理事会主席,梁丽芳为副主席,并制定了工作任务。该协会的成立扩大了加华作家与海峡两岸及世界各地华文作家之间的沟通、交流,使加华文学界呈现出前所未有的活跃景观。加拿大华文作家协会、多伦多华人作家协会、温哥华华人作家协会等组织也相继成立,逐渐显示了加拿大华文文学创作的强盛势头。近几年来,香港的梁锡华、亦舒,大陆的古华等知名作家先后移居加拿大,壮大了加华作家队伍。

从加州海岸老华侨作家血泪的记述,到六十年代留学生文学的苍凉,再到八、九十年代大陆新移民作家的昂然崛起,整个北美文坛可谓风起云涌,各领风骚,呈现一派令人欣喜的创作景象。

2. 南美

中国人移民南美可以追溯到16世纪。南美洲是拉丁美洲的一部分。目前中国移民遍布拉美国家和地区,人数超过30万人。南美的华文文学早期大多是借助于华文传媒而兴起的。所以谈华文文学发展,华文传媒功不可没。

南美的第一批华文报纸诞生于20世纪初期,出现在早期中国移民聚集较多的国家,如加勒比地区的古巴、南美洲的秘鲁、中美洲地区的巴拿马和北美洲的墨西哥,今天这批报纸大多已不存在。目前南美大多数华人华侨人数较多的国家都有华文媒体,但形式上仍以传统的平面媒体为主,尚没有华文电视台。近年来,华文网络的发展较为迅速,已经初具规模。

南美华文文学发展较晚,主要活跃在巴西地区,在首都圣保罗有十几万华人,南美作协的会员主要集中于此。华文文学展现出可观的发展潜能,但受限于环境,与其它先进地区相比,仍有相当的差距。新移民,面对异域的无奈,可借文学疗伤;老华侨,生活稳定,也可借文学抒怀。巴西的华文文学,初期几乎都是业余的倾诉心声,而后从乡愁到融入当地异质文化,心境与写作也跟着变迁转折,一路蹒跚走来。华文报刊的出现,既为华文文学爱好者提供了笔耕的绝好花圃,其自身也成了辛勤的园丁。以《美洲华报》为例,1983年10月创刊伊始,就开辟了文艺副刊《华园》,从前的"散兵游勇"们即纷纷集结到该报的《华园》。《美洲华报》不仅在《华园》推出当地爱好文学的侨胞的作品,还经常举办诸如"母亲节"、"父亲节"、"报庆"之类的征文活动,活跃了华人的文化氛围,繁荣了华人的文学创作。1988年6月,在《美洲华报》的提携下,以"联系青年文友,交流创作经验"为宗旨的"小草文学社"成立。1991年6月,又是《美洲华报》推动,"以文会友,以友辅仁,关怀社会,肯定人性"的"南美洲华文作家协会"成立。1998年10月,《美洲华报》创刊15周年之际,该报团结当地华文文学作者,编辑出版《巴西华人耕耘录》,以洋洋400多页的著作,对巴西华人的面貌进行了一次扫描。1999年10月,《美洲华报》协同"南美洲华文作家协会"等团体组织召开了"三十年来南美华人生活文化学术研讨会",会后出版了精美、权威的大部头《南美华人天地》一书,对"三十年来南美华人生活文化"进行了总结。由此,《美洲华报》在扶持华文文学创作、推动华人文化建设等方面的工作,足可肯定。另如,《南美侨报》近年亦开辟《移民生活百花园》副刊,发表新移民文学作品。

阿根廷主要是《新大陆周刊》、《世界周刊》、《新阿根廷通讯》等。当下,阿根廷首个专门推广中文教学和中国传统文化的网站阿根廷华文教育网已经正式开通,旨在在阿根廷推广华文教育为阿根廷华侨华人子弟学习汉语和中国文化开辟了全新的网络平台。华教资讯主要反映包括阿根廷在内的全球华文教育发展情况和走势,介绍华文教育教学经验,报道华文教育人物和外国人学汉语的故事和心路历程等,同时也对当地华教活动情况予以及时反馈和报道。

秘鲁主要是中文报纸:《秘华商报》、《公言报》、《侨报》等,最近南美洲华教组织在秘鲁 AREQUIPA 市成立了秘鲁东方文化交流学会旨在使用汉语进行跨文化的交流;巴拿马主要的华文媒体是《拉美快报》。《拉美快报》创刊于 1992 年 7 月 1 日,由著名华商岳枫、胡晋光、白能通共同出资创办。创刊初期由郭笃为负责管理,是一份无党派、独立经营的华文报纸。办报的宗旨是弘扬中华文化,坚持一中立场,促进巴中友好,维护侨社团结,传播政经信息,服务于海外华人社会。该报在哥斯达黎加设有分社,是中美洲发行量最大的华文报纸。《拉美快报》的主要版面有:巴拿马新闻、拉美新闻、国际纵横、珠江河畔、港澳动态、今日台湾、社会广角、台前幕后、体育竞技、焦点论坛、拉美副刊、健康与你、小说连载、中国大地、女人世界、生活集锦、文摘精选、旅游天地、名人轶事等。这些华文媒体登载的小说连载,成为文学传播的最大基地,当地华人从这里获得了愉悦身心的精神食粮。

走入新世纪后,南美华文文坛已有一支较为稳定的作家队伍。老一辈的作家有罗煦仁、袁方、朱捷、刘同缜、陈昆庆等,中青年作家有陈和昌、丘罗思阆、冰鑫、壹年(朱彭年)、叶伦灏、陈思缅、梁琪、石长英、斯碧瑶、连锦玉、陈少华等,青少年作者有汀娜·周、张治中等。1991 年 6 月 22 日,"南美洲华文文学作家协会"成立,袁方任名誉会长,罗煦仁为会长。1993 年,朱彭年继任会长。2003 年时任南美华文作协会长的斯碧瑶女士曾在拜会中国作协时称南美的一些华文作者对文学创作抱有很高的热情,但尚未形成规模,华文文学创作的环境有待发展培育。华文创作体裁多以散文为主,具有一定的本土性,但基本上停留于平铺直叙,写作技巧也需进一步提高。

(三)澳洲

说起澳大利亚华文文学,令人瞩目的当数近些年来自中国大陆的移民作家群。虽然先期抵澳的东南亚华裔难民和香港、台湾的移民捷足先登,在墨尔本、悉尼先后创办了《海外风》、《文萃》、《星岛日报》、《华声报》等报刊杂志,开始出现了华文文学园地和笔耕者。1944 年创办的《自立快报》曾一度侧重登载本地作品,发表了数以千计的澳华文学作品,但自八十年代初随着中国大陆、港台及东南亚华人移民的增加,澳洲华文文学开始起步了。由中国留学生创办的文学杂志如《满江红》、《大世界》以及由洪丕柱主持的《澳华作协》月刊,欧阳昱、丁小琦创办的《原乡》,罗文主编的《汉声》等,为澳华文学添枝加叶并借助这些中文报纸的创办,扩大了澳华文学的影响。但紧随而来的中国大陆留学生及文化人,也积极投身参与了澳华文学的开创。启动了中文报刊,膨胀了写作队伍,促成了作家协会的成立,使澳华文坛由散兵游勇转化为一股相互呼应的群体力量。1992 年 4 月,澳洲华文作家协会在墨尔本成立,标志着澳华作家已形成了群体力量,表明澳华文学在世界华文文坛真正有了一席之地。黄有光出任首届会长,黄惠元、黄雍廉任副会长。现在澳大利亚的五个华文作家协会(悉尼、墨尔本、新州、维州、昆州)及其他文学文化社团(大洋洲文联、堪培拉文化协会、酒井园诗社等),大都以中国大陆背景的作者为主体。如今在澳洲及中国的大陆、香港、台湾的中文报章经常发表作品的澳华大陆移民作家不下于百人。特别是九十年以来,澳洲华文社团和报刊举办了多次文学评奖,参加者十分踊跃,极大地促进了澳华文学创作的繁荣。

澳华作家来自不同的社会背景,不同的生活层面,既有出生和生活过的祖国经验,又有澳洲的体验。香港武侠小说大师梁羽生定居澳洲后积极参与各种文学活动,为推动澳华文学出了力。其它一些在大陆、港台已有名的作家如黄雍廉、陈耀南、江静枝、夏祖丽、西沙、刘真、张奥列等,移民澳洲后仍笔耕不断,为澳华文学的发展做出了贡献。

故土情结仍是澳大利亚华文文学的共同主题,另外对现实生活的强烈否定,反映出他们对生活与前途的迷惘,以及受到西方性文化影响,有的作品有不少性描写,这也是它的显著特点。

从上世纪 90 年代末至本世纪初,新移民不断增加,作家队伍不断壮大,是旅澳中国军团创作和著作出版的丰盛期,这主要反映在以下几个方面:

1. 老作家的加盟。许多当年留学生的父母近年来纷纷赴澳定居,其中不乏在中国大陆早已写作丰硕的作家、学者、文化人。他们的投入,不仅在数量上而且在质量上大大改观了大陆移民作家群体。冰夫的散文集《海、阳光与梦》、西彤的诗集《昨夜风雨》、陆扬烈的长篇小说《墨尔本没有眼泪》,以及早前来澳的沙予的随笔集《醉醺醺的澳洲》等,不仅显示了老作家的深厚功力,也展现了他们在新的生活环境中产生的新思维、新眼光。

2. 小说创作日渐增多。澳华文坛一直都以散文、杂文最为活跃,但身份的确定,生活的安定,令作家减少了旅澳初期那种心浮气躁,猛烈宣泄,开始注重由纪实性迈向虚构性的艺术转化,纷纷涉足小说领域。9 位女作家小说合集《她们没有爱情》等,测试着作家艺术虚构的兴趣和能力。而长篇小说的出版,则加大着澳华文学的重力。其中刘奥长篇小说《云断澳洲路》、《蹦极澳洲》均获得台湾侨联主办的华文著述奖小说首奖和佳作奖。阎立宏长篇小说《两面人》,也夺得台湾皇冠出版机构的大众小说奖。

3. 评论著作的问世。文学评论一直是澳华文学的弱项,自 1999 年起,张奥列《澳华文人百态》、钱超英《"诗人"之"死"——一个时代的隐喻》、庄伟杰《寻梦与镜缘——多元语境中澳华文学的当代性解说》三部评论著作先后问世,填补了澳华文学研究的空白,有助于逐步消解澳华文学批评的冷淡症。而马白《中国美学纵横论》、庄伟杰诗论《缪斯的别墅》等著作的出版,也显示了学者理论批评的眼光,有助于营造澳华文学研究的气氛。

4. 引起中国文化界的关注。由于根系中原,澳华作家的活跃首先引起中国大陆学者和报刊出版界的关注。自1996年汕头大学《华文文学》率先推出"澳大利亚华文文学专辑"后,《世界华文文学》、《厦门日报》、《世界华文文学论坛》等期刊也相继推出专辑。2000年上海文艺出版社《中国留学生文学大系》小说卷中更收入旅澳中国作家刘德观、金杏、袁玮、吴棣、朱大可、张奥列、君达等人的7篇作品,散文纪实文学卷也收有武力、张擎、张奥列、毕熙燕等人的4篇作品。

5. 海外频频获奖。大陆移民作家,不仅在澳洲本土的文学评奖中囊括多数,而且在中国的大陆、香港、台湾主办的文学评奖中,也屡屡榜上有名。如沈志敏中篇小说《变色湖》、张奥列散文《夜闯毛利村》,先后荣获盘房杯世界华文文学优秀小说奖和散文奖;王晓雨小说《吃饱》、凌之散文《她不属于这个世界》分获世界华文文学小说奖、散文奖;王晓雨、田地报告文学《黄河的忧伤——记作曲家储望华》获世界华文报告文学奖。此外,还有一些作家如萧蔚、赵川、吕顺等也在大陆、台湾报刊征文中获奖。

6. 丛书出版展示整体实力。澳华军团的实力比较集中展示在近年由中国大陆出版的3套丛书上:2002年福建海峡文艺出版社推出《澳洲华文文学丛书》5卷本、2003年中国文联出版社《大洋文丛》11卷个人作品集、2004年天津百花文艺出版社《第三类文化系列丛书·澳洲专辑》3卷本。这3套丛书,可以视作近十余年来澳洲大陆移民作家群异军突起的一个缩影,也是研究澳华文学较有代表性的历史文化资料。

二 文学特质与主题嬗变

(一)欧美澳华文文学的主要特征。

1. 欧美澳华文文学创作具备了"民族性"特征。中国意识、民族意识和爱国主义感情贯穿始终,"民族性"为其主要特征。

陈若曦在《海外华人的本土性》一文中指出:"我以为,海外作家的写作动机,本身便具有本土性……。多数人写作是因为他们非写不可;是为了排遣心中的一股乡愁……。没有乡愁也就没有海外华文文学。"聂华苓说,她"小说里各种各色的人物全是从大陆流落到台湾的小市民。他们全是失掉了根的人,他们全患了思乡病,他们全渴望有一天回老家。我就是生活在他们之中。"因此,在他们的作品中,时时充满着对祖国的怀念之情。在美国加州任教的叶维廉,就把祖国比作父亲和母亲,他说:"我很早就有一种固执,那便是对中国的信任和爱"。"如果没有了中国的完整意义,便没有了我自己"。赵淑侠在她的海外系列小说中,就塑造了形形色色的海外中国人。《我们的歌》中的江啸风,《塞纳河之王》的王南强,都是这一类的爱国者的代表。特别是王南强那宽厚、谦和、仁爱、埋头苦干的精神,便是中国文化的具体体现,而他最希望创造出能体现中国精神的艺术,期望中国艺术能走向世界,则更是他爱国主义的极致。

2. 欧美澳华文文学体现了中西文化的交融。

由于这些作家受到东西方两种文化的影响,在观念上,他们深受西方社会的自由民主和人生观的影响,身在西方,根在东方;理性在西方,感性在东方。在艺术上,他们的小说博采众长,吸收了中国小说的戏剧手法,通过对话和行动来表现人物形象,擅长构造故事情节,讲究起承转合,作品的主题和人物主要通过对话和行动,以及故事情节的推进去体现。同时由于他们多通晓外文,又得以直接从西方文学中吸收一些新的技法,如意识流、象征主义、印象主义、黑色幽默等,因此,他们的作品也充分体现了中外文化的交融性。

3. 欧美华文文学以学院派做文学创作导向。因其创作主体以教授、学者、专家为主,少数为商人且普遍受过高等教育,学贯中西,通晓古今。作家们的作品,文化品位高,可谓才、情、学兼备。另一方面,早期的欧美澳华文作者多为台湾移民,深受台湾文化的影响,有强烈的台湾人的观念和意识。这种状况随着大陆赴美留学生的日益增多,有所改观。

4. 欧美澳华文文学的主要内容存在着较强的回归意识。由反映无根一代的失落感、孤独感的留学生文学,逐渐转为移民文学,踏上了对祖国的追寻、认同和回归之路,表现出很强的回归意识。

(二)欧美澳华文文学的主题演变过程。

欧美澳华文文学的主体是留学生文学,其主题历经几次大的演变过程。二十世纪我国出现了三次的留学高潮,背景各不相同。留学者抱着不同的心态和目的来到他乡,这些在每一阶段的留学生文学中,都得到了十分明显的表现。"五四"时留学生文学的主题多半是表现由于自己祖国的贫穷软弱,致使远在海外的儿女遭人歧视和由此而产生的内心痛苦。不论他们在作品中描写什么样的题材与人物,也不论他们的个人风格如何,"祖国、软弱无能的祖国",这一形象总是或隐或现地矗立于作品之中,无不流露出"祖国啊祖国,您赶快强大起来"的强烈愿望。这在郁达夫《沉沦》、闻一多《洗衣歌》等作品中表现最为强烈。五、六十年代从台湾去美国的留学生与八、九十年代从大陆去美国的留学生,有着极为相似的处境,使得他们的作品表现出共同的主题:

1. 物质生存的困境。令人向往的留学和移居海外生活并不像人们所想象那样美好,而是求生艰难。在国外,为了生存他们中的大多数要靠打工挣钱来维持生计,往往是边做工边读书。如赵淑侠的《西窗一夜雨》中的陈志翱、於梨华的《小琳达》中的吴燕心,正如刘观德在《我的财富在澳洲》中的有"吃不着苦的苦(失业)比吃苦的苦(打工)还要苦"的"五苦论",揭示了他们所面临的残酷的生存现实。

2. 精神上的痛苦。主要体现在远离亲人的痛苦和对家乡的眷恋、思念;新空间陌生感及文化上的边缘人"夹缝人"状态。正如於梨华长篇小说《又见棕榈,又见棕榈》的主人公曾说过"没有具体的苦可讲……那是一种无形的东西,一种感觉……我是一个岛,岛上都是沙,每颗沙都是寂寞。"生动地反映了"无根一代"的苦闷心境。丛甦的《盲猎》以超现实主义的手法,描写五个守猎人在一个阴森恐怖的大森林中,在一个伸手不见五指的黑夜里摸索的情景。他们既不辨路途,找不到目标,又不能互见,得不到帮助。每个人的内心都充满了恐惧、焦灼、孤寂和绝望。这正是留学生新空陌生感的既抽象又真实的写照。

3. 东西方文化上的冲突。不同的历史背景造就了不同的文化,冲突是显而易见的。东方文化崇尚集体主义、具有强烈的社会责任感,重感情、轻理性,而西方文化的价值观则是崇尚个人奋斗,崇尚靠个人奋斗成功的英雄,互不干涉……诸多的心理差异,使得留学生无法与西方社会认同。这就使他们成了文化上的边缘人,"夹缝人"。丛甦的《野宴》中的主人公沈梦对留学生的处境用了"夹缝人"这种内涵深邃的概括。《中国人》中又作了进一步的诠释:"历史的夹缝、文化的夹缝、时代的夹缝、政治的夹缝,……"他们始终处于精神矛盾、内心冲突之中。虽然他们踏入别的国门,但根深蒂固的母体文化又使他们无法与西方文化认同,他们处在东西文化的相互影响和冲突中,他们只能是边缘人,"夹缝人"。

到了七十年代中后期,台湾留学生们缩短了两种文化的隔膜期与对抗期,在东方文明的坚守中逐渐地融入了西方文明的健康因子。他们的作品中出现了形态各异的留学人物形象,我们闻到了东西融合的气息,也能观览到"地球人"的视野与感觉。他们的创作所表现的也全然不是早期来美华人的精神心态,如赵淑侠的海外系列小说《塞纳河之王》中的主人公王南强、《我们的歌》中的江啸风等,一批具有强烈民族责任感的艺术形象。《我们的歌》标志着新留学生文学的形成。特别是张系国的《他们在美国》、《昨日之怒》中的葛日新,於梨华的《傅家的儿女们》中的李泰拓等人物,他们不仅怀念祖国,而且还看到祖国统一的前景和光明未来,并准备为她的兴旺发达做出贡献,体现了民族意识的觉醒,被称为"觉醒的一代",标志着台湾留学生在人生道路上的飞跃和创作道路上的新成就。由于大陆留学生所持的经济观念与西方经济观念的冲突,他们则更多的是关注经济层面。如曹桂林的《北京人在纽约》、周励的《曼哈顿的中国女人》。这也是新移民初期大陆留学生文学的一个特点。

特别是近几年,旅外华人作家的关注焦点扩大到对所在国的人的生活描写。如赵淑侠的《罗丽与东尼》、《维斯曼博士》、《斯东巴哈先生与三剑客》。陈若曦的《纸婚》、陈燕妮的《纽约意识》等描写了形形色色的外国人。留学生文学主题的演变,同时也反映了欧美澳华文文学主题的演变过程。

三 欧美澳华人作家队伍与其创作成就

如果再横向地考察欧美澳作家队伍的建构,基本上有三大群体:

(一)老一代的华侨作家。他们出身各异,教育背景不同,但都历经世事炎凉,倍尝人生艰辛,提笔创作或记述自己的生命故事,或寄情言志,作品有浓郁的生活底蕴。代表作家:林语堂、张爱玲等。

创作特点:浓郁的生活底蕴

创作主旨:抒发浓郁民族气息与汉文化风味。

(二)台港澳留学生作家。

代表作家:白先勇、聂华苓、於梨华、赵淑侠等。

创作特点:学贯中西

创作主旨:表现个人那挥之不去的落寞孤绝与乡愁,以及对西方文明不弃不离的复杂情感。

他们的确曾一度创造了海外华文文学的高潮,其特点是学贯中西,对中华传统文化有深厚的依恋难舍之情。这一批留学生作家,后来大都演变成了美国等高等学府的中国文化研究者,从而以学者的形态取代了早期创作上的激情。

(三)日益壮大的大陆新移民作家群。他们的特点是年轻气旺,视野开阔,目光敏锐且出手快,表现出相当高的文化素质,多数作家在出国前即有笔耕的修炼。这一特定作家群普遍被认为是北美文坛的后起之秀,创作前景不可限量。

代表作家：严歌苓、查建英、张翎、虹影、少君、吕红等。
创作特点：年轻气旺，视野开阔，创作前景不可限量。
创作主旨：表现对西方文化认同而又时感惶惑和困扰的心态和中国人在异土的尊严及自强精神。

第二节　人才济济的北美华文文学

一　概　述

北美华文文学主要包括美国华文文学和加拿大华文文学。北美华文作家主要集中在美国。

在北美华文文坛，首先，"变"化多端的身份特征。华人作家的身份特征在"变化"中极难辨认，多数笔耕者恍若流星般闪过，只有少数的才如七星北斗般固在原位默默闪烁。这样的创作局面很容易让人想到"五四"时代的新文学初期，没有任何规范，有的是创作抒怀的激情。

"五四"时代文学的激情主要是来自对旧文化的反叛和清算，而当今海外的作家的欲求则更多是直接面对中西文化冲击的思考。所以，正是在这个意义上，我们对整体海外作家创作的肯定首先是他们在文化精神上的突破。

其次，在双重文化背景下的写作。无论表现离愁别绪还是荣辱沉浮，华人作家的精神层面都打印着痛苦挣扎的痕迹。他们的作品思想内容与表达方式与中国本土以及台湾本土、香港本土、东南亚本土的作家有着截然的不同。

其三，借助多媒体开辟文学园地。在北美文坛，与读者作直接广泛交流的是各大中文报纸的副刊，几乎所有的中文报纸都在努力开辟自己独有的文学园地，由此而产生了一个个培养作家的摇篮，并产生最快捷的现实影响，这应该说这是一个有形的广泛被瞩目的文坛。与此同时，另一个无形的千军万马的文坛正在勃然生长,那就是如雨后春笋的"网络文坛"。当然,这些作家又都毫无例外地在自己的本土出版著作或发表文字,将海外自由的创作风气融汇在海峡两岸。

(一)美国华文文学。

美国华文文学在上世纪初已开始萌芽了,它经历了抗战时期、五六十年代台湾留学热潮和八十年代以来的中国内地留学的三次高潮。美华文学作家队伍以五六十年代台湾留学生和八十年代以来的中国内地留学生为核心,阵容强大,实力雄厚,硕果累累。当初港台留学生中的白先勇、於梨华、聂华苓、陈若曦、欧阳子、叶维廉、杜国清、张系国、曹又方、李素、思果、陈炳藻、倪匡等是当今美华文坛的执牛耳者。目前仍以其深厚的小说创作工力且一直活跃在文坛的,当推刘绍铭、周腓力为代表的一些资深作家了。诸如刘绍铭的《二残游记》、《浪子》,周腓力的《洋饭二吃》,李黎的《倾城》、《最后夜车》《燃烧的年代》,唐德刚的《昨夜梦魂中》,曹又方的《美国月亮》,李蓝的《洛阳女儿》、《红唇》等小说,以及李黎主编的《海外华人作家小说选》、伊黎的小说集《泥土》、《宝贝丈夫》,李蓝的小说集《没有故乡的人》、《哀乐人间》、《白夜》、《哭泣的沙漠》,袁则难的小说集《不见不散》等充分展示了美华小说的风采。

此外美华诗歌、散文的创作也取得了骄人的成绩。以杜国清、张错、秦松、非马、杨牧、叶维廉等为代表的学者型诗人,在实践中形成了一种具有时代气息的新现实主义的诗风。杜国清旅美三十余年出版的诗集,诸如《望月》、《殉美的忧魂》、《情劫集》等一直都在多元探索中追寻生命的极致;非马的诗集《在风城》、《非马诗选》等则在沉静从容的讽刺中融合现实与艺术;彭邦桢的诗歌曾经荣获美国世界诗歌金牌奖和世界桂冠诗人奖,诗集《清商三集》、《巴黎意象》等多是探索"现代诗押韵"、创造新格律的路子;叶维廉的诗集《赋格》、《愁渡》等主要在纯粹个人化的古今思绪交织中,逐渐表现回归传统的思想张力以及他四十年旅美所构建的诗学理论和形式实验;张错的诗集《洛城草》、《双玉环怨》等表现的是"乡土隔阂"和"现代虚无"双重困境中的心灵挣扎,在美国华文文学中具有普遍的代表意义。多数美华作家都有散文写作记录,题材多样,风格迥异。许达然创作有散文集《土》、《防风林》等,在文化认同和形式探索中,力图平衡激扬与压抑的情绪轨迹;殷颖的散文集《秋之悸》、《归回田园》等走出个人长期担任美国教会牧师的职业经历,完美把握中国传统文化的人格、情趣和意境,他的散文在华文作家中被收入港台、新加坡中文课本最多;程明长期执教美国大学,她的散文集《羁旅游思》、《遥尘集》等呈现现代学者"辞采凝练,内涵厚重"的特色,作品曾受到台静农的推荐。另外还有秦松的《很不风景的人》、李黎的《大江日夜流》、张错的《黄金泪》、叶维廉的《布达佩斯的故事》、蓝菱的《野餐地上》、琦君的《与我同车》、戈云的《打开美国之窗》和《在自由女神像下》、董鼎山的《西窗漫记》等。文学评论在美华文坛还不活跃，最负盛名的文评家首推夏志清。他的英文著作有《中国古典小说》、《中国现代小说史》，中文著作有《爱情？社会？小说》、《文选的前途》，另有多篇论文收入《新文学的传统》。他采用西方现代派手法，文笔清新活泼，见解新颖独特。

二十世纪八十年代中后期，随着美国华人社会"文化中国"观念的形成和海峡两岸文化力量的推动，美国本土华文文学社团如雨后春笋，蔚为大观。北美华文作家协会、旧金山的美国华文文艺界协会、休斯顿的中国文化学社、康奈蒂克州中国作家联谊会、纽约的世界笔会纽约分会等相互配合活动，有力促进了美国华文文学在多元语境中的创作格局。仅北美华文作家协会就有分会10个，成员近700人。与台湾创作群及其延伸的移民作家群体继续发生影响的同时，二十世纪九十年代以来，美国华文文坛还相继出现了"草根文学创作群"、"新移民作家群"的崛起。

"草根文学"大致有三层含义：一是文化身份属性上认祖归宗。成员都是美国国籍，内心坚持"华侨文学"身份。二是作者大多生活在社会底层，作品比较深入反映了美国华人"草根"阶层的生活境遇和思想感情。三是创作上坚持现实主义。"草根文学创作群"相对集中于旧金山、纽约等地，关注小人物的悲欢离合，坚持乡土感情，也探寻祖先耕耘北美的历史。以黄运基、刘荒田、王性初等人为核心的"草根文群"，大多是老一代的移民。黄运基的长篇小说《奔流》就是采取平民视角和"华侨"心态，艺术再现几代华人奋斗与美国社会的历史进程。刘荒田的诗集《异国的粽子》也是用中国古诗的种种母题和异域生涯的自由想象，开掘"唐人街"丰厚的文化底蕴。

另外，还有老南的小说集《豪宅奇缘》、宗鹰的散文集《异国他乡月明时》等。"新移民作家群"主要是指二十世纪八十年代以来中国大陆留学赴美定居的年轻华人作家，他们的创作不仅延续了"留学生文学"的历史思考和双重文化边沿的人性挣扎，而且较快的寻找到了新的立足点，呈现出新移民一代人的心灵演变和他们在现代信息时代所感受的文化冲击。代表作家有查建英、严歌苓、严力、少君等人。查建英的小说《丛林下的冰河》述说的是新移民人生厄运的困苦与思考，充满宿命语调的魅力。而在这之后，影响较大的作家、作品又有钱宁的《留学美国》、陈燕妮的《遭遇美国》、《告诉你一个真美国》、周励的《曼哈顿的中国女人》、曹桂林的《绿卡：北京姑娘在纽约》等，虽说仍是相当地不全面，但其中对北美"新移民文学"的高度肯定却是令人敬佩。严歌苓旅美前就已经在中国大陆发表过3部长篇小说,因此,她的《扶桑》、《少女小渔》、《栗色头发》等不断抒写传统女性的异域文化冲突,锤炼的语言、多向度叙事格局,一开始就勾通了母土和异域的文化联系。严力的短篇小说集《与纽约共枕》、小说《血液的行为》等都是在生活重压下探寻人性的哲学本质。少君的创作最先闯入网络文学领地,他的百篇小说《人生自白》用迅疾细密的文学语言传达着新移民"洋插队"原初生活中人性审美的复杂性和丰富性。新世纪以来,又有几多留学生和访问学者新秀闯入美国华文文坛,创办了颇有影响力的大型华文文学杂志《红杉林》,主编吕红是当前美国华人文学界活跃的女作家,她主编的刊物,风格独特,兼容并蓄,为海内外华文作家和学者创作研究提供交流既被誉为"架中美文化之桥传海外华人新篇"的平台。吕红近年创作的一部长篇小说《美国情人》就描写了"新移民中的'边缘人'寻找身份认同的经历,展示了一幅北美移民生活的新画卷,显示了她出色的才华和执着的艺术创造"。

(二)加拿大华文文学。

与美华文学相比,加拿大华文文学显得颇为寂寞。直到八十年代中期先后成立的枫叶文艺创作社、白云诗社和加拿大华裔写作人协会,才打破了加华文坛的沉寂。加华文学作家大多来自中国大陆、香港和台湾。"掌门人"卢因出版有《温哥华写真》、《一指弹》等著作。在小说创作方面,以东方白的《奴才》、《浪淘沙》,李群英的《残月楼》为代表。

1981年获得台湾吴浊流文学奖,属于加拿大创作历史长且成果丰硕的华人作家。东方白的小说多是在开阔的文化视野中,探讨社会伦理、人性命运的哲理问题。其中,小说集《东方寓言》15篇作品就是用东方智慧诠释西方神话,拿现代人生命感悟呈现社会历史的内在真谛。小说《奴才》写一个小人物病死在台湾偏远的地方,依然念念不忘向身在大陆的老爷"赎身",改变自己一生作"奴才"的命运,不仅作品中的历史写实震撼人心,其中的人性刻画和关于人性孤独的思考也同样发人深省。李群英的《残月楼》被称为反映加拿大华人命运的长篇小说的开山之作。小说围绕着温哥华一家华人餐馆在近百年中的兴衰,塑造了曾祖母、祖母、姨母等几代华人劳动妇女的形象,残月楼的经营史就是一部加拿大华人的辛酸史、血泪史。曾任加拿大华文作家协会会长的陈浩泉的小说《香港狂人》、《香港小姐》、《香港九七》等仍然吐露着港人心声,到了小说《扶桑之恋》、《断鸢》、《海山遥遥》等则开始触及异域生活,命运起伏、情节跌宕、色调变幻的作品节奏和视角都胜过人物心理的开掘,较多的保留着都市小说的特征。梁羽生、萧逸相继移居海外,促进了武侠小说创作的海外传承。女作家冯湘湘在出版了小说集《唐人街皇后》、散文集《人在香港》之后,涉足武侠创作领域,出手不凡。其长篇《剑侠悲情》、《西域天魔》、《东瀛奇侠传》等作品情节奇诡、冲突激烈,神幻的武功鏖战与诗情画意的世俗场景描写相互辉映,显示了作者不凡的创作潜质。

在诗歌创作方面,以袁军、梁丽芳、李颖书的诗集《那一个早晨》、舒同的《寄怀一首》、张成的《问禅》、陈少波的《我坐在梦做的汽车里》等为代表。

在散文创作方面,是加华文学的强项,不少诗人和小说家都写得一手好散文。如卢昭关的《加拿大掠影》、张迅清的《简》、冯绮雯的《六月季》等。

在戏剧创作上也别有特色,七十年代旅居加拿大的马森,以其《弱者》、《一碗凉粥》、《苍蝇与蚊子》、《蛙戏》、《朝圣者》、《花与剑》等十几个独幕剧而声名大噪。而响誉加华文坛的学者型作家叶嘉莹,迄今为止,出版十余部研究中国古典诗词的专著,代表作有《诗馨篇》(上下册)、《迦陵论诗丛稿》、《迦陵论词丛稿》、《中国古典诗歌评论集》、《唐宋词十七讲》《灵溪词说》等。

加拿大华文文学创作进入二十一世纪之后,随着大量华人移民的迅猛增加,华人社会不断扩大并形成独特的跨文化移民圈子,已经成为加拿大本土一处十分亮丽的文化风景。

(三) 北美华文文学传播媒体。

此外,在北美文坛,副刊文学作为华人作家的传播媒体委实功不可没。因为报纸的"副刊"是最快捷接近读者的传媒载体,迅速又普及,相比起书店里流星闪烁、寥寥难寻的作家新作,这是一个被更多人所看见的文坛。而在众多的各类华文报刊中,又以北美《世界日报》的"副刊"最具有权威性和影响力,几乎生活在北美的笔耕者,都曾将目光投向这块峰峦叠嶂的绿岛。所以,研究北美的华文作家,不能不首先关注这片绿色茵茵的草地。

所谓的"副刊文学"主要由两部分构成,一部分是《世界副刊》的散文版,一部分是《小说世界》。我们多年来研究海外文学,只关心小说作家的成长,其实在海外的文坛,大多数的笔耕者是在散文的园地耕耘,海外天地的宽阔和情感的自由,抒写性灵的文字尤为精彩纷呈,应该引起学术界的注意。在散文创作的领域,作家们不仅仅只是拘泥在乡愁的怀恋和精神上的何去何从,而是在极其纵横深入的领域表达自己独特的认知世界。

在"副刊文学"中,有犀利精致的时事随笔(如加拿大著名专栏作家丁果先生发表在《世副》上的"枫叶传真"系列),有叙事抒情的小品(如女作家吴玲瑶的幽默小品),主题虽多样,但篇篇都有作者自己的写作特色和艺术追求。而在这些文字中,尤以"报导文学"的成就为最瞩目。所谓的"报导文学",范畴非常广泛,既具有现实的真实价值,又能突现文采的魅力,而对于写作者来说,则更容易从身边下笔,因而便成为海外作家最擅长的创作体裁。在"世界副刊"上,读者常常会读到清新而感人的佳作,有写亲情的,里面充满了往事的追忆,时空的过滤加上故土故人的亲切给人以情感的震撼。近年来还流行主题旅行文学,如"咖啡馆之旅"、"博物馆之旅"等,如作家张耀走访欧洲知名的咖啡馆,摄影并撰文介绍,写出了咖啡馆历史,也写出了文豪大家与咖啡馆的文化联系。另如作家成寒走访文豪故居,写出了《推开文学家的门》。

此外,北美作家也常常致力于真实人物的描绘,笔下有实业家,也有艺术家,如纽约李秀臻所写的《风云华人》,达拉斯温英超的《并购之神王嘉廉传奇》、旧金山刘晓莉的《回响——蔡一红传》,加州作家邓海珠所写的《硅谷传奇》、《华裔网路英雄传奇》等。在《世副》上,近年来还有饮食文学的开拓,这方面尤以旅居加州多年的女作家周芬娜的成就最为突出,她的作品有《日本的拉面文化》、《绕着地球吃》、《带着舌头去旅行》《在美食中品味传奇》,她写的"郁达夫与杭帮菜"、"鲁迅与绍兴菜"等脍炙人口。在"副刊"散文的写作阵营中,还有不少作家抒写大自然的景物,如芝加哥作家杨美玲所写的《大自然的探索》、《啜引一杯甜蜜清泉》。还有的作家喜欢探索历史的回响,如加大教授张错的《黄金泪》,探究的是十九世纪华工的血泪史,其价值相当可观。此外,报导文学也特别关注各类社会问题,直接影响现实生活。在北美,诸如移民、小留学生、人蛇集团等问题,不少海外作家均以此为题材,深入探讨,期望引起社会的关怀。这方面的作品如加州作家丁曙的《你为谁讨回公道》,作家杨树清的《天堂之路——扫瞄新移民在温哥华的浮生现象》和《消失的卫星孩子——世纪末台湾小留学生的东西碰撞》等。从这个意义上来说,海外的《副刊》报导文学,正方兴未艾,已成为文坛不可忽视的一个创作领域。《世界日报》"副刊"常任主编田新彬女士曾发表演说:"报导文学在海外是一特殊的文类,它既有真实性、客观性,又有文学技巧,它化身在文学之中,有着极为广阔的发掘领域"。

二 代表作家与作品

林语堂(1895—1976),著名作家,翻译家,语言学家,教授。生于福建龙溪县坂仔村,从小在教会学校读书,英文功底十分扎实,思想上深受西方文化影响。1916年毕业于上海圣约翰大学文科,由于成绩优异,被校方推荐到清华大学教英语,兼任圣经课老师。1919年赴美国留学,入哈佛大学研究语言学,获得硕士学位,后又转德国莱比锡大学攻读语言学。1923年夏,获语言学博士学位后回国,任北京大学英国文学系教授。1924年,参加语丝社,成为《语丝》的长期撰稿人之一。1925年,兼任北京师大、北京女师大等校英文系教授。1926年任北京女师大教务长兼英文系主任。同年8月,南下任厦门大学文科主任。1927年3月,任国民政府外交部秘书;9月到上海任中央研究院外语编辑。1930年出任中央研究院外语编辑。

1931年,参加中国民权保障同盟。1936年8月,赴美国执教。1938年携家眷离美国,经英国、意大利,最后旅居法国。1947年,赴法国就任国民党政府推荐的联合国教科文组织艺术文学组组长。1950年,由法国赴美国,继续从事写作。1954年任新加坡南洋大学校长。1966年回台湾定居。1967年,由香港中文大学聘为研究教授,负责主编《当代汉英词典》。1976年3月26日病逝于香港,享年八十一岁。

林语堂作为一位学贯中西的大家,一生著述甚丰。从1932年起,先后创办、编辑《论语》、《人间世》、《宇宙风》等刊物,提倡"闲时幽默"的小品文,成为"论语派"的主要代表。之后陆续出版了散文集《翦拂集》,杂文集《大荒集》等著作。林语堂的许多作品是在美国出版的。1937年,完成了《生活与艺术》一书的写作;1947年出版《苏东坡传》;1948年出版长篇小说《唐人街》;1952年,主办《天风》月刊;1953年至1963年间,长篇小说《朱门》、《红牡丹》、《远景》、《赖柏英》等相继问世。二十世纪六十年代,台属文星书局陆续出版了他的《暴风雨中的树叶》、《锦绣集》、《子女与知识》、《幽默小品集》、《创造》、《行素集》、《月亮与臭虫》、《欧风美语》、《无所不谈》、《啼笑皆非》、《平心论高鄂》等著作。此外,林语堂还写了大量论著,系统地向西方读者介绍了中国文化。如《吾国吾民》、《孔子的智慧》、《老子的智慧》等。在林语堂的小说作品中,成就最高、影响最大者当推《京华烟云》。《京华烟云》是林语堂旅居巴黎时于1938年8月至1939年8月间用英文写就的长篇小说,并题献给"英勇的中国士兵",英文书名为《Moment in Peking》,《京华烟云》是它转译为中文后的书名,也有译本将这本书译为《瞬息京华》。林语堂原本打算将《红楼梦》译作英文介绍给西方读者,因故未能译成,此后决定仿照《红楼梦》的结构写一部长篇小说,于是写出了《京华烟云》。

这部小说1939年出版于英国,半个世纪以来,它被译成各种文字一版再版,享誉全球,被誉为百科全书式的"文化小说"。小说分为《道家的女儿》、《庭园悲剧》、《秋之歌》三部,并分别取庄子之语为题目,以姚木兰的爱情婚姻为主线,描写了北京城中姚、曾、牛三大宗族的兴衰沉浮及三家前后三代人的悲欢离合。它以庚子义和团运动到"七七事变"后抗战爆发这段历史为背景,将人物的命运变迁与废帝制、立民国、抗敌寇等历史风云结合在一起,具有强烈的时代气息。小说结构严谨,脉络清晰,描写精美,不愧是一部现实主义的杰作。

林语堂从多种文化的沃土中吸取养分,这给他的人生观、哲学观、美学观、文学观、宗教观、伦理观、教育观带来了矛盾,正如他在《八十自叙》中所说:"我只是一团矛盾而已,但是我以自我矛盾为乐。"就他的创作来看,也是矛盾丛生,其中有许多积极的东西,也掺杂某些消极的东西。与辜鸿铭、梁漱溟一起被西方人称为现代中国三大文化哲人。

张爱玲(1920—1995),原名张瑛,笔名梁京,河北丰润人,出生于上海,清代权臣李鸿章是她的曾外祖父。1931年入读上海圣玛利亚女学,1938年考取伦敦大学,1939年改入香港大学文科。1942年秋插班入上海圣约翰大学文科四年级,11月因专事写作辍学。1944年8月与胡兰成结婚,1947年6月19日离异。1950年7月参加了中国共产党主办的首届"上海文艺工作者代表大会"。此后十多年留居香港,来往于美国、香港之间。1956年获新罕布夏州爱德华麦克道威尔基金会资助,在基金会庄园专事写作,并与剧作家赖雅结婚。1958年获加州亨廷顿哈特福基金会资助半年,在加州专事写作。1967年任纽约雷德克里芙女子学院驻校作家,同年赖雅去世。1969年至1971年任职于加州柏克莱大学"中国研究中心"。1972年移居洛杉矶,开始幽居生活。1994年台湾《中国时报》授予她"特别成就奖",以感谢她一生对中国文学的贡献。1995年9月8日中秋节,张爱玲的房东发现她逝世于加州韦斯特伍德市罗彻斯特大道的公寓,终年75岁,死因为动脉硬化心血管病。张爱玲是个富有传奇色彩的才女作家。早在1932年张爱玲就在其就读的上海圣玛利亚女学,校刊上首次发表了短篇小说《不幸的她》。1940年以《我的天才梦》获《西风》杂志三周年纪念征文荣誉奖。1943年后,先后发表了小说《沉香屑:第一炉香》、《沉香屑·第二炉香》、《茉莉香片》、《心经》、《倾城之恋》、《金锁记》和散文《童言无忌》、《私语》等名篇,以小说集《传奇》和散文集《流言》名震文坛。抗战胜利后,创作电影剧本《不了情》、《太太万岁》,小说《华丽缘》、《多少恨》,长篇小说《十八春》和中篇小说《小艾》。1953年在香港以英文撰写了长篇小说《秧歌》、《赤地之恋》。之后又在美国用英语写下长篇小说《PINK TEARS》(《怨女》)及以香港为背景的电影剧本,如《六月新娘》、《南北一家亲》、《小儿女》、

《南北喜相逢》等作品。

　　张爱玲的主要创作形式是小说。"恋爱婚姻"是张爱玲小说的"永恒主题",对此她曾坦言:"恋爱、婚姻,生老病死这一类颇为普通的现象可以从无数各个不同的观点来写,一辈子也写不完。"(《流言写什么》),因而,打开她的文集宛如走入恋爱婚姻的传奇世界。以其上海时期的小说为例,不幸的、不如意的、畸形的、抑或奇特的爱情故事纷纷在《金锁记》、《倾城之恋》、《封锁》、《沉香屑·第二炉香》、《茉莉香片》、《红玫瑰与白玫瑰》等中展现来。活生生的人物,缠缠绵绵却无好结局的恋爱;死去活来,痛苦一生的婚姻,就像一面镜子照出了一个"没有光、没有希望的死世界"。于是她作品中带着病态的男女主人公便以这个"死世界"作为所生存的空间。《红玫瑰与白玫瑰》里百无聊赖、醉生梦死的佟振保、《倾城之恋》的女主人公白流苏、《沉香屑·第一炉香》里受金钱诱惑的薇龙们的生存观其实就是当时社会现实世界的微缩点。用傅雷的话说,"遗老遗少和小资产阶级,全部为男女问题这恶梦所苦。恶梦中老是淫雨连绵的秋天,潮腻腻、灰暗、肮脏、窒息的腐烂气味,像是病人临终的房间,烦恼,焦急,挣扎,全无结果,恶梦没有边际,也就无从逃避。零星的挫折,生死的苦难,在此只是无名的浪费。青春、热情、幻想、希望,都没有存身的地方。"

　　整个的社会都没有希望,每个人的心都承受着重压。在她的小说里也时时浸入一些轻松的笔调和俏皮的口吻,傅雷说这:"像磷火一样的闪烁让人分不清这微光是黄昏还是曙色。"

　　张爱玲作品的艺术魅力是恒久的,艺术成就也是纯熟的。她给我们描绘出一幅上起清末,下迄五十年代初期,中经辛亥革命、五四运动、第一、二次国内革命战争、抗日战争、解放战争的一个动荡、纷争变革中的中国社会。正如夏志清所说:"张爱玲是个彻底的悲观主义者,可是又是一个活泼的讽刺家,记录近代中国都市生活的一个忠实又宽厚的历史家。"从她的作品中我们看到了新旧文学的糅合,新旧意境的交错。张爱玲走的是一条成功的中西合璧之路,古典文学的造诣尤其是《红楼梦》创作手法的潜移默化的影响,加之西方现代派诸如弗洛伊德心理分析手段的运用,使她的作品在对沪港畸形社会及其历史渊源探索时达到了传神的勾勒。她将现代主义融合于现实主义之中而使她的作品华美又悲哀,富丽又苍凉,实现了对以往小说镜子般反映生活模式的超越。

　　张爱玲作品中人物的生存观主要体现了下面几个方面:

　　第一,作品刻划了被时代列车所抛弃的众生相。张爱玲在《自己的文章》里认为:"时代是这么沉重,不会那么容易就大彻大悟。这些年来,人类到底也这么活下来,可见疯狂是疯狂,还是有分寸的。"张爱玲牢牢掌握着这个分寸,在题材的选择上她说"我不喜欢壮烈,我是喜欢悲壮,更喜欢苍凉。壮烈只有力,没有美,似乎缺少人性。","时代纪念碑那样的作品,我是写不出来的,也不打算尝试,"。她只能让自己作品中的人物在浑噩混沌的夜中糊里糊涂、昏昏而睡,没有办法想为这些可怜、可悲、又可憎的人的命运寻找一缕光明,抑或寻机暗示未来命运的转折。正因如此,她作品中那种欲说还罢的没落感时时未能令她那些昏昏欲睡的人物赶上时代的列车。

第二,描绘了恶劣环境中苟且求生的芸芸众生。既然与"沉重的时代"脱钩,亦不能"大彻大悟",那么在张爱玲笔下的"分寸"是如何掌握的呢?且看诸多形形色色不参加任何派别,只谈风月的凡夫俗子,掉在如此之腥臭的泥潭里,个个拼力往岸上挣扎,极力逃避这一肮脏的地方。然而大多数人挣不出来而疲倦倒下,在泥潭里漂来浮去,挨过残余的一生。在张爱玲的小说中,如祥林嫂、婉儿等被侮辱被损害的人物有之;像梅表姐、瑞珏等被封建家庭扼杀吞噬者有之;似莎菲女士的徘徊与惶惑也不难寻到;甚而涓生、子君般的爱情悲剧也会在其重演。所不同的是,她的作品从未描写过挣脱封建枷锁向光明走去的觉慧们,而多是一些向恶劣环境妥协苟且残活的可怜虫。

第三,刻划千姿百态的人生,多角度暴露的阴暗面。在张爱玲的作品中,极少展现善的人性。挖掘人的灵魂的阴暗面,似乎是她的专长。高尚的情操,善良的心,憨厚质朴的性格,同情互助的现象与她的作品绝了缘,所看到的皆是虚伪的表现、丑恶的灵魂、利己的手段:夫妻间的不忠,父子间的欺诈,母女间的薄情,姑嫂间的疾恨,叔嫂间的通奸,甚而父母、母女间的畸形的爱等等,构成了一幅丑恶不堪的画图。《金锁记》是她的代表作,生活的压抑把七巧"修炼"成一个变态的女人。当她在爱情方面失去一切时,几乎所有的人都成了她的报复对象,甚至她的儿子长白和女儿长安。这便是七巧的道德和人性的沦丧。这种亲子关系中人性冲突描写,显示出小说浓烈的悲剧意识和巨大的悲剧力量。

不能不说张爱玲这一重笔是继鲁迅之后揭露国民灵魂的又一鲜见的贡献,她做到了旧小说的情调和现代趣味的统一,在连续性的故事叙述中创造出一个生动、活跃、传神的感性世界;她以女性特有的纤细和敏感捕捉了特定情境下人物的感官印象,在动作、语言、心理等方面也达到了默契的配合。

聂华苓(1925—),祖籍湖北应山,出身于富裕的书香门第。1948年毕业于中央大学外文系。1949年去台湾。1953年加入《自由中国》编辑委员会,担任文艺编辑。1960年发表第一部长篇小说《失去的金铃子》。1962年在台大中文系、台中东海大学任教,并任《现代文学》编务。1964年赴美国爱荷华大学参加美国诗人保罗·安格尔主持的"作家工作室"工作,不久与安格尔结婚。1967年由她建议并成立了"国际作家写作室",1977年接任"国际作家写作室"主持人职务。1981年获美国杜布克大学和科罗拉多州立大学颁发的荣誉文学博士学位,并受聘为"纽布塔国际文学奖"评判员。其时,聂华苓与其夫婿安格尔将"作家工作坊"改为"国际写作计划"——每年9月至12月,"国际写作计划"提供全部经费,邀请世界各国作家到那里从事创作活动、研讨有关文学问题,直到今天。该计划让包括诺贝尔文学奖获得者帕慕克在内的世界各地作家在爱荷华度过了令他们难忘的愉快时光。丁玲、王蒙、白先勇、余光中、茹志娟、王安忆、阿城、冯骥才、张贤亮、苏童、李锐、蒋韵、余华、莫言、刘恒、迟子建等中国作家,都曾是该计划的受邀作者。也是在那里,海峡两岸的作家首次实现了面对面的思想交流。因为她和安格尔的这个创举,在1977年曾被三百多名世界各国作家提名为诺贝尔和平奖金候选人。1978年夏,与丈夫及女儿一同回国探亲。她现为"国际写作计划"主持人,并任教于爱荷华大学的"翻译工作坛"。

从1949年聂华苓以"远思"的笔名发表了处女作散文《变形虫》至今,共发表了三部长篇小说:《失去的金铃子》(1960年)、《桑青与桃红》(1971年)、和《千山外,水长流》(1984年),中篇小说《葛藤》,短篇小说集《翡翠猫》、《一朵小白花》、《王大年的几件喜事》,散文集《梦谷集》,论文集《三十年后——归人札记》和《毛泽东诗词》等编译的作品。

聂华苓虽出身高贵,然而生不逢时,曲折的生活道路,赋予她丰富的人生体验和独特的艺术视野。她的作品打上了鲜明的个人印记。她正视历史和现实,能够透过云雾看到新时代的曙光,从离愁别恨的羁绊中挣脱出来,踏上创作的回归之路。在聂华苓看来,文学首先必须是民族的,然后才是世界的。她的成名作《失去的金铃子》,通过主人公苓子生活的一个横截面,描写了一个哀艳动人的爱情故事,鞭挞了现实社会的黑暗和丑恶本质。赴美后创作的《桑青与桃红》,又使其名声大震。小说描写女主人公桑青由于生活的动荡,由一个天真单纯的少女变成了疯子,易名为桃红的故事。这是"一支浪子的悲歌",勾勒出一个现代女性的人格分裂的轨迹,从而深刻地反映了"失根"的中国人的心灵创伤。在继承我国文学传统的基础上,她大胆地吸收西方文学技巧,使作品既民族化又现代化,形成了独特的艺术风采。她擅长于细致地刻画人物的性格、心理和进行巧妙的艺术构思。她的大多数小说运用意识流写法,都以人物的思想活动为脉络,借鉴和吸取了心理结构和电影、戏剧等手法,大量象征手法的运用,极大的丰富了艺术表现力。她的小说语言优美,细腻含蓄,淡雅清丽,凝重深沉,哀婉幽默,具有诗一般的神韵和巨大的表现张力。无论是写景、状物还是幽默讽刺,都鲜明地表现出女作家的艺术魅力。不过由于世界观和文学观的局限,聂华苓的小说总让人觉得还缺乏一种高屋建瓴的气势,在对生活的把握上,缺乏力度和准确度。

於梨华(**1931—**),祖籍浙江镇海县,生于上海市。出身于书香门第,祖父和父亲都是知识分子。日本侵略者的入侵使这个往日殷实的家庭败落了,并四处迁移。1947年底到台湾。1949年就读于台湾大学外文系,1953年大学毕业即赴美国。1954年考入洛杉矶加州大学新闻系,在学习期间,她以打工来维持学业,饱尝生活的艰辛和精神的孤独。1956年得硕士学位,先后在纽约、芝加哥、普林斯顿等地居住,除了从事教学以外,主要是料理家务。自1968年起,她在纽约州立大学任讲师,教授中国现代文学、中国古典文学、中国报刊杂志选读、中文会话、中文作文、书法等,至今仍在教书。1977年到1978年还担任该校中文研究部主任。另外,她还是哥伦比亚大学"翻译中心"全国委员会负责人。1975年后,多次回国。

於梨华的创作甚丰,主要著作有长篇小说《梦回青河》(1962)、《又见棕榈,又见棕榈》(1967)、《考验》(1947)、《傅家的儿女们》(1975)、《变》(1965)、《焰》(1969)、《一个天使的沉沦》(1996),中篇小说《也是秋天》(1964)、《三人行》(1979),短篇小说集主要有《雪地上的星星》(1966)、《白驹集》(1972)、《会场现行记》(1972)、《寻》(1986)、《屏风后的女人》(1999)等。另外,於梨华1975年第一次回国探亲后,还写了报告文学《谁在西双版纳》和散文小说集《新中国的女性及其它》,《於梨华作品集》(1980,收有作品十四部)。她总共出版了作品集二十多个,总计四百多万字。

於梨华被誉为"留学生文学的鼻祖"、"无根一代的代言人",自称要"写尽天下悲欢离合"。她的创作主要有两方面的内容:一是描写大陆和台湾生活,以《梦回青河》为她的家庭小说代表作。描写的是敌伪统治时期,一个大家庭里表兄妹的三角恋爱。二是描写留学生生活。尤以后一方面内容为主,代表作品《又见棕榈,又见棕榈》,可为是於梨华思想性和艺术性最高的一部长篇小说。1967年获台湾最佳长篇小说奖,作品真实地描写了台湾留学生的生活和苦闷矛盾的心理,具有较高的典型性和时代性。小说以旅美学人牟天磊回台湾省亲为线索,本想达到一种文化心理上的回归,却发现在美国没有根,在台湾也没有根。牟天磊的悲剧是东西文化撞击的必然结果,他所失落的根,与其说是乡土之根,不如说是"民族文化之根"。

综观於梨华的作品,格调质朴,自然,真实感人。白描手法的运用,既富于女性的清新、细腻、逼真特点,又有男性的粗犷豪放,将两种美学风格完美地统一起来,又恰到好处运用排比句、对偶句,使她的作品读来富于戏剧性,引人入胜,毫不做作,因而又被称为"近年来罕见的最精致的文体家"。

在於梨华的留学生题材小说中表现了这样特点,首先,描写了人物受挫的经历。一个突出的现象是她作品中的人物无不具有一再受挫的经历。可以说,留学生们在生活、事业、理想、爱情上的一次又一次受挫,成为於梨华执意关注、反复表现的"主题"。於梨华对因种种受挫而导致的留学生涯灰暗、消极的尖锐感觉,实际上是她自己留学经历、留学体验的心理投影。於梨华笔下的留学生们屡遭受挫的苦难历程,往往从他们出国前就已开始,并贯穿他们留学生涯的始终。受挫经历不但成了於梨华小说中人物的宿命,而且也构成了於梨华留学生题材小说的基本内容、框架和模式。

其次,作品中形成情绪叙事文体。由于於梨华是那样明确而又急切地要通过留学生的受挫经历来向人们展示留学生涯的灰暗、消极,因此,因了这种创作意图的牵引,於梨华在她的作品中所形成的叙述文体,就更多地体现为一种情绪叙述。她作品中"感伤气质"的出现和"多愁善感"品格的形成,在很大程度上正是"得力于"这种叙述方式。由这种叙述方式所形成的叙事文本,充溢着的是感伤的气质和氛围,而造就出这种叙述方式的重要构成——叙述话语自然地也主要是由情感、情绪色彩较浓的词句组成。

於梨华曾经明确地说过"自己觉得和笔下的主角间的距离要比别人短些"。对笔下人物过于强烈的代入感,使她常常在刻划人物的时候直接将自己的感受、认识和情绪倾注到人物身上和作品中去,叙事主体和叙述者、作品人物之间的距离缩短乃至距离消失,是於梨华留学生题材小说叙述文体呈现出情绪叙述的根本原因,而她遣词用句上的夸张、直露,则更加深了她的情绪叙述的色彩。

黄运基（1932—2012），出生于珠海市斗门区。1948年随父赴美谋生。虽然童年时家境景况极其贫困,自幼失学,但凭借自强不息、锲而不舍的奋斗精神,在美国艰苦卓绝地拼搏了55年后,成为一位令人尊敬的老华侨、老报人、老作家。自二十世纪五十年代起,黄运基为纽约《美洲华侨日报》撰稿;二十世纪六十年代中期,先后任美国旧金山《东西报》及《世界白报》编辑;1969年至1971年任旧金山《华声报》总编辑兼总经理;1972年任旧金山加州州立大学讲师;1972年创办《时代报》任社长兼总编辑;1975年至2002年3月,任旧金山市政府官方翻译,专责翻译每年的选举资料《选民手册》;1995年创办《美华文化人报》、《美华文学》双月刊,1998年6月改为《美华文学》,历任社长。现任美国华文文艺界协会会长、《美华文学》杂志社社长、时代有限公司总裁、思华旅贸公司董事长。"美中友好协会"创始人之一,1998年2月1日被旧金山市长命名为"黄运基"日。

2004年出版发行的《旧金山激情岁月》一书收集了黄运基13篇作品,共20万字。山东大学文学院教授黄万华为《旧金山激情岁月》作序,他指出,黄运基是可以视为美华文学"草根文群"的带头人的,这不仅在于他年少漂泊美国,长期辗转社会生活底层,有过当排字工、清洁工、储运工、侍者和花农等丰富经历,也不仅在于他创办的《美华文学》聚集了一大批美华作家,成为上世纪九十年代崛起在多元化的美华文坛的"草根"文学的主要阵地,更在于他的小说创作构成了美华文学"草根文群"的重要基石。黄运基的代表作品是《异乡曲》第一部《奔流》和陆续在《美华文学》连载即将出版的第二部《狂潮》。黄运基的自传体长篇小说《奔流》,既是一篇近现代华人的移民史、创业史和血泪史,又描写了一个寻梦的故事,这个梦就是"美国梦"。黄运基在给朋友的信中,自言一生"没有什么可以向人炫耀的成就,只有一个'美国梦',一颗'中心'……"。2000年黄运基和李硕儒合作将《奔流》改编成20集的电视连续剧《梦断天使岛》,将由中央电视台和北京电影制片厂联合拍摄。这将是中美两国联手摄制的第一部反映近百年来华侨移民历史的电视连续剧。

黄运基的辛路历程、铮铮铁骨,是中华儿女"贫贱不能移,威武不能屈"的真实写照,是中华民族精神的缩影。他的创作以小人物反映大世界,既体现了对家乡、对祖国的眷恋和深情厚意,也丰富了美国华侨文化宝库。

白先勇（1937—），前国民党高级将领白崇禧之子,生于广西桂林,回族。童年因父征战而辗转重庆、南京等地,后定居台北。1956年高中毕业,受夏济安教授主编的《文学杂志》的启示和影响,弃工就文,转入台大外文系。1960

年与王文兴、欧阳子、陈若曦等创办了《现代文学》。1963年赴美爱荷华大学作家研究室从事创作研究。1965年获硕士学位,赴加州大学圣塔.芭芭拉分校执教。现任美国加州大学教授,中国当代作家。因致力于民间保护和发展中国现存最古老的戏剧艺术昆曲而自称为"昆曲义工"。

1958年,白先勇发表第一篇短篇小说《金大奶奶》,之后相继创作了短篇小说集《寂寞的十七岁》、《纽约客》、《台北人》、《谪仙记》、《游园惊梦》、〈白先勇自选集〉和《骨灰》等,其中包括三十四个短篇小说;一部长篇小说《孽子》;另外,还有戏剧《游园惊梦》、《玉卿嫂》、《金大班的最后一夜》和论文集《漠然回首》、《第六只手指》等。多部作品被改编成电视、电影、舞台剧,在世界各地放映、演出。

白先勇的创作尤以小说成就最高,被誉为"当代短篇小说的奇才","台湾现代派小说的旗手"。他的创作以1964年在美国创作的小说《芝加哥之死》为界分为两个时期:前期在台的创作受西方现代主义文学影响较大,有浓重的个人色彩和主观幻想,人物多是畸形的、病态的,艺术上还不够成熟。代表作有《金大奶奶》、《我们看菊花去》、《玉卿嫂》、《小阳春》、《寂寞的十七岁》等。后期为赴美后的创作,有《纽约客》、《台北人》和长篇小说《孽子》。《台北人》标志着白先勇创作的一个高峰,被称为"民国史"。作者将大路去台人员的命运变化与中国现代史结合起来,具有强烈的历史感和现实主义深度,成功地塑造出"最后的贵族"形象,将西方现代艺术技巧和中国文学传统紧密结合,形成鲜明独特的艺术风格,奠定了白先勇在中国当代文坛的地位。

白先勇的小说创作将传统与现代融合,具有较深广的社会内容和较高的艺术成就。他的三部代表作《台北人》、《纽约客》和《孽子》,自始至终贯穿着"怀"和"愁"两条主线,一条是以"怀"为社会情节的延伸,一条是以"愁"为艺术发展的切割面,表现了丰富复杂的思想内涵。白先勇的小说属于性格小说,成功地塑造了工商巨子、金融家、大财阀、贵妇人、姨太太、将军、随员、退伍老兵和下层社会的教员、职员、酒吧女、娼妓、农民等血肉丰满、栩栩如生的人物形象。在小说的创作技巧上,善于以白描手法客观刻画人物性格,描写人物心理、并加入象征、暗喻手法。完美体现融传统于现代艺术特色的是《台北人》的创作。如《永远的尹雪艳》中对上海百乐门高级舞女尹雪艳的描写:"她在舞池里,微仰着头,轻摆着腰,一经是那么不慌不忙的起舞着;即使跳着快狐步,尹雪艳从来也没失过分寸,仍旧显得那么从容,那么轻盈,像一球随风飘荡的柳絮,脚下没有扎根似的。"在结构上,白先勇的小说结构严谨,注重整体结构上的场景选择、场景叙述和对话的布局。语言的写作手法灵活多样,文笔简练明快,清丽典雅,各种方言的运用,使人物更富于个性化,增添了生活气息。

白先勇非常重视小说的技巧,他认为小说中"观点"的运用,"对话"描写和"文字"功夫三者最重要。他追求小说的文学价值,强调小说的审美价值,认为小说应以对人的理解为基础,应有与内容相统一的完整形式。

白先勇的全部创作正如"一个时代的哀歌",流露出浓重的悲剧美感。他是一位悲天悯人的悲剧艺术家,那些没落的贵族、流浪者、同性恋者,都代表着作家笔下那个忧患重重的时代。白先勇借鉴中国古典小说的写实手法,用白描法刻划出一个个鲜活的人物。在他所表现的人事沧桑感的背后,抒发的是作家自己对国家的文化乡愁,他关注的是祖国的前途,民族的兴衰,人类的未来。白先勇博采众长,中体西用的文学思想和艺术表现,确立了他在世界华文文学中的地位。

陈若曦(1938—),原名陈秀美,出身于台湾省台北市的一个工匠家庭。1957年考入台大外文系,与同学戴天、李欧梵、白先勇、欧阳子等组织了"南北社",并在此基础上组成了《现代文学》社,创办了《现代文学》杂志。1962年赴美留学,先在美国圣橡山女子学院进修,第二年转入约翰布金斯大学学习英国文学。1965年获硕士学位,并任职于该校图书馆。1966年和获博士学位的丈夫回国,时值"文化大革命",他们在北京闲居两年后,被分配到南京华东水利学院教英语任职五年。时值"文化大革命",耳闻目睹社会惨象和亲历动荡不安生活,政治上又受极"左"路线的歧视,她的乌托邦的追求彻底落空了,1973年冬不得不全家移居香港。1974年定居加拿大,1979年赴美任伯克莱加州大学中国研究所中心语文组特别研究员,旧金山《远东时报》总编辑,兼编中国文艺版。曾任中华人权协会主席、台湾文学研究会首任会长、北美洲台湾人文艺协会理事长。1995年抛夫弃子,回归台湾。目前定居台湾。

人生道路的巨大转折和悲欢离合的生活积累深厚凝重,促使陈若曦通过文学表露她的见解,抒发她的感情,而且大有一发不可收拾之势。至今,陈若曦创作的短篇小说集有:《尹县长》(1976)、《陈若曦自选集》(1976)、《老人》(1978)、《城里城外》(1981)、《陈若曦小说选》(1983)、《陈若曦中篇小说选》(1985)、〈贵州女人〉(1989),长篇小说《归》(1978)、《突围》(1983)、《远见》(1984)、《二胡》(1985)、《纸婚》(1986)、〈慧心莲〉(2001年"小说类")等,散文集〈文革杂议〉(1979)、《生活随笔》(1981)、《无聊才读书》(1983)、《天然生出的花朵》(1987)、《草原记》(1988)、《西藏行》(1989)、《青藏高原的诱惑》(1989)等,英文著作《召魂》,翻译小说《奇妙的云》。

陈若曦以《尹县长》一书闻名两岸三地,并入选"二十世纪中文小说百强"。她的创作可分为三个时期:

第一个时期是创作道路的探索时期。由于主题题材的写作风格的不统一,作品不多,可分为两类:一类是受欧美现代文学的影响,主观幻想极浓模仿现代派的作品,如《钦之舅舅》、《巴里的旅程》、《乔琪》等。另一类是乡土文学作品,如《辛庄》、《最后的夜戏》、《妇人桃花》等。

第二个时期是彻底否定文革时期。代表作品《尹县长》,是"伤痕文学"之滥觞。尹飞龙是解放前夕率部起义的国民党军官,解放后任陕西兴安县长。他对共产党忠心耿耿,勤勉肯干,为老百姓所拥护。然而在那个"造反有理"的年代,却被当作"军阀、恶霸、反革命"给枪毙了,无辜地成了这场政治斗争的牺牲品。

第三个时期是走向成熟和深入时期。代表作品有中篇小说《向着大洋彼岸》,长篇小说《突围》。这一时期作家着力分析描写海外游子的生活、命运和情感。《突围》是以现实主义的笔致,描叙了定居旧金山的华人高级知识分子的工作生活状况,以及他们空虚孤独的心态。他们都在寻觅突破围困的道路,但都在现实面前碰撞得头破血流。这部长篇小说思想蕴涵的深刻就在于作者能从资本主义社会形态中所常见的人们之间的关系的角度,去探索华人知识分子的前途命运,而非孤立、个别的和偶然的人生经历写照。《突围》之后另一部长篇小说《远见》是写台湾妇女廖淑贞,按照丈夫的"远见",带着女儿去美国读大学并申请"绿卡"。为了母女的生活,她到华裔医生家当佣人受尽凌辱,幸亏萍水相逢遇见中国大陆一位赴美访问学者,在其开导与支持下,廖淑贞终于获得永久居留权。然而,当她返回台湾报喜时,讵料丈夫有了外遇并生了儿子。她只好"伤透了心"地飞回旧金山。故事情节很平凡,在个人的恩恩怨怨中,透露出作者对台湾、美国、中国大陆三地的华人知识分子在伦理道德、社会责任感方面孰优孰劣的评价,客观地赞美大陆的访问学者。第三部小说《二胡》,就像用二胡这种幽怨缠绵的古老乐器,娓娓奏出了一曲当代中国人的悲歌。作品描写了美国华人胡为恒与在中国大陆的妻子梅玖、美国华人胡景汉与大陆妻子绮华的婚姻家庭关系,展示出东、西方两种文化的碰撞冲突,同时也通过梅玖临终前对丈夫的谅解与胡景汉决定回大陆与绮华团聚的情节,反映了两种文化是可以包容融合的,作者自觉或不自觉地立足于唯物史观而使这部长篇小说的主题的丰富与深刻性达到新高度。出版于1987年的《纸婚》,

是部日记体的长篇小说,写的是上海姑娘尤怡平自费留学美国,因违反规定到餐馆打工而被美国勒令离境。一位美国青年用"假婚"之计,使她逢凶化吉。然而待她获得"绿卡"时,那位美国青年身患艾滋病,不少亲友鄙弃他,尤怡平却留其身旁,陪伴他度过一生最后时光。在金元帝国出现这种"专门利人"的高尚情操、重义轻利的真实故事,虽属罕见,但正是亿万美国平民所企盼的,也是陈若曦的理想——对人类命运的深切关注。多年以来,陈若曦投入公益活动:关怀生态、环保问题以及为弱势团体争取福利,尤其关注妇女在社会中的角色及地位,如她的《贵州女人》。

陈若曦的创作题材和主题多立足于乡土写实,而表现手法上偏于现代。是台湾现代派的主要作家之一。她的作品自然朴实、感情真挚,运用讽刺手法和意识流、象征、时空交错倒置等现代派手法,大胆揭露和抨击生活中消极的、落后的东西,积极干预生活。

欧阳子(1939—),原名洪智慧,台湾南投县人,出生于日本广岛。抗战胜利后随父母回台定居。1957年考入台大外文系,1961年毕业留校任助教。1962年赴美留学,先入伊利诺大学,后转入爱荷华大学文学创作班,1964年获硕士学位。后又转入伊利诺大学专攻亨利·詹姆斯、海明威、福克纳的小说和肖伯纳的戏剧。1965年随丈夫移居德克萨斯州,迄今一直当家庭主妇。

欧阳子13岁开始写作并发表文章,就读台大时加入"南北社",又参与《现代文学》的编辑工作。1968年因眼疾停止创作。主要作品仅有短篇小说集《那长头发的女孩》(1967)、《秋叶》(1971),另有评论集《王谢堂前的燕子——<台北人>的研析与索隐》、《现代文学小说集》和散文集《移植的樱花》、《生命的轨迹》。代表作品有《半个微笑》、《网》、《花瓶》、《木美人》、《浪子》、《最后一节课》、《魔女》。

作为20世纪60年代台湾现代派文学的代表人物,欧阳子的小说极具反叛性格和挑战精神。她的作品不是讲述常态下的婚姻爱情故事,而是以冷静、客观的心理写实方法和越轨的笔致,去描写各种非常态下的情爱困境,意在发掘人生故事背后复杂的性心理和潜意识。从这种角度剖析爱情婚姻与人性欲望的悲剧,大胆突破了文化及社会的禁忌,使欧阳子有着"心灵外科医生"的成功,也遭遇着毁誉参半的风险。

她的小说大量运用西方现代派小说的心理分析方法和意识流手法,开掘人的内心世界。代表作《花瓶》奠定了她在台湾文学史上的地位。小说描写了一对夫妻情感破裂导致离异的悲剧,作者将男女主人公心理活动进行了细致入微的描写。丈夫石治川因爱妻子,所以嫉妒猜疑妻子,甚至产生扼死妻子的念头;妻子冯琳在忍无可忍的情况下揭穿丈夫的阴暗心理,丈夫又恼羞成怒。作品中象征意味的花瓶被丈夫摔下而终未打碎,增添了作品的象征意味。《魔女》描写的是女大学生倩如与母亲无可救药的痴迷畸恋,反映了资产阶级情欲至上的没落颓废和道德沦丧。被白先勇称之为现代心理分析小说中罕见的佳作。欧阳子被誉为"心理小说家",她的小说是怀着悲悯之心去表现人物的心理世界的,且具有一定的反讽意味。在结构上,欧阳子注重小说结构的完整性,常常截取生活的横截面,时而双线发展,时而在人物的回忆中插入倒叙和插叙,再加上大量内心独白、自由联想、时空倒置、层次错综、跳跃、意识流动等西方现代派手法的运用,使小说的结构更加完美精巧,《魔女》堪称上乘之作。欧阳子小说的语言是"严简的、冷峻的、干爽的,""她这种白描的文字,达到了古典的严朴,使她的小说充满了一种冷静智慧的光辉。"欧阳子独具慧眼,在中西文化的撞击和融合中,既有兼融,又有超越。

欧阳子的文学评论运用中西两种不同传统的研究方法,深入细致、严谨完整,力避溢美之词,开辟了文艺批评的新层面。

散文集《移植的樱花》、《生命的轨迹》共收集了1968至1981年间的散文35篇和1篇访问记,代表作品有《一封无法投递的信》《一件往事及联想》《我如何走上了文学写作的路》《广岛之旅》《书、书架和我》等。欧阳子的散文始终贯穿着"爱"和"情",作品语言明快,文笔舒展,擅长白描,讲究传神,具有深切浓烈的生活气息和真挚感人的艺术魅力。但由于作家生活圈子狭小,从而导致了作品题材的狭窄。

张系国(1944—),笔名域外人、白丁,祖籍江西南昌,生于重庆。张系国童年随父到台湾新竹。1962年进入台湾大学机电系就读,1966年至1969年在美国柏克莱加州大学读电脑科学,获博士学位。曾任美国康奈尔大学副教授、芝加哥伊利诺大学教授,现任美国匹兹堡大学计算机系主任、知识系统学院校长、台湾中央研究院咨讯科学研究所研究员。

张系国既是电子计算机专家,又是创作甚丰的美华作家,在台湾被誉为"科幻小说之父"。重要著作除资讯论文230余篇、专业著作11部外,计有小说28部。早在大学时代,张系国就创作了长篇小说《皮牧师正传》(1978)。留美之后,创作了长篇小说《昨日之怒》(1978)、《黄河之水》(1979)、《棋王》(1978);短篇小说《地》、《香蕉船》(1976)、《不朽者》(1983)、《天城之旅》;科幻小说集《星云组曲》及长篇科幻小说《城》、《第一部》;杂文评论集《快活林》、《让未来等一等吧》,综合集《孔子之死》(1978年)等。其作品已广为译介,曾被多种艺术媒体(音乐剧、电视、电影)移植演出,深获好评。

其主流小说自理想主义视角出发，刻画人性及现代生活，至为深刻。创作题材主要有三种：一是表现台湾社会的现实生活的。代表作品《棋王》。二是描写留学生生活的。如《地》、《昨日之怒》，表现了留学生文学的新面貌，被白先勇称之为第三代留美作家的中坚。三是创作科幻小说，反省人类生存现状。《星云组曲》奠定了台湾科幻小说发展的基石。

张系国既是科学家，又是文学家。他的小说情节单纯，线索清晰，艺术构思新颖多变，表现手法丰富多样，语言质朴明快流畅而不乏讽刺幽默。

丛甦（1939—），原名丛掖滋，祖籍山东文登。1949年随家人迁台台湾大学外文系毕业后赴美留学，先后获美国华盛顿大学文学硕士学位和哥伦比亚大学图书馆学硕士学位。1966年2月24日正式应聘任洛克菲勒纪念图书馆主任。90年代退休。现为香港《开放》杂志顾问及专业作家；国际笔会女作家委员会联合国代表；台湾《新新闻》杂志顾问；旧金山"中国民主教育基金会"年度民主奖评委；国际笔会流亡作家中心执委；中国近代口述史学会董事等。主要作品有《白色的网》、《车站》、《盲猎》、《想飞》、《中国人》等。杂文集有《君王与跳蚤》、《生气吧，中国人》等。

丛甦的创作一直坚持现实主义和象征主义路线。收在《白色的网》和《秋雾》两本集子里的，多是青年时代的作品，她说那是"在象牙塔里打着望远镜去描绘众生相"。从《想飞》开始，更多地面对现实中的丑恶与残酷。她写的故事里，常出现流浪的中国人和他们的苦闷与彷徨。在海外20多年，她一直不能忘怀祖国的土地和语言。近几年常在报刊发表杂文，更直接的关注现实。她的文字紧密，情感真诚，尤其擅长描写落魄异乡的中国人。在《中国人》序中，丛甦写到："正如那古希腊神话中的巨人'安太以斯'一样，离开了母土的流浪人是脆弱，无根，无着落的。"无论是《想飞》里的知识分子间作家沈聪、《窄街》里的刘小荃，或是《自由人》里的古言泉，这些离开故土在异乡漂泊的《失根的兰花》内心处境的矛盾与纠葛，挣扎与无奈，透过丛苏的笔，一一鲜活起来，令人读后低回不已。

丛甦的创作以去美为界分为前后两个时期。前一时期在台湾发表了《白色的网》、《秋雾》等小说。旅美之后，她把创作视角放在广大留学生及海外华人的生活上，透过他们的艰辛与困惑，表现了一种孤独与失落的内心感触和对"根"的渴望。六十年代发表的作品重于表现内心的困惑，表现的是"失落的一代"，代表作有《盲猎》、《想飞》。七十年代则注重寻根的主题，表现的是"觉醒的一代"，代表作品有《中国人》、《自由人》、《野宴》等。八十年代她的作品有了新突破，将人性问题引入到艺术的层面加以思考，使其作品的内涵更加广泛了。这一时期的作品主要收在《兽与魔》集中。丛甦的小说创作是写实主义和象征主义手法交互运用,既有对现实生活真切细腻的捕捉,又有透过幻觉、梦境、内心独白等意识流手法的人物内心描写,创造出超越现实的象征艺术境界。

许达然(1940—),本名许文雄,台湾省台南县人。就读于东海大学历史系,曾被选为台湾优秀青年,1961年出版散文集《含泪的微笑》,1962年毕业留校任助教。1965年出版散文集《远方》,风靡文坛。同年赴美留学,先后获得哈缚大学硕士学位和芝加哥大学博士学位。曾在英国牛津大学研究英国社会经济史。自1969年任美国西北大学教授。2003年6月退休。

作为散文家和诗人的许达然,创作成绩斐然。曾获1965年台湾"首届青年文艺奖散文奖",1978年"金笔奖",1980年又以《叠罗汉》获得台湾"吴浊流文学奖新诗奖"。1998年获"府城文特殊贡献奖",2001年获"吴三连文学奖"。1965年赴美以后,创作有散文集《土》(1979)、《违章建筑》、《防风林》(1986)、《同情的理解》(1991)、《怀念的风景》(1997)等,发表散文《山河草》(1977)、《吐》(1984)、《水边》(1984)、《人行道》(1985)等,并有多篇译介英语世界的散文。

许达然的主要成就是散文,并将散文诗化、小说化,自成一格,在台湾的散文文学界留下了典范。他一扫台湾散文园地的浮华风气,面向现实,取材社会和历史,以一个学者的姿态进行思考和研究,凭着独到的眼光、渊博的学识和灵敏的嗅觉体味、挖掘出人们所熟视无睹的真谛,将深刻的哲理和优美的意境完美地结合起来呈现出独特的气质和鲜明的特色。

(一)鲜明的民族色彩和浓厚的乡土气息。在台湾文界许达然有"比台湾还台湾"的美称。童年的艰辛造就了他泥土般的品质和"卑微质朴纤柔"的性格。在他的作品中倾注了对故土和乡亲真挚的爱,如在《回家》中,他深情地写到:"在异帮,用筷子,怎样夹都不如家乡味;读古文,怎样都不像长城;捧唐诗,怎样吟都不成黄河。""对于土,掉落脐带的我们是断不了奶的孩子。"(《土》)

(二)强烈的现实感、时代感和历史感。许达然主张散文应注重人生观察及社会批评,把散文的根扎在台湾这块土地的民众现实生活中。他的散文排除了空灵与无病呻吟,亦不喜欢过度的抒情,并将台湾的土地和大自然,以及庶民生活的细节交错融合在一起。在马戏场上,我们看到了演员们的汗水、泪水和辛酸(《小丑》);在雪花飘零的冬季,我们听到了为遇难矿工们唱起的挽歌(《冬的消息》);透过文字我们充分理解,他对时代、社会的忧患意识及人道主义的关怀。他注重个人与群体,创造结合知性与感性。因此,他突破中国散文抒怀为主的个人风格,提倡散文亦是参与文学,使散文具有社会意识,历史意识,时代意识。

郑愁予(1933—),本名郑文涛,祖籍河北,出生于山东济南。童年随当军人的父亲走边大江南北,长城内外,包揽祖国各地的风土人情,山水风光。1949年随家人去台湾后,一面学习,一面写作。1968年,应邀赴美国爱荷华参加"国际写作计划",1972年在爱荷华大学获创作艺术硕士学位,并留校在中文系任教,翌年转往耶鲁大学,在东亚语文学系当高级讲师,现任耶鲁驻校诗人及资深中文导师。出版诗集有《草鞋与筏子》(1949)、《梦土上》(1955)、《衣钵》(1966)、《窗外的女奴》(1968)、《燕人行》(1970)、《蒔华刹那》等。

郑愁予的诗中贯穿着两种互补的气质神韵。一种是豪放、爽快、豁达的"仁侠"精神,另一种是曲折动人、情意绵绵、欲语还羞的婉约情韵,这两种气质充分显示了诗人深厚的古典文学修养。正式这种修养使他避免了台湾现代派诗的缺点,把中国的传统意识和西方现代派的表现技巧结合得浑然一体,使他成为地地道道的"中国的中国诗人"。正如扬牧所说:"自从现代了以后,中国也有一些外国诗人,用生疏恶劣的中国文学写他们的'现代感觉',但郑愁予是中国的中国诗人,用良好的中国文字写作,形象准确,身来华美,而且绝对地现代的。"

郑愁予比较有名的诗作,比如《错误》、《水手刀》等,大多都是以旅人为抒情主人公的,因此他被称为"浪子诗人"。对此,郑愁予不以为然,他说:"因为我从小是在抗战中长大,所以我接触到中国的苦难,人民流浪不安的生活,我把这些写进诗里,有些人便叫我'浪子'。其实影响我童年的和青年时代的,更多的是传统的仁侠精神。"也许正是仁侠精神和浪子情怀的结合,才使郑愁予的诗有如此动人的艺术魅力。

第三节　蒸蒸日上的欧洲华文文学

一　概　述

欧洲华文文学起步较晚,规模较小,但发展势头可喜。1991年,荷、比、卢三国成立荷比卢华人写作协会,林湄任会长。1998年1月5日协会在荷兰海牙举行新春茶话会,选举产生了理事会新成员,主席:林湄,副主席:章平,秘书:孙一琪,理事:张明行、蓝章铭。并不定期出版会刊《荷露》。1998年7月,荷比卢华人写作协会会刊《荷露》正式出版,主编林湄。这是一本纯文学杂志,辟有小说、诗歌、文艺随笔、散文、文学活动报道等栏目。现居比利时的章平著有长篇小说《事影游魂》、《冬之雪》,中篇《狗肉的道歉》、短篇《教堂广场上的鸽子》诗集《心的墙,树的孩子》、《飘雪的世界》,这些作品都在进行着文化意味浓厚的人文思考。林湄从大陆到香港、到比利时,最后在荷兰定居,前后四十年穿梭于多种不同的文化空间,兼容并蓄的文化视野增加了作品的厚重感。长篇《漂泊》抒写了异域流落中人物内心文化构架的重塑过程,另一部长篇《浮生外记》在本色表现了华人家庭四世同堂的生存状态同时,则真实揭露了东西方民族心理共同的怯弱、恐惧。蓝章铭的作品曾在"庆祝香港回归征文"比赛中荣获五个奖项。荷兰华文文学作家黄锦鸿的短篇小说《人生无题》。荷兰本土作家安·布宜丝的华文诗《创造》等。还有活跃在荷兰文坛的中青年作家池莲子、赵艳、林冬漪、孙一琪、孙逸勤、周青、廖蓉、赵安玉、陈军、王展鸿等。

法国有一批来自台港澳的女作家的作品尤为引人注目,如郑宝娟的小说《佳人出塞》、散文《远方的战争》。吕大明的散文集《来我家喝杯茶》。冯淑燕的短篇小数集《蓬草小说自选集》,散文集《亲爱的苏珊娜》、《樱桃时节》,小说散文合集《北飞的人》。绿骑士的散文小说合集《绿骑士之歌》、《棉衣》,张弄潮的诗集《我在冥想时》等。另外,新移民作家中还有来自中国内地的比较文学博士刘秉文的《巴金和卢梭之平等观与道德之比较》,卢岚的短篇小说《昨日的回音》、《神秘华屋》,以及澳门青年诗人梯亚、香港作家徐林平等。到目前为止,法国尚未成立华文文学团体和纯文学刊物。

英国华文作家协会于1988年12月12日创立于伦敦,即此标志着英国华文文学的发展进入了一个新阶段。协会宗旨为:交流英国、英联邦国家及其他国家和地区的作家、翻译家、诗人、编辑、报刊撰稿人、记者等用华文写作人士的写作经验,促进英国华人的华文写作水平,繁荣英国华文文学的创作。首届会长陈伯良,秘书长叶念伦,协会经费由热心侨领所资助。代表作家有叔华、陈卓章、陈伯良、叶念伦、古人风、睦平、桑简流、郭南斯等。

德国华文文坛文学理论批评较引人注目,在德国华文文坛上活跃着学者作家龙应台、董风祝、关愚谦、郭名凤、阮嘉玲和新秀龚慧真、谢莹莹、孙步菲、麦胜梅、任辉、筱元等。

二 代表作家与作品

赵淑侠(1931—),祖籍黑龙江肇东,出生于北京。1949年随父母到台湾,

1959年赴法留学,毕业于瑞士应用美术学院,曾任播音员、编辑、美术设计师。现旅居瑞士,专事写作。

赵淑侠自幼喜欢文学艺术,中学时就有作品发表。1972年返台探亲后,重新执笔,在海内外掀起了一股"赵淑侠旋风"。她的小说代表了欧洲留学生文学的成就。至今已出版小说(集)13种,散文集8种。著有长篇小说《我们的歌》(1978)、《落第》(1981)、《春江》(1983)、《塞纳河畔》(1985)、《赛金花》(1990);短篇小说《西窗一夜雨》(1976)、《当我们年轻时》(1977)、《人的故事》(1986)、《湖畔梦痕》(1986)、《游子吟》;散文集〈紫枫园随笔〉(1978)、《异乡情怀》(1979)、《海内存知己》(1980)、《故土与家园》(1982)、《翡翠色的梦》(1984)、《童年 生活 乡愁》(1986)、《雪风云影》(1986)、《爱情与幻想》(1994);散文小说合集《赵淑侠自选集》(1982)、《文学女人的情观》(1992)、《阿尔卑斯黑发》(1995)。1979年获台湾文艺协会小说创作金奖;1982年被列入英国剑桥出版的《世界妇女名人录》;1986年被瑞士作家协会国际笔会接受为会员。1991年起历任"欧洲华文文学作家协会"会长、世界华文文学协会副会长。

赵淑侠是二十世纪八十年代欧华文学领军作家。她从小饱受战乱之苦,忧患意识过早扎根于幼小心灵中;半封建半殖民地的旧中国被列强任意蹂躏宰割,她倍感奇耻大辱;飘泊海外的岁月,使她亲身领会到在异国他邦华人的孤独、苦闷的心绪与拼搏、自强的精神。这一切激发着她产生强烈的民族的社会责任感,她要以文学作品唤醒"东方睡狮"、恢复炎黄子孙顶天立地的英雄气概,为中华民族的振兴添一分热发一分光。在这一创作思想指导下赵淑侠写就了那些有口皆碑的精品名作。综观她的创作,以八十年代为准分为前后两个时期,前期的作品主要是反映海外游子生活。这一时期的创作,走出了於梨华、白先勇"所营造的迷茫、阴霾、感伤的艺术氛围,一改往日灰暗的色调,以一种高昂、明亮而激越的情感色彩,从更高的层次来挖掘和表达'根'的意识。"长篇小说《我们的歌》是她的成名作、代表作,获台湾"中国文艺协会"颁发的创作奖,奠定了她在华文文学界的地位。小说终止了於梨华、白先勇的留学生文学所吟唱的"无根一代"的挽歌,而高唱起"我们的歌"。用赵淑侠自己的话来说,"歌"在这里应该只是一个表示我们应该并肩携手,同往一大目标前进,这个目标是要中国人找回自己原来面貌,以自己的文化和传统为荣,自信、自强、自爱。"作品以台湾女青年余织云与江啸风、何绍祥之间的爱情纠葛为主线,描写了各类海外中国人,塑造了江啸风这个爱祖国、爱民族、有理想、并勇于实践、富有崇高牺牲精神的典型人物形象,宏扬了民族精神,抒发了爱国主义情感。这首充满了理想主义激情和浪漫主义色彩的"我们的歌",唱出了千万身处欧洲的华侨华人的心声,昭示了广大海外游子根系中华民族文化的心志,不失为欧华文学以至于整个世界华文文学留学生文学划时代的杠鼎之作。汕头大学陈贤茂教授认为:"《我们的歌》的出现,标志着旧的留学生文学的终结,也标志着新的留学生文学的形成"。

后期作品主要是描叙回乡归国感怀的,有长篇《塞纳河畔》《赛金花》,短篇《塞纳河之王》,散文《紫枫园随笔》等等。这些作品始终贯穿着对祖国、对中华民族的爱,"故土—文化—根",表现出作者深挚的"中国情结"、"中华民族文化情结"。正如她在《紫枫园随笔》中说:"我到底是个地地道道的中国人,一张国籍证明无法改变我的心,更不能稍减我对祖国的关怀。""我流着中国人的血液,肩负着中国几十年的文化背景,脑子里是中国的思想,脸上生着中国人的五官,除了做中国人之外,我永远无法做到别的什么人。"

长篇小说《塞纳河畔》"是一部由爱国者的爱与狠所演化的海外华人的心灵史。""在艺术形象的感性呈现和理性升华上,努力探索和表现我们传统的民族文化心理,是《塞纳河畔》的一个基本主题。"短篇小说《塞纳河之王》,堪称是女作家短篇小说的顶峰。她写了剃平头、穿黑长袍的华人画家王南强,生活于巴黎17年之久,日日作画,却一张也无人问津,弄得穷困潦倒,成为人们嘲笑讥讽的对象。然而,外号"塞纳河之王"的王南强,却始终坚持"把中国艺术精神介绍给世界"、"为全世界人接受"的崇高理想,宁愿一张画卖不出去,也不肯按顾客的意见,在他的原作上略加改动。"天下无难事,只怕有心人",王南强一张张体现中国精神气魄和东方艺术精华的画作,终于为法国等西方艺术界所接受,有位画商决定买下王南强所有作品举办画展;同时他的一部介绍中国艺术辉煌成就的著作也将出版。讵料在到达成功彼岸时,却被突发的心脏病夺去了宝贵的生命。王南强的仁爱、谦恭、执着、刻苦和节俭,都是中华民族精神财富的体现,也是女作家理想主义的形象化。

赵淑侠的散文作品,尤以"文学女人"话题的系列散文为代表,如《文学女人的情关》、《文学女人的困境》等,在海内外文坛引起巨大反响。她以深刻的女性生命体验为独特的视角,从感情、爱情、生活、精神与物质诸多方面深入分析文学女人这种特殊的'动物':李清照代表文学女人的浪漫潇洒,与丈夫不只是夫妻关系，也是朋友、情人、爱人，所以丈夫死后，她不能冲破情关，专一执著地守寡终生。萧红属于另外一种文学女人，她一直生活在爱情的苦海里，不顾世俗，坚持追寻，至死也不放弃爱情。留美女作家吉铮，她是自己挖坑自己跳的悲剧人物，一直生活在初恋的梦幻里，总是把感情留在初恋阶段，当多年后重遇初恋情人时，时过境迁；幻想破灭，空虚、痛苦，闯不过情网，逃不出情劫，最后自杀。三毛是不切实际的幻想家，她把荷西视为神一般的永生恋人，他们的爱情是完美的，这使一般爱情显得平凡，她的自杀只能如此解释。文学女人太美化人生，也太期待爱的不朽，这就是文学女人感情弱点的悲剧，她洞察"文学女人"这一特殊人群的心态、情态和生命境遇，唤起文坛许多女作家的共鸣。

赵淑侠的创作风格一是"浪漫写实"，在《我们的歌》、《塞纳河畔》、《塞纳河之王》等小说类作品都充分显示出来，所谓"浪漫"是指理想主义倾向和浓烈的感情色彩；但赵淑侠本质上属于现实主义作家。二是不讲究故事情节，着力于人物形象的塑造。她的小说不是以离奇曲折的情节、高潮迭起的布局来吸引读者，而是用人物的性格、言行、命运等来获得人们的青睐的。三是以景写人，擅长环境描写。如在《赛金花》中，作家以画家的观景、识景、选景、绘景能力，通过对阳光、北风、街道、古董摊、房屋、家具的描写，使读者感受到"空旷"、"破败"的人生浮华。四是注重传统文学表现技巧和西方现代小说技巧的运用。如《我们的歌》中象征手法的运用，《母与子》、《影与镜》中意识流、时空倒错手法的运用。

朱文辉（1948—），祖籍广东台山，出生于台湾台东，是以写推理小说成名的瑞士华文作家。笔名余心乐、社康等。1972年毕业于中国文化学院德国文学系，后于瑞士苏黎世大学专攻大众传播学及社会心理学系。1985年中华民国外交官特考（第18期）及格并受训结业。1983年至1990年任瑞士洛桑"孙逸仙中心"秘书。1990年10月1日起任苏黎世"台北贸易办事处"秘书，从事台湾与瑞士间的贸易推广工作。1991年以来曾担任"欧洲华文作家协会"秘书长、第二、三任会长。

据当年统计，他发表了以张汉瑞为核心人物的推理小说，长篇小说《推理之旅》（1992长篇小说），中篇小说《松鹤楼》（1989），短篇小说《异类的接触》（1989、获台北侨委会"海华杂志"第一届"海华文学徵文比赛"佳作奖）、《生死线上》（1989获台北"推理杂志"第二届"林佛儿推理小说创作徵文比赛"首奖）、《真理在选择它的敌人》（1990）、《蠢女人》、《邮差总是不按铃》、《奔向死神的旅程》等。专著《推理（侦探）文学面面观》（约20万字），于1987年9月起在台湾的《推理》杂志上连载。1992年3月26日至6月30日，在台北"中央日报"副刊发表长篇连载推理小说《推理之旅》,并于同年11月由"林白出版社"出版。

以笔名余心乐的《松鹤楼》(首部中篇推理小说)是朱文辉迄今为止写得最出色的小说。在苏黎世开业的华人餐馆"松鹤楼",可以说是一个社会的缩影,这里人事关系错综复杂,贪婪、妒嫉、争宠、挑拨离间、钩心斗角的人性弱点也充分暴露出来。小说就围绕着"松鹤楼"的瑞士籍雇员柯安娜被谋杀事件而展开的。小说以业余侦探张汉瑞为主角,着重描叙他有勇有谋地协助瑞士警察局,如何借助最新科技成果和应用弗洛伊德的心理学说进行查证与推理,结果是凶首不得不在如山铁证前认罪伏法。《松鹤楼》受到广大读者赞许,其成功不仅在于推理的缜密科学,还得力于鲜明的文学色彩与艺术技巧。

长篇小说《推理之旅》也以设置悬念,故意构筑疑阵,促使警方调查时误入歧途而抓错对象,最后还是靠业余侦探张汉瑞破了案作为情节主线。这部作品的特色是一方面精心设计作案现场,诱使刑侦部门跌落陷阱,凶手妄图长期逍遥法外;另一方面又写张汉瑞针对作案者的蛛丝马迹,找准突破点,抽丝剥茧,层层揭秘,终于真相大白。有助于读者开窍益智、增强逻辑思维能力。

从整体看,朱文辉撰写的"张汉瑞探案系列"中的主角张汉瑞,像其他大侦探一样,才思敏捷,作风细致,推理缜密,唯实唯据,因而判断确切,破案成绩突出,但作家并没有将他写成完美无缺的神探,而是具有"大事化小,小事化无,无事最好"的处世哲学的凡人,让朱文辉推理小说系列中的主人公的形象更具有可信性与合理性。

林湄(1945—),原名林梅,出生于福建泉州。幼年受才华横溢的慈母的影响而喜爱文学,13岁时就发表诗文,高中毕业后主动到农村插队,成为当时誉满神州的邢燕子式的青年,后被保送中国人民大学深造。正当踌躇满志时,史无前例的文化大革命,改变了她的人生坐标,彻底打乱她的发展蓝图。1973年举家迁居香港,离异后带着两个幼子,艰难度日,曾先后当过表厂工人、珠宝店售货员、广告公司业务员。还在经商时,遭到不法商人的诈骗——林湄当年

林湄(1945—)

"徘徊在绝望和发狂的边缘"。她曾在香港中国新闻社任海外部记者、编辑,从八十年代中期起相继到北京、海南省及新加坡等地采访新闻,特别是精心专访

了巴金、冰心、丁玲、夏衍、萧乾、钱钟书、刘海粟、梁漱溟等文化界名人,其特写被东南亚地区和欧美报刊频频转载,得到广泛好评,后结集为《文坛点将录》,1989年4月由香港明窗出版社出版。此书突出表现诸位名家光明磊落的胸襟、热爱真理正义的人格,赞美他们是"精神王国的拓荒者",歌颂他们是"留下真善美"的文化先驱。林湄也因此成为香港的名记者。八十年代末移居比利时,任比利时根特汉学院特邀研究员。1990年定居荷兰。"荷比卢华人写作协会"创会会长,历任荷兰华文刊物《华人》主编、顾问、欧华作协理事。现为专栏作家和专业作家,"欧洲华文作家协会理事",并任"荷、比、卢华人作家协会"创会会长。

林湄是个勤奋执著的作家,至今著有散文小说集《诱惑》(1986)、抒情散文集《不死草》、散文集《如果这是情》(1998)、小品集《我歌我泣》(1995)、散文诗集《生命·爱·希望》(1998),长篇小说《漂泊》(1990)、《泪洒苦行路》(1990)、《欧陆情话》、《浮生外记》(1991)、《他……》、《艾瑟湖》(1992)、《迷失》、《天望》(2004),中篇小说《不动的风车》,游记《带你走天涯》(1992),名人专访《文坛点将录》(1989)等。1991年她的佳作《春之颂》荣获荷兰文艺家基金会举办的

林湄与彭燕彬教授合影

诗歌奖。短篇小说《边教授》获台湾举办的"第一届海外华文文学奖"。

林湄的作品有着另一种人性的诉求和审美的追寻。她的前半生,道路坎坷,命运多舛,颠沛流离,飘泊不定,从祖国内地,移居香港,又从香港来到欧洲的比利时、荷兰。用她自己的话说就是:"生命之舟漂啊漂,……从'在水之湄'漂到'在水之湄'……"。她亲身体会到社会的动乱、家庭的离异给人带来的灾难和痛苦,特别是封建的、世俗的、落后的、保守的、僵化的传统观念对女性的压迫、禁锢、伤害何其之深,作为一名有着清醒觉悟的女性作家,林湄勇于承担起寻求现代女性真正彻底解放道路的神圣职责,对女性问题有着独特而深入的思考。作为一个女人,她饱尝人生的甜酸苦辣滋味,深知"女人的路比男人难走";"女人到底怎样选择道路,怎么走,遭遇如何"这一重大而紧迫的社会命题使她日萦夜怀,于是通过文学作品显示她的不疲倦地探索,在小说中塑造了一系列女性形象。

早期的散文小说集《诱惑》使林湄在香港文坛初露头角。收入的30篇散

文大致是她坎坷人生旅程的缩影和思想感情升华的写照,自传性的色彩浓烈;13篇短篇小说,多取材于港九芸芸众生的日常生活,尤以描写各界妇女形象为主,是当时当地现实的艺术概括,这种贴近生活贴近百姓的作品,中下层读者大为欢迎。如集子里的《云妮的黄昏》、《芳邻》以及发表在《文学世界》上的《新婚的新娘》等。后来发表的长篇小说《漂泊》、《泪洒苦行路》、《艾瑟湖》中对妇女问题的揭示更为深入。《泪洒苦行路》这部带有自传性的长篇小说,是迄今为止林湄撰写的"最集中最深刻地探求妇女解放的人生道路"的作品,"小说成功地塑造了瑞沁、凤萍和多丽三个当代女性的典型形象"。描写的是三个生活在八十年代香港社会中的三个职业女性的婚恋故事。深刻地揭示了现代商业社会在经济上和宗法文化精神上对女性的双重压迫,指出只有走瑞沁(作品主人公)那种在困境中拼搏,自尊自主自强的道路,才是现代女性的正确选择。小说从妇女的视角出发,在较高的文化品位上探讨当代女性的前途命运,不仅具有比较深刻的思想内涵和社会意义,而且显示出作者出众的艺术修养,从而成为林湄由报刊专栏作者投身于职业作家行列的里程碑。这部小说在香港这个特定的典型环境塑造三个当代女性的典型性格,巧妙地运用对比的手法,如残酷的社会现实与人物善良的主观愿望的强烈反差、三位主要角色不同性格特征和人生道路的尖锐对立等,使主题突出,人物栩栩入生,故事发展跌宕有致;细致生动地描绘人物复杂矛盾的心理活动,符合现代生活逻辑,有助于人物个性化。因而《泪洒苦行路》是林湄去国前文学创作水准的顶峰。《艾瑟湖》深刻的揭示了男权"话语"不仅存在于男性世界,同时也主宰着女性自身,现代女性依然挣扎在历史与现实的双重重荷下。妇女解放的根本,在于更新男性社会,尤其是女性自身关于妇女解放问题的观念。《飘泊》写一位中国女艺术家杨克利和荷兰中产阶级青年迪克的婚恋和家庭生活的故事。通过他们的家庭纠纷和情感冲突,表现出了中西文化的差异和冲突,然而在男权观念上,东西文化却又是惊人的相似。正如女主人公杨克利所说,"不少老外的思想与中国男人差不多",胡诌什么"女人是男人身上的肋骨造成的,必须服务于男性","狗比女人好"。揭示了具有传统东方文化特点的女性新移民定居异国后与当地人文环境的互相碰撞、互相渗透与逐渐融合的艰难曲折历程,讴歌他(她)们在海外能审时度势、适应潮流、奋发自强、落地生根、事业有成的可歌可泣的品质与气魄,是中华民族在现代世界崛起的象征。

这里指出了一个事实:当代社会,女性仍然生活在男权"话语"之下,无论在哪个国家,哪个种族,什么文化程度阶层。看来,争取妇女的彻底解放,任重而道远,林湄还在艰苦地跋涉着。最近,林湄的精工细缕,观念创新的长篇巨著《天望》问世了。这部由长江文艺出版社 2004 年 10 月份推出的 50 万字长篇小说,可能便是林湄对东西方文化、对人类命运思考的一个结果吧。所谓天望,意即天人相望。这部小说以荷兰庄园主弗来得的传道生涯及其与妻子微云悲欢离合的情感发展为主线,交织出一幅世纪之交的欧洲社会生活图画。在这幅历史画卷中,作者将视线主要放在两个方面:一方面表现了在欧洲的中国移民的真实生活,另一方面展现了欧洲现代化社会的病态景象。这本 10 年磨一剑的新作,既不同于传统意义上的自传体小说,也不同于一般的移民小说。她在关注东西方文化冲突、碰撞、相互接纳和融合的同时,更注重人的精神归属问题,也就是要寻找"灵魂"的家园。《天望》所表达的,是一种对人类整体命运的终极关怀,体现的是一种对人的生命价值和生存意义的探讨。作品完成后,曾在著名的《欧洲时报》全文连载,引起许多学者的关注。德国图宾根大学哲学博士杨煦生则称:"读者眼前的这一册《天望》,乃是作家林湄多年的呕心之作。作品以传道人弗来得的传道生涯及其华人妻子微云的悲欢离合为主线,勾织出一幅全球化时代的欧洲生活图景—— 有点"超现实"、有点"魔幻",满纸荒唐言、一沛戚戚心……"比利时皇家科学院院士著名汉学家 Charles Willemen 曾撰文称赞"在经济全球化带来文化全球化的今天,《天望》是一部坐云看世景的优秀小说。作者以超凡的理念,深刻的洞察力,精湛的艺术手法,深入人类精神本质和心灵体验,再现了人类生存处境中的绚烂与堕落、美与丑、强与弱、虚与实、真与假的景况,点出人类躯体内的精神世界问题。"法国巴黎大学教授,法国国家科学中心客座研究员韦遨宇先生在评价这部作品时说:"从叙事结构上讲,作者驾轻就熟地交叉使用了传统叙事话语,叙事视角和现代叙事话语及视角。传统的叙事结构里,有神话叙事(中国古代神话,古希腊神话),有宗教叙事(不妨把佛经,道藏,圣经皆视为叙事结构),有历史叙事,还有文学艺术本身的经典叙事结构。现代的叙事结构里,有对话和潜对话的结构,有意识流叙事话语和魔幻现实主义的叙事话语,当然还有佛洛依德精神分析学叙事话语和拉冈式的叙事话语。须知,每一种叙事话语都遵循着自身的逻辑,都遵循自身的游戏规则和叙事法则,都依据自身内在的张力向前发展,同时还和其它几条叙事线索形成相互作用的共生性叙事结构。而恰恰是这个宏大的叙事结构玉成了这部作品,容纳了如此丰富多彩的思想内涵,形成了这部作品独特的艺术风格。"另外,林湄还是个多面手,她的游记宛若一名导游,向你诉说着亲历亲闻;名人专访以其独特的视角,介绍了国内外几十位文化名人抒情散文洋溢着对生活的热爱,对生命的诊视;小品敢于直面人生,感悟人生,意境新颖、语言诗化、时代感强、人情味浓,且富有哲理性。

郑宝娟（1957— ），祖籍河北荣阳，出生于台湾省云林。在台湾淡江大学英文系毕业后曾从事新闻工作，后定居法国。她勤奋创作，有"台湾文坛第一捕快"之戏称。著有短篇小说集《无心园》、《他们·她们》、《边缘心情》《有一个女人》、《短命桃花》、《屠杀蝴蝶》、《一生中的一周时光》等，长篇小说《望乡》、《裸夜》和《绿色的心》以及散文集《巴黎屋檐下》等。

郑宝娟堪称是地地道道的都市作家，她的小说大多取材于五光十色的台北和繁华无比的巴黎，作品的主题都是揭示现代都市的物质特征、文化内涵以及市民精神世界的奥秘。台湾时期郑宝娟的小说主要是反映对现实生活的憧憬与幻灭以及个人的自由与悲剧，而这两方面又通过描写两性关系来显示的。例如短篇小说《月河》、《巫女图》和《短命桃花》，发生的背景是在带有幽雅迷离情调的现代酒吧，或者是仓促嘈杂的公共场所，主人公往往是陌生的青年男女偶然相遇，于是萌生了那种王子与公主似的情结之幻想，在灯红酒绿间和世俗爱情虚荣诱惑下，感情如发酵到火候的面团迅速膨胀起来，但旋即幻灭，双方分手而去，回归到冷漠的现实生活中来，有时双方甚至不知姓名。郑宝娟另一类作品是反映两性不羁的自由及其悲剧性结局，是前期小说主题的深化。这非女作家的无病呻吟，而是当时以台北为代表的台湾地区城市社会风气所使然，她以文学形象真实地表现必然产生爱情悲剧的社会根源。如《谪星记》中，女生陈圣华爱上风流倜傥的师长朱土，结局是两人均被学校开除，男方流落街坊卖瓷器糊口，女生则是啜饮无穷尽的人生苦酒。在《有一个女人》里，顾明淑小姐爱恋上有妇之夫陈伟航；但陈先生又无法弃有地位有教养的妻子，只能同顾明淑保持名不顺言不正的姘居关系，导致顾明淑以自杀结束这幕爱情悲剧。

移居"美丽如镜，冷硬如石"的巴黎后，郑宝娟仍然以都市生活为题材，透过男女两性关系的纠葛，继续发挥深化她前期创作的命题；然而，既有一脉相承的有机联系，又有崭新的蕴涵，即东、西方文化碰撞的内在因子。如短篇小说《异教徒之苑》，写一位东方女性沐浴时被房东巴尔先生窥视，她羞愤交加，奔波求助，但在法国却被视为大惊小怪之举，这才使她发觉自己陷入东、西方文化观念冲突的困境中了。另一个短篇《巴黎望春风》所展示的东、西方文化碰撞则比较含蓄深邃，不像前者那样直白单调。后者写"我"从台湾到巴黎探访好友安美，起初安美的生活方式、言行举止，使"我"惊讶惶恐。但不多时日也就适应巴黎的现代化节奏和生活旋律，尤其是"我"感悟到她和安美为何要相继来到巴黎，做个无姓氏无过去的畸零人呢？不过，在夜深人静漫步街头时，"我"又情不自禁思念家乡了，唱起《望春风》来。这种向往在异域飘泊的自由和思恋故土的矛盾情结，能更真实透视当时来自台湾的海外华人的复杂心境,因而具有典型意义。

郑宝娟的都市小说题材广泛,既能描叙现代社会中的奇闻轶事,又能反映家庭生活中的日常琐事,然而万变不离其宗,她小说总是围绕着男女两性关系这一使现代人困惑烦恼的主题展开的。从女作家一系列作品看来,她始终认为历史长河中,男性占主导地位,女性处于屈从境地,这种不平等是爱情婚姻家庭产生悲剧的根源。郑宝娟的小说也显示出作者的艺术敏感力和编织故事情节的才能,语言幽默感强,富有情趣。

吕大明(1947—),祖籍福建南安县。1949年随父母到台湾,1969年国立艺专毕业,任光启社编审。1975年与丈夫刘俊明一起赴英留,先进入牛津学院进修学后入利物浦大学,学习维多利亚时期的小说,1979年获硕士学位。1985年进入巴黎大学研读博士课程,现定居巴黎。至今已出版的散文集有《这一代的弦音》(1969)、《大地颂》(1977)、《英伦随笔》(1980)、《写在秋风里》(1988)、《来我家喝茶》(1990)、《南十字星座》(1993)、《寻找希望的星空》(1993)、《冬天黄昏的风笛》(1993)。其中《写在秋风里》获台湾省政府新闻处优良散文奖。1991年,吕大明任欧洲华文作家协会副主席。吕大明以写散文为主,在她的景物、旅游、人事三大类散文里,都蕴涵着作家所追求的纯真人生哲理,闪烁着生活艺术的火花。这种美学人民币和吕大明的性格及经历息息相关。她生性胆小,极好僻静,怕黑夜、怕在公共场合露面,她长期生活于海内外大都会里,对现代人的失落、空虚、冷漠、孤独有切肤之感,所以,吕大明要用散文这种艺术形式去唤醒人间的温情,去复苏生命的纯真。例如,读了她的《来我家喝杯茶》,祖慰先生觉得有"一种羽化升腾之感,像宇航员到太空回看发着蓝宝石之光的地球一样"。她的"一切景语皆情语",表露了外在的湖光山色、绿荫繁花之类的景物,在作者笔下,不仅能反映内心的情感,而且可作为人格的某些象征,即"景语不仅是情语,也是性语"。从《森林漫步》这篇散文的字行间,令人品味到吕大明描绘的景物画面上是汪静安宁的,又是洋溢着蓬勃的生命力,她走进郁郁葱葱的森林并非凄凄楚楚地避开人间,而是去拥抱没有世俗尘埃的自然,感受枫树那漫长的生命,领略一种新的启示。

吕大明曾漫游欧洲大陆,撰写了许多脍炙人口的游记式散文。她的游记对旅程上的人文景观情有独钟。尽管她在各地匆匆而过,却常是竭尽全力沉浸于描叙抒情的客体之中,尤其是客体的历史渊源。如《寻梦》、《旅游散记》、《生活在巴黎》中,吕大明笔下的牛津是拜伦、雪莱、史蒂文生的牛津,是"一座被现代所谓物质文明所遗忘的古典城市"(见《寻梦》);枫舟白露等自然景象,也是和著名作家曼斯菲尔德有若隐若现的关联(见《旅游散记》);"思维一接触到'巴黎',就联想到音乐,而小说,就联想到福楼拜、司汤达、巴尔扎克、雨果、莫泊桑、左拉与都德"(见《生活在巴黎》)等等,从而使游记弥漫着浓烈的艺术气息,显著提高了文化品位。

在人事散文里,吕大明写了老年人和异乡人的苦难经历、凄凉晚景和孤零寂寞,还有难以愈合的感情创伤。另一方面又赞美他(她)们生命力的顽强和人性的善良,有如"一盏慈祥的灯光,将会照亮自己也会照亮别人"。比如散文《人间自是有情痴》中的梅夫人、未勒、伊玛,她们的痴情、善良、坚强、始终不渝,表露"出污泥而不染"的现代都市中尚存的圣洁情操。吕大明是一位淡泊名利,超越尘世,辛勤笔耕的学者型的女性作家。不论是她的散文所表现出来的典雅、婉约、含蓄、柔美的品格和韵味,还是她引经据典,运用古今中外的文人名篇典籍,通过儒、佛、道、基督教的中西文化的碰撞交融,所表达出来的那种至情至爱至美的艺术精义,无不令人折服。她又不同于当今不少女性作家那种沉湎于闺阁绣房之中无病呻吟,悱恻缠绵。她胸怀开阔,眼界高远,那些精致、美丽的诗一般的散文篇章往往蕴含着深邃的人生哲理,给人"一种羽化升腾"之感,引导人们达到超越自我的精神境界。她学贯中西,特别对西方文学情有独钟,尤其欣赏浪漫主义的诗人作家,对中国的屈原、陶渊明、李白、汤显祖,欧洲的歌德、雨果、乔治桑、雪莱、拜伦、华兹华斯、柯勒律治、荻金荪,都有自己独特的见解和精辟的论述。然而,"在探索生命历程中,我怀着几分大儒派的道德哲学观",她依然有着一颗中国心。她在《候鸟心境》中提到屈原的《抽思》,"望北山而流涕兮,临流水而太息。"她说,"写的就是这只南来的候鸟,写的就是异乡人的心境。"她说她每走进巴黎十三区的中国城,走进一家中国人的商店,"只为买一帖治乡愁的药方";"每年假期也为体验另一种乡愁而不断旅行,从极南到极北,既要治疗乡愁又要体验乡愁,异乡人就在这种矛盾的心境下,穿越过天地,穿越过日月。异乡人也是梦想像屈原《涉江》所描写的:攀登昆仑,渡过游水,逆流上沅江……异乡人所涉的江在地图上是找不到的,从极南到极北,所涉的是一条名为'望乡'江……"十多年来,吕大明就是在这条"望乡"之江中驾驭着中欧文化之舟,自由自在地游向那艺术殿堂的彼岸。

龙应台(1952—),生于台湾省高雄县,祖籍湖南。在台湾成功大学外语系毕业后,赴美国萨斯州立大学攻读英美文学博士学位。曾任教纽约市立大学英文系、梅西学院、国立大学英文系、淡江大学、德国海德堡大学。1983年8月回台湾,任"中央大学"客座副教授。1984年3月,第一次投稿《新书月刊》,批评白先勇的《孽子》,而引起重视。自1984年8月起先在《新书月刊》发表了"龙应台专辑",继而在《中国时报》副刊《人间》开辟了"野火集"专栏,首篇专栏社评为《中国人,你为什么不生气》。以星星之火,可以燎原之势,形成一股强大的"龙旋风"席卷台湾文坛。1986年8月,龙应台夫妇旅居瑞士苏黎世,为《中国时报》、《文星》杂志,香港《九十年代》撰写专栏。1988年随夫迁居德国法兰克福,专事写作。1999年出任台北市文化局局长。2003年秋,客居香港,先后任城市大学和香港大学客座教授。中国媒体评选她为"对中国影响最大的五十位当代中国知识分子"之一。主要出版了评论集《龙应台评小说》(1986)、《野火集》(1985)、《野火集外集》(1987)、《写给台湾的信》(1992)、《人在欧洲》(1988)等。

龙应台的无私无畏的批判精神,在第一篇社会评论《中国人,你为什么不生气》中就充分体现了:"在台湾,最容易生存的,不是蟑螂,而是'坏人'。因为中国人怕事,自私,只要不杀到他的床上,他宁可闭着眼假寐。你以为你是好人,但因为你不生气,你忍耐,你退让,所以摊贩把你的家搞得像个大杂院,所以台北的交通一团混乱,所以淡水河是一条烂肠……"。接着又写了一篇篇火辣辣、滚烫烫的社评《生气没有用吗?》、《幼稚园大学》、《不要遮住我的阳光》、《美国不是我们的家》、《生了梅毒的母亲》等,对同胞们的自私冷漠、缺乏公共道德、工业毒害环境、生存条件恶化、教育制度落后、官吏滥用职权和腐败无能等社会现象,进行无情的揭露、严厉的鞭笞,引起善良的人们强烈的共鸣,形成一股台风横归台湾岛城乡。龙应台的《野火集》、《野火集外集》和《写给台湾的信》,既揭露了她耳闻目睹的社会弊病与黑暗,又强烈呼吁树立中华民族的自尊自立的信心,同时又表达了对人类的苦难深切的同情。例如《一个美国人死了》这篇文章,写了克林贺夫之死引起美国国内的巨大反响,并联想到以色列人的以牙还牙、英国报纸指控日本天皇裕仁,而我们中国人惨遭东洋鬼子长达八年的烧杀掳掠,其罪行罄竹难书,却竟然还去欣赏日寇的"神风特攻队"之武士道精神,任由侮辱中国人的书《恶兵》大量发行。作者痛心疾首地指出:"我们觉得这个世界似乎对中国人的苦难相当淡漠,主要原因恐怕是中国人对自己的苦难相当淡漠……怎么我们对历史的创痛那么容易忘记。当我们自己对人命漠然的时候,又如何能埋怨别人漠视我们的苦难。"龙应台认为,要使中国人自尊自立于世界民族之林,必须每个人首先珍惜自己的生命与人格的价值,只有如此,他的心灵才会热起来,才容易震动,才会勇敢地捍卫,从而使东方睡狮猛醒过来。于是她撰写了《有一种病,名叫"麻木"》、《弱国,你会说"不"吗?》等名作。

爱国主义者和人道主义者龙应台的社会评论,还将矛头指向台湾的权贵们,号召人民抵制专制思想,鼓吹民主自由,提倡独立思考,这在她的《幼稚园大学》、《生活与困境》、《民主——理直气壮罢了》等文章中都体现得淋漓尽致。龙应台如此大胆尖刻地抨击时弊,是因为她热爱生她养她的祖国,具有捍卫道德规范与社会良知的崇高责任感,这和她的生活道路、教育背景也有密切关系。评论集《龙应台评小说》虽无深奥理论,分析也不很深刻,但单刀直入,言词锋利,有理有据。例如,她敢于评论著名作家白先勇的小说《孽子》,情节单调且重复,人物个性不鲜明,语言风格不统一,实非一流的文学著作。她评张系国的《昨日之怒》是"充满了作者宣泄性的呐喊,因而压垮了艺术的架子"。对无名氏写的小说《塔里的女人》和《北极风情画》,竟直截了当下结论:"除了滥情之外,一无所有"。曾获1980年台湾《联合报》大奖的萧丽红所著的《千江有水千江月》,龙应台的评价是,此书除了在表现民俗,描写自然和运用方言上有特色之外,就整体艺术而言,其结构过于平板松散,表现生活缺乏深度,人物塑造一般化;另外作者萧丽红的传统观念陈旧,怀旧情结也是盲目的。由于龙博士的文学素养和艺术鉴赏力较高,对中国传统文化的理解也较深,而且学风踏实严谨,所以她的文学评论实事求是,精确独到,观点鲜明,文字犀利。难怪柏杨先生称赞龙应台的书评"是第一位用文学的观点,来检查台湾小说创作的作家"。

章平(1958—),祖籍浙江青田。1979年移居荷兰,现在比利时。他17岁就开始文学创作生涯,最初以写诗和短篇小说为主,后来就向长篇小说领域进军。现已出版了诗集《心的墙、树和孩子》、《飘雪的世界》,长篇小说《子影游魂》、《冬之雪》,还有不少中、短篇小说待结集问世。他的诗歌《飘雪》荣获中国作家协会诗刊杂志社1994年度"人民保险杯"诗歌大赛一等奖,同年,其小说《赶车》也获世界华文微型小说"春兰杯"二等奖。

章平的诗歌,主要是抒发漂泊异域和思恋故乡的情怀,那种流浪海外的孤独寂寥和怀念家园的情深意切的旋律,恰似夜深人静时的闽南洞箫声,令人热泪纵横,凄切不已。诗人为了摆脱孤独寂寥的心绪,在未融入当地社会之前(这需要漫长的过程),自然要回忆那孕育抚养他成长的浙南灵山秀川和田园风光,特别是沉浸于对童年天真烂漫生活的思念中。在他的首部诗集《心的墙、树和孩子》里,体现得淋漓尽致。如在其中的《观瀑布时的随想》写道:"让我们走进去吧/里头一定有一种奇妙的感受/听啊,像有奇妙的竖琴在弹奏/春蕾的爆裂/小鸟的鸣啼/愉悦的歌醉心的梦境/我的灵魂重新净化/要焕发少年时的热情"。有些诗作的标题更是直截了当地披露章平难以抑制的思乡衷情,如《给故乡的高山、大海写的诗》、《江南三月》、《瓯江呵,我家乡的水》、《老村里那口老井》等。但是,章平的怀乡诗又与传统的羁旅愁绪诗不能等量齐观,因为他也写下不少反映诗人海外生活意境的诗歌,其间充满着异国都会的喧嚣、混乱、怪诞,与故乡山明水澈、田园牧歌式的幽静安详形成强烈的反差,在《奇异的世界》和《古罗马斗技场》两首诗中:"远远看去,那个圆圈/几千年来,剑雨刀风/血肉横飞/剩下的白骨可毫无怯意"。仿佛可读出作者在国外的情感印迹,同时反映诗人的价值取向:对西方社会的尔虞我诈、争权夺利的批判。

章平的小说创作,出国前主要写中、短篇小说,定居海外后则致力于创作长篇小说。长篇小说《子影游魂》,其内容是描叙"文革"时期大陆某农村所经历的一场政治浩劫。这是一部出人意料之外的奇特作品,它没有走"伤痕文学"的老路,一味地描绘或控诉这场劫难的罪恶,而是采取喜剧的方式,用"黑色幽默"般的笔调,将读者引进一个古怪、荒诞、诡秘、迷离的境界,写出历史的荒谬和无奈,令人感到可笑却笑不出来,表面滑稽实质不滑稽。另一部长篇小说《冬之雪》反映了海外移民生活现状。作品着力塑造来自大陆鹤村的青年鸿雪、秦冬、之临三个性格各异、经历不同的青年艺术家形象。虽然他们来到外国后都存在着生计困难问题,但神情上焦灼不安和前途迷惘渺茫是更为深刻的危机。三位艺术青年在海外的不同遭遇与结局,是现实生活的写照,耐人寻味,发人深思。

虽然章平的文学创作不能说是十全十美,但正当盛年,潜力很大,前途无量,我们期诗人、小说家章平先生为海外华文文学、世界文学宝库奉献更多更美的珍品。

眭浩平(1952—),出生于上海,后随家人到台湾省定居,毕业于台湾大学历史系,赴美留学,获康仍尔大学硕士学位。返台后,曾当电视台主播,成为宝岛家喻户晓的电视节目主持人,并撰写大量新颖优秀的文学作品(包括报告文学、散文和小说),跻身于台湾畅销书作家的行列。后获得全英研究奖学金留学英国,取得里兹大学博士学位。1995年起,在西班牙定居,现任欧洲华文作家协会副会长,为促进华文文学在欧陆的发展立下汗马功劳。眭浩平著述甚丰,除许多新闻报道和专业性文章外,已出版《金婶婆玩股票》、《流浪的槟榔》、《看天田》、《柔情沙漠》、《相遇自是有缘》、《谁应该与我相遇》等文学著作等。

眭浩平对文学创作有独特的视角,他认为面临传媒高度发展的今天,文字载体若不与视听影像文本相结合,就不可能产生全国乃至全球性的广泛影响。因此,他的写作活动一起步就走"泛文本"的路子,力求文字与有声影像的可转换性。如今,他的作品或能极其方便地搬上电视屏幕,或就有文字载体、有声影像两种版本了。眭浩平本身也不仅是位传统意义上的作家,而是集旅行家、新闻记者和电视节目主持人于一身的传媒人物。我们所强调的"三位一体",

不单指他具有三种不同的职业，更主要是指睦浩平的创作活动及其作品有三大特点：反映生活的丰富性、观察社会的敏锐性、语言表达的平易性。

睦浩平最引人注目的是他的旅行家身份及其饱含人文主义精神的游记。为了制作电视节目，二十世纪八十年代开始，走访50多个国家和地区，使他既大开眼界，又思考探索了许多社会人文问题。睦浩平曾说过："我一直无法忘却，当我重走撒哈拉，寻访迦纳利，再探亚马逊，一种人文关怀的精神自然延续在我的心中跳跃，至于我在先进的英伦留学，繁华的日本采访，前往被称为经济落后的越南报道，被称为文明落后的巴布亚新几内亚探险，再由希腊、埃及、土耳其、'柔情'，那是一种对人取用不竭的真诚与信任。"这段自白确实是他游记的灵魂，如他那些记述撒哈拉大沙漠奇特经历的作品《柔情沙漠》、《寻梦撒哈拉》和《亲吻非洲》等名文中，表面上冷漠的沙漠人，在睦浩平的生花妙笔下，常常出现一种超凡的坚毅气魄和纯真的情感，使荒芜苍凉的大沙漠显得生机勃勃、秀美动人。另一方面作家将历史的忧患意识注入其游记中，让那些看上去已经衰颓的古老文明依然熠熠生辉；从非洲待开化部落先民身上发现文明社会里正在消逝的质朴、真诚。这种独具慧眼的观察、深邃的哲理思考，跃然于字行间，给读者的思想启迪和审美享受是一般游记文学难以比拟的。

作为新闻记者的睦浩平，在几次山崩、台风、空难等重大灾害的实地采访中，感悟到"民众喉舌"的道义责任，也掌握了新闻报道之要领，即"紧紧贴近现实，忠实地记录下生活中所发生引人注目的事件，并且以一种人文的、感性的省思、关怀去开启社会良知的门扉，给人们一些警醒，一些思考，一些乐观和希望"。于是，他多年来一直用笔撰写身边所发生的一些重大的社会、自然事件，尤其是反映这些事件给人的精神带来的冲击以及对人格心理上的微妙影响，如《流浪的槟榔》、《金姊婆玩股票》等纪实体作品里，就写了台湾一些人物的沉浮兴衰的际遇，他（她）们仿佛像左邻右舍普通百姓的平凡生活和含情合理的追求，虽然没有小说那样的曲折情节和惊天动地的伟大人物，但仍给读者印象深刻，因为它比小说更符合生活实际，更贴近民心。

无论是游记、新闻报道，还是散文作品，读者都会感受到睦浩平在用词遣字。语言风格上，总是尽可能追求一种自然、朴实和细腻，不故作高深，不矫揉造作，洋溢着浓郁温馨的情素，有较高美学价值。

第四节　后来居上的澳大利亚华文文学

一　概　述

中国人移民到澳洲已经有百多年的历史了,他们多半是被贩卖到澳洲淘金的。在一本华人史书《红带子,金剪子——悉尼华人史》,也记载了1840年英国向中国倾销鸦片,从而导致了鸦片战争,1842年"南京条约"的签定,使中国政府对外国开放了通商口岸,"1859年,西方对中国劳工的需求导致广东省产生首批大量移民。"然而,今天这一群"海外华人"在人们心目中的定义,指的不仅是从中国大陆来的中国人,也包括早年移居别的国家,现在又从别的国家移民到澳洲的中国人,还有从香港和台湾留学或移民到澳洲的华人。而且这些人的文化教育程度也发生了变化,已从单一的劳工变成有文化的人,因为在华人移民澳洲的100多年的历史中,澳华文学的较大发展却出现在世纪之交。澳华作家、评论家劲帆在一篇《澳华文学发展小议》中说,比之于二十世纪九十年代之前,九十年代澳华文学是一个飞跃,所取得的成绩应该得到充分的肯定,作品数量可观,体裁多样,题材也有一定的宽度,部分作品远播到中国大陆、港台及欧美地区,少量作品比之北美、西欧、日本的华文文学作品并不逊色。

到了二十世纪中期后,很多知识分子开始到海外学习和定居,从此,世界文坛上出现了一批华人作家。因为他们和海峡两岸的文化有着千丝万缕的联系,加上他们处在一个如此特别的位置上,他们双重身份和生活经历使他们有更广阔的视野,因此他们的作品在世界文坛上独树一帜,占据着不可忽视的地位。澳大利亚的华文创作,虽然与世界上别的国家相比还比较弱,可毕竟也是国际主流华文文学的一个不可缺少的部分。新世纪以来,澳华文学创作佳作纷陈,新人倍出,影响日益深远,当然其中也有一些作品显得粗制滥造。描摹华人心路历程是澳华文学创作的宗旨。

澳华新移民站在中西文化的交汇处,亲身体验着不同的社会制度,以及自身已处多元文化、多元价值观相互碰撞与较量之中,诸如生存的压力、寻梦的失落、无根的虚幻、文化的归宿,乃至华人与生俱来的忧患意识等,并伴随着不同的年代生产不同的心境,这些成为作家笔下最好的培养基础。澳华作者们离开了母国的文学环境,又没有完全融入澳洲主流社会的文学环境,忙于谋生使他们没有时间去大量阅读中国的和世界的新文学作品,从而掌握新的文学潮流,他们的创作主要是靠调动过去的文学积累和直接从生活中获取灵感。因此,作品中主要表现了这样一些内容:

首先,反映了打工生活的艰辛。这种艰辛是双重的:体力的和精神的。这些来澳的华裔留学生和移民,无可奈何地由祖居国的脑力劳动者转变为澳洲的体力劳动者,由祖居国的经济相对优裕者转变为澳洲的一贫如洗者,由祖居国的话语引导者转变为澳洲的话语困难者,由祖居国的游刃有余者转变为澳洲的举目无亲者,身分的落差是巨大的。反映这方面内容的代表作品有刘观德的长篇小说《我的财富在澳洲》、刘江的获奖短篇小说《小黑》、丁小琦的话剧《天堂之门》、武力的纪实文学《我和我的五个小"鬼佬"》、湘月的《打工小唱》以及潘起生的许多诗歌也属于此类作品。

其次,描绘了身分焦虑和谋取居澳身分的众生像。由于打工生活的艰辛和中澳两国生活水准、自由度的巨大差异,许多旅澳的中国人希望在澳洲定居,获得与澳洲人同等的权益,但是澳洲政府的种种限制政策使得居留并不容易,于是就有了种种焦虑、种种挫折和种种牺牲,乃至于抗争和妥协,团结和分裂,高尚和无耻,欢乐和悲哀。这个聚焦点自然地在文学作品中得到了反映,比如毕熙燕的长篇小说《绿卡梦》中的女主人公是通过与西人联姻实现绿卡梦的。沈志敏的中篇小说《变色湖》则写了两个中国留学生在澳洲移民局官员的追捕下逃亡的故事。而他的电影文学剧本《移民局门前的枪声》则表现了留学生为了居留而拼个鱼死网破的抗争。劲帆的短篇小说《朝朝暮暮》写一对新婚夫妻为了谋求幸福生活,丈夫出国留学,历经种种折腾才拿到永居身分,好不容易与妻子在澳洲团聚了,却为了赚钱,又离开妻子回国做生意,妻子忍受不了长期分居,最后提出离婚。华陀的小说《悬在半空的人》说的是一个迟迟拿不到身分的留学生,把自己吊在悉尼大桥上逼移民部长批给他身分,而移民部长最后以他创造了吉尼斯世界记录属于特殊人材为由批给了他身分,故事是荒诞的、细节是象征的,而描写留学生的无奈处境却是真实的。

其三,揭示了中西文化差异及其碰撞、融合。作为西方文化一部分的澳洲文化除了具备西方文化的一般特征外,又有着它的独特之处,由于地广人稀,资源丰富,社会福利优厚,澳洲人的生存竞争并不那麽激烈,有一种乐天知命、闲适豁达、友善为邻、助人为乐的生活态度。而中国文化比较保守、内敛,讲究人情、变通和群体价值。中国人到了西方环境里,最先发现的是两种文化的差异,然后就必然面临两种文化的碰撞,取舍、融合,有的人调适过程比较快,有的人则要经过痛苦的心理挣扎。黄惟群的小贩系列可算得代表作品,在这些作品中,我们可以看到对同一件事,中国人和澳洲人的态度往往很不一样,黄惟群的作品集名称就叫做《不同的世界》,而在吴棣的短篇小说《琳卡》中,作品中"我"的西人朋友出国,临行前把女友委托给"我"照料,"我"说:你不怕我把你的女朋友勾跑吗?朋友毫不介意地说:你可以试。再如毕熙燕的家居生活散文系列中写了很多作者与洋丈夫、洋婆婆之间的差异、磨擦和调和。其四,反映澳洲风土人情、生活情趣以及历史故事。这方面的作品很多,几乎每位比较活跃的华文作者都有若干篇这类作品。结集出版的有黄惟群的《不同的世界》、千波的《旅澳随笔》、王晋军的《澳洲见闻录》、张奥列的《悉尼写真》、冰夫的《海,阳光和梦》、赵川的《海外·人》等,还有很多未结集出版的作品,比如微风的系列作品《一个中国记者的澳洲中部之旅》,李明晏的公寓大楼系列散文、田地的小品文、王世彦、凌之、施国英等作者的游记、散文等。

二 中国大陆留学生的伤痕文学及其代表作家与作品

"伤痕文学"这个定义最早来源于 1978 年 8 月 11 日《文汇报》刊登的中国作家卢新华的小说《伤痕》,是指那些"概括地反映出人们思想内伤的严重性,并且呼吁治疗创伤的重要性的作品。"从 80 年代初开始,澳大利亚政府对中国实行增收留学生的政策,使大批有文化知识的中国人涌进了澳洲,他们在学习和工作的同时,开始了反映自身生活和情感的创作,这种以反映中国留学生生活和感情为主题的作品不仅揭示了这一群有着特殊身份的留学生灵魂深处的内伤,也展现了他们那种奋发向上的本质和不屈不挠的精神,所以这类作品与中国"伤痕文学"有着共通之处,故被称为"留学生伤痕文学"。这群来自中国的作家们通过不同的故事表现了一种流浪到澳大利亚的中国人一种最深切的悲哀——无论他们在澳大利亚受到什么排挤和歧视,无论他们如何甘于忘记过去的优裕生活重新开始,无论他们怎样视自己为过客离群索居,他们都必须在这呆下去,因为他们已经没有了退路。其中最具代表性的有毕熙燕的《绿卡梦》和刘观德的《我的财富在澳洲》。他们的作品从单纯的"留学生文学"脱颖而出,他们的作品反映出更深层的社会层面,和对不同文化的理解使他们观念的更新。他们的创作使澳大利亚的华文创作又出现了前所未有的繁荣,澳大利亚华文创作进入了一个前所未有的高峰期。

毕熙燕(1954—),出生于北京,北京师范大学中文系本科及研究生毕业。出国前,在中国人民大学中文系教授中国古典文学。1990 年移民澳大利亚。

现任悉尼爱斯肯姆学校中文教研室主任、西安外国语大学客座教授。连续七年担任澳大利亚新南威尔士州高考中文试卷出题委员会首席考官。

毕熙燕在中国古典文学领域里研究深造和讲授中国古代文学的同时，坚持她的中文写作。1996年，她的长篇小说《绿卡梦》由北京华夏出版社出版；1998年，她与另外几位女作家合作的中短篇小说集《她们没有爱情》由悉尼墨盈创作室出版；2000年，她与刘海鸥合著的短篇专集《桥上的世界》由上海东方出版中心出版。1997年和1999年，毕熙燕两次赢得了澳大利亚国家艺术委员会颁发的文学创作基金奖。

长篇小说代表作：《绿卡梦》与《天生作妾》，前者展示新移民在爱情和"身份"问题上的纠缠，在主体的情爱叙事中，作者意欲剔除"身份"问题的干扰，但在对文化差异有意的屏蔽中，文本叙事呈现为一种暧昧和艰难的倾向。后者则站在人类命运的高度思考了女性的悲剧形态，女性天生作"妾"的命运逻辑跨越国别、阶层、历史和文化，在传统、环境、家庭和爱情的桎梏和扼杀下，认命与依附是女性的最后归宿，但毕熙燕无疑表现出一种悲观的宿命论色彩。

《绿卡梦》是留学生伤痕文学的其中之一的代表作，它是留学生生活的生动写照。小说主要写了四个不同背景的女留学生的不同命运。邹易是北京来的已完成硕士学位的才女，凯西是年轻而随便的上海姑娘，玛丽是善良而已婚的大龄留学生，而苏云是一个能干但势利的"小家碧玉"。邹易在中国饱受所谓"伦理道德"之苦，只因为她爱上了一个不该爱的已婚男人，成了中国社会观念所鄙视的第三者。到澳大利亚后，她不能忍受那些为求身份不惜失去自我人格和尊严的那些留学生的态度，她坚持为爱而结婚，最终找到有情人，这个人物命运的塑造是一代中国留学生所渴望的理想化的结局。凯西是一个年轻而浅薄的上海女孩，因为未成年时已被兽性的父亲占有的这种不寻常的经历，使她到澳大利亚以后更加放浪，最终却因为真心爱上了一个有妇之夫而不能自拔，她因爱生恨把心上人也搞得家无宁日。玛丽是典型的贤妻良母型的女人，她为了想方设法把丈夫和孩子搞来澳洲，不惜铤而走险跟一个已获身份的中国男子杰办假同居，谁料戏假情真，与杰真心相恋，在丈夫和孩子到来以后，玛丽在丈夫和情人之间选择了已全无感情的丈夫。杰对玛丽怀恨在心，对玛丽和她丈夫进行报复，他设计约会玛丽，又暗地里告知了她的丈夫，让玛利的丈夫亲眼看到妻子在跟在自己做爱，让玛丽在她的丈夫面前丢尽了脸，最后玛丽被逼得家不成家，一怒之下企图开车想把杰杀了，可是不但没有成功，自己反被关进了监狱。苏云为了得到身份走捷径与丈夫离婚，希望尽快解决身份问题，可是在受尽那新欢的折磨后，最终也疯了。

作者以流畅娴熟而不着斧拓痕迹的笔法,用几个典型的例子揭示了一群中国留学生痛苦的挣扎和为取得绿卡不惜一切代价那种被扭曲了的人性,以及得到身份后,这群"新移民"力图重建其地位和人格所作的努力。作者的视野焦点主要放在人的生存环境对人的改变上,尤其是对女性的价值观和自身价值上。在纷繁起伏的故事表层下,作者以其娴熟而圆润的笔法引领着读者穿过复杂延拓的场景,去探索几个女性的内心世界,使读者对这群为着摆脱中国的物质上的贫穷,不合理的政治和伦理道德观而流浪到异国他乡的中国人产生一种理解和共鸣。作者同时还尖锐地指出,很多中国人抱怨他们所遇到的种族歧视,可是最可悲的是最看不起中国人的是中国人自己。

如果我们用笔法细腻、感情真挚和布局整齐来描述毕熙燕的作品的话,那么刘观德的《我的财富在澳洲》就属于人物性格刻画得形象和深刻了。

刘观德(1958—),出生于上海。1982年毕业于华东师范大学,1989年到澳大利亚留学。代表作:《我的财富在澳洲》。刘观德在小说的开头,以《一千零一夜》中"开罗人寻金梦"作为引子,引出了"我"和无数的中国留学生来澳大利亚寻找出路那种既狂热又痛苦的经历。他把这种风起云涌的出国热潮比成象"文革"的红卫兵大串连一般狂热,他在描述当时众多留学生的心态时说,留学生里流传着一句格言:"出去不易,呆下去很难,回转去更难。"这是一种流亡海外的中国人所共有的悲哀。中国留学生为得到一份有合理报酬的工作,不惜冒着被移民局通缉的危险,一边设法逃学,一边与精明的老板周旋,能找到工作已经比没有工作强一百倍了,留学生没有多少权利去选择。"吃不着苦的苦比吃苦的苦还要苦。"这"五苦论"是当时很多留学生心态的真实写照。"我"觉得澳洲,尤其是悉尼美得既让"我"赞叹不绝,又让我欲进不行,欲退不能。然而,正因为这样,使"我"感到一种无法摆脱的悲哀。"咱们中国人不笨,可为什么却偏偏尽是扮演这类悲剧的角色?"可是无论"我"在这如何受苦,如何挖空心思与老板勾心斗角,如何用"快乐计日法"来治疗自己思乡病,这一切都是国内的人所不能理解的,他们只看到"我"三个月内已还清了欠债,就以为澳大利亚遍地黄金。小说中的"我"是很多来自中国的有知识的留学生的化身,"我"看不上没有教养,却专门拿中国的贫穷和落后作精神调剂的面包店的香港老板,"我"觉得"我"的精神财富比他丰富多了。但在"我"跟韩国老板的劳资双方斗争中,"我"所做出那种不近人情的言行,反映出中国人思想深处的劣根性和行为上的陋习,即使是"我"这样在中国受过高等教育的人,也不例外。小说在某种程度上是对中国人身在异乡而到处充满弱肉强食的竞争这样一种特异生存环境中所不自觉地表现出的行为思想的审视和反思。

刘熙让（1961—），笔名刘澳。出生于北京，北京师范大学文学学士，曾在《北京晚报》任编辑和记者。1989年5月赴澳大利亚留学，在"塔斯马尼亚大学"（University of Tasmania）获英国文学博士学位后，现在大学教授比较文学和英语课程，并从事新作品创作。代表作：《云断澳洲路》《蹦极澳洲》和《澳洲黄金梦》等长篇小说获台湾"华文著述奖"小说类第一名和佳作奖。部分小说已被翻译成英语，在澳大利亚出版。两次获得"澳大利亚艺术委员会"联邦作家创作奖。短篇小说、微型小说、散文、诗歌和剧本散见于报刊杂志和网络。20集广播剧剧本《云断澳洲路》由澳大利亚国家电台SBS于2008年至2009年制作播出。《蹦极澳洲》曾于2002年在《北京晚报》节选连载。根据《澳洲黄金梦》改编的30集电视剧正在筹拍之中。

同时进行中英文双向文学翻译，出版的译著包括阿加莎克里斯蒂的作品。还著有《"史记"中人物描写的小说手法》等。在《澳洲黄金梦》中作者主要通过王振彪、吴德明、刘清平、雷秉义四家华裔和罗杰斯、大卫两家欧洲淘金家族为中心，描摹反映了这一段从认知到认同的悲壮过程，是一路的生离死别，一路的迷茫与抗争。而身份认同集中体现在对他乡与故乡的认同上，这两者不是绝对的对立矛盾的两方面，而是存在着唯家乡是故乡、唯他乡是故乡、他乡亦是故乡等三种不同的认识。每种认识在作品中都有各自的代表人物进行刻画和描述，而他们的命运也因为认识的不同而改变。而在《云断澳洲路》中讲述了一个关于移民居留的故事。获取居留身份是生存的基础，在海外华人社会中，"居留"是一个特定用语，也称为"永居"。由于特定的社会环境，"居留"对于澳洲新移民来说尤为刻骨铭心。与居留有关的故事是澳洲新移民文学的普遍内容之一。居留问题之所以如此重要，是因为一个人能否成为永久居民，首先涉及到对长期生活十分重要的"身份"问题。

在西方国家的一些移民制度中，"永久居留身份"是获得"公民身份"的前提。"身份"一词主要有两种含义：一是指人与其经验世界的全部联系，这种联系使他得以做出关于其生存意义的解释，也即精神归属意义上的文化身份；另一个是指通过国家实施对人身管辖或保护的入境权利、居住权利及其他附带的权利，即法律意义上的居民身份。无疑，居民身份对移民具有先决意义，澳洲新移民作品中的身份问题也大多是指居民身份。在《云断澳洲路》中，留学生孟龙为了逃避被移民局拘捕和遣送回国的厄运，不得不与福特公司和报社的工作绝缘，找了一份不违背其学生身份的夜间工作。仅仅是两个月的夜间班，孟龙的脸就失去了光泽，"他的脸又黑又黄，没什么血色，就像刚从死人堆里爬出来的鬼一样"。打工竟使一个好端端的人变的像个鬼，可见打工对新移民肉体的摧残是何等可怕。"居民身份"这一标签的认定对新移民具有决定意义,没有居留权,没有居民身份,这些都导致了居民身份焦虑的出现。居民身份焦虑在打工生涯和爱情故事两方面体现的最为明显。

相对于居民身份焦虑,文化身份焦虑是隐而不彰的,它游走于文化深层,无处不在。居民身份焦虑是文化身份焦虑的先导,它诱发并加深了文化身份焦虑。《云断澳洲路》里主人公孟云表现了新移民在降临澳国国土的那份喜悦,澳洲是他心中的乐土,而中国却作为一个异己对象被加以他者化,可以说从那一时刻起,中国已变成了远方的他者。因为没有身份保证,异域的生存显得苦不堪言,他这才认识到,自己并没有来到天堂,他们只是从一层压抑中逃离出来却又陷入另一层压抑。在他心中,中国——这个被异化的他者成为了经常被怀念的温暖的意向,成为了在异域艰苦奋斗的精神支柱,成为了无路可走时的唯一寄托。当澳洲不接纳他时,他就强烈地怀念祖国母亲,觉得祖国才是能让自己有安全感的地方。对于孟龙来说,融入澳洲几乎遥不可及,在这里自己没有身份没有地位没有事业没有爱情,还要忍受澳洲主流社会对他所属于的弱势边缘群体的压迫。而记忆中的故国依然亲切,为了得到安全感,孟龙需要在精神上靠近它。大多数澳洲新移民都做出了这样的选择,得到了想要的安全感,但在这种选择中他们却回避了自己的文化身份问题,回避了仍然存在的文化身份焦虑。对于他们来说,新移民这一群体的文化身份还是无法确定的,故国可以暂时寄托,但在异域被肢解的传统文化架构已不允许再进行文化坚守。他们要想真正获得心灵的安全感,还需要去寻找自我的文化身份。

一些学者曾这样评论道:"当中国人融入居住国的理想受挫时,民族主义意识形态,为人们提供精神自卫的武器。"确实,当新移民在异域遭遇挫折时,民族话语被化用为了自我拯救的利器,民族文化成为了前进的动力,中国在新移民背后已经被隐喻为一个提供精神支援的他者形象。中国之所以会成为新移民心目中的精神支柱,与当时中国移民的特点有关,20世纪80、90年代的移澳热潮,有一个特别的现象,当时许多人是只身赴澳,夫妻、恋人、父母子女、亲朋好友都面临长久的分居甚至是永别,这一现实造成了新移民与国内割舍不掉的联系。所以,当时的新移民仍有故土情结,故国是他们的精神家园。虽然在异域他乡新移民的文化身份是混乱的无法确定的,传统的文化身份没有可支撑的土壤,新文化身份也无从建立,他们不得不遭受文化身份焦虑,但由于有了常被怀念的精神家园,新移民在澳洲的路并没有走入绝境,他们用精神家园来抗衡生存的艰辛,他们毅然地选择了坚持。

张奥列(1951—),出生于广州,祖籍广东大埔。毕业于中国作家协会文讲所第七期和北大作家班,获文学学士学位。历任中国作家协会广东分会副秘书长、理事及创作室副主任,《当代文坛报》副主编。1978年开始发表作品。出版有评论著作《文学的选择》、《艺术的感悟》,八次获中国各类文学奖。1991年底移居澳洲,出版有纪实文学集《悉尼写真》、小说散文集《澳洲风流》。1994年获澳洲华文杰出青年作家奖,1997年获台湾侨联华文著述奖小说佳作奖。

此后,他在短短的几年间,发表了两本小说,散文和文学评论集《悉尼写真》和《澳洲风流》。他以自己独到的眼光,轻松而动人的笔调去写东西方文化的撞击,和新移民在澳大利亚千姿百态的生活,他的作品反映了新移民对生活的迷茫和对未来的思考。他的《未成年少女》,就深刻地反映出那种西方文化和习俗与中国传统和观念的格格不入。两代不同年龄的中国移民在接受西方习俗上所表现出的极大的差异。张奥列的很多评论文章,对华人社会作了很深入的介绍,其中一些作品对华文报纸杂志作了很详细的分析,一些作品讲述了华人对澳大利亚不可低估的贡献。但是,他的一部分作品因为在描绘澳大利亚人的生活时,太注重其开放的一面,他的一些作品从猎奇的方式出发,描写从封闭的中国出来的华人到处沾花惹草,其笔法大胆而放诞,达到雅俗共赏的效果,可是某些作品也不免流于表面化,似乎所有的澳洲人(特别是女人)都认同开放的性生活,乱交和不正常的夜生活。

三 来自大陆外留学生的思乡情结小说及其代表作家作品

活跃在澳大利亚文坛的还有另一类作家是来自中国以外的一些国家和地区的作家,他们有的是来留学,有的是在这里定居的,他们的作品与中国留学生作品有着截然不同的内容和风格。

比如,来自中国以外的地区的留学生,他们对生活有着跟中国大陆留学生不同的认识和态度。他们没有面包和工作的危机,他们也不需要为逃避不民主的政治体制,也不必为摆脱贫穷急于解决身份和工作,他们所面临的只是学习和思乡的问题。因此他们的作品比反映中国留学生的作品显得轻松,并着力于表现人性的自我完善,如《南十字星下》。它是从墨尔本大学的中文学报《青鸟》精选出来的散文小说集,全书五十五篇文章由二十五位年青的大学生执笔,这些大学生有的来自台湾,有的来自香港和东南亚各国。虽然同是海外华裔留学生,他们的思想和观念与来自中国大陆的留学生截然不同,他们大多数人都得到家里的经济支助,无须为工作和学费担忧,他们的作品到处洋溢着青春的气息和无敌的奋斗之心,对故乡和亲人深深的思念,纠缠不清又欲理还乱的恋情,他们的作品没有中国大陆留学生作品那种压抑感和失落感,却更多地表现他们在学习自然科学(不少作品是写医学院的学生)过程中对生命的质疑和反思。用他们自己的话说是"我们用生命谱上色彩"。正如著名作家夏祖丽所评论的那样:"这本文集的作者大部分是在家乡受过中文教育后,来到多元文化的澳洲,他们生活在两种文化之间,掌握了中英两种语言,他们克服了文化和社会的差异,努力做一个跨文化的人,然后再回头寻找传统和民族的新定义。"

心水(1944—),出生于越南西贡,本名黄玉液。1978 年全家逃难经印尼后到澳大利亚。代表作:诗集《温柔》,写出了作者对亲人和故园的一腔柔情,和对和平的歌颂。心水是有着如此特别身世的华人作家之一,他是一九四四年从越南出生的华侨,一九七八年为躲避战乱,全家逃难到了印尼,后来才申请到了澳大利亚定居。因为作者特殊的经历和身世,使他的诗作除了借景抒情外还表现出一种对战争引起的生灵涂炭的控诉和对和平安宁的向往和热爱。诗人在澳大利亚这一片平静的国度找到了多年梦想中的田园之趣。他的作品反映了一种来自其他地区的华裔移民的心态,他们在别的国家经历了战乱或遭到迫害后,在澳大利亚这个被称为多元文化的国家找到了真正可以安家落户的乐土。作者在文章里对澳大利亚这个人人平等的民主国家和平易近人的总理也赞叹不绝,"作为一个澳洲公民,我们总理的正义的眼泪,令我们深以为傲,作为一个炎黄后裔,中共屠城残杀同胞的暴行,令我感到无比耻辱。"

江静枝(1958—),出生于香港,求学于澳洲,曾获音乐学院学士。雪梨华人艺术团团长,澳洲华文报纸专栏作家,澳洲 SBS 国家民族电视台高级翻译员。代表作:散文集《随爱而飞》。曾荣获澳大利亚首届拿破仑杰出艺术成就奖的江静枝,是来自香港的音乐家翻译家和作家。她家的祖籍在河南,祖父辈时到了福建。生在香港,十几岁时她被父母送到澳大利亚去读书,这一去,就落地生根,成了澳洲的华人。受的是西方的教育,学的是西洋音乐———她是新南威尔士州州立音乐学院和歌剧院的双学士,连梦呓说的都是英语,别说举止行为,甚至化妆打扮也色彩绚烂明朗,带着十足的澳洲味儿。1991 年,她第一次踏上中国大地时在大街上,没少被人"参观"。她那生活在香港的母亲也说她是十足的"洋鬼子",不像中国人。可还是有一种"莫名其妙"的东西牵着她,人在澳洲,眼光却常常向着东方。尽管身为作家,她也找不出一个词来描述,那是种什么力量。散文集《随爱而飞》是写自己对过去,对亲情的回忆和一些身边的小事。作者最初也是以一个留学生的身份来澳大利亚学音乐的,在她的散文《给母亲的信》里,她这么描述自己作为海外游子的心声:"许多人都相信出国留学是体面的喜事,对我来说,我只是一个久居外国的游子,我既不体面,也没有一般留学生的喜悦。"她认为,如果能让她重新活过,她宁肯一辈子留在母亲的身边,"有谁愿意提着未经风霜的童年,踏上不知方向的旅途,安插在一个陌生,不同种族,语言,情操的国家,一直精神飘泊到成年?"作者还在作品里反映了身在澳大利亚的华人对自己身份和文化的的迷惘,她既不能象她儿子这种土生土长的 ABC 那样,毫不犹豫地说"我是澳洲人",在澳洲人面前,"虽未敢忽忘自己的来处",也不能把自己归类成"中国人"。澳大利亚政府虽然提出"文化认同"作为多元文化的一个重要尺度,但是移民的身份归属还是难以确定作者用自己的亲身体会和婉约动人的笔调诉说了所有海外移民感到的最深切的悲哀——一种非此非彼的纠结心态。

梁绮云(1956—),出生于香港,澳洲华文女作家,1978 年移居澳洲注册全科护士暨助产士。业余从事写作。作品有散文、随笔、小说等,发表于澳洲名大中文报刊及多份台湾报纸。已出版散文集《袋鼠国随笔》、《澳洲风情画》、《澳洲的风》等;其作品被选入台湾中央日报出版的《世界华文文学选粹》,并曾获九项文学创作奖。代表作:《袋鼠国随笔》、《阅读澳洲》以轻松而生动的的笔调,向读者展现出一幅幅澳洲生活的风情画,她把全书分为三节,在"移民生活"一节里,她以从来自不同层次不同地区的华人移民的角度"来描述澳洲华人生活的点滴,剪影,和心态。从不同的层次和角度勾画出一个澳洲生活的轮廓。"作家还通过描写华人的衣食住行,消遣娱乐,生老病死,以及华侨对故国之思,乡土之恋等等反映出华人的思想和行为在异乡,在东西方文化的冲击下所产生的种种变化。而其他两个章节"澳洲民情"是向读者介绍澳洲的风土人情,文化习俗和医疗福利等等。"怀旧一翻"是从自身——一个新移民的角度写出移民对故园深沉的思念。

梁绮云是近年来比较活跃的华人作家,她的文章文笔流畅,感情真挚,她以女作家特有的敏感的感受写身边发生的人和事,是人倍感亲切,她的不少抒情散文成为"澳洲旅游或留学的指南"。

在过去一百多年里,移居澳大利亚的华人经过自己不懈的努力和辛勤地劳动,已经在这片土地上扎下了根。澳大利亚自 1973 年起,提倡和实行多元文化政策,鼓励来自不同地区的各民族人民保持自己文化和传统,使各民族能发挥出自己的优势,建立有自己民族特色的各种媒体(Theophanous,A,1995)。正是澳大利亚这样一个多元文化的国家为华文创作提供了一片肥沃的土壤,华文创作虽然还存在着一些不足,但是它必定会在作家们的共同努力下克服本身的缺点,在这个澳大利亚多元文化的无数珍宝中放射出优秀的中华民族文化所特有的璀璨异彩。

第五节　创作异变的新移民作家群

一　视野与风格的异变

海外新移民文学的创作,源自于二十世纪七十年代末、八十年代初的留学生文学。所以,上个世纪八十年代应该说是新移民文学的酝酿积淀期,大量学子负笈海外,生活的巨变、情感的考验、文化的冲突、人生的何去何从,正在越来越多的新移民灵魂里翻卷着创作冲动的风暴。人们的目光已不再是个人短暂的传奇经历,而是思考这一代人在海外所面临的普遍境遇和命运。早期曹桂林的《北京人在纽约》以及周励的《曼哈顿的中国女人》虽是新移民初期较肤浅之作,但却是"新移民文学"的发端开山之作。九十年代后,大陆中国留学生结束了在异国求学生涯,其中有不少人由"留学生"转变成"学留人"——即学成后留在当地成了新移民。身份的转换使他们获得了比留学生时代要稳定、优裕的生活条件,接触社会更加广泛,视野更加开阔,创作题材风格日趋多样化,展现出自己成熟的个性和艺术特征。严歌苓、阎真、张翎、少君、雷辛、张慈、严力、戴舫等一批创作力旺盛的作家在世界文坛崭露头角。

新移民文学发端于上世纪八十年代时期,滥觞于九十年代,经历了由浮躁、粗糙到沉潜、过滤的初级阶段,从单纯描写个人沉沦、奋斗、发迹的传奇故事,已逐渐走向对一代人命运的反思和对中西文化夹缝里的新移民文化心态的表现,进而对生命本身价值的探讨。年轻一代如何在海外创立华人的新形象,如何在经济、政治地位上寻求突破,又如何营造自己民族的文化环境,就成为新移民文学声势浩大的主旋律。九十年代是海外新移民文学向纵深发展的繁荣期,无论是从生活积累的广度和深度,还是表现在文学精神的觉醒与升华上,海外新移民文学真正开始展现出自己成熟的个性和艺术特征。这个时期,表现海外新移民精神历程的长篇巨著层出不穷,其中有阎真的《白雪红尘》、张翎的《上海小姐》、严歌苓的《海那边》、张慈的《浪迹美国》、雷辛的《美国梦里》、李舫舫的《我俩——一九九三》、张慈的《浪迹美国》、卢新华的《细节》、薛海翔的《早安,美利坚》《情感签证》,宋晓亮的长篇《涌进新大陆》《切割痛苦》以及严力、林燕妮、张咏霞、张索时、陈惠琬、树明、李舫舫、白帆等各地的作家都奉献出了自己杰出的作品。他们塑造的人物已相当丰满,主题亦走向博大深厚,为我们留下这个时代生动的面影。

《白雪红尘》,无疑是九十年代新移民文学中最具代表性的作品。令人深思的是,与其它的新移民文学作品不同,它在海外的影响却远远超过了它在国内的反馈,这正可以说明该作品在表现新移民灵魂冲突的真切所在。《白雪红尘》所涉及的主题,是一代新移民在海外如何重新寻找自己的位置、又如何面对感情天平的失衡,这几乎是每一个海外游子共同经历的心路历程。震撼人心的是最后男主人公放弃了异乡痛快无奈的漂泊、离开了自己曾经深爱的妻子,回到了最适合自己生存发展的祖国。小说完全不是爱国主题的演绎,而是灵魂无所依托的挣扎。尤其具有审美价值和艺术感染力的是在新的生存环境下,婚姻爱情经历了血与火的考验,经济地位的失衡导致的情感天平的错位,东方文化下男人的价值观被彻底地粉碎。

中西文化的问题是新移民文学和整个世界华文文学无法回避的一个热门话题。新移民文学的优势就在于处于多元文化的交汇点上,可以广泛地博采各种文化的精华来充实、丰富自己,这样才可能产生一种有别于中华文化和其他多种文化的文化新质来,这也许是新移民文学的新生机。

纵观海外新移民文学,走过近二十年的风雨探索,无论是社会人生的积累,还是文学意识的酝酿和崛起,应该说,涌现新移民文学成熟作品的时代已经来临。一批具有稳健精神特质的里程碑式作家的诞生,他们犹如绵岭之峰,支撑着新移民文学的骨脉,辉映着这个特殊的时代,把世界华文文学提升到一个新的高峰。

二 新移民代表作家及其作品

严歌苓(1958—),出生于上海。1986年加入中国作家协会,1990年入美国芝加哥哥伦比亚艺术学院,攻读写作硕士学位。原为中国大陆青年军旅作家,堪称本时期"新移民文学"优秀代表作家之一。在出国前就曾著有长篇小说《绿血》(1986)、《一个女兵的悄悄话》、《雌性的草地》等。九十年代移民美国,陆续创作了长篇小说《扶桑》、《人寰》,中篇小说《少女小渔》、《在海那边》、《倒淌河》、《陈冲外传》,最新中短篇小说集《也是亚当,也是夏娃》等。她的作品因为窥探人性之深,文字历练之成熟,在台湾、香港、及北美文坛频频获奖,《少女小渔》曾获台湾"中央日报文学奖"小说类第二名,《女房东》曾获"中央日报文学奖"小说类第一名,《学校中的故事》曾获香港《亚洲周刊小说竞赛》第二名,并一连夺得《联合报》短篇小说首奖及《中国时报》百万小说征文奖等等。

严歌苓近年来被海内外评论者视为二十世纪九十年代以来在海外最有名、也是最有影响力的中文作家。她的作品在台湾和美国等地获得20项文学和电影大奖。严歌苓根据自己小说编剧、分别由陈冲和张艾嘉执导的电影《天浴》和《少女小鱼》获得十五六项港台或国际电影大奖,现专为好莱坞做电影编剧工作。目前,正在筹划由小说《扶桑》改编的同名电影。由于她的执笔创作比同时期的新移民作家有较高的艺术起点,更由于她曾进入芝加哥哥伦比亚艺术学院深造英文写作,遂使得她的文字浸染了西方小说的细腻和情绪流动,遂形成了她自己独特的风格。尤其是异域生活的切换,用她自己的话说是"生命的移植",全面地激发了严歌苓潜在的创作才情。在海外,她才真正开始触摸和挖掘自己最喜欢表现的题材领域—即人性在各种时空磨砺下的扭曲和伸展。她关注人性本质的东西,所有的民族都可以理解,容易产生共鸣。她的写作,想得更多的是在什么样的环境下,人性能走到极致。在非极致的环境中人性的某些东西可能会永远隐藏,由此她获得了空前的成功。

严歌苓对于文坛的贡献是她擅长于描写"边缘人的人生",尤其是"边缘人"最隐秘的人性世界,即在异质文化碰撞中的人性冲突,而她最醉心表现的则是人性柔弱的一面,从而给读者展示出现代社会冷酷无情的一面。显然,她所表现的已远远超越了"乡愁文学"的范畴。严歌苓的海外创作甚丰,内容亦不拘一格,有描写"知青"命运的《天浴》(后被陈冲拍成同名好莱坞电影),有表现旧金山老移民生涯的风尘故事《扶桑》,有自转体的长篇《人寰》,有《海那边》(电视剧为《新大陆》)诉说新移民的沧桑历程等。《天浴》《人寰》,则以她个人隐秘暧昧的痛楚体验,来融进家族与民族的伤痛。高尔基、屠格涅夫等俄罗斯经典作品,以及中国的经典作品《红楼梦》,对严歌苓产生了极大的影响。有一些浪漫、伤感的情调,也带有一点苦涩的幽默——美丽的东西都是有一点伤感的情调。她喜欢在悲伤的故事里找到审美价值,同时希望自己的悲剧人物都有一定的喜剧因素。她觉得很难在喜剧里看到深刻的审美价值。她笔下的痛楚和伤感,既来自她所经历的时代,更来自于她个人独特的悲观体验。严歌苓小说的突出特点是客观、冷漠,暧昧而充满歧义,她的语言灵动、俏皮和细致,驾驭字的能力很强。严歌苓最擅长的体裁是短篇小说,她能够在尺幅之内字字珠玑,窥探出人物性格的无限张力,如她的成名作《少女小渔》是她的短篇精品。大陆女孩小渔需要一张绿卡。潦倒的老作家马里奥需要还债。小渔的男友出一万美金典"妻"。婚姻在三人中间,作了一次最纯粹的利益交换。在美国,人们常说"LOVE",但忽视"CARE"(关心、呵护),严歌苓认为,"CARE"比"LOVE"更伟大。于是,在《少女小渔》中,便呈现出一种善良、更善良的人性、更人性的氛围。她写小渔在洗衣房借钱给一个比她更穷的人。她写小渔为买不起报纸的马里奥去买份报。小渔在婚约期满争到绿卡后,没有奔向自己的情人,而是留下来看护重病的马里奥……在《少女小渔》中,严歌苓的笔如同一只耐心的蜘蛛,慢慢地织起了一张密实的、善良的网,以东方人的内敛式温情浸润着一颗颗被欲望遮盖着的干枯的心灵。

严歌苓是海外文学中的"多产多奖"作家,近年来,她创作的一系列作品诸如《第九个寡妇》《金陵十三钗》《小姨多鹤》《一个女人的史诗》《梅兰芳》等都来自于祖国大陆题材,这些作品笔触细腻然而很大气且被改编为影视剧受到观众的赞誉。

从舞蹈演员到作家,严歌苓身上集中了艺术家的敏感和博学,这位获英文文学写作硕士学位的旅美作家,如今正在进行双语写作,尝试着在中国与世界文学的对话上架起一座桥梁。

查建英(1959—),祖籍江苏宜兴,出生于北京。自取笔名"扎西多"。1978年至1987年先后就读于北京大学、美国南卡罗来纳大学、哥伦比亚大学,1987年回国,90年代重返美国。2003获美国古根海姆写作基金后又回到中国。曾为《万象》《读书》《纽约客》《纽约时报》等专栏撰稿。已出版非小说类英文著作《中国波谱》(China Pop),杂文集《说东道西》,小说集《丛林下的冰河》等。

著作《China Pop》获得美国 Village Voice Literary Supplement 杂志"1995 年度 25 本最佳书籍之一"。代表作：小说集《丛林下的冰河》；文化评述《八十年代访谈录》。

　　查建英的写作起步于大学时代，但让她为更多人熟知的却是出版于 2006 年的《八十年代访谈录》在国内外引起广泛关注。。她选取了上世纪八十年代引领文坛潮流的几位风云人物诸如北岛、阿城、刘索拉、李陀、陈丹青等人的对话并记录在案。而 2014 年 1 月由香港牛津大学出版社出版新作《弄潮儿》更显示了查建英非凡的写作功力。与 2006 年红极一时的《八十年代访谈录》相似的是，查建英都选择了她认识和熟悉的对象进行写作，此前不认识的对象，甚至也因为写作《弄潮儿》而成为好朋友。不同的是，《八十年代访谈录》是一对一的采访，而《弄潮儿》则借助个人的故事，展现了更加复杂的中国元素。

　　与其他新移民作家稍有不同的是，创作之余，查建英还喜欢观看电影，这个爱好由来久已。当时身居海外，西方的影片可能会看得多一些，但看到中国导演陈凯歌的《黄土地》时，她竟然激动并感到意外。

　　每当观看时下中国电影时候，比如王全安的《图雅的婚事》，查建英便如是评论：总体看来，和第五代导演喜欢的宏大叙事相比，现在个人化、小叙事的电影多了，大叙事的电影少了。个人化的电影，突出的是个人对时代的体悟、思考以及经验。这也反应出现在人们多元化的个性。80 年代的电影恰恰缺少这些。现在反观 80 年代的电影，有气势，但"激情有余，理性不足"。"宏大"的容易让人产生空疏感，故事里的感情描写往往是粗线条的，煽情的，不够细腻，对生活捕捉描摹的态度也不够谦卑。从这些大的方面看，80 年代的电影和现在电影的差别还是比较明显的。一些更加年轻的导演拍的片子，我看得并不是很全。偶然我看到灵光一闪的作品，但至于"一闪"之后的发展，需要更长时间的观望。看了王全安在柏林电影节得奖的片子《图雅的婚事》，便认为这部片子拍得挺到位，表达的感情很朴实，看了令人感动。

　　尽管查建英如此关注国内电影艺术，但至今，她也没有系统的完成一部电影评论著作，这可能还与她较多的砥柱商业艺术有着太多的牵掣。她一再坚持艺术的内在价值与商业融会贯通。而当全世界都受到商业文明的冲击，仅就一位热衷于纯艺术的作家对于"坚持"的惶惑、焦虑不无例外地显现在海外华文文坛上不能不称之为文学创作的"奇葩"。查建英曾明确的表示："商业对于艺术的影响，可以说从 90 年代初写《中国波谱》(China Pop) 开始，我就在关注。与商业合作是否就意味着堕落？一旦参与合作了，是否就不再是艺术家？坚持艺术，以不合作的态度对待商业是否就是穷酸文人，没有价值？……这些都是需要想想的问题。"根据她的原理,由此可见,商业与艺术之间的选择并不是非此即彼的选择题。这不仅要看艺术家选择了什么,也要看他们以什么姿态来面对自己的选择,以及在选择之后他们做出东西的品质到底怎样。有的人选择了商业,做出的东西也仍然保留了自己的个性艺术;有的人则彻底被商业俘虏了,不仅同流合污,干脆成了商业的奴隶。还有一些人,因为他们所选择的艺术范畴本身就非常小众,其超前性和私人性并不具备商业特性。当然,这部分小众作品的价值需要通过时间来给予判定。需要小心的是,这个"理由"很容易成为一些人的借口——他们的作品不为人们所接受并非因为理解的人少,而是真的没什么价值内涵。

张翎(1959—),1983年毕业于上海复旦大学外文系英美语言文学专业,后分配到北京煤炭工业部某机关任英文翻译。1986年赴加拿大留学,1988年获加拿大卡尔加利大学英国文学硕士,1993年获美国辛辛那提大学听力康复学硕士。现定居于加拿大多伦多,在一家医院主管听力诊所。

张翎八十年代开始小说创作,首部长篇《望月》出手不凡、文名鹊起,之后创作了中篇《江南篇》、《寻》、《丁香街》、《花事了》、《梦里不知身是客》等,短篇《警探理查逊》、《团圆》、《盲约》、《女人四十》、《遭遇撒米娜》等。《交错的彼岸》是她的第二部长篇,也是她厚积勃发的又一个里程碑。曾获第七届"十月文学奖"(1998—2000年),第二届世界华文文学优秀散文奖(2003年)。其小说《羊》进入中国小说学会2003年度排行榜,新近在《十月》上发表的《雁过藻溪》被《中篇小说月报》列为中国中篇小说榜首,并获第一届袁惠松文学奖。

成就斐然、声誉鹊起的女作家当数远在多伦多的张翎,她的主要成就则体现在海外新移民文学的长篇小说创作领域。首部风格成熟、眩人耳目的作品是她的《上海小姐》(原名为《望月》)。这是一部风格相当奇特的小说,奇就奇在她能将海外如火如荼的生活有意纳入在陈年旧事的烟雨中娓娓道来,容入了一种舒缓、浓郁、醇厚的氛围,从而超脱了新移民文学普遍的浮躁,熔铸了一种传统与现代奇妙交合的典雅风范,给读者带来强烈的审美愉悦。小说写的是原上海滩巨富孙三圆的外孙女孙卷帘、孙望月和孙踏青飘零到加拿大多伦多,历经情感、事业、生活的风雨坎坷的故事。张翎的另一部长篇力著《交错的彼岸》的问世,更证明了这一点。作品情节纵及七十年,横贯两大洲。它借着加拿大新闻记者马姬的叙述,将故事的两条主干线:中国江南的金氏家族和美国加州的汉福雷家族,在纷繁的历史背景下交错衔接起来。通过两个家族年青一代跨越太平洋的探索脚踪,反映出人类对完美精神家园的追寻探索是超越种族时空界限的。

张翎小说的魅力首先体现在历史时空的风云磅礴与女性纤柔的完美结合。她的小说，首先引人入境的是她的语言。在北美的新移民文坛，情感的焦燥往往流露在文字的粗砺和急迫，可是，读张翎的小说，从《望月》里的上海金家大小姐走进多伦多的油腻中餐厅，到《交错的彼岸》中那源于温州城里说不清道不白的爱恨情仇，迎面而来的是一种遥远的冷静，是距离感的清凉，像是一个尘外的人娓娓诉说着尘内的故事，把这个时代风雨交加的异域故事写得如此辽远，如此具有"红楼"遗风。

用爱情的网状锁链构筑起恢宏的长篇结构是张翎小说的另一个特色。纵观张翎的长篇架构，大气磅礴，抽丝剥茧，具有大家风范。她走笔的方式，常常是看似不经意，实则运筹帷幄，人物的命运跌宕奇突，却又隐含着内在的必然。如果说《望月》的结构还只是线性发展的过去与现在，那么在《交错的彼岸》中，作者则纯熟地驾驭了锁链套环式的网状结构，两岸三地，立体交错，恢宏缠绵地演出了一幕人生交接的悲喜剧。

2005年3月出版的《盲约》作为"跨区域华文女作家精品文库"中的一本，由中国花城出版社出版。（精品文库中收集了包括苏伟贞、朱天文、朱天心、施叔青、严歌苓等11位著名海外女作家的作品）作品收集了张翎近10年创作的11部中短篇小说，内容大多与移民生活有关，在不同层面上反映了人在突变的生存环境中经历的疼痛和无奈。

张翎在小说创作方面取得了显著成就，受到了华文文学界的广泛关注和好评，形成了自己的创作特色，为加拿大华文文学的发展做出了突出贡献。

阎真（1957—），出生于湖南长沙。1984年毕业于北京大学中文系，1988年获湖南师范大学文学硕士学位。同年8月赴加拿大留学，在圣约翰大学社会系学习。1992年回国。现为中南大学文学院教授，中国作家协会会员。代表作：《白雪红尘》、《沧浪之水》。

阎真的《白雪红尘》（又名《曾在天涯》）一书，有浓厚的佐拉自然主义色彩，对生活采用断面切片的手法，把情节对话几乎没有加以任何剪裁浓缩，及其写真地呈现在读者面前。

该书写的是一个中国大陆的青年讲师高力伟，为了和留学在海外的妻子林思文团聚，万里迢迢来到加拿大，以及他们到加拿大后在生活事业感情上遇到的种种挫折失意，最终选择归故里的故事。书里的人物经历，虽不能概括数以万记的"洋插队"大军所经历的各种心路历程，却也能引发我们看到我们这一代为各种原因移居海外的人们在适应新环境的过程中所承受的困惑和痛苦。作品中引人注目的是以男性叙述主体诠释了女性留学生海外生存的空间,将其群体形象锁定在以下几方面。

首先,具有对选定的移居道路意无反顾的勇气和决心。该书里所塑造的女性形象,在女留学生中具有一定的代表性。这一代的女留学生,为各种理想追求离开本土之后,对过去所处的社会地位文化环境的依恋程度远远弱于同代男性。小说中几位女性林思文张小禾等对男主人公高力伟的取舍态度上虽有不同,然而她们对以往在大陆的种种优越,都不约而同地采取了一种近乎淡忘的态度,而更注重对现实和将来的计划。两人都认为"已为出国费了半条命",就非要闯出个名堂来不可。这种对过去社会文化环境的人为"健忘症",促成了她们对选定的移居道路意无反顾的勇气和决心。

其次,具有对移居地社会文化环境的认同能力本土社会文化环境依恋程度的差异,又直接导致了对移居地社会文化环境的认同接受程度的差异。《白雪红尘》一书中的女性,在适应新环境的过程中,显然要比男性成功。除了女性天生的语言适应能力优异于男性外,女性能更快更容易地在心理上部分或完全地接受移居地的文化生活习俗,自觉不自觉地援用当地的行为准则来度量自身和他人的成功与失败,正确或失误,从而调整自己的生活目标。

其三,具有利用和处理人际关系来达到自己的目的的能力。《白雪红尘》一书中女性形象的又一特点是:与男同胞相比,她们更懂得行为科学在个人成功中起的作用,从而更知道怎样利用和处理人际关系来达到自己的目的。

其四,具有崇尚现实的爱情观。《白雪红尘》一书中的女性对爱情的追求,也跳不出精神境界与现实生活的矛盾。感情上她们崇尚平等,相通和男女之间两情相悦的境界。现实环境却迫使她们垂涎安定的物质生活。分居以后的女主人公林思文,择偶条件已明确包括了对方必须能在北美找到一份安定高薪的工作。这种精神与物质的冲突,导致了多少家庭的破裂和重新组合。在追求感情的道路上,留学女性比她们的男同胞们走得似乎更辛苦一些。

总之,《白雪红尘》一书反映了这一代女留学生从本土到海外后生活事业感情所经历的困惑和挣扎。从走出国门那一刻伊始,她们就踏上了一条不归路。要生活,却不得不去争事业;要欲仙求死的爱情,却离不开物质享受的诱惑;既不能完全忘记本土,又不能尽意溶入他乡。她们从国内时的娇小姐娇妻子,变成大小诸事都得自己拿主意的能人;从衣食住行一概不闻不问的闲人,变成负起挣钱养家重责的强人;从本无过多事业追求的普通女子,被环境推上一个又一个显赫的硕士博士位置。这些演变带来的后果,悲乎,喜乎,福兮,祸兮,也只得留与后事评论。

虹影(1962—),出生于重庆,1991年移居英国,著名英籍华人女作家、诗人。中国新女性文学的代表之一。曾在北京鲁迅文学院、上海复旦大学读书,代表作有长篇《K》、《阿难》、《饥饿的女儿》、《孔雀的叫喊》、《一个流浪女的未来》,诗集《鱼教会鱼歌唱》等。现住伦敦。曾获"英国华人诗歌一等奖"、中国台湾《联合报》短篇小说奖新诗奖、纽约《特尔菲卡》杂志"中国最优秀短篇小说奖"、三部长篇被译成21种文字在欧美、以色列、澳大利亚和日本等国出版。长篇自传体小说《饥饿的女儿》曾获中国台湾1997联合报读书人最佳书奖,被大陆权威媒体评为2000年十大人气作家之一;2001年评为中国图书商报十大女作家之首,称为"脂粉阵里的女英雄";她的长篇《K》被法院判"淫秽"罪禁书,是中国现代史上第一次。虹影被《南方周末》评为2002年年度"争议"人物。

　　代表作品《饥饿的女儿》(2000),这是一部自传体长篇小说。追忆了自己由一个饱受屈辱的弱女子,经过环境的重压和人际间的冲突,磨砺出一种强悍坚韧的意志,而最终改变了自己命运的人生历程。新作《孔雀的叫喊》是虹影"重写笔记小说系列"中的第一部长篇。此系列已经完成六个中篇和短篇,刊发在《收获》、《作家》、《百花洲》、《作品》和《书城》等杂志上。作为一个新的体例,虹影把中国人的旧故事移植到现代,把"中国性"放到现代生活的压力下,让它在变形中透露出本质的信息。《孔雀的叫喊》原本,是宋元明小说戏剧家最着迷的"度柳翠"故事。人类有史以来最大工程的三峡大坝水库将于2003年6月初期蓄水,2009年全部建成。三峡是中国最著名的风景,又是楚文化基地,水库满储水时海拔175米,淹没区移民100万,高峡将大半落入水中。虹影以此为小说时空背景,叙说一个转世轮回的传奇故事:基因工程科学家柳璀收到丈夫送到北京的一件礼物,觉得奇怪。母亲力劝她去一次三峡。她到大坝总部,发现任要职的丈夫有外遇,一气之下去了峡区的良县。柳璀在贫民窟找到母亲的老同事陈阿姨和其儿子月明。本地居民抗议干部挪用迁移费而静坐请愿。良县干部有意扩大事态,柳璀与月明都被逮捕。丈夫把她从拘留所接出来,她支持丈夫与贪官斗争。她夜访陈阿姨,才明白当年父亲作为专员派到良县,父亲把妓女红莲与玉通禅师,作为奸宿抓奸,最后判决死刑。枪决时,陈阿姨生下儿子月明,母亲生下柳璀。陈阿姨相信,是妓女红莲转世为她的儿子月明。大宴港台融资团后,柳璀与丈夫发生争吵,丈夫揭开了底:文革时,是柳璀母亲的揭发,才导致父亲惨死。她万分迷惑:三峡风景秀美脱俗,人们却折腾出那么多仇恨。半夜她离开丈夫,冲进淹没一切的雨水世界之中。

三　网络文学及作家作品

　　网络文学是新移民作家群创作的新品种,它一直伴随着"新移民"成长的脚步,它是融作者最广泛、创作题材最快捷、读者最众多的一个文学园地,尤其是在北美,中文电脑网络杂志已成为传播华文文学创作的最佳途径,并成为知识分子阶层文化生活的主要渠道。

1991年创刊的全球第一家中文电子周刊《华夏文摘》,可谓首开新移民电脑创作的先河。全年52期的《华夏文摘》,再加文学增刊,总计达上百万字,从1991年第四期的第一篇留学生小说《奋斗与平等》,到后来连载的《回国求职随笔》,都在留学生和华人社会中引起极大反响。继《华夏文摘》之后,全球电子刊物如雨后春笋,影响较大的有美国的《新大陆》,加拿大的《新语丝》(纯文学刊物)、《枫华园》,日本的《东北风》,欧洲的《橄榄树》文学月刊、《郁金香》、《华德通讯》、《真言》、《北极光》、《美人鱼》等,还有专重评论的《东西论坛》、专门登载欧洲风情及人生与旅行的《一角》等。另外,特别应该关注的是《美洲文汇周刊》和《中国与世界》两家网上杂志,他们横贯中西文坛,新老作家并举,架起了国内与海外文坛交流的学术桥梁。

在这情况下,涌现出一大批网络作家,如网络诗人方舟子,他作为《新语丝》杂志的总编辑,颇有远见地强调海外文学多以表现怀旧和描写文化冲突为诉求,并认为中文国际网络是汉语流放文学的肥沃土壤。

网络文学主要代表作家是新移民"网坛"的实力派作家"少君"。

少君(1960—),出生于北京,本名钱建军,经济学博士。曾就读中国北京大学声学物理专业,美国德州大学经济学专业。曾任曾任TII公司的副董事长,北美华文作家协会北德州分会会长,美国匹丝堡大学研究员和同济大学、厦门大学、华侨大学的客座教授,先后出版了诗集、小说集、社会问题研究报告以及文学评论专著十几种。现退隐美国凤凰城,专事读书写作。

1988年赴美留学的少君,堪称这一代海外新移民读书创业的杰出代表。在北大毕业后担任《经济日报》记者,并游走神州南北期间,就曾著有《西部发展的若干问题》、《西部报告》、《现代启示录》等调查研究报告。来到美国后,是少君人生的重大转折,用他自己的话说:"是一下子从行走中南海的学者变成了中餐馆端盘子的小侍者,从指点江山的青年理论家变成美国二流大学的留学生。"然而,正是这种落差,使他毫无选择地必须从零开始新大陆的新生活。从学生、工人、工程师、记者、学者、教授,直到跨国公司的经理、总裁,可以说他经历了我们这个时代最广阔丰富的人生。更因为他从东方横跨西方,跨越时空的感受,才使得他在观照大千世界百态人生的时候能够临空俯瞰,从而在创作上有相当高的起点。自1991年开始在网络杂志上露面,所写的第一篇留学生小说《奋斗与平等》,这也是今天网络文学研究中所发现的第一篇中文网络小说。之后一发不可收地发表了数百万字的小说、诗歌、散文和报告文学,才气可谓横贯海峡两岸。出版过《五星旗下启示录》、《西部报告》,诗集《未名湖》、《凤凰城闲话》,小说集《奋斗与平等》、《愿上帝保佑》、《大陆人生》、《大陆留美学生档案》、《新移民》、《一只脚在天堂》、《活在美国》、《活在大陆》《人生笔记》、《网络情感》、《爱在他乡的季节》、《西域东城》、《人生自白》以及最新出版的长篇纪实文学《少年偷渡犯》等,作品在海内外各大报刊发表,广受欢迎,尤其是在近万家中文网站,影响甚大。香港、台湾、美国、中国都出版了他的力作。

少君在海外网络华文文学创作领域的一个独特贡献,就是创造了一种自白式的小说体。这种创作文体,介乎小说与报告文学之间,因而具有较显著的特点。首先是它的明显的真实感。以第一人称的叙说方法,用被采访人自述的口吻,来讲述自己的人生经历,这样,给读者以真实的感觉则是显然的。其次是它的强烈的感染性。由于其独特的白描般的曲折的人生经历,往往使读者产生较强烈的共鸣。这体现在他影响最大的作品——1997年动笔连续创作了五十万字的一百篇《人生自白》系列,其中主人公的经历和结局都是悲欢离合。如《洋插队》中的女主人公,原是上海的英语教师,"眼看着美国去不成,无奈地选择了最容易拿到签证的澳大利亚",结果从此灾难不断,最终走上了卖笑卖身的道路,过着"今朝有酒今日醉,明日愁来明日对"的生活。《大厨》里的男主人公,曾经是中国科技大学的高材生,到美国后处处上当受骗,在濒临死亡的时候,得到一位中国老板的救助,后来竟成为休士顿有名的大厨。《ABC》中的那个在美国出生的华裔女青年,在和大陆男子的感情纠葛中,陷入了不能自拔的深渊。这正是"美国既是天堂,又是地狱"的人生感受。这形形色色,三六九等的人物,从厨房里无奈的大厨,到澳洲沦落的"洋插队"小姐,从红尘挣扎的演员,到情场可怜求救的"ABCD",为我们展现了一幅斑驳陆离的海外人生"清明上河图"。人物虽是"自白",但血肉已呼之欲出,个个浮雕般鲜活透明。由于《人生自白》系列所表现的真实感人,气韵生动,不仅在网上广为传阅,而且各家中文报刊均争相转载。少君的可贵,在于他没有职业作家的种种禁锢,虽不是小说家的精思谋篇,但却洋溢着来自生活深处的咄咄底气。在他的笔下,完全是性情所致、天马行空,更加他丰盛的人生体验以及纵横东西方文化的精神顿悟,遂使得他的创作热泉奔涌,不寻规矩却自成方圆。《人生自白》的价值并不仅仅在于人物戏剧化的传奇故事,而是凝聚着作者对海外人生的冷静关照以及对碾在生存车轮下如泣如诉生命的理性关怀,这一精神高度,界定了钱建军为当代新移民文学所做的重要贡献。少君创作的意义首先是他努力打破传统作家与读者交流的格局,他不是首先从油墨纸香中呼应读者,而是先从电脑屏幕的网络上向我们一步步走来,可以说,信息爆炸的网络时代成全了少君的创作激情。在艺术风格上,他找到了一种介于小说与报告文学、虚构与写实相结合的创作文体,"自白式"的小说体。他成功地运用了自己把握生活的机智和文字修炼上的简洁,找到了自己独特的写作优势,同时也找到了这个时代特定的千万读者。少君对于海外文坛的贡献,不在于他提供了怎样的宏篇巨作,不在于创造了怎样复杂的人物典型,而是在他的笔下描绘了一个特定时代最丰富最广阔的社会图卷。

少君的诗歌创作,散见在各种诗歌网站中,同时也被大陆的《海外学人》、台湾的《中央日报》和《联合报》、美国的《世界日报》和《达拉斯新闻》、日本的《中国》月刊等报刊杂志转载。他的诗歌数量虽不算多,但内容比较广泛,大致有如下三个方面。一是对人生的亲情、友情的歌唱。二是对忠贞爱情的歌唱。三是对各种各样复杂人生的情思。少君的诗歌又有较深刻的哲理性。如他的《人生五步曲》、《护士的眼睛》、《北斗星》、《一个病人的短语》等诗歌,就熔铸著诗人丰富而深刻的人生感悟。在《生活》一诗里,少君写道:"一次毫无准备的远足,/幸福和厄运随时都会血屠。/一杯浓烈的醇酒,/香甜中浸著辣苦。"短短四句,颇能使人联想起现代诗人臧克家《生活》一诗的深刻意蕴。类似这样具有较深刻哲理性的诗篇,还有《梦》、《醋》,以及《太阳》、《广告牌》等短诗。新作《凤凰城闲话》收入少君近年来专心创作的散文二十四篇,以自然之趣、人文之情、史政之理、心灵之智,构成了少君散文的独特气质,被评为具有"新移民心态"的散文。

一个新的文学时代创造一批新型作家,我们不能够也无法要求他们在艺术上立即呈现出完美与成熟,而传统的经典主义式的"传世之作"的标准也将为新的文学审美观所改变。我们要肯定的是与时代同呼息共命运的作家,我们要呼唤的是少君这一代新移民作家们,将担任起天降大任的神圣的文学使命,创作出无愧于这个时代的大家风范的作品。

第六节 风格迥异的东南亚、日韩华文文学

一 发展概况

东南亚华文文学是指马来西亚、新加坡、印度尼西亚、泰国、菲律宾、老挝、

越南、文莱、缅甸、柬埔寨、日本、朝鲜等国家的华文文学。它是世界华文文学几大重要板块儿之一。早在汉代，中国就与东南亚各国开始来往，唐朝时中国商人定居南洋，揭开了中国移民东南亚的序幕，到十五世纪掀起的第一次移民浪潮，十九世纪的第二次移民浪潮，现居住在东南亚的华人达三千多万人，占海外华人的六分之五。所以，东南亚华文文学发展史从某种意义上讲，就是东南亚华人的创业史、发展史。

东南亚的华文文学在"五四"新文学运动之前便已存在，但兴起却是受"五四"新文学运动的影响。综观其发展可分为三个时期：

第一时期（十九世纪及以前）：早期移民的华文文学。

随着华人的迁徙，《三国演义》、《西游记》、《水浒传》、《红楼梦》等中国古典文学作品的传播和《察世俗每月统计传》——东南亚第一家华文报刊的产生与发展为东南亚华文文学的诞生打下了良好基础。特别是越南第一部讽刺小说《传奇漫录》的产生，标志着越南古代华文文学进入了一个新传奇故事时期，成为东南亚华文文学早期创作的一座丰碑。此时期被称为华侨文学时期。

第二时期（1903—1955）东南亚华文文学的初创期。

抗战前期，民主革命先驱孙中山先生远渡南洋，创办报刊，宣传推翻满清、建立民国的革命思想，为东南亚华文新文学的诞生奠定了思想理论基础。1919年10月新加坡《新国民日报》的副刊《新国民杂志》出现了宣传"五四"新思想、新道德的白话文作品，标志着东南亚华文新文学的诞生，1937年中国抗日战争爆发，海外各地侨胞掀起了救国高潮，出现了陈嘉庚、陈景川、郑子彬等著名爱国将领，泰国、菲律宾、印尼等东南亚国家催生了大量抗战文学，掀起了抗日救国运动和抗战文学运动的高潮。这期间，流亡在新加坡、印尼等地从事抗日工作的郁达夫、王任叔、扬骚等中国著名作家和文化界人士，多担任当地报刊的编辑，并发表大量的文学作品，这不仅提升了当地华文作家水平，而且还培养了当地青年作家，推动华文文学的发展。抗战胜利后，东南亚华文文学恢复发展，逐步走向成熟。此时期被称为华人文学时期。

第三时期（1956—至今）侨民文学向本土文学过渡的发展期。

1955年中国政府宣布放弃血统主义国籍法，使侨居海外的百分之八十的"侨民"向"公民"转化，其经济地位、文化心态也发生了根本变化。随着五十年代中期东南亚各国先后摆脱殖民主义的统治，宣告民族独立，华文文学的"本土化"趋势日益明显。在东南亚各国当中，马来西亚和新加坡的华人所占的比重较大，人口也较多，为东南亚华文文学的重镇，有着辉煌的发展前景。印尼的华文由于政府的严格控制，饱受摧残，能保住气脉已属不易；菲华、泰华文学还属于少数民族文学,且时时要警惕文化同化的危险。由于东南亚华文文学有着深刻的文化背景、巨大的华人群落、华人作家丰厚的生活体验以及赖以生存和发展的三大支柱:华人报刊、华人学校、华人社团,这都必将推动东南亚华文文学的繁荣。此时期随着东南亚华人作家身份意识整体性的变化,华人文学向华族文学转换的步伐开始加快。

首届东南亚华文文学研讨会于1987年在厦门举办,成为中国国内东南亚华文文学研究的起点,特别是1999年后,东南亚华文文学研究和人才培养都取得了显著进展。2005年5月16日"第六届东南亚华文文学研讨会"再次在厦门大学举办,来自中国和东南亚的150多位专家学者提交了160多篇论文。文莱华文文学和东南亚华文文学研究的新进展成为本次研讨会的着重讨论内容。厦门逐渐成为海内外东南亚华文文学研究的"前沿阵地",被誉为"国内外东南亚华文文学研究基地"。文莱华文文学首次成为会议研究的议程专题之一。对于文莱华文文学创作的专题研究、讨论,不论在东南亚还是在中国都是有开创性的,无疑对东南亚华文文学创作将会有很大的影响。文莱全国只有30多万人口,华人仅有3万多人,从事华文写作很少。文莱华文文学(简称"文华")是在十分艰难的环境中求生存与发展的,故有人称之为"文化沙漠盛开的奇葩"。然而,近年来,文华文艺界出现孙德安、俞庆在、海庭、一凡、煜煜等一批华文作家,他们的创作成绩十分可观的。文华的散文、小说(微型小说)、诗歌以及戏剧等文学样式均有佳作出现。沈世豪教授认为文华的散文:"重在心灵的歌唱","情趣之中见功夫",可谓"别具一格的精神家园";何耿丰教授称赞文华的微型小说"篇幅都比较小",可是"有相当完整的情节和人物描写"。有的论者认为文华诗歌的"独特魅力,就在于激情、即兴、凝练和意象之美"。

在100余年的发展历程中,东南亚华文文学已形成自己的思潮流派、作家群体,诞生了大量优秀的作品,逐渐形成自己的独特风格与传统,具体特征是:

(一)强烈的国际色彩。

东南亚华文文学中强烈的国际色彩与它复杂的创作环境有关。东南亚华文文学自诞生起,就处于激烈的国际矛盾、民族矛盾当中,如东南亚几个重要国家如印尼、马来西亚、新加坡、菲律宾、泰国、文莱等国的华文文学有着相似的发展规律,共同的历史背景:都经历过摆脱殖民统治、反对封建压迫、驱赶日本帝国主义、建成独立国家的历史阶段,这在各国的华文文学作品中都有反映。其所面临的创作环境比较复杂,或是两极对立或是多极化。东南亚这些国家在独立前,往往是两极对立,如人民反对殖民主义统治或日本帝国主义的

侵略;各国独立以后,又处于多极化的环境中,各自有着自己的选择,这些都在华文文学作品中得到反映。其次其创作文化背景是国际性的。东南亚的华文文学与世界不同文学潮流相联系,如受中国无产阶级文学、反法西斯文学的影响以及国际现代主义思潮的浸染等。东南亚国家大多是多民族、多语种国家,华文文学既继承发扬祖籍国的文学文化传统,又广泛借鉴不同民族文化语言文学的精华,融会贯通,形成各自特色。第三东南亚出现不少具有国际影响的作家,如印尼的黄东平、马来西亚的云里风、泰国的吴继岳、菲律宾的云鹤等,增加了东南亚华文文学的国际影响。

(二)经历了从"叶落归根"到"落地生根",从"侨民文学"向"移民文学"的转变。

东南亚华文文学在二战前本质上是一种华侨文学。作家关注的是"中国的现实"和"中国的文学",并作为自己的创作目的和任务,无论是中国文学的思潮、创作手法、为人生为社会而文学的写作态度,以及反帝反封建的战斗精神、个性解放、民主自由的要求,还是作品的题材、主题、表现的技巧、形式、思想,几乎成为中国文学的海外版,使东南亚华文文学陷入中国文学分支的地位。1927年一批有识之士萌发了文学本土意识。新加坡《新国民日报》副刊《荒岛》提倡"把南洋的色彩放入文艺里去"。1929年曾圣提发出了"以血和汗铸造南洋文艺的铁塔"的号召,向华侨文学发起了第一次冲击波。《叻报》副刊《椰林》主编陈炼青提出"创造南洋的艺术和文艺",主张文艺创作以描写南洋生活和景物为主。在他的倡导下出现了一批以南洋生活为题材、有一定南洋色彩的作品。到了四十年代,马华作家开展了"马华文艺特性"讨论,泰华文坛开展了"面向祖国"、"此时此地"文学的讨论,印尼开展了"面向祖国"、"面向印尼"的讨论。出现了《火浪》、《在马六甲海峡》、《浅滩》、《新加坡河畔》《新加坡的屋顶下》等一批具有"南洋色彩"的小说,东南亚华文文学开始从侨民文学向本土文学转变。

(三)鲜明的民族性与本土性。

民族的就是本土的,然而在东南亚华文文学的发展过程中,民族性与本土性之间的关系却比较复杂。一开始,民族性与本土性是有差异的,民族性表现为华族的,是外来文化,它必须经过一个本土化的过程,才能将民族性与本土性统一起来。到了二三十年代,东南亚各国的华文文学共同经历的"南洋色彩"或"独特性"思潮,在南洋的蕉雨椰风中发芽、开花、结果,使得华文文学逐渐认同了本土,民族性与本土性最终得到统一,且达到了水乳交融,与时兼备,形成了"以华夏文化为底色,以南洋的自然人文景观为调色的独特风韵",使得东南亚华文文学更具有深刻的文化底蕴,与欧美澳华文文学相比,没有"文化断裂感"和"无根一代"的文化漂泊感,其本土性更为突出,独立性更强。

(四)思想内容上具有华族深厚的历史感和传统儒家精神。

在东南亚晚生代作家的作品中,常常追忆祖辈的艰苦创业历程,如流君的《蜈蚣岭》以石川夫妇开发蜈蚣岭为线索,展示了两代华人创建家园的发展史,透射出一种厚重的历史感。东南亚华文作家作为华族后裔,保持着文化血缘——中国文化传统的"根",在创作心理和审美意识上有着传统儒家精神的历史积淀。特别是新加坡,以儒家"克己复礼"思想来减缓西方"个人主义"、"享乐主义"、"纵欲主义"对青年人的影响,以"经世致用"的写作态度来激励华文作家。以黄东平、司马攻、黄孟文、苗秀等为代表的一批优秀作家为历史代书、为社会代书、为英雄颂歌的创作意识,也正是中国传统儒家精神的表现。

(五)现实主义的创作方法占主导地位。

在东南亚华文文学中现实主义的创作方法占主导地位。东南亚华文作家在接受了"五四"新文学和抗战现实主义文学理论的影响,他们的创作不是为文学而人生,而是为人生而文学,是历史和现实的见证。这是因为东南亚华文作家大都是亦商亦文的业余作家,即儒商。他们在商业活动之余,为表达内心精神渴求,人生体验,情感变化而进行的创作,这有别于港台写作的商业化倾向,在很大程度上纯粹是一种精神和生命的探求。所以东南亚华文作品中严肃性文学占主导,并具有一定品位。如马来西亚文学,二十年代在中国现代文学培育下产生了马华文学,一开始就对历史和社会的不平发出呐喊,到三四十年代的"爱国主义文学"倡导,再到八十年代,马华作家关注社会,关心国家,关心人民,就充分体现了"直面人生"的现实主义创作精神。

(六)在创作上更加具有现实性及多样性的特征。

东南亚华文文学创作能较充分地反映东南亚国家各族,特别是华族社会丰富多彩的现实生活和精神面貌;既重视艺术形式、体裁、风格的多样性,又极力提倡某种样式,如微型小说。东南亚华文作家大都不是科班出身,创作也只是一种业余活动,所以在作品的艺术水准、作品篇幅上多有欠缺。再加上读者大都是工人、学生、商人,就造成了东南亚华文作品多以小小说、散文等短小之作为主。如泰国出版了司马功的《演员》、《觉醒》等小小说专集。新加坡涌现出黄孟文、张挥等一大批微型小说作家。东南亚各国的华族文艺界非常重视自己的创作成果,近几年来出版了不少文艺作品,而且每年还在不断地增加。以印尼来说,从1998年开始,到现在约有150种以上的作品出版,其中优秀作品分别获得各国或亚细安的华文文学奖。

二 各国概述及代表作家、作品

(一) 新加坡、马来西亚华文文学及代表作家作品

占新加坡、马来西亚两国30%以上的华人决定了新加坡和马来西亚华语文学的存在和衍生。1965年,新加坡脱离马来亚联邦独立,以此分界,之前的新加坡和马来西亚华文文学一般称为"马来华文文学",之后的华文文学分别称为"新华文学"、"马华文学"。

1. 呼应中国的"马来华文文学"。作为中国文学的呼应和支流,"马来华文文学"在1919年"五四运动"前后出现明显的身影。这一时期比较著名的作家是林独步和铁杭。1921年之后,林独步发表《珍哥哥想什么》、《两青年》、《同窗会》等小说,抒写华侨人生,触及南洋社会现实。抗战期间,铁杭发表有中篇《试炼时代》和《白蚁》、《山花》短篇集,叙述战地困苦人生,揭露抗战现实弊病。这一时期前后出现了110种华文报刊和一批比较关注现实的华文文学创作者。总的来说,这一时期的"马来华文文学"流露着怀恋故国的感伤,关注着现实社会的问题。

2. 双重传统的"新华文学"。1965年新、马分治之后,新加坡华文文学发展经历了两大阶段。前期(六十年代中期至八十年代中期)主要在确立国家意识的调整下,浓郁的南洋乡土文学情调,展现着多元民族文化纠结中的人文心理历程。郭四海的中篇《明天是另一天》用异族青年的爱情遭遇寻求民族间的和谐,黄叔麟的中篇《一场战争》描写战争中多民族人们的生存现实。王润华的诗集从《患病的太阳》、《内外集》到《山水诗》、《橡胶树》表现作者走出西方艺术,回归东方传统,扎根南洋乡土的心路历程;周粲的诗集《千年之莲》、《时光

隧道》在对日常事物的沉思中,思索文化变异进程里的永恒魅力。八十年代前后,女性创作崛起。尤今的散文集《沙漠中的小白屋》抒写异国情调中的移民遭遇,以及她的长篇《瑰丽的漩涡》,用女性细腻的感觉触角、美丽的汉语文字关注着移民群体的痛苦命运;白金的小说集《路》则将平民意识和人文关怀融入平民人生的心理变异描写里。走出男女悲欢的窠臼,关注华文教育的危机,七十年代中后期至八十年代中期,新加坡华文文学还出现了一大批富有人文色彩的现实问题小说。孟紫的小说集《鞭》、张辉的中篇《45.45会议机密》等等,揭露学府黑暗面,表现华文教育危机中的心理落差、价值变异,都曾经引起社会反响。这一时期,还有"五月诗社"的华文创作努力,其中,淡莹的诗集《太极诗谱》、《发上岁月》以沉静细密的观察表现日常从容淡泊的人生阅历,代表了八十年代中后期新华文学现代主义文学思潮逐渐与现实主义传统相融合的趋势。

新华文学的后期(八十年代后期以来),在明确提出中国文化与本土文化"双重传统"的课题下,文学创作呈现多元化文体探索的趋势。一是小说篇幅向长篇和微型两极拓展,题材主要是都市商海和抗战历史回顾,主题大多关注社会变动中人性的内涵。先后出现了流军的长篇《浊流》、《赤道洪流》,陈华美的长篇《窈窕淑女》、《突破》等都市商界题材,表现商海浮沉、都市人生和私人隐情。还有田流的长篇《金兰姐妹》、《高山、流水、虹》等在通俗言情小说的框架里,批判道德沦丧、人性迷失的现实。微型小说最早出现的是周粲的小说集《恶魔之夜》。这一时期有黄孟文对微型小说题材特质的自觉探索,小说集《安乐窝》、《学府夏冬》成功地利用生活片断写出了情趣和意境。"毛果山系列"用虚拟的寓言世界,真切地刻画了人世间的辛酸悲凉。二是文化寻根创作风潮兴起,一大批作家立足乡土,汲取传统和现代世界艺术营养,表现了都市社会文化失落的迷茫和痛苦。孙爱玲的小说集《绿绿杨柳风》、《玉魂扣》、《碧螺十里香》,韦铜雀的小说集《人间秀气》,希尼尔的小说集《生命力难以承受的重》等都在文化追寻的惆怅里,表现了艺术技巧的创新。韦铜雀的诗集《孤独自成风暴》可谓是本时期现代诗歌的代表。另外还有希尼尔的诗集《绑架岁月》,都是在乡土文化的审视中传达一种无所适从的心灵痛苦和精神焦虑。

3."马华文学"在二十世纪五、六十年代,南来作家促使马来西亚文学脱离了呼应中国文学的格局,在南洋色彩的开掘中,一方面致力于现实主义的本土化,另一方面开始吸取欧美西方文化,涌动起现代主义的文学思潮。姚紫的中篇《秀子姑娘》、《窝浪拉里》文笔清纯,舒展开阔,注重对人物性格复杂性的深刻把握。絮絮的小说集《学府风光》、《大时代的插曲》以质朴绵密的笔触,为南洋文学提供了第一批教育界华人形象。李汝琳的小说《新贵》、《飘浮》犀利地解剖殖民社会的奴颜媚骨,于沫我的小说《卖卜面头手》讲述身怀绝技的纯朴小伙计在社会中竟然死无葬身之地。五、六十年代的马华文学还应该提到姚拓抒写人伦和谐的异域戏剧色彩作品,其代表作《四个结婚的故事》、《德中哥和德中嫂》、《五里凹之花》都流淌着人伦和睦的情绪,渗透着作者对传统文化的眷恋。

1948年马华文学发生过关于"马华文艺"派与"侨民文艺"派的论争。论争促进了本土作家群体的崛起和南洋色彩的倡导,由此出现了关系社会小人物、追求乡土风味的文学创作特色。苗秀是第一位成熟的本土小说家,其长篇《火浪》描写知识分子在抗日战争中的心灵搏斗和凛然正气,另一部长篇《残夜行》则用沉郁的笔调记述了一个妓女在抗战时期星城沦陷之夜追求自由的勇气。方北方的长篇"马来亚三部曲"(《树大根深》、《枝荣叶茂》、《花飘果坠》)呈现的是几代华人认同文化的精神历程。还有赵戎的《芭洋上》等热带风情小说,谢克的《出卖影子的人》、《为了下一代》、《新加坡小景》、《困城》等都市世相小说,魏萌的《红毛丹成熟的时候》等沙捞越风情小说,梁园的《土地》等多元种族题材小说,都在从不同的侧面抒写着血缘地缘交织中人们对南洋文化的同。

六十年代初期,马华文学开始出现现代主义文学思潮。《蕉风》从1961年起大量刊登和评介欧美现代主义作品,1963年出现了张寒、陈慧桦、冷燕秋等26名现代主义文学青年作者阵营,发表了《我们的基本信念》、《我们对马华文坛的看法》等文章,反对纯粹写实的创作,注重心理和精神探讨,提倡融会各家各派,创作血肉形象。牧羚奴(陈瑞献)的《牧羚奴小说集》、诗集《巨人》在哲学冥想中思索人性内涵和自我生命体验,是马华现代主义文学的开拓之作。宋子衡的《猫尸》、《乐天庐夜宴》等小说以敏锐的心理意象探讨人性道德的善恶。张寒的《标本》、《翻种》用意识流追求南洋情调,温祥英的《角色》则在写实和寓意的结合上开始现代主义探索。七十年代的马华文学实现了本土文化与现代主义的融合。譬如:商晚筠的小说集《痴女阿莲》、《七色花水》将细腻的感受和圆熟的象征结合一起;李永平的《拉子妇》、《吉陵春秋》融化了本土风情和现代思考,虚实相映,比较突出。

七十年代的现实主义文学继续发展,在乡土和写实结合上,出现了像《黑色的牢门》等佳作。

进入八十年代,马华文学开始出现消解历史、解构经典、颠覆传统的实验性探索。譬如黄锦树的小说集《梦与猪与黎明》、陈大为的诗集《治洪前书》、《再鸿门》等等都在挥洒才气,重写历史,超越着传统。

二十一世纪前后,马华文学在反思和回归传统中,实现了现实主义的新突破。小黑的小说集《前夕》、《悠悠河水》、《白水黑山》反思历史事件,梁放的《锌片屋顶上的目光》则从芸芸众生的情感变异思考着历史的功过得失。

方北方(1918—2007),原名方作斌,祖籍广东惠来,1928年在马来西亚槟城中学读书。1937年回国。1947年重返槟城,担任华文教员。1989年荣获第一届马来西亚华文文学奖。

主要作品有长篇小数《风云三步曲》和《马来亚三步曲》,中篇小说《娘惹与峇峇》(1954),短篇小说集《出嫁的母亲》、《思想请假的人》、《江城夜雨》、《倒下来的铜像》、《爱屋及乌》、《火在那里烧》。他的作品大体可分为两类:一类是从历史的纵向入手,来表现当地华人变迁史、发展史、创业史,代表作品是中篇小说《娘惹与峇峇》,长篇小说《风云三步曲》和《马来亚三步曲》。另一类是截取历史的横断面,展示华人的社会生活。《娘惹与峇峇》以林峇峇三代人的思想情感变化和冲突为主线,表现了马来亚华人"丧失母语"的现象,鞭挞了殖民教育,强调了对华族文化的维护和发展。

代表作品《风云三步曲》和《马来亚三步曲》。《风云三步曲》包括三个长篇:《迟亮的早晨》、《刹那的正午》和《幻灭的黄昏》。小说以方向、吴素芬、张逸人之间的感情纠葛和社会活动的情节以及与人物活动相关联的历史背景为线索,描述了从1937年抗战爆发到1949年国民党逃亡十二年间的历史。作品以现实主义与历史意识交相辉映,为中国的抗日战争、民族自救运动和社会革命谱写了史诗般的宏伟巨著;把充满浪漫主义的情调和理想主义光芒的爱情与现实的黑暗融合在一起,奏响了一曲青春之歌、历史之歌、民族之歌。《马来亚三步曲》由《树大根深》、《枝叶茂盛》和《花飘果堕》三部长篇小说组成。表现了马来亚华人从"侨民"到"公民",从"叶落归根"到"落地生根"思想观念的变化轨迹。方北方以史诗般的创作结构和中国现实主义创作手法的运用,使他的作品大放异彩。

云里风(1933—),原名陈春德,祖籍福建莆田。1947年初中毕业,1948年移居马来亚。1952年经受训成为合格教师。此后历任华校副校长、校长。1978年担任大马华文作协筹委会主席。1984年起先后担任华文文协副主席、主席。1990年当选为马来西亚华文作家协会主席,2002年当选世界华文微型小说研究会第一届执行理事会副会长。举办了马华文学节、亚细安文艺营和文学之夜等文学活动。他曾两度率团访华,并多次出席在中国内地举行的文学研讨会。

云里风的作品有小说集《出路》(1957)、《黑色的牢门》(1957)、《冲出云围的月亮》(1969)、《梦呓集》(1971)、《望子成龙》(1978)、《相逢集》(1978)、《云里风文集》(1995)等。另外,还有杂文、散文、文学评论等。

云里风的作品以现实主义精神关心社会,描绘了马来西亚社会生活中的华人世界和他们与中国人民的血缘、文化关系,显示出作家高尚的使命感、责任感。他的作品大体可分为三类:1、直面现实生活,反映大众疾苦,揭露社会生活中的阴暗面,抨击上层社会的腐败现象。如《钱大富》中钱大富的荒淫无度。《卡辛诺》中赵老板的奸诈险恶。《浓烟》中张大平的腐朽享乐。《相逢怨》中不同身份的贫富不均等。2、关注现实社会中"小人物"的进取精神和崇高品德。如《君子爱财》中的小记者。《俱乐部风光》中的女杂工阿芳等。3、对女性问题的关注与忧患意识。如《往事》里的林海英、《冲出云围的月亮》里的淑卿等。

云里风的小说创作,直面淡惨的人生,披露弊端,不留情面;针砭世故,对症下药;颂扬正义,充满真情;播种文明,不遗余力。他以洞察社会的慧眼,健康审美的追求,精细玲珑的构思,生动简洁的文笔,从取材、人物形象塑造到艺术表现手法等方面,真实地描绘了椰风蕉雨中马华社会的风云变化,堪称为马华社会的一面镜子。

吴岸(1937—),原名丘立基,祖籍广东橙海,生于沙捞越的古晋。为马来西亚著名华文诗人、沙捞越华文作家协会会长,1966年因参加沙捞越反殖民斗争被捕入狱,1977年才获释。著有诗集《盾上的诗篇》、《达邦树礼赞》、《我何曾睡着》、《旅者》、《榴莲赋》、《吴岸诗选》等。

吴岸的诗歌颇有国际影响,有一股"清新的味道",被赞为"拉让江畔的诗人"。他认为,生活对诗歌创作有决定性的作用,生活高于技巧。他的诗始终贯穿着强烈的爱国主义情感,这不仅表现在他对家乡美丽的风光和勤劳人民的讴歌上,也表现在他敢于面对现实的阴暗面上。诗人对自己生长的乡土和祖祖辈辈生活着的土地有一种虔诚的热爱之情,欲在这块土地上"添上新时代的图案","以生命写下最壮丽的诗篇"。他的诗歌"始终保持着与低层人民的精神联系,关注着低层人民的生存环境和历史命运,具有浓厚的人文精神和朴实的乡土气息的文化品质",如诗歌《子夜悲歌》、《荒村》、《传奇》、《妈妈的眼泪》等。这股激情在他最近出版的诗集《达邦树礼赞》中愈发显得真挚、深沉,新诗集无论是在形式上还是内容上都有了质的飞跃。

吴岸的现实主义和乡土文学的创作丰富了马华文学的现实主义理论,具有鲜明的时代性和民族性。在四十多年的创作道路上,他以坚韧顽强的意识和乐观向上的生活态度不停地探索,就像九重葛一样,"经受了刀刃的修剪,经受了烈日的煎熬,在酷暑的季节,发放了彩虹般艳丽的生命。"他的诗歌如拉让江一样奔流不息,不停地歌唱。

甄供(1937—),原名曾任道,出生于吉隆坡。1975—1989年任《星洲日报?文艺春秋》主编十四年。曾任马华作协理事、《写作人》主编、华校董总《中学生》编辑主任。有杂文集《里程集》、《春泥集》、《麒麟集》,杂文散文集《叶的事业》等。

甄供的杂文以其丰富深刻的内涵,新颖多变的手法,尖锐晓畅的风格为我们描绘了一幅缤纷多彩的社会画卷。他全方位、多方面地展示了商业社会的深刻变迁,对人的命运和观念的变化,人性被扭曲、拜金主义思想泛滥进行深入探讨。同时也揭示了马华文艺界的种种丑文和负面现象,并加以猛烈的抨击,极富时代使命感和社会责任感。如他的《是非得已》、《危机谈片》等,分析了马华社会经济危机的内外根源,并指出一条正确的道路,这无疑是给当时愁雾笼罩下的社会投射了金色的阳光。《大骗小诓》、《诈骗再议》、《中庸琐谈》、《略谈兽性》等抨击了拜金主义流行社会里,人性的异化与兽化,揭示了社会的变迁对人的心灵的巨大冲击和扭曲。

甄供的杂文创作继承了鲁迅的社会批评和文明批评,又结合马来西亚社会现实,充满了鲜明的时代性和地域色彩,因而显得辣味实足,是针砭时弊的"挑战书",对于革故鼎新、匡正时弊起了很大作用。马华评论家方修称赞甄供在"杂文荒芜的年代"起到了"中流砥柱"的作用。

甄供同时也是一位编辑家,他主编《文艺春秋》长达十四年之久,为马华文坛输送了大量的精美作品。正如老诗人颜龙章说他是"凄风苦雨荒鸡鸣"。将甄供比喻成叫破黑幕的荒鸡,为浑浑噩噩的众生唤来光明前景。

戴小华(1949—),祖籍河北,出生于台湾。1973年远嫁马来西亚。1976年至1978年,在马来西亚大学进修英语。1985在英国剑桥大学选修莎士比亚戏剧。1987年在美国获公共行政专业硕士学位。她的文学创作以散文为主,剧本、小说和报导文学的创作也收获颇丰。主要作品有:《阿春嫂》、《啊,康桥》、电视剧本《蜜月惊魂》、《沙城》,游记散文"三步曲":《戴小华中国行》、《天涯行纵》、《深情看世界》,中篇小说《悔不过今生》,报告文学《风云三集》,社会评论集《毕竟有声胜无声》。

戴小华是一位视野开阔,文思敏捷,感情奔放,运笔纵横,浩然大气的女作家。她的文学创作以其报告文学"风云三集"为界,前期作品以《沙城》和社会评论集《毕竟有声胜无声》为代表,作家以社会的使命感、责任感为己任,关注现实,直面人生,以文学反映现实,从而改造社会现实、干预社会为创作的中心点。如剧本《沙城》着力批评了心狠手辣的"海达企业公司"董事经理李秀丽和她的舅舅汤金石。讴歌了叶润平和李秀珍,表达了作者的社会价值观和道德观。后期作品以《戴小华中国行》、《天涯行纵》、《深情看世界》游记散文"三步曲"为代表,以反映深阔的社会人生为主题,对人性、人生等进行了深刻的思考和表现。如在《戴小华中国行》、《深情看世界》等散文中,作家对以"特权"谋私、金钱面前"英雄气短"的不良世风,尤其是对知识、对知识分子的忽视,"黄龙"逞凶北京城,"名水"长江变成污水沟等环境污染问题表示了极大的忧愤和关注。中篇小数《悔不过今生》、散文《赌城见到的那位陌生女子》、《旧金山惊魂》、《大红灯笼高高挂》等作品都表达了对女性尚未觉醒和悲惨命运的忧患,表现出作家自尊自强的女性意识。

姚紫(**1920—1982**),原名郑梦周,祖籍福建泉州。1947年就职于《南洋商报》,任其文艺杂志《文艺行列》、《南洋商报》文艺副刊《世纪路》和《南方晚报》文艺副刊《绿洲》的主编。1953年创办文艺报出版社,并出版《文艺报》。后又创办天马图书出版公司,出版《天马》杂志。1959年主编《朝花文艺丛书》,任《新明月报》副刊《新风》主编。

姚紫是一位创作力非常旺盛的作家。主要作品有小说《秀子姑娘》、《咖啡的诱惑》,小说集《马场女神》、《乌拉山之歌》、《阎王沟》、《风波》、《半夜灯前十年事》、《没有季节的秋天》、《窝浪拉里》、《萍水记》、《新加坡传奇》、《木桶鸭》、《九月的原野》、《潜龙记》等,散文集《九月的风》、《情感的野马》,杂文集《杂文,这支部队》、《黑夜行》、《短长书》,评论集《西楚霸王——项羽》,新诗集《夜歌》,旧体诗歌《郑梦周诗歌集》等。

《秀子姑娘》是姚紫的成名作。这是一部以抗日战争为题材的小说,反映了人性的复杂层面。《窝浪拉里》是姚紫短篇小说的代表作品。描写了在太平洋战争期间,在印尼一个偏僻的乡村,一个化名窝浪拉里的中国青年和一个荷兰女子兰娜之间发生的故事,刻画了殖民主义者的典型形象。姚紫的作品常采用第一人称的叙述方法,借鉴中国古典小说的写作技法,线索单一,情节曲折,人物各异,以小见大,具有强烈的时代气息。姚紫是新加坡华文文坛上卓有成就的小说家,为推动新加坡华文文学创作,培养文学新人做出了贡献。

杏影(**1912—1967**),原名扬守默,祖籍四川。在国内读完小学后,东渡日本留学十年。1942年赴印度新德里工作。1945年9月,赴新加坡服务于教育界,后到〈南洋商报〉担任翻译。1954年担任《南洋商报》文艺副刊《文风》(后改名为《青年文艺》)主编。

杏影是新华文坛上一位不可多得的编辑、散文家、思想家、文艺评论家。

他既是伯乐,又是千里马,为新华文学,乃至世界华文文学留下了一份宝贵的文学遗产和精神食粮。这主要体现在两个方面:一是长期从事副刊编辑工作,善于发现并培养了一批优秀作家。如叶苗、文兵、子迅等。二是以崇高的使命感和强烈的责任感,创作了一大批具有较高文学性、思想性的哲理散文,这也是新华文学的"哲理散文"的代表作品。如散文集《读书与写作》(1954)、《趁年轻的时候》(1958)、《书与人》(1958)、《愚人日记》(1960)、《想想写写》(1961)。主要表现了对重大问题的关心,对印度文化、日本文化等东方文化的探求,以及对文艺的总体看法和对文艺家的评论。

方修(1922—2010),原名吴之光,出生于广东朝安。十六岁时远涉南洋,打过工,当过记者编辑。曾任《新国民报》随军记者,《民生报》外勤记者。1951年2月任《新国民报》新闻编辑,主编《星洲周刊》、《文艺》、《文化》的杂志与副刊。自1957年开始收集、整理了马华文学史料,出版了《马华文坛往事》、《马华文艺史料》、《文艺杂论》、《马华新文学史稿》三册、《马华文艺思潮的演变》、《马华新文学简史》、《马华新文学及其历史轮廓》、《马华新文学史论集》、《马华新文学选集》四册、《马华新文学大系》、《战后马华新文学史》、《战后马华新文学大系》四册,文学回忆录与杂文集《游谈录》、《避席集》、《文学报刊?生活》,作品选集《马华文学六十年》。

方修对马华文学史的论述具有理论的建树和史料新发现的双重优势,不仅建构了他人生的辉煌,也建构了新马华文文学研究的主题框架。他的文学史观不仅包括文学作家、作品史,而且还包括文学思潮、流派、运动发展史。他的文学著作有史料新发现,各文学发展时期的性质、特征新论述的特点。如对《南风》和《星云》这两个最早的纯文艺刊物的发掘,解决了史学界长期争论的新、马华文学运动的"源头"问题。在界定新、马华文文学与中国文学的关系上,他认为:"马华新文学在发展过程中,来源于中国新文学运动,其后的发展滋长,也与中国新文学的发展有着不可分割的关系。"同时也充分肯定了二十年代"南洋色彩"的倡导运动,三十年代地方作家问题,四十年代的此时次地的自立、本土文化运动。认为反映现实的马华文艺必须反映马来亚人民"落地生根"的思想,以辨证客观的治史精神论证了二者具有的双重性:民族性和本土性。

黄孟文(1937—),笔名孟毅,祖籍广东梅县,生于马来西亚吡叻金宝。1956年槟城韩江中学毕业后,曾在立卑中华中学任教一年。1958年进入新加坡南洋大学攻读,1962年获文学学士学位,1964年获政府奖学金进入新加坡大学中文系,1966年考获荣誉学士学位。曾在政府部门担任高级行政官员,业余攻读新加坡大学中文系硕士班,1968年获文学硕士学位。1970年获美国西雅图华盛顿大学奖学金进入亚洲语言文学系攻读,1975年获哲学博士学位。回新后,在政府部门任职,1983年弃职从商。1970年与苗秀、姚紫、柳北岸、李廷辉等成立新加坡作家协会并出任秘书。1976年回国后改组成为新加坡协作人协会,并任会长。1987年该会又改名为新加坡作家协会。他曾担任新加坡作家协会会长、亚洲华文作家协会副会长、世界华文作家协会(新加坡分会)会长、新加坡狮城扶轮社的创社社长、世界华文微型小说研究会第一、二届执行理事会会长等职。也曾担任南洋理工大学中华语言文化中心特邀研究员和中文系兼任讲师和广东湛江师范学院的客座教授等职,是《新加坡作家》双月刊的主编。

黄孟文擅长于创作小说与研究小说。已出版的小说集有《再见惠兰的时候》(成名作品1969)、《我要活下去》(1970)、《昨日的闪现》(1981)(此书有自译英文版《Glimpses of the past》,获新加坡全国书籍发展理事会翻译奖,且已译成菲文版《Sulyap Sa Lumipas》)、《安乐窝》(1991)、《学府夏冬》(1993)、《黄孟文微型小说》(1996)等。作品选集有《新加坡华文文学作品选集》(1983)、《新马华文文学大系》、《亚细安小说选集》、《东南亚华文文学大系》、《赤道边缘的珍珠》、《亚细安青年微型小说》(1995)、《新加坡当代小说精选》(1994)、《新加坡当代散文精选》(1997)、《新加坡当代诗歌精选》(1998)、《新加坡华文文学史初稿》(2002)等多种。散文杂感、文学批评与理论集、学术论文《宋代白话小说研究》(1971)、《新华文学评论集》(1996)等。多年来,他还致力于微型小说创作。于1981年获新加坡文化部颁发的"文化奖"和泰国公主颁发"东南亚文学奖"。1996年又先后荣获北京中央人民广播电视台合颁发的散文特别奖和北京"中华英才"杂志颁发的散文奖。

黄孟文的创作分为两个时期:第一时期为五十年代中期至七十年代初期。对弱小者的同情和对为富不仁者的鞭挞是这一时期小说的主题。代表作品《疑云》。小说以一个不满五岁的小孩子英子的眼睛去看待人世间的贫富差距,直面人生,对贫福分化、亲情异化、人性畸化的社会现实给予了有力抨击。第二时期是1979年以来。主要是从文化的角度出发,来反映新加坡华族文化的种种困扰,从尔表现了作者对民族文化的维护和忧虑。集中体现在他的小说集《安乐窝》,这也是代表他最高艺术水准的小说。黄孟文一生酷爱文学,学贯中西,又勤于笔耕,著作颇丰,他以现实主义创作手法为主,笔锋犀利幽默,在推动新加坡华文文学的发展方面做出了贡献。

陈瑞献(1943—),笔名牧羚奴,祖籍福建南安,出生于印尼苏门答腊。

1964年考入南洋大学现代语言文学系,研读英语文学,选修了乌文和法文。毕业后担任法国驻新加坡大使馆新闻秘书,兼任南洋美术专科学院讲师。1967年担任南洋大学佛教研究会年刊《贝叶》主编,并创办了五月出版社。1969年又担任马来西亚《蕉风》月刊编辑。1972年后,多次赴法、日、台、港、马来西亚等地举办个人艺术作品展,并获法国文学骑士级勋章,法国艺术家沙龙金奖章,新加坡共和国文化奖章,新加坡书籍奖,马来多种源流艺术协会荣誉金奖等多项国际性大奖。1978年担任《南洋商报》副刊《咖啡座》编辑。1981年开始为〈联合早报〉撰写"读艺专栏"。1987年入选为法兰西艺术研究院通讯院士,获选时年仅44岁,是最年轻的一位,也是驻外院士中唯一的东南亚艺术家。1998年由联合国秘书长安南提名,他的彩墨画《大中直正》入选为《世界人权宣言》新版本插图。2003年,荣获世界经济论坛水晶奖,新加坡政府卓越功绩服务勋章,并获南大名誉文学博士荣衔。他的艺术作品已成为新加坡的国宝,且建有"陈瑞献艺术馆"。在中国的青岛,建有"一切智园——陈瑞献大地艺术馆"。

陈瑞献的艺术创作涉及文学、宗教、经济、文化等领域,其艺术成就包括文学作品、油画、国画、翻译、篆刻、纸刻、胶彩、雕塑、书法、舞台设计等方面,被誉为新加坡"文艺复兴式的全才"。此外,他还精通饮食文化、园林艺术和服装设计。陈先生学贯中西,尤其对中华传统文化推崇备至,情有独钟,通过自己的艺术创作,在全世界范围内为其传播而奔波劳顿、身体力行,硕果累累。1968年迄今已出版各类著作36种;主要文学作品有诗集《巨人》(1968)、《牧羚奴小说集》(1969)、《牧羚奴诗二集》(1971)、《牧羚奴作品专号》(1971)、《陈瑞献诗》(1983)、《陈瑞献文集》(1983)、《陈瑞献选集》(1993 包括《诗歌/语言卷》、《散文/评论卷》、《译著卷》、《美术卷》、《小说/戏剧卷》五卷)。

陈瑞献大力提倡"现代文学"。他的现代诗歌深受象征主义诗派的影响,《侍者》、《弃婴》是既有现代派的特质,又有现实主义精神的优秀代表作品。主要表现了现代都市社会中不幸者的悲惨命运和生活。诗中"侍者"是一个"永远被遗忘在热闹中"的不幸者,"弃婴"则体现出现代社会人与人间的冷漠与凶残。

陈瑞献具有很强的创新精神。他不仅融合东西方文化的精神,而且还将现实主义的再现形式和现实主义精神结合起来,形成了一种既现实又现代,既荒诞又真实,既朦胧又透亮的艺术效果,使他的作品既具东方传统韵味,又富西方现代气息。在他的小说《白屑》中,叙述了一个失去鼻子的老头皮伯,因年轻时挥霍无度,纵欲享乐,到老年时却成了流溢着毒性的麻风病患者。实际上皮伯象征了新加坡独立后的经济和政治现代化进程中,在肉欲和权欲的双重挤压下变形变态的丑恶人性,皮伯的"毒液"成为现代病的一个象征物。1967年发表的中篇小说《平安夜》,描述了新加坡独立后的经济和政治现代化进程中的悲剧性矛盾冲突。小说中他采用了现实主义的表现技巧,在茫茫的黑夜里,红鹰、邱阿海成为黑暗、腐朽、堕落的象征符号,精神的溃败和正义的消解、行为的失范都成为现代化社会的阴暗面的寓言。

陈瑞献的文学创作成就独树一帜被赞为"代表着东西文化发展的未来"的"全才作家",在新华文坛,乃至东南亚文坛都具有重大创作意义。

尤今(1950—),原名谭幼今,祖籍广东台山,生于马来西亚。1972年获南洋大学中文系学士学位。1973年在国家图书馆担任目录采编。1976年担任《南洋商报》外勤记者。1981年转入教育界,执起教鞭当教员。

尤今的创作颇丰,主要有小品文集《玲珑人生》、《无形的篮子》,小说集《模》、《燃烧的狮子》,散文集《尤今散文选》、《灯影里的人生》,游记《沙漠里的小白屋》等。1991年,尤今荣获新加坡文学最高奖项—新加坡第一届新华文学奖。

综观尤今的作品,按体裁可分为小品文、小说、游记和散文四类。尤今的小品文大体可分为生活小品文和旅游小品两类。代表作品有《鸡蛋饭》、《故乡的水》等。在小说的创作上,尤今遵循"双线运行"。一类以新加坡为背景,通过对年轻的一代的精神世界、情感世界的描写,反映出现实社会的种种问题,"是以文学来敲起'警钟'"。如小说集《燃烧的狮子》。另一类是通过对异乡人的精神世界、生存状况的描写,来反映异族人的复杂人性。这在她的作品《沙漠的噩梦》中表现得尤为突出。自称为"恒远不累的旅人"的尤今,以游记《沙漠里的小白屋》一举成名,被称为"新加坡的三毛"。尤今的生活经历大都用散文形式表达出来,如《火城忆旧》、《灯影内的人生》、《我心中有盏灯》、《稿纸后面的男人》。不管是小品文《鸡蛋饭》,还是散文《大胡子》都用真挚的爱表达了积极向上、健康的民族气质和爱国精神。尤今最擅长写人,善用比喻,常有画龙点睛之笔,使人物光彩照人,栩栩如生。在艺术风格上她追求"清水出芙蓉,天然去雕琢"的意境,语言清新,优美抒情,温馨流畅,这在她的散文《火城忆旧》、《灯影内的人生》、《我心中有盏灯》、游记《沙漠里的小白屋》,小品文《船桨》、《桥》、《故乡的水》等作品中都有不凡表现。

王润华(1941—),原籍广东从化县,生于马来西亚。国立政治大学毕业、美国威斯康辛大学文学博士,曾任南洋大学人文与社会科学研究所所长、新加坡国立大学文学院助理院长,1984—1989年担任新加坡作家协会会长。现任新加坡国立大学教授。

王润华擅长散文与诗歌创作，文学著作有《患病的太阳》(1966)、《高潮》、《内外集》、《橡胶树》、《山水诗》、《王润华自选集》等。曾先后获得创世纪二十周年纪念奖、中国时报散文推荐奖、中兴文艺奖、东南亚文学奖、新加坡文化奖和亚细安文学奖。在学术领域中，擅长中西比较文学、唐代诗论和诗歌、现代文学等。著有《中西文学关系研究》、《从司空图到沈从文》、《鲁迅小说新论》等。此外，还编著《东南亚华文文学》、《亚细安文学选集》、《新华华文文学选集》等书。

王润华是诗人，他的文学创作道路是一个不断创新，不断试验的过程。主要分为三个时期：

一是以《患病的太阳》为代表的现实主义时期。这是他大学时代的作品，诗中多以古希腊神话和典故为背景，表现灵魂世界和心灵内部体验，追求西方现代派对内心的感觉和体验的意象性表现手法。

二是以《内外集》为代表的回归传统期。诗人试图用现实主义的手法来表现东方神韵的内涵。《内外集》是王润华诗歌创作由西方现代向东方古典转变的标志。《内外集》第一部分《象外象》表现了中国汉字象形化的意象美。第二部分《内外集》是对中国古典诗学和山水画的理性思考。第三部分则是把诗延伸到中国古典小说和中国神话传说。在哲理和意象的叠加中展示中国古典文明的辉煌与灿烂。

三是以《橡胶树》为代表的走向乡土时期。这个时期力求平实稳健的诗风，代表作品《皮影戏》和《面具小贩》。诗人独具慧眼以皮影戏的"傀儡"特性诉说了人不能摆脱受操纵命运的悲剧，《面具小贩》则揭示了在冷酷的现代社会中，人不得不戴上假面具的虚伪。

(一) 泰华文学及代表作家作品。

泰国的华文文学起步于二十世纪初华文媒体的兴起。从五十年代本土题材的开掘，六、七十年代华文文学的沉寂，到八十年代华文文学的复苏，泰国华文文学很快形成了以《新中原报》、《世界日报》副刊为活动中心的华文文学创作局面。

二十世纪五十年代初期至中期，泰国华文文学主要是本土题材和移民人生的记述。陆留的长篇《风雨京华》，谭真的长篇《一个坤銮的故事》、《座山城人家》，陈汀的长篇《三聘姑娘》、《破毕舍歪传》、《风雨耀华力》，吴继岳的狱中小说《失去的春天》、中篇《她的一生》、长篇《"侨领"正传》等等，都是在浓郁的南洋情调里，书写华侨的漂泊命运和人生奋斗，同时讽刺泰国华人社会中的黑暗堕落。这些创作,往往有着历史风云的宏阔背景,以现实主义创作方法为主,将关注的视点停留在人生命运和人性沉沦上。稍后出现的都市通俗小说,沿袭了这一特色。诸如史青的小说集《沉沉的钟声》、《波折》、《灰色的楼房》,女作家年腊梅的《花街》、《我爱着土地》等,都是站在平民的视点,描写处于社会底层的华人遭遇。陈博文的第一部小说集《人海涟漪》,较早的涉足商界人生,类似张爱玲篇幅和笔触,但更接近于张恨水的叙述情节。

经过五十年代后期以来的华文文学沉寂期,到了二十世纪八十年代,泰国的华文文学题材和反映内容更加广泛。绕公桥的小说《人与狗》,尖锐揭露了社会阶级对立下的悲惨命运;李栩的《火砻头家》在描写小企业生存困境的同时,拓展了关注小人物命运的传统。巴尔的中长篇《禁区》、《陋巷》、《湄河之滨》几乎囊括了泰国二十世纪三十年代到八十年代风云变幻的历史全景;向征夫的小说《红粉忠魂》则将视线投向尖锐的政治题材,塑造了一个外冷内热的反政府武装斗争女性形象。

二十世纪九十年代以来,源于现代商业都市生活的影响,泰国华文文学也和东南亚其它地区的华文文学一样,出现了两个新现象:一是微型小说迅速兴起,佳作迭出。代表作是杂文作家司马攻的微型小说集《演员》、《独醒》,简洁明快,融杂文笔法于小说之中,成为智慧与灵感的快餐。二是新移民小说在浓重的商业色彩下继续发展。之所以称为"新移民小说",是说它与关注战争历史中人生遭遇的早期移民小说不同,新移民小说留意的是当代社会的商海沉浮。主要是何轶群的长篇《云深不知处》,虽然作者八十年代才定居泰国,这部小说却是泰国华文文学中第一部描写华族儒商形象的长篇。

泰国华文散文一向发展稳健,作品数量也在小说诗歌之上。代表作有梦莉的散文集《在月光下砌成的小塔》,作品一如书名,清澈纯净,在梦幻与现实、山水与心灵中,作者一直抒写着乡情、爱情、亲情和艺术。杂文代表主要是司马攻辛辣幽默的作品。另外,泰国的华文诗歌也值得一提。岭南人的诗集《结》抒写乡愁,关注现实情绪;李少儒的诗集《未到冰冻的冷流》、《中秋诗集》等则在现代主义的理性构架中,熔铸了华族历史的浪漫情怀。还有张望的诗歌,多是在都市生活的纠结中,表达作者变形的诗绪。

司马功(1933—),原名马君楚,出生于泰国,祖籍广东潮阳。笔名有剑曹、田茵、陈齐。早年随祖父定居潮阳,后返回泰国。21岁继承祖业开始经商。六十年代开始文学创作,七十年代停笔十二年,直到1986年才重返文坛。现拥有王福染织厂有限公司和祥通公司,并兼任泰国马氏宗亲总会副理事长、泰华文学作家协会会长,世界华文微型小说研究会第一、二届执行理事会副会长。他不仅是商界的知名人士,还是泰华文坛知名的散文、杂文、小说大家,为中泰贸易和文化交流做出了重大贡献。

司马功的作品颇丰,在泰华文坛和东南亚华人读者中产生了重大影响,主要作品有:散文集《明月水中来》、《泰国琐谈》、《湄江消夏录》、《人妖·古船》《梦余暇阿笔》、《挥手》、《司马功散文集》、《泰华文学漫谈》、《司马功序跋集》;杂文集《冷热集》、《踏影集》、《晚节集》;微型小说集《演员》、《独醒》。

司马功的作品大体可分为四种题材:1、以"思乡怀旧"为文学母题,表达了海外华人对故土的那种不可分割的特殊感情,以及作者继承、弘扬中华民族文化的民族情感,并展示了作者"两个故乡一样情"的博大胸怀。如他的《明月水中来》,作者从一把小茶壶上的五个字"明月水中来"写起,表达了祖父、"我"、儿子三代人对潮汕功夫茶的态度和情感。这种眷恋和热爱正是他们三代人心中维系着的故乡明月,小茶壶也就是民族文化的象征。作者担忧小茶壶是能否传递下去,实际上是担忧中华民族文化在泰国的命运。作者在表达恋乡怀旧情怀的同时也表现了继承和弘扬中华民族文化的民族情感。在充满诗韵的"明月水中来"的意境中传达出漂泊在外的游子门共同的"中国心"。2、以忧患入世的现实主义精神去关注社会现实,这主要体现在他的杂文《冷热集》中。集中大部分是表现剖析和思考人生的深沉之作。在《为情造文,知言养气》一文中,作者深刻批判了"为情造文"的矫揉造作之风。在《奇险忧伤骨气多》中严肃批评了为刻意求新而在内容上生硬、晦涩难懂的奇文。《封神杀出鬼》中在尖锐地批评篡改历史、歪曲历史人物的作法的同时指出了怎样创作历史题材的文学作品。3、在对现代商业社会生活弊端的批评中,流露出寻求精神家园、远离尘嚣,走向自然的古典审美意识。他在《青山》中写道:"看惯了高楼排屋,我有时也到有山有水的地方去,去看碧水青山、去看野花芳草、看茫茫旷野、看绿绿秧苗、看那大自然的毫不造作的景色。" 4、以独特的视角,反映历史的沧桑。司马攻的散文意蕴深长,有留给读者联想和再创造的空间。在泰华作协千禧年文丛中,司马攻以《荔枝奴》为书名的这篇散文写的是龙眼树,给人启示却是海外华人华侨命运的历史演变,作者引用了明人王象晋咏龙眼诗中的四句"何缘唤作荔枝奴,艳冶丰姿百果无;琬液醇和羞沉瀣,金丸的乐飨玑珠。"开始,从人文,地理,历史知识散开去,最后的结尾是:龙眼和荔枝的后代,以及带它们来的人的后裔,现在都已经苦尽甘来,共同在这微笑的国土上开花结果。干瘪的龙眼干,猪仔的时代过去了。泰国的龙眼不是荔枝的奴,不是鲛人的泪,它该是龙的眼,金的丸。在《荔枝奴》中,物的形象和人的形象达到了有机的统一。司马攻的另一本散文集,也是以《人妖·古船》的一篇寓有深意的散文作为"书名"的。"人妖"是泰国旅游胜地芭提雅的一种男人扮女人的娱乐表演。芭提雅原为泰国一宁静的渔村,是由越战时美国大兵来此的休假而发展变成今天声色犬马的旅游地的。作者在写这个旅游地时,提到了鲜为人知的芭提雅这个地方一段使人难以忘怀的历史:"宋代以来,中国的瓷器向东南亚大量输出,芭提雅为当时中国运载瓷器船只停放的口岸之一。大海茫茫,有多少中国商船为海浪所吞没,古船沉没,多少强壮的中国水手葬身于芭提雅海浪之中,多少瓷器沉于海底。今天,古瓷器的打捞使芭提雅的海底文物打捞业兴旺,也出现了十分繁荣的古董店。"作者感叹道,古瓷的价值有人肯定,而伴随古瓷而来的水手尸骨则无人问津。这些水手斗风博浪的精神也没人提起。历史弯弯曲曲,留给人的思考也是弯弯曲曲的。司马攻石破天惊地提起这段历史旧事,在记叙抒情中饱含着历史沧桑,显示了作者思维触角的敏锐和人生体验的深刻。

在艺术技巧上,司马功善于运用"撒网捕鱼式"的网状结构,如《撒网捕鱼》、《故乡的石狮子》、《槟榔》、《荔枝奴》中都有这种"天马行空"式的写法。在他的《演员》、《独醒》等小小说集中以"柳暗花明又一村"的表现技巧来设置"意外点",造成艺术上的"空白"效果,从而扩大了作品的审美空间。在司马功一系列有关"石"的散文中,如《故乡的石狮子》、《石桥》、《石工的启示》、《佛寺里的石翁仲》等,以其故事性、抒情性、哲理性的相互交融,达到以情动人、以理服人、以趣娱人的艺术效果。尤其是白描手法的运用,语言质朴,文笔简约,使其作品达到一种含蓄、空灵的"韵外之致,弦外之音"的艺术效果。

梦莉(1939—),原名徐爱珍,出生于泰国曼谷的三聘街,泰名颂诗·聪那茵。童年国破家亡,母女流离失所的"苦难生活"给她留下了深刻的记忆。经过读书、婚姻、立业的梦莉,现已是泰华作协副会长,永泰发有限公司副懂事长兼副总经理、曼谷航运两家副董事长兼副总经理、蚁氏兄弟有限公司副董事长、差拉航运有限公司董事,成为泰国商界、文坛的双栖明星。

梦莉尤以散文见长,主要散文集有:《小薇的童年》、《万事东流水》、《逃离狼穴》、《轻风吹在湄江上》(1988)、《尽在不言中》(1989)、《烟湖更添一段愁》(1990)、《在月光下砌座小塔》(1922)。

曾获天津百花文艺出版社《散文》月刊的"中华精短散文大赛优秀奖"、北京《了望》杂志的"魂系中华奖"、《四海》杂志的"首届徐霞客奖"、《中国作家》的"巨象奖"、山西《九州诗文》大赛特别奖、北京中央人民广播电台第五、六、七"海峡情"特别奖。

梦莉的散文以"情是散文之魂"为信条,用柔美的文笔,真实的情感汇集成了一条人生的爱河。其作品大体可分为三类:1. 表达男女之间真挚而又悲切的爱情,如她的《烟湖更添一段愁》、《雾海情天》等作品。2. 对自己童年不幸的身世和人生历程的回忆,在个人的忧伤中带有历史的沉重和丰厚。这表现在作品《小薇的童年》、《万事东流水》中。3. 通过对《烟湖更添一段愁》中的西湖美境,《普陀之行思如潮》中洛阳悠久的历史和丰富的名胜古迹等祖国山水的描写,表达了作者对亲人、对故土、对祖国至纯、至美、至真、至深的爱。

梦莉的散文小说化、诗化,既有人物、情节、环境描写、人心理描写和个性化的语言,又有诗的情致和意境。在散文结构方式、叙述方法、表现手法上既继承了中国古典诗词的传统,又有西方现代派的痕迹。它的语言集抒情美、音乐美、绘画美为一体,情真意切地流露出作者内心深处的情感世界,形成了独具一格的"梦莉体"。

(二)菲华文学及代表作家作品。

菲律宾华文文学主要是二十世纪七十年代以来的诗歌。云鹤的诗集《忧郁的五线谱》多是挥发寂寞的心境,显示出其受现代主义技巧和存在主义思想影响较大。云鹤后来的诗集《野生植物》脍炙人口,风格变得雄健苍劲,主要是抒写华侨的漂泊命运。林健民的长篇叙事诗《菲律宾不流血的革命》直接取材马科斯政权倒台,陈和权的诗集《橘子的对话》、《落日药丸》以简洁凝练为人称道。女诗人谢馨的诗集《波斯猫》、《说给花听》,取材日常事物,构思小巧灵动。

菲律宾华文小说比较薄弱。1977年施颖洲主编的《菲华短篇小说选》,基本上反映了菲律宾华文小说的水平。作品大多表现不同文化空间的撞击以及人物精神还乡的生存状况。代表作家作品有施约翰《异乡》、施柳莺《丁香结》。

另外,越南、柬埔寨、文莱、缅甸等国华文文学也各有特色,亦应值得关注。

林健民(1914—),笔名但英。出生于福建晋江。他七岁南渡菲律宾,十七岁又返回故里。高中毕业后,又返回菲律宾经商。三十年代就与李法西等同仁组成"黑影文艺社",并担任《天马》文艺月刊和《海风》旬刊的主编。曾任林健民实业有限公司董事长,菲华联顾问,菲华文艺联合会常务理事,《文艺》月刊主编,晨光文艺社常务顾问。

林健民是菲华文坛资深作家、诗人、翻译家和社会活动家,堪称菲华文坛的泰斗。主要作品有《中国古诗英译》、《菲律宾不流血的革命》、《林健民文集》。其中现代史诗《菲律宾不流血的革命》荣获菲华联总会"历史巨著"称号,并获台湾中兴文艺奖。

《林健民文集》包括《论现实》、《论处事》、《论脱俗》、《论怕死》等四篇论文,十一篇译评和十篇散文。他的四论观点新颖、论据经典、笔锋犀利。译评文章强调翻译的创造性,注重原作的风格,力求"神和意"的结合。散文风格清爽,文笔流畅,富有诗的意境和独到深刻的主题。

施颖洲(1919—),出生于福建晋江县,1921年移居菲律宾。菲华著名的诗人、翻译家、文学活动家,又是资深报人、编辑。主要作品有:主编的文学选集《1946年文艺年选》、《海》、《芳草梦》(1949)、《菲律宾的一日》(1951)、《菲华小说集》(1977)、《菲华散文集》(1978)、《菲华新诗选》(1978)、《菲华文艺》(1922)。他的译诗成就卓著,译有《世界名诗选译》(1965)、《现代名诗选译》(1969)、《古典名诗选译》(1971)和被称为"世界诗选三步曲"的诗集:《莎翁声籁》(1973)、《十四行诗》(1979)、《我的诀别》(1986)。还有翻译理论著作《译诗理论与实践》、《谈译诗》、《译诗的艺术》等。曾获"国际桂冠诗人协会"的"诗人——黎刹学家奖","诗人——翻译家奖","第一届、第三届菲华最高文学奖""资深作家奖"、"海外文艺工作奖"、"文艺工作奖",并被收入英国剑桥国际传记中心出版的《国际诗人辞典》,架起了菲华文坛与世界文坛之间的桥梁,为菲华文坛做出了杰出贡献。

云鹤(1942—),原名蓝廷骏,祖籍厦门,出生于马尼拉。十七岁走上菲华诗坛,六十年代开始专攻建筑设计和摄影艺术,成为一位卓有成效的建筑设计专家和摄影艺术专家。七十年代末,重返菲华文坛。1987年当选为菲律宾作家联盟理事,现任《世界日报》文艺副刊主编。

云鹤尤以诗歌见长,出版有诗集《忧郁的五线谱》(1959)、《秋天里的春天》(1960)、《盗虹的人》(1961)、《蓝尘》(1963)、《野生植物》(1985)。

云鹤的诗歌创作可分为两个时期:一是现实主义诗歌时期(五十年代末至六十年代初),代表作品有《忧郁的五线谱》、《秋天里的春天》、《盗虹的人》、《蓝尘》等诗集,表现了"爱的忧郁"、"人生的忧郁"。诗中常以青烟、秋雨、黄昏、乌鸦、荒野等现代派颓废的"景物原形"来营造诗的意象,犹如诗人弹奏的一曲曲"忧郁的五线谱",抒发了诗人颓废、悲观、消极的情绪。二是回复现实主义时期(八十年代至今),代表作品《野生植物》,表现了"人生深刻的一面"。作品通过对无茎、无根、无泥土的"野生植物"——华侨的"落叶飘零",无处生根的境地的诉说,表现了华侨的命运、心态和乡愁。

云鹤的诗歌采用了象征、暗示、直觉、梦幻、意象等现代派手法和技巧,利用意象的流动、跳跃、交错来扩大诗的容量,营造一种空旷美。他还注重精巧的艺术构思,以一个诗眼来设置一种构思美、哲理美。

(三)印尼华文文学及代表作家作品。

印尼华文文学在二十世纪五十年代曾一度兴盛,但随后的三十多年中,印尼政府禁绝华文华语,华文文学创作者在困境中坚持传承着母语文化的火种。创作队伍按年龄划分,大致有三类:一是受过"五四"新文学影响的作者。黄东平的长篇《侨歌》在蛛网式的史诗结构中呈现荷兰殖民时期的华侨社会全貌;柔密欧·郑的诗集《跃起》在现代主义表现技巧上探索印华沟通的生存途径;严唯真的《严唯真诗文选》充溢着炎黄热血、"华夏魂"。

二是二十世纪五十年代走出学校的华人创作。林万里的小说集《结婚季节》在简洁中传达出地方色彩和本土意识,主要表现专制统治下华人多难的悲凉。三是华文学校关闭之后,自学华文的年轻一代。譬如:袁霓的小说集《花梦》、谢梦涵与袁霓等人的诗合集《三人行》等等,在各自"文学悟性中,始终流淌着对母语的爱。"

黄裕荣(1936—1983),祖籍广东梅县,出生于广州市。十四随父母定居印尼雅加达。他身残志坚,自修完厦大中文系函授大学课程,开始写作,经常在印尼华文报刊、香港《文汇报》、《文艺世纪》和中国的《诗刊》、《作品》、《鲁迅研究》发表文章,作品有《春风的波浪》《印华文艺评论集》、《试谈〈孔乙己〉中的笑声》。被誉为"印尼的保尔·柯察金"。

茜茜丽亚(1954—),原名金爱钦,祖籍福建幅清,六十年代开始创作,近期作品有《爱的故事》、《火车流浪者》、《星辰》、《踏浪》、《狄斯科的眸子》等,涉及诗歌、小说、散文体裁,是印尼的"天才"作家。

黄东平(1923—2013),祖籍福建金门,出生于印尼加里曼丹岛。幼年时随父母回国读书,抗战爆发后重返印尼,子承父业,担任务华商行记帐员。五十年代开始写作,写下了四百万字的作品,只出版了长篇小说《侨歌》三部曲的前两部:第一部《七洲洋外》(1973)、第二部《赤道线上》(1979)、第三部《烈日底下》,中短篇小说集《远离故乡的人们》(1990),散文集《短稿一集》、《短稿二集》,电影文学剧本《老华工》(1974),话剧剧本《红溪》(1984)等。

黄东平是一个具有浓厚民族文化意识的作家,他的小说在客观上表现出深刻的民族文化意识和深厚的民族感情。代表作品《侨歌》主要描写了二十年代初期到中日战争爆发期间,南洋"华侨社会"的生活情景,可称之为半个世纪以来印尼华人生活的百科全书,具有史志价值和文学价值。《七洲洋外》和《赤道线上》代表着印尼华文文学的高峰。

(四)日韩等国华文文学及代表作家作品。

日本、朝鲜(包括今日朝鲜和韩国)是中国的近邻。从地理位置与文化渊源上来说,日本、朝鲜都与中国有着亲密的关系。

首先,"汉字文化圈"的形成。日本、朝鲜在本国文字形成之前,一直使用汉字,并与中国形成一个"汉字文化圈"。'直到 20 世纪西方势力入侵,日本、朝鲜的汉文写作才逐渐消失,但其文化仍与汉文化不可分割,并留有丰富的汉字文学作品。

其次,儒家文化的影响。中国的儒教文化深刻影响着日本和朝鲜。隋唐时期,日本除了派遣唐使来中国学习、博采、遍访外,还致力于招聘中国人才。

其三,汉字是创造日韩文字的基础。汉字为日本、朝鲜的语言文字的创造提供了借鉴和参照;在语言方面,日本最早的文字只是汉字,到平安时代开始取汉字的偏旁作字母,才创造出自己的文字。日本人做汉诗的历史,从公元 667 至 672 年的近江期间一直延续到现在,达一千三百多年之久,而且日本人做汉诗,用汉字的音义来读解,和中国人做旧体诗一样。朝鲜在公元初期,引进中国汉字,中国的儒学、佛经和中国诗歌亦开始在朝鲜传播。此后,朝鲜人开始以汉字为标音符号把汉语作品译成本族语言作品。中国的汉字为日本、朝鲜的语言文字的创造提供了借鉴和参照。

其四,中国文学在异域的传播。作为语言的艺术——中国文学亦影响着日本文学、朝鲜文学。华文诗歌、散文、小说在日本、朝鲜广为流传,并被仿效。在朝鲜,《三国志》、《水浒传》、《西游记》是最受欢迎的作品(它们甚至以汉文原著形式被当时朝鲜人民接受)。

上述中国文化元素对日韩的影响甚为久远,总体来观,可以见到日本人民受中国文化影响的途径主要是通过中国书籍和中国工艺品。在江户时代以前,日本人阅读中国书籍,采取的是将汉语的语序改变成日语的语序来阅读中国古文书籍,可以不必先学中文的。江户时代以后,由于汉语本身的发展,日本的"唐通事"(汉文翻译)在介绍华文作品方面做了大量工作。他们从小学习华文,并以《水浒传》、《今古奇观》为教材。可以这么说,日本和朝鲜从古到今都有学习华文的传统。而高丽时期(1308 年),朝鲜对中国文化也进行了大规模的吸收和摄取。中国的儒学史籍、佛教、书法、绘画、音乐以及医药、科技等大量传入朝鲜,对朝鲜文化的发展起了重要的促进作用。

从历史上看,中国古典文学对日本文学、朝鲜文学的影响是不言而喻的。《长恨歌》对《源氏物语》的影响就是个例证。

《源氏物语》是日本的一部古典文学名著,对于日本文学的发展产生过巨大的影响,被誉为日本文学的高峰。源氏物语的作者是日本平安时代(公元 794—1192)的著名女作家紫式部,作品的成书年代至今未有确切的说法,一般认为是在 1001 年至 1008 年间,因此可以说,《源氏物语》是世界上最早的长篇写实小说,在世界文学史上也占有一定的地位。该书与《红楼梦》一样,所涉人物都是皇族,虽然所展示的场景是日本的贵族阶层,但对爱情生活的着墨点染却与《红楼梦》有异曲同工之妙,但却比红楼梦早了700多年,因此,被认为是日本的《红楼梦》。

现代日本、朝鲜的华文文学发展由于受到战争的影响,成就和影响都不及古代。在华人迁居历史悠久的日本,华文文学创作却较为冷寂。这个现象除了缘于大多华人生活急迫匆忙之外,是否由于中日文字文化接近,反而更多使用日文创作等等原因外,尚没有发现类似考证研究。二十世纪八十年代前后,蒋濮的中篇《不要问我从哪里来》、《东京没有爱情》、《东京恋》等,都是关注命运捉弄下的悲哀人生。

韩国对华文教育的重视,也是近十几年中国政治、经济改革所带来得全球经济效应。随着两国交流的日益阔大,韩国开始重视华文教育。目前,韩国有八十六所大学设立了中文系。旅居华人约达三万人,并创办了一家华文报纸和一份华文杂志。出现了著名的话文作家许世旭。但从总体上看,韩国华文文学还处于萌芽阶段,发展环境也很艰难。目前,"华文热"开始在日本、韩国升温。

首先是开始重视华文学历教育。目前,韩国全国有86所大学设立了中文系。其中仁荷大学在1980年就设立了中文系。现在,该系有四个年级,学生三百多人,它为韩国的华文文学发展奠定了一定的语言基础。现在旅居韩国的华人约三万人,并创办了一家华文报纸和一份华文杂志。出现著名的华文作家许世旭。但从整体上讲,韩国华文文学还处于萌芽阶段,并且它的发展环境也很艰难。

日本华文文学也是刚刚打破僵局,随着中日友好往来的交流加深,1982年日本华文作家组织了"留日华文作家联谊会",开展了一些文学活动。日本侨报为推动日本华文文学做了大量工作,该报先后以征文的形式,组织收集中国留学生和移民的文学作品,并将编辑好的两部书稿《负笈东瀛写春秋》和《当代中国人看日本》送交上海教育出版社和北京出版社出版。该报现正在编辑本系列的第三册《留日学人看中国》。留学生华文文学在日本开始兴起。

其次是产生了有影响的华人作家。经常在海外华文报纸、文艺杂志上发表作品的作家主要有徐新民、张良泽、陈舜臣,其中最为突出的是蒋濮。

徐新民是位诗人,他主要从事诗歌创作,他用华文创作,并翻译成日文的诗集《远离》,1986年由日本麻衣文库出版社出版,诗集主要反映了中日友谊和中国民族风情。

张良泽主要从事小说创作和台湾作家作品的研究。他1966年毕业于台湾成功大学中文系,现在已发表二十多个短篇小说,编辑整理了钟理和六卷本的《全集》,著有评论集。

陈舜臣主要进行散文创作，他的散文内容广泛、形式自由。如《忆竹》和《福湖村》都能以小见大，在平常的素材中挖掘出新意，行文流畅、感情真挚。

蒋濮（1951—），祖籍上海，出生于上海，生物学硕士，著名学者。后去日本东应庆大学留学，获得文学博士学位。主要作品有小说集《极乐门》(1989)，中篇小说《不要问我从哪里来》、《东京没有爱情》、《东京恋》、《东京有个绿太阳》。蒋濮的小说以日本为背景，表面上是写男女之间的"恋情"，事实上是写在日本这个花花世界，人性遭到扭曲，爱情异化为商品，可以讨价还价，随意买卖。如《东京没有爱情》。在《东京有个绿太阳》中，作者则将笔触延伸到日本大学知识分子阶层，揭开了日本伪教授的丑恶嘴脸，维护了中国留学生的尊严，为长期以来充满孤独感、失落感的留学生文学带来了希望，开拓了留学生文学的新局面。

在华人迁居历史悠久的日本，华文文学创作却较为冷寂。这个现象除了缘于大多华人生活急迫匆忙之外，是否由于中日文字文化接近，反而更多使用日文创作等等原因外，尚没有发现类似考证研究。二十世纪八十年代前后，蒋濮的中篇《不要问我从哪里来》、《东京没有爱情》、《东京恋》等，都是关注命运捉弄下的悲哀人生。黑孩的散文和随笔，主要是抒写异域感受和日本风土人情。

许世旭（1934—），出生于韩国，毕业于韩国外国语大学中文系。1960年留学台湾，获台湾师范大学国文研究所文学博士学位。1968年回国后，历任韩国外国语大学副教授、中国研究所所长、教授等职务，现任高丽大学文学院院长、中国现代文学学会会长。从六十年代初期开始华文文学创作，主要作品有诗集《雪花赋》，散文集《城主与草叶》，诗与散文合集《藏在衣柜里的》、《许世旭自传集》，专著《韩中诗话渊源考》，中文译作《韩国诗选》、《徐廷柱诗集》、《香香传》等。现在他正在潜心研究写作《中国文学史》。

作为韩国华文文学的开拓者，许世旭的主要创作成就在诗歌和散文。他的诗歌创作主要分为六十年代的西化时期、八十年代的回归传统时期和八十年代后期的现代与传统交融时期三个阶段。散文多以描写亲情、友情为主，讲究一种宁静淡泊的境界。另外，在散文中许世旭还着力表达了伟大的母爱以及儿子对母亲的深情，极富中国的人情伦理色彩，儒家思想浓厚。

思考练习

1. 东南亚华文文学有何特征？
2. "汉字文化圈"包括哪些国家？与中国关系如何？
3. 试述东南亚的华文文学分期
4. "日""韩"华文热表现在哪些方面？

参 考 文 献

1. 公仲:《世界华文文学概要》人民文学出版社2000年6月1版。
2. 张炯:《世界华文文学概论.代序》人民文学出版社2000年6月1版。
3. 林呈禄:《台湾民报."新民会"成立》1929年5月26日。
4. 钟肇政、叶石涛:《光复前台湾新文学全集·总序》,台北,远景出版社1979年版。
5. 江炳成:《古往今来论台湾》,台北,幼狮文化事业公司1978年版。
6. 廖汉臣:《新旧文学之争》,原载于《台北文物》3卷2期、3期,1954年8月20日、12月10日。
7. 李南衡:《日据下台湾新文学·文献资料选集》,台北,明潭出版社1979年3月版。
8. 陈炘:《文学与职务》,《台湾青年》第1卷第1号,1920年7月。
9. 甘文芳:《实社会的文学》,《台湾青年》第3卷第3号,1921年9月。
10. 陈端明:《日用文鼓吹论》,《台湾青年》第3卷第6号。
11. 张我军:《致台湾青年的一封信》,台湾民报2卷7号,1924年4月21日。
12. 张我军:《糟糕的台湾文学界》,《台湾民报》2卷24号1924年11月21日。
13. 闷葫芦生:《新文学之商榷》,《台湾日日新报》,第8854号,1925年1月5日。
14. 陈少廷:《台湾新文学运动简史》,台北,联经出版事业公司1977年5月版。
15. 许俊雅:《日据时期台湾小说刊行表》,载《日据时期台湾小说研究》,台北,文史哲出版社1999年9月第2版。
16. 杨逵语,参见《台湾新文学的开拓者》,《文化交流》第1辑。
17. 古继堂:《台湾小说发展史》,辽宁,春风文艺出版社1989年11月版。
18. 黄得时:《輓近の台湾文学运动史》,《台湾文学》2卷4号。
19. 吴新荣以笔名"史民"在《文艺通讯》中,强调赖和在台湾是革命传统。杨逵主编《台湾文学》第2辑。
20. 陈逸雄:《我对父亲的回忆——陈虚谷的为人与行谊》,收于《陈虚谷选集》,台北,鸿蒙出版社1985年10月版。
21. 守愚:《小说与懒云》,《台湾文学》3卷2期。
22. 张恒豪:《觉悟下的牺牲——赖和集序》,《台湾作家全集·赖和集》,台北,前卫出版社1992年7月版。

23. 梁明雄:《日据时期台湾新文学运动研究》,台北,文史哲出版社1991年5月版。
24. 杨炽昌:《台湾文艺》第102期。
25. 杨逵:《日本殖民地统治下的孩子》,《联合报》1982年8月10日。
26. 龙瑛宗:《血与泪的历史》,台北,《中华日报》1996年8月29日。
27. 杨逵:《鹅妈妈要出嫁·后记》,台湾,香草山出版公司1976年版。
28. 杨素娟:《杨逵的人与作品》,台北,民众日报出版社1979年10月版。
29. 杨逵:《模范村》,张恒豪编:《杨逵集》,台北,前卫出版社1991年2月版。
30. 陈碧笙:《台湾地方史》,北京,中国社会科学出版社1982年8月版。
31. 陈少廷:《台湾新文学运动简史》,台北,联经出版事业公司1977年5月版。
32. 周金波:《我走过的路——文学·戏剧·电影》,《野草》,1994年8月。
33. 曾健民:《台湾"皇民文学"的总清算》,《清理与批判》,台北,人间出版社1998年12月版。
34. 汪景寿:《台湾小说作家论》,北京大学出版社,1984年版。
35. 周佚、魏大业:《台湾大事纪要》,时事出版社1982年3月版。
36. 张文环在《关于台湾文学》,《和平日报》,1946年5月13日。
37. 《民报》社论:《中国化的真精神》,见《民报》,1946年9月11日。
38. 林萍心:《我们新的任务开始了——给台湾智识阶级》,《前锋》第1期(光复纪念号),1945年10月25日出版。
39. 陈少廷:《台湾新文学运动简史》,台北,联经出版事业公司1977年5月版,第190页。
40. 叶石涛:《台湾文学史纲),高雄,文学界杂志社1993年版,第76页。
41. 彭湍金:《台湾新文学运动40年》,高雄,春晖出版社,1997年8月版,第51页。
42. 歌雷:《刊前序语》,台湾《新生报·桥》副刊创刊号,1947年8月1日。
43. 孙达人:《〈桥〉和它的同伴们》,《喑哑的论争》,台北,人间出版社1999年9月版。
44. 《光复后台湾地区文坛大事记要》(增订本),台北,文讯杂志社编辑,1995年版。
45. 许南村:《"台湾文学"是增进两岸民族团结的渠道——读杨逵〈台湾文学问答〉》,《喑哑的论争》,台北,人间出版社1999年9月版。
46. 何欣:《迎文艺节》,《台湾新生报》《文艺》周刊第1期,1947年5月1日出版。
47. 何欣:《编后记》,台湾新生报《文艺》周刊第4期,1947年5月25日出版。
48. 骆驼英:《关于"台湾文学"诸论争》,《1947-1949台湾文学问题论议集》,台北,人间出版社1999年9月版。
49. 欧阳明:《台湾新文学的建设》,《1947-1949台湾新文学问题论议集》,台北,人间出版社1999年9月版。
50. 杨逵:《"台湾文学"答客问》,《1947-1949台湾新文学问题论文集》,台北,人间出版社1999年9月版。

51. 林曙光:《"台湾文学"答客问》,《1947－1949台湾新文学问题论议集》,台北,人间出版社1999年9月版。

52. 杨逵:《"台湾文学的过去,现在与将来"》,《1947－1949台湾新文学问题论议集》,台北,人间出版社1999年9月版。

53. 欧阳明:《台湾文学建设》,《1947－1949台湾新文学问题论议集》,台北,人间出版社1999年9月版。

54. 扬风:《新时代课题:台湾新文艺运动应起的路向》,《1947－1949台湾新文学问题论议集》,第39页。

55. 杨逵:《如何建立台湾新文学》,《1947－1949台湾新文学问题论议集》,台北,人间出版社1999年9月版。

56. 杨逵:《如何建立台湾新文学》,《1947－1949台湾新文学问题论议集》。

57. 骆驼英:《论"台湾文学"诸论争》,《1947－1949台湾新文学问题论议集》。

58. 雷石榆:《台湾新文学创作方法问题》,《1947－1949台湾新文学问题论议集》。

59. 李牧:《新文学运动历程中的关键时代——试探50后代自由中国文学创作的思路及其所产生的影响》,《文讯》第9期,1952年3月1日。

60. 史为鉴:《新伪书通考》,参见《禁》,台湾,四季出版事业有限公司1981年版。

61. 吕正惠:《现代主义在台湾》,《战后台湾文学经验》,台北,新地文学出版社1995年7月版。

62. 白先勇:《流浪的中国人——台湾小说的放逐主题》,《白先勇自选集》,广州,花城出版社1996年6月版。

63. 转引自冯放民(凤兮):《拿言语》,《新生报》副刊1949年11月。

64. 郑明娳:《当代台湾文艺政策的发展、影响和检讨》,《当代台湾政治文学》,台北,时报文化出版公司1994年7月版。

65. 转引自尹雪曼:《国军新文艺运动的成就》,《中国新文学史论》,台北,中华复兴运动推动委员会,1983年9月版。

66. 王蓝:《岁首说真话》,《联合报》副刊,1958年1月5日第6版。

67. 《光复后台湾地区文坛大事纪要》(增订本),台北,文讯杂志社编辑,1995年6月第2版。

68. 张道藩:《论当前自由中国文艺发展的文向》,《文艺创作》1953年21期。

69. 尹雪曼:《中华民国文艺史》,台北,正中书局1976年7月第2版,第87页。

70. 郭枫:《40年来台湾文学的环境与生态》,《新地文学》1990年第2期。

71. 葛贤宁、上官予:《五十年来的中国诗歌》,台北,中正书局1965年3月版。

72. 焦桐:《台湾战后初期的戏剧》,台北,台原出版社1990年版,第65页。

73. 参见:《飞扬的年代—五十年文学座谈会》,台北,《联合报》1980年5月5日第8版。
74. 姜贵:《重阳·自序》,台北,皇冠出版社1973年4月版。
75. 姜贵:《自传》,《姜贵自选集》,台北,黎明文化事业股份有限公司1980年3月版。
76. 陈纪滢:《著者自白》,《赤地》,台北,文友出版社,1955年6月版。
77. 郑明娳:《当代台湾文艺政策的发展、影响与检讨》,《当代台湾政治文学论》,台北,时报文化出版公司1994年7月版。
78. 王蓝:《岁首说真话》,台北《联合报》1958年1月5日第6版。
79. 张道藩:《论当前自由中国文艺发展的方向》,台北,《文艺创作》第21期,1953年1月。
80. 古继堂:《简明台湾文学史》,时事出版社2002年6月版,第296页。
《洛夫——我是中国诗人》,《潇湘晨报》2004年10月29日。
81. 古继堂:《简明台湾文学史》,时事出版社2002年6月版。
82. 古继堂:《台湾小说发展史》,春风文艺出版社1989年1版。
83. 洪醒夫:《关爱土地与同胞—洪醒夫谈小说创作》,台湾,《自立晚报》1983年7月29日。
84. 杰姆逊:《后现代主义与文化理论》,陕西人民出版社出版。
85. 郝誉翔:《世纪末的女性情欲帝国迷宫—从〈迷园〉到〈北港香炉人人插〉》台湾东华人文学报2000年2期。
86. 《各国概况》《欧洲部分》,北京世界知识出版。
87. 张炯.《海外移民的生动画卷——评吕红的＜美国情人＞》.华文文学2006.6期。
88. 傅雷:《傅雷经典作品选.论张爱玲的小说》当代世界出版社2002.3. 164页。
89. 夏志清:《中国现代小说史》复旦大学出版社2005.7。
90. 隐地《白先勇书话.谈批评小说的标准》北京文化艺术出版社2009-8。
91. 潘亚暾:《世界华文女作家素描》暨南大学出版社1993-1-1。
92. 陈贤茂:《海外华文文学史》第四卷第548页,鹭江出版社,1999年8月版。
93. 杨连成:《漂泊的心态与民族传统文化的交融》,《海峡》1990.2。
94. 林湄:《泪洒苦行路》中国文联出版公司,1990.1。
95. 祖慰语《来我家喝杯茶》,尔雅出版社,1990年。
96. 陈贤茂:《海外华文文学史》第四卷鹭江出版社1999-8-1。
97. 方修:《马华新文学简史》吉隆坡.董总出版社,1995年。

编 后 记

被列为河南省"十二五"普通高等教育规划教材立项的《世界华文文学教程》,是在以主编为项目负责人的河南省 2002 年度社科规划项目(批准号:2002DZW005)——"海外华文文学文化传统通变研究"课题组的最终研究成果专著《世界华文文学概观》的内容上编撰更为适合高校教学需求且经大幅度地整合修订的再版教材。

作为河南广播电视大学与国家开放大学汉语言文学本科专业学科拓展课程"世界华文文学"的主教材已先后使用十年,教学效果突出且受到学生好评并获得河南省教育厅人文社科优秀成果一等奖;"世界华文文学"课程又获得国家开放大学精品课程殊荣。自 2014 年起,《世界华文文学教程》教材又被列为郑州成功财经学院文学与新闻传播学系汉语言文学专业必选课程"世界华文文学"的主教材。

《世界华文文学教程》曾作为一部专题性研究的论著,既为关注华人华文作家、作品的情感内容与精神内涵的广大学者提供更深入的理论研究依据又作为高校本科汉语言文学专业的教材使用,可谓教学科研获得双赢。

作为河南省十二五规划高校教材,此次的修订再版不仅是完善普通高等学校本科精品课程教学的一个重要环节,更是课程知识更新的体现,因而在此次修订时作了较大幅度的内容扩充,做到言之有据,精益求精;在调整结构时,做到环节紧扣,衔接缜密。

此次参与修订的本课题组成员除了本省高校多年致力于世界华文文学研究并具有本学科丰富教学经验的教授,还接纳了有志于此研究领域频出成果的青年骨干教师参与。研究撰写分工为:樊洛平(中国世界华文文学学会理事、中国当代文学学会理事、中国作家协会会员、郑州大学文学教授)撰写第二章第一、二、三、四、五节;韩爱平(中国新闻史学会会员、河南省写作学会会员、郑州成功财经学院文学教授)撰写第三章;我撰写第一章绪言、第二章第六、七、八节和第四章并统修全稿;翟丽娜、梅伟、李晨阳(3人均为郑州成功财经学院文学与新闻传播学系青年教师)参与修订校核全书。

  历时一年的编撰修订,课题组全体同仁精诚协作,勤奋有加,作了大量的案头准备并在繁忙教学之中,通过现代通讯工具与交通方式——长途电话、网络电邮乃至于航空、铁路、高速公路的往来研讨,力求使本书成为精品。尽管如此,此书仍有不尽人意之处,但请诸位同仁指出,我们亦会在教学过程中竭力弥补改过。

  本书承蒙著名学者、沈阳师范大学文化与传播研究中心主任、《沈阳师范大学学报》主编、博士生导师曹萌教授再为作序,特在此表示感谢。

  在本书立项以及出版过程中,还应特别感谢我院领导的关注以及学院教务处等有关部门的鼎立相助。

彭燕彬
2016年9月